Eckhard Jander

Geschichten zur Geschichte

spannend und
historisch begründet

56 Episoden
von der Altsteinzeit
bis zum Hochmittelalter

Verlag Moritz Diesterweg
Frankfurt am Main

ISBN 3-425-03388-3

Satz und Druck: Zechnersche Buchdruckerei, Speyer
Bindearbeiten: C. Fikentscher, Darmstadt
Printed in Germany

Inhaltsverzeichnis

Vorwort

„Wie mache ich Geschichte im Unterricht für meine Schülerinnen und Schüler ansprechender, vielleicht sogar interessanter?“ Diese Frage stellen sich zweifellos viele Lehrerinnen und Lehrer. Die in dieser Veröffentlichung angebotenen Erzählungen sind deshalb als Hilfe für alle jene gedacht, die einzelne Abschnitte der Geschichte ihren Schülerinnen und Schülern noch lebendiger nahe bringen wollen.

Von Fall zu Fall werden die Lehrerinnen und Lehrer entscheiden müssen, ob sie die eine oder andere Episode in ihrem Geschichtsunterricht nacherzählen oder vorlesen. Vielleicht ist oft nur Zeit oder Gelegenheit, einzelne Teile der hier vorliegenden Darstellungen in den Unterricht einzustreuen.

Eine besondere Belebung kann der Unterricht erfahren, wenn einzelne „Episoden der Geschichte“ als Vorlagen für Rollenspiele genutzt werden.

Interessierte Schülerinnen und Schüler werden möglicherweise die historischen Erzählungen und Schilderungen in ihrer Freizeit lesen wollen. Die Texte sind entsprechend einfach gestaltet.

Alle Geschichten beruhen auf derzeit gesicherten historischen Erkenntnissen. Vereinfachungen sind allein der Verständlichkeit geschuldet.

Die Episoden wurden in sieben Kapiteln chronologisch geordnet. Die Hauptüberschrift jeder Erzählung wird durch eine Sachüberschrift ergänzt, die eine rasche Orientierung ermöglicht. Im Inhaltsverzeichnis finden sich deshalb auch beide Überschriften.

Jede Episode wird durch eine kurze Vorbemerkung eingeleitet, die insbesondere den Lehrerinnen und Lehrern einen knappen inhaltlichen Überblick vermittelt.

Es ist zu wünschen, dass durch die nachfolgenden Erzählungen und Schilderungen die Geschichte für die Schülerinnen und Schüler - innerhalb und außerhalb des Unterrichts - attraktiver und aufschlussreicher wird.

Episoden aus der Frühgeschichte

Die Glut darf nicht verlöschen!

Vom Gebrauch des Feuers vor 300 000 Jahren

Als Gefahr hatten die Ur- und Frühmenschen das Feuer zunächst bei Buschbränden erlebt. Erst nach langen Zeiträumen beherrschten sie die Anlage von Feuerstellen, die sie dann vielseitig zu nutzen verstanden. Ihre Hauptsorge galt fortan der Bewahrung des Feuers, da sie für das Entzünden immer noch auf natürliche Umstände angewiesen blieben.

Die nachfolgende Episode schildert folgende Themen:

1. **Das mühsame Bewachen der Feuerstelle während der Nacht**
2. **Der Verlust des Feuers und die Folgen für die Menschengruppe**
3. **Die zufällige „Wiederkehr" des Feuers durch Blitzschlag**

Pechschwarz scheint die anbrechende Nacht zu werden. Nur in einer Senke am Ufer ist es hell. Um die Flammen herum lagert eine Gruppe Menschen. Ein langer aber auch erfolgreicher Tag liegt hinter ihnen. Am Abend gab es sogar Fleisch, am Feuer geröstet. Der Duft des Gebratenen liegt noch in der Luft. Bald darauf kuscheln sich die Menschen wohlig und satt zur Nacht in ihre Fellkleidung.

Ermüdet ist einer nach dem anderen eingeschlafen. Sie fühlen sich gut behütet, trotz der kommenden Nacht. Und das können sie auch, denn Flammen und Rauch der Feuerstelle in ihrer Mitte werden Raubtiere fernhalten. Diese fürchten das Feuer - und das wissen aus Erfahrung auch die Menschen.

Eine der Frauen allerdings hält die Augen offen. Sie beobachtet jedoch weniger den dunkler werdenden Wald mit seinen unheimlichen Geräuschen und Schatten. Sie schaut vielmehr sorgsam auf die kleiner und kleiner werdenden Flammen. Nach einiger Zeit legt sie Holz nach. So bleiben das Feuer und die Glut darunter stets erhalten.

Beruhigt schaut sie ab und an auf die Schlafenden in der Runde. Manche Kinder halten auch jetzt noch im Schlaf die gesammelten Beeren im Beutel fest umklammert. Es war wie immer ein anstrengender Tag für alle gewesen. Auch die Frau ist müde. Aber sie hat für diese Nacht die Aufgabe übernommen, das Feuer zu hüten und zu bewahren.

Ist es der Anblick der Schlafenden oder die Mühe des Tages, die auch ihr in den Knochen steckt – nach einiger Zeit muss auch sie mit dem Schlaf kämpfen. Die Augenlider wollen und wollen nicht gehorchen. Aber, so schießt es ihr durch den Sinn, sie hat doch die Verantwortung für die Gruppe übernommen, das Feuer zu bewachen! Alle verlassen sich doch jetzt auf sie ...

Im Traum sorgt sie weiter für Feuerholz, aber tiefer und tiefer lässt sie der Schlaf fallen, samtweich wie auf ein Moospolster zwischen Sträuchern mit saftigen Beeren ...

Irgendetwas jedoch vertreibt sie aus diesem Traum. Voller Schrecken reißt sie die Augen auf. Im gleichen Augenblick ist sie beruhigt: Die Feuerstelle glüht noch!

Sofort legt sie einige Äste nach. Die Bewegungen verscheuchen den Schlaf. Aber nicht nur der überstandene Schreck lässt sie für den Rest der Nacht hellwach bleiben. Mit Schaudern erinnert sich die Frau an frühere Zeiten. Sie selbst war damals noch ein Kind, als ihrer großen Familie das Feuer verloren gegangen war:

Unaufhörlich prasselte tagelang der Regen vom Himmel. Der Boden verwandelte sich in Morast. Bäche und Flüsse traten über ihre Ufer. Seen bildeten sich. Auch die kleine Anhöhe, auf die sich die Gruppe vor dem Wasser zurückgezogen hatte, versank im Wasser – und mit ihr die Feuerstelle, die sie bis dahin mühsam bewahrt und umsorgt hatten ...

Eine böse Zeit begann. Das Feuer fehlte den Menschen, um Raubtiere abzuschrecken oder zu vertreiben. Jede Nacht ohne Feuer, das hieß ständige, lauernde Gefahr. In dieser Zeit war es auch, als ein Kind der Gruppe nachts von einer Raubkatze aus ihrer Mitte gerissen und getötet wurde. Einer der Männer, der versucht hatte, das Kind zu retten, erhielt dabei einen tiefen Tatzenhieb. Nie wieder wurden die Menschen die furchtbare Erinnerung an diese Nacht los!

Auch Felshöhlen, die sie ab und an nutzten, waren ohne Feuerstelle kein vollständiger Schutz. Raubtiere ließen sich auch hier nicht fern halten. Außerdem waren die Höhlen feucht und oft auch zugig, ein längeres Verweilen war deshalb in ihnen nicht möglich. Schon gar nicht ohne ein wärmendes Feuer! In der stockfinsteren Höhle fehlte natürlich auch das flackernde Licht. So war die beschwerliche und anstrengende Nahrungssuche am Tage von einer ständigen Gefahr in den Nächten begleitet. Dass sie das Fleisch der gejagten Tiere roh verzehren mussten, war dabei noch das geringere Übel. Aber es schmeckte meist nicht besonders gut. Schlecht verdaulich war es außerdem. Was hätten sie damals nicht alles für ein im Feuer gebratenes Fleischstück getan! Alle sehnten sich nach dem Brandgeruch, nach lodernden Flammen und knisterndem Holz!

Eines Tages ballten sich wieder einmal Gewitterwolken am Himmel und ließen ihre Blitze schnellen. Stärker als sonst schien diesmal das Unwetter zu grollen. Blitz und Donner lösten sich unaufhörlich in nächster Nähe ab. Plötzlich umgab sie ein besonders greller Lichtschein. Und dann ein entsetzliches Krachen! Alle lagen in furchtbarer Angst auf dem Boden. Selbst die mutigsten Männer.

Als die ersten die Köpfe wieder hoben, hörten sie ein Knistern und Prasseln. Brandgeruch lag in der Luft. Sie trauten ihren Augen nicht - ein trockener Baum stand ganz in ihrer Nähe in hellen Flammen. Ihre Furcht war im Handumdrehen verschwunden. Mit lautem Jubel stürmten sie auf die Flammen zu - das Feuer war zu ihnen zurückgekehrt ...

Nie wieder soll das Feuer verloren gehen! Das schwört sich auch die Frau, die in dieser Nacht die Feuerstelle versorgt. Hellwach und mit ernstem Gesicht legt sie weiteres Holz in die schimmernde Glut. Es scheint fast so, als wolle sie in dieser Nacht besonders sorgfältig für das Lagerfeuer in der Mitte ihrer Gruppe sorgen.

Die Honigfalle

Bärenjagd vor 100 000 Jahren

Viel Erfahrung, Geschick und Mut benötigten die Altmenschen für das gemeinsame Überleben. Auf unvorhersehbare Situationen musste reagiert werden.

1. Wanderung und Rast einer Gruppe von Altmenschen
2. Jagen, Sammeln und Erkunden
3. Gemeinsame Jagd auf Höhlenbären

Tagelang ist die Gruppe von Altmenschen nun schon durch Wald und Gebüsch gestreift. Wenige Beeren, einige Wurzeln und einzelne kleine Tiere waren ihre Nahrung. Nicht dass sie verhungert wären, aber so richtig satt ist keiner. Vor allem hat die Gruppe kein größeres Tier erlegen können. Ohne dieses Fleisch fehlt ihnen aber die Kraft zu weiteren Streifzügen. Also wird beschlossen, hier am Fuße des Hügels für ein paar Tage zu rasten, Kräfte zu sammeln und die Umgebung zu erkunden. Die Kräftigsten wollen vor allem nach größeren Tieren Ausschau halten, die man töten und dann verzehren kann. Außerdem muss entschieden werden, in welche Richtung in den nächsten Wochen weitergezogen werden könnte.

Mit der Glut, die in einem hohlen Holzstück immer sehr sorgfältig transportiert und durch kleine, trockene Rindenstücke am Leben erhalten wird, entfacht eine der Frauen rasch ein Lagerfeuer. Trockenes Holz für lodernde Flammen findet sich in Hülle und Fülle. Die größeren Kinder tragen einen Stapel davon zusammen, als wollten sie das Feuer hier wochenlang unterhalten.

Bald darauf setzt die Dämmerung ein. Der Rauch des Feuers ist ihnen vertraut, er gibt ihnen allen Sicherheit und auch ein wenig Wohlbehagen. Leider vermischt sich dieser Rauch nicht mit dem Duft von gebratenem Fleisch ...

Schon mit Sonnenaufgang machen sich die Späher auf den Weg. Es kann Stunden oder auch Tage dauern, ehe sie wieder zurück sind. In der Zwischenzeit sind aber auch die anderen Mitglieder der Gruppe nicht untätig. Während einige auf das Feuer aufpassen, ziehen die meisten mit ihren Stöcken und Steinwerkzeugen auf Sammeljagd. Kleine Tiere, ja selbst Käfer und Würmer landen entweder im Bauch der Sammler oder im Fellbeutel, um später am Feuer geröstet zu werden. Natürlich wird auch an die gedacht, die während dieser Zeit am Rastplatz ausharren müssen. Lange vor Sonnenuntergang finden sich alle wieder an der Feuerstelle ein. Die Ausbeute ist nicht gerade überwältigend, sie reicht nur, den größten Hunger zu stillen.

Wider Erwarten sind aber auch schon die Späher zurück. Sie berichten, dass sie in einer großen Baumgruppe nahe einer Felsenschlucht Bienen und Honigwaben gefunden haben. Aber, was noch viel berichtenswerter ist, auch Bärenspuren, noch sehr frische. Das verwundert keinen der Gruppe, denn wo Bienenhonig zu finden ist, da sind auch Bären meist nicht weit. Alle wissen, dass die Bären dafür eine gute

Nase und eine besondere Vorliebe haben. Ihr dichtes Fell lässt es zu, dass sie die Waben mit dem Honig aufschlecken können, obwohl die Bienen ihre Vorräte heftig mit Summen und Stichen verteidigen.

Noch am gleichen Abend will die Gruppe dem Bären an der Honigquelle auflauern. Es ist ziemlich sicher, dass er dort nicht zum letzten Mal aufgekreuzt ist. Vorsichtshalber werden die Spitzen der großen Spieße noch einmal in der Glut des Feuers gehärtet. Dann bleiben nur Mütter mit ihren Kindern sowie die verletzten und schwachen Mitglieder der Gruppe am Rastplatz zurück.

Behutsam schleichen die Jäger durch den Abend zur Baumgruppe an der Felsenschlucht. Voran natürlich die Späher. Unterwegs haben alle handliche Wurfsteine gesammelt. Die Riemen der Sammeltaschen drücken unter dem Gewicht der Steine tief in die Schultern.

Nun heißt es, möglichst lautlos zu warten. Die Gruppe ist, soweit es Sträucher und Büsche zulassen, verteilt.

Hoffentlich lockt der Honig den Bären heute Nacht erneut zu dieser Baumgruppe ...

Die Dämmerung hat schon begonnen. Jetzt sind die Ohren mehr als die Augen gefragt. Tapsende Geräusche sind zu hören. Das Gras dämpft jeden Laut. Dort bewegt sich ein Schatten. Das könnte ein Bär sein. Jetzt schurrt etwas über die Rinde des hohlen Baumes mit den Bienenvölkern. Wieder Stille. Dann schleckt es ununterbrochen. „Lass uns auch etwas Honig übrig!“, knurrt leise einer der Jäger. Unverwandt starren die Augen der Jäger in die Richtung der schmatzenden Geräusche. Erst müssen sie den Bären töten. Der Honig kann warten ...

Auf ein Zeichen hin schleichen sich die Jäger näher an die Baumgruppe heran. Irgendwo knackt ein Ästchen. Sofort bricht das Schmatzen ab. An dem hohlen Baum richtet sich der Bär auf und nimmt Witterung auf. Wer wagt es, ihn hier zu stören? Jetzt schaut er genau in die Richtung der Jäger. Diese hatten einen Braunbären erwartet. Was sich jetzt aber vor ihnen in der Dämmerung aufrichtet, ist ein riesiger Höhlenbär! Er überragt die Jäger um mehrere Kopfeslängen. Aber der Schreck muss überwunden werden!

Unwillig brummt der gewaltige Höhlenbär. Die ersten Steine treffen den Kopf des Bären. In seinem Schmerz macht er einige sehr rasche Schritte auf die Jäger zu. Jetzt müssen die Lanzen helfen! Aber fast alle Spieße bleiben wirkungslos. Zu zottig und dicht ist das Fell, die Haut darunter zäh und stark. Doch einer der Jäger muss das Tier verwundet haben. Es brüllt auf und schlägt wütend nach der Lanze, die in seinen Körper eingedrungen ist. Der Hieb lässt den Spieß zersplittern. Ein Jäger stöhnt auf, ein umherfliegendes Teil des Spießes hat ihn hart getroffen. Sein Arm ist verletzt.

„Mehr Steine!“, ruft der Anführer, und schon prallen weitere Brocken an den Kopf des Bären. Noch energischer wehrt der Bär auch diesen Angriff ab. Mit weit ausgebreiteten Vorderpranken wendet er sich wütend den nächststehenden Jägern zu. So viel Behändigkeit hätten sie diesem Koloss kaum zugetraut. Die Angegriffenen wollen sich in Sicherheit bringen. Für einen von ihnen wird der Sprung durch das feuchte Gras zum Verhängnis - er rutscht aus und kommt nicht schnell genug wieder auf die Beine. Schon ist der Bär über ihm, schlägt mit der Tatze nur einmal zu, wirbelt ihn durch die Luft, tötet ihn. Für wenige Atemzüge ist dadurch der Bär abgelenkt und achtet nicht auf einen Jäger, der ihm mit Todesverachtung und aller Kraft den Spieß durch das Auge in den Kopf stößt. Der Bär bricht tödlich getroffen zusammen.

Der Jubel fällt gedämpft aus, hat doch der Bär einen der Jäger mit in den Tod genommen. Auch der Verletzte muss versorgt werden. Glücklicherweise hat er sich nichts gebrochen. Während sie nun Stangen und Spieße für den Abtransport des Bären und des Toten zum Rastplatz zusammenbinden, werden die Jäger von einem tiefen Brummen aufgeschreckt. Aber der Bär, der da vor ihnen liegt, ist doch tot, der rührt und muckt sich nicht! Woher der Laut? Da sehen sie die große Gestalt eines zweiten Höhlenbären dicht hinter sich.

Damit hatten sie nicht gerechnet! Es bleibt nur die Flucht. Einige können Bäume erklimmen, andere rennen um ihr Leben in die Dunkelheit hinein. Wieder hat einer der jüngeren Jäger Pech - der Ast, auf dem er sich schon sicher fühlte, bricht mit lautem Krachen und lässt den Jungen auf dem Graspolster landen - und das dicht neben dem schnüffelnden Bären! Der schnuppert, stupst sogar den Jungen. In seiner Angst ist der kleine Jäger wie betäubt, starr vor Schreck. So glaubt auch der Bär, einen Leblosen vor sich zu haben, und sucht weiter in der Runde. Da entdeckt er seinen Artgenossen, tot. Jetzt brüllt er auf, springt mit ungeahnter Schnelligkeit zur Stelle zurück, an der er den Jungen berührt hatte. Mit großen Sätzen hat der sich aber aus der Gefahrenzone gebracht!

Noch lange wütet der Bär unter der Baumgruppe. Endlich trollt er sich. Dann hören die Jäger sein Grollen aus der Felsschlucht. Kommt er etwa wieder zurück?

Tatenlos müssen die Jäger alles abwarten. Weder die geflohenen noch die auf den Bäumen kauernden Jäger können gegen den Bären angehen; liegen doch fast alle ihre Spieße, zum Teil schon verknotet, auf dem Waldboden, bereit zum Abtransport der Beute und des Toten. Endlich, nach unendlich scheinender Zeit sammeln sie sich, sichern zuerst ihre Waffen und schleppen sich dann mit dem Toten auf den Rastplatz zurück.

Am nächsten Morgen werden sie versuchen, die Beute zu bergen. Auf den großen Bärenbraten, den sie unter so großen Opfern, Mühen und Ängsten erkämpft haben, möchte keiner in der Gruppe verzichten.

Auf einen Kampf mit dem zweiten Bären sind sie nun wieder vorbereitet. Es soll ihnen eine Lehre sein, die Spieße zu früh als Transportmittel zu nutzen, auch wenn der Fleischhunger noch so zwickt.

Grabt schneller!

Auf Nashornjagd vor 80 000 Jahren

Die Gefahren, die in der Großwildjagd lagen, konnten die Altmenschen nur durch umfangreiche Vorbereitungen mildern. Das arbeitsteilige Zusammenwirken der Gruppe, ihre verbesserten Werkzeuge und die Erfahrungen beim Töten derartiger Tiere waren unumgängliche Voraussetzungen für den Erfolg.

1. **Ausspähen der Fährte, Bau der Fallgrube**
2. **Verwirren, Verletzen und Töten des Nashorns**
3. **Bergen der Beute**

Auf ihrem Wanderzug erreicht eine Gruppe von Jägern und Sammlern einen großen See. Flach und sumpfig sind seine Ufer. Gebüsch und Schilf versperren den Blick auf das Wasser. Nur wenige Zugänge gibt es zum See. Hier aber finden sich zahlreiche Fährten. An diesen Stellen müssen die Tiere aus der Steppe und den Wäldern ihren Durst stillen. Das erkennen die Jäger und Sammler sofort. Hier können sie sicher sein, einige der größeren Tiere, vielleicht sogar ein Nashorn, jagen zu können.

In großer Entfernung zu einer dieser Tränken errichtet die Gruppe ihren Rastplatz. Schließlich will man die Tiere nicht durch Feuerschein, Rauch oder Stimmengewirr von den Wasserstellen verscheuchen.

Noch am gleichen Abend liegen Späher auf der Lauer, um zu ermitteln, welche Tiere an welchen Wasserstellen ihren Durst löschen. Tatsächlich findet sich auch ein einzelnes, sehr großes Nashorn an einer der Wasserstellen ein.

Schon am nächsten Tag rüstet sich in aller Frühe fast die gesamte Gruppe zur Nashornjagd. Eile ist geboten, um bis zum Abend mit allen Vorbereitungen fertig zu sein.

Der Pfad, auf dem das Nashorn am späten Abend zur Tränke am See zu finden war, ist rasch ausgemacht. Schwieriger ist es schon, die richtige Stelle für eine Fallgrube zu bestimmen. So sollte unter anderem dichtes Gebüsch den möglichst schmalen Pfad begrenzen, damit ein Ausweichen des Tieres schwierig wird.

Der Älteste teilt vor Ort die Arbeit ein. Die Kräftigsten beginnen mit dem Ausheben des Bodens. Mit bloßen Händen werfen sie die Erde auf Felle, die dann vor allem von den Kindern fortgetragen und ausgeschüttet werden. Weit weg vom Pfad, den das Tier für gewöhnlich nimmt, denn nichts soll es in seiner gewohnten Umgebung beunruhigen oder misstrauisch machen. Wo der Boden in der Grube härter ist, muss er erst mit Stöcken gelockert werden. Oft versperren auch lange Wurzeln das Graben. Da helfen den Fallenbauern nur die Faustkeile.

Einige Frauen und Männer hat der Älteste in den Wald geschickt. Nach Stunden kehren sie mit langen, dünnen Baumstämmen sowie Zweigen und flachem Astwerk zurück. Ohne scharfe Steinwerkzeuge wäre diese Arbeit nicht zu vollbringen gewesen!

Auf einen besonderen Stapel legen die Frauen trockenes Astwerk, Schilf und Gras. Sorgfältig schichten sie dieses Material für einen späteren Feuerbrand aufeinander.

Während all dieser Zeit ist die Grube tiefer gegraben worden. Die Männer sehen kaum noch mit ihren Köpfen über den Rand heraus. Immer anstrengender wird es, die Erde aus der Grube zu heben. Immer schwieriger wird es auch, die ausgehobene Erde zu verstecken. Endlich kommt die erlösende Entscheidung des Ältesten, mit dem Graben aufzuhören.

Nun decken die Jäger die Grube sorgfältig zuerst mit den dünnen Stämmen, dann mit Laubwerk zu. Nichts soll die darunter verborgene Grube verraten. Deshalb kommen zum Schluss obenauf Grasbatzen, Schilfbüschel und dunkler Schlamm. Nicht an allen Stellen hält die Tarnung, manchmal muss noch einmal mit kleinem Astwerk nachgebessert werden. Der Älteste befürchtet sogar, dass die Abdeckung vielleicht zu stabil geworden ist, sodass ein Nashorn darüber hinweglaufen könnte, ohne einzubrechen. Auf den ersten Schritten über die Falle muss allerdings die Decke das Tier tragen können. Zu früh würde es sonst die Gefahr unter seinen Füßen erkennen. Viel Erfahrung ist für den Bau einer solchen Nashornfalle nötig! Einige werden schon ungeduldig, weil der Älteste alles immer und immer wieder sorgfältig prüft und verbessern lässt.

Nachdem auch die letzten Spuren der Fallenbauer verwischt worden sind, ziehen sich Männer, Frauen und Kinder auf ihren Rastplatz zurück. Die Zeit bis zum Abend nutzen sie für die Erholung und Stärkung. Es gilt jetzt, alle Kräfte zu sammeln.

Rechtzeitig vor der Abenddämmerung haben sich die Männer und Frauen der Gruppe, die der Älteste bestimmt hat, in weitem Kreis um die Fallgrube verteilt. Das lautlose Warten wird zur Qual. Dafür sorgen auch Schwärme von Mücken!

Lange müssen sie alle so ausharren. Dann hören sie das Stampfen eines großen Tieres. Ach wäre es doch das Nashorn! Äste knacken. Hoffentlich bleibt es auf seinem Pfad zur Wasserstelle! Da sehen sie das Nashorn. Unvermittelt bleibt es stehen, verharrt einen Augenblick. Die Jäger atmen erst wieder auf, als sie sehen, dass es den Weg zur Tränke fortsetzt. Nun entscheidet es sich. Wird das Nashorn eine Veränderung des Weges bemerken und deshalb einen anderen Pfad zur Tränke nehmen? Nein! Unbeirrt geht es auf die unsichtbare Grube zu. Es setzt seine Vorderfüße auf die Abdeckung. Noch hält sie das Gewicht. Mit den weiteren Schritten beginnt es zu krachen und zu splittern. Das Tier stürzt mit allen vier Füßen hinein.

Im gleichen Augenblick schlagen die Flammen aus dem Gras- und Holzstoß. Diese Schrecksekunde des Tieres müssen die Jäger nutzen, denn auf Dauer kann das gewaltige Tier nicht durch eine Grube gefangen gehalten werden, in der es nur bis zum Bauch verschwunden ist. Die Jäger laufen, so schnell es Boden und Büsche zulassen, mit Geschrei auf die Fallgrube zu. Mit ganzer Kraft stoßen sie auf das Tier ein. Doch ihre Lanzen scheinen überhaupt nicht in den Körper des Nashorns einzudringen. Selbst die Lanzen mit den scharfen Steinspitzen sind offenbar wirkungslos. Krachend zerbrechen viele Spieße. Dennoch muss das Tier von einigen Jägern verletzt worden sein. Es wehrt sich heftig gegen die Lanzen. Schnell bewegt sich sein Kopf mit dem gefährlichen Nasenhorn. Ein Jäger ist dem Grubenrand zu nahe gekommen. Er schreit vor Schmerzen. Eilig zerren ihn die Gefährten aus dem Gefahrenbereich. Er muss sich zunächst selbst überlassen bleiben, jeder Mann wird in diesem Augenblick im Kampf gegen das wild um sich schlagende Tier gebraucht. Wehe, wenn das verletzte Nashorn jetzt aus der Grube ausbricht!

Der Älteste beobachtet das Verhalten des Tieres genau. Geduckt nähert er sich, die Lanze mit der Steinspitze stoßbereit, dem Kopf des Nashorns. Da fährt die Lanze durch das Auge in den Schädel des Nashorns. Schnell und kraftvoll hat er diesen Stoß ausgeführt. Das tödlich getroffene Tier bäumt sich noch einmal auf, nur ein schneller Sprung bringt den Ältesten in Sicherheit.

Im auflodernden Feuerschein überblicken die Jäger den Kampfplatz rings um die Fallgrube. Ist keiner von ihnen unter das Tier gekommen? Kein weiterer Gefährte verletzt? Das Tier auch wirklich tot?

Einer der jungen Jäger ist schon fortgeschickt worden, um möglichst viele Hordenmitglieder zur Fallgrube zu holen. Mit ihren Steinwerkzeugen beginnen sie wenig später, den Fleischkoloss zu zerteilen und zum Rastplatz zu bringen. Eine schwere Arbeit, die die ganze Nacht benötigt. Aber die blutigen Fleischreste in der Grube liegen lassen? Schnell wären Raubtiere zur Stelle, die den Menschen den Jagderfolg streitig machen würden. Nach all dieser Anstrengung und Mühe möchten die Jäger keinen Klumpen Fleisch mit Raubtieren teilen.

Trotz der Müdigkeit ist für die Jäger am nächsten Morgen keine Ruhepause möglich. Vorsichtig, vor eventuell vom Blutgeruch angelockten Raubtieren auf der Hut, steigen sie nun bei Tageslicht nochmals in die Fallgrube und untersuchen die Reste des Nashorns. Vor allem suchen sie nach verlorenen Waffen. Besonders die steinernen Lanzenspitzen gilt es zu bergen. Möglichst umgehend müssen sie wieder an kräftigen Schäften befestigt werden. Wer weiß schon, wann der nächste Kampf um Fleisch oder Leben bevorsteht?

Nahrung für Wochen

Mammutjagd vor 50 000 Jahren

Die letzte Eiszeit begann vor 90 000 und endete vor 10 000 Jahren. Wenn es auch einige wenige Jahrtausende gab, in denen es etwas wärmer wurde, so blieben die Temperaturen generell weit niedriger als heute.

Rentiere und Mammuts waren die in diesen Eiszeitsteppen meist gejagten Tiere. Einzelne oder ältere Tiere stellten dabei bevorzugte Jagdobjekte dar. Auffällig ist besonders die vollständige Nutzung der erlegten Tiere, selbst des Mammuts, für das Leben der Menschen in den kalten Steppen.

Schon tagelang war die Gruppe der Jäger durch die kalte Steppe gestreift. Weder Rentierherden noch Mammuts haben sie ausfindig machen können.

„Täuschen mich meine Augen?" Fragend reckt einer der Jäger die Hand zum Horizont. Augenblicklich blicken alle Jäger in die angedeutete Richtung.

„Du hast scharfe Augen! Das muss ein Mammut sein!", loben ihn die anderen Jäger.

„Und es kommt auf uns zu!", jubelt der Jäger, der das Tier zuerst gesehen hat.

Der Wind steht günstig. Langsam und ohne Arg trottet das Mammut näher. Allmählich können es die Jäger genauer ausmachen. Dem Mammut folgt keine Herde, vielleicht ist es ein älteres Tier. Aufgeregt und in aller Eile beraten die Jäger. Sie sind sich jetzt sicher, dass sie dieses einzelne Tier angreifen könnten.

Nun gilt es zu handeln. Zum Angriff verteilen sich die Männer schleichend, tief im Steppengras und hinter Büschen verborgen.

Jetzt ist das Mammut dicht genug heran. Aber was ist das? Einige der Jäger stürmen aus ihren Verstecken und fuchteln in ungefährlicher Entfernung vor dem Mammut mit den Armen und ihren Waffen. Aber keiner hält sie auf das Tier gerichtet! Dazu johlen und schreien sie wie wild. Das Mammut stutzt, ist abgelenkt. Es weiß nicht, ob es sich gegen diese schreienden Menschen verteidigen oder gegen sie vorgehen soll. Zu unverhofft haben sie seine Futter-Wanderung unterbrochen.

Dieses Stutzen nutzen aber die anderen Jäger und schleichen sich ungesehen dicht an das Tier heran. Der stärkste und erfahrenste Jäger stürmt dann die letzten Schritte mit vorangestellter Lanze auf das Mammut zu. Mit aller Wucht stößt er dem Tier die Waffe fast vorn in den Körper. Sofort lässt er aber das Ende der Lanze sinken und läuft so schnell er kann davon. Keinen Augenblick zu spät. Denn schon schlägt das Mammut mit seinem Rüssel nach diesem Jäger. Jedoch umsonst. Dafür aber rammt es sich ungewollt die Lanze noch tiefer in seine Brust. Vor Schmerz schreit das Tier laut auf und versucht, die Jäger vor sich zu erreichen. Sein Rüssel wird zur Waffe. Aber die Jäger weichen dieser tödlichen Gefahr stets aus. Dafür versuchen sie jetzt, von allen Seiten ihre Lanzen in das Fell des Mammuts zu stoßen. Möglichst viele blutende Wunden soll es erhalten und am Weglaufen gehindert werden. Natürlich sind auch die Jäger, die das Tier mit ihrem Geschrei nur ablenken sollten, inzwischen ebenfalls zur Stelle. Lanzen und Spieße, deren Spitze nicht im Feuer gehärtet worden sind, haben keine Chance, in das Fell des Mammuts einzudringen. Viele der Jäger überschätzen auch ihre Kraft. Nicht wenige Waffen gleiten ab, werden von dem wie wild rasenden Tier zertrampelt.

Einigen Jägern gelingt es dennoch, ihre Lanzen tief in den Körper des Tieres hineinzustoßen und das stumpfe Ende der Waffe auf den Boden zu drücken. Mut gehört dazu, denn nicht wenige Spieße zersplittern dabei.

Die blutenden Wunden schwächen allmählich das Tier. Immer mehr Jägern gelingt es, Lanzen tief in den Körper eindringen zu lassen. Die unkontrollierten, wütenden Bewegungen des Mammuts helfen ihnen dabei. Keine Zeit bleibt, die verletzten Jäger zu beachten. Manche merken auch ihre Schmerzen und Wunden erst später. Jetzt muss jede Waffe eingesetzt werden. Stunden dauert dieser Kampf, bis das Mammut umfällt und der Tod eintritt.

Gezeichnet vom Kampf liegen anschließend auch die Jäger auf dem zertrampelten Gras der Steppe. Alle blutverschmiert, einige mit kleineren oder größeren Wunden. Aber sie haben das gewaltige Mammut besiegt. Nahrung für Wochen liegt vor ihnen ...

Die Schnellsten sind schon zum Rastplatz unterwegs, um Hilfe beim Bergen des Tieres zu holen. Denn nicht nur das Fleisch und das Fett zählen jetzt, auch die Stoßzähne und Rippen. Sie eignen sich als sehr haltbare Stützen und Stangen für die Hütten. Aus ihnen lassen sich aber auch Dolche, Nadeln, Messergriffe und Schmuck schnitzen! Das zottige Fell liefert viele Fäden für Vogelschlingen. Geflochtene Leinen aus diesen Haaren eignen sich gut für die Fallen, mit denen kleinere Tier gefangen werden können. Die Haut des Mammuts selbst ist ein sicherer Wetterschutz für die Hütten. Sogar die fettgetränkten Knochen sind ein wertvolles Brennmaterial für die Herdfeuer in den Hütten. Und von diesen Knochen gibt es, auch bei diesem Mammut, eine reichliche Menge!

Tagelang schleppen die Mitglieder der Sippe die Beute, tatsächlich bis auf den letzten Knochen, zum Rastplatz. Natürlich müssen sie während dieser Zeit ständig Wachen am ehemaligen Kampfplatz lassen, denn einen derartigen Fleischberg sehen auch Raubtiere als gefundenes Fressen an.

Die Verletzungen eines der Jäger müssen noch viele Wochen gepflegt werden. Erst danach kann er wieder gehen. Aber der schnellste und gewandteste Jäger seiner Gruppe wird er wohl nie mehr werden.

Ein Rentier an der Wand

Geheimnismann und Jagdzauber vor etwa 30 000 Jahren

Er war Medizinmann, Magier, Apotheker und Vermittler zu den Geistern der Natur in einem. Seine Beschwörungsformeln, Naturkenntnisse und medizinischen Erfahrungen bezog er vorwiegend von seinem Vorgänger. Nur einzelnen Auserwählten der Sippe wurde dieses Wissen weitergereicht. Auch wenn er in der Regel nicht mit zur Jagd ging, trug er maßgeblich zum Überleben der Gemeinschaft bei. Zusammen mit dem „Ältesten" der Sippe, der auch eine Frau sein konnte, entschied der „Geheimnismann" über das Leben in der Gruppe.

1. Eine Höhlenmalerei entsteht
2. Der Jagdzauber soll den Erfolg des nächsten Tages vorbereiten helfen

Oberhalb der großen Höhle, in der die Sippe seit einiger Zeit ihren Rastplatz hat, steigt gelblicher Rauch auf. Vor allem die Kinder sind neugierig, jedoch keiner von ihnen wagt es, dort hinaufzuklettern!

Das Feuer qualmt auf einem schmalen Vorsprung am Felsen, hinter dem es auch noch eine Höhle gibt. Alle wissen, dort oben hat der Geheimnismann der Sippe seine eigene Feuerstelle und Wohnstatt, seine Vorräte an Kräutern und besonderen Steinen. Ihn bei der Arbeit zu stören, das wagt niemand. Unheil für sich und die anderen könnte er sonst heraufbeschwören - so nehmen es alle Mitglieder der Sippe an.

Der hellgelbe Qualm ist inzwischen verflogen. Unverwandt kniet der Geheimnismann aber weiter vor seinem Feuer. Auf flachen Steinen schiebt er vorsichtig Gesteinsmehl und kleine Steine in die Glut. Seine Lippen murmeln beschwörende Worte. Vielleicht bilden sie aber auch nur das Zeitmaß für das richtige Rösten der Steine. Tatsächlich verfärben sich nach einer bestimmten Zeit die Steine und zerfallen zu gelbbraunem Pulver: Ocker. Mit Wasser angerührt, ergibt das eine haltbare Farbe.

Der Geheimnismann hat dieses Wissen um die Farbherstellung nicht selbst herausgefunden, sein Vorgänger schon kannte diese Möglichkeiten. Er selbst war jahrelang Gehilfe dieses alten Geheimnismannes. So lernte er in jungen Jahren, was der alte Mann wusste. Als dieser starb, wurde er der Geheimnismann der Sippe.

Von ihm, dem alten Mann, erfuhr er aber nicht nur Kenntnisse über Steine und die Farbenherstellung. Besonders wichtig für die Sippe ist das Wissen über Krankheiten, Verletzungen und das Sterben der Menschen. Der Geheimnismann sammelt und verabreicht Kräuter und Pflanzen, die gegen Schmerzen, Durchfall und vieles andere helfen. Er kennt Früchte oder Pflanzen, die den Menschen bewusstlos werden lassen oder sogar töten. Vieles hat er von seinem Vorgänger gelernt, manches auch hat er selbst neu herausgefunden. Die Sippe verehrt ihn, begegnet ihm mit Ehrfurcht, aber auch mit einer gewissen Scheu.

So folgt auch jeder Jäger der Sippe der Aufforderung des Geheimnismannes, am Abend in eine abseits gelegene Höhle zu kommen. Alle wissen, dass der Sippenälteste für den nächsten Tag eine Jagd auf durchziehende Rentierherden festgelegt hat. Viel hängt für die Sippe vom Erfolg dieser Jagd ab. Deshalb haben auch alle Männer, die zur Jagd bestimmt worden sind, nochmals ihre Waffen überprüft: Neue Sehnen wurden um die Speerspitzen gebunden und die Leinen der Wurfspeere teilweise erneuert.

Der Abendhimmel zieht auf. Die Jäger hocken im Rund der abgelegenen Höhle. Hell leuchtet das Feuer, dennoch kann es die Wände nur spärlich erhellen. Ein großes Bild von einem Rentier wird an einer der Höhlenwände sichtbar. Die Jäger sehen es zum ersten Mal. Der Geheimnismann hat es in den letzten Tagen und Nächten frisch in den Stein geritzt und mit kräftigen Farben ausgemalt. Als wäre es lebendig, so echt sind die braunen und rötlichen Farben in das Bild eingefügt. Wie wünschen sich alle sehr, morgen bei der Jagd auch so dicht an ein Rentier heranzukommen, um es mit dem Speer treffen zu können.

Springt da plötzlich das Rentier von der Wand mitten in die Runde hinein? Aber dieses Wesen hat nur zwei Beine. Jedoch das Geweih ist das eines Rentiers. Das lose umgehängte Rentierfell lässt nun doch den Menschen darunter erkennen. Die Jäger vermuten zu Recht, dass der Geheimnismann in der Verkleidung steckt. Er bewegt sich wie ein Rentier, scheint atemlos zu lauschen, springt dann in wilder Flucht davon. Mehrmals wiederholt sich das Spiel. Alle Jäger in der Runde verstehen es. Jeder von ihnen beobachtet das Verhalten des „menschlichen Rentiers“ sehr genau. Alle Jäger wissen, dass so der morgige Jagderfolg beschworen werden soll. Gleichzeitig werden die Rentiere, die am nächsten Tag zu töten sind, dafür um Verzeihung gebeten. Denn nicht Mordlust treibt die Männer zur Jagd in die Steppe. Die Rentiere sollen durch ihr Fleisch, ihre Felle, ihre Knochen und Sehnen die Sippe davor bewahren, im kommenden Winter zu erfrieren und zu verhungern.

Fester fassen die Hände der Jäger die Wurfspeere, suchen mit den Augen die Stelle des Rentiers an der Höhlenwand, die es morgen zu treffen gilt. Einer nach dem anderen wandert langsam an dem Bild im Fels vorbei. Dann halten sie sich für einen Augenblick still und fest im Kreis um das Feuer an den Händen fest.

Eine tiefe Verneigung vor dem Geheimnismann in seinem Rentierfell und dem Bild an der Wand beschließt diese Besinnung am Vorabend der Jagd. Gefasst und mit einem guten Gefühl gehen die Jäger in ihre Hütten zurück. Die Ruhe dieser Nacht werden sie brauchen, um die Jagd auf die Rentiere erfolgreich bestehen zu können, jener Jagd, von der so viel für die kommenden Monate abhängt.

Geduld und scharfe Augen

Vom Fischfang vor 30 000 Jahren

Neben Sammeln und Jagen bildete in der Frühzeit der Menschen stets die „Fischjagd" einen wichtigen Bestandteil der Nahrungsbeschaffung. Die Episode möchte darauf aufmerksam machen, dass diese Tätigkeit auch nicht ohne Erfahrung, Mühe und geeignete Waffen ausgeführt werden konnte.

„Ach, was wäre es herrlich, jetzt durch Busch und Wald zu streifen!" So denkt einer der fünf Männer, die regungslos bis zu den Hüften im Wasser des kleinen Flusses stehen. Nur keine rasche Bewegung machen! Die Fische würden für längere Zeit diese Stelle meiden.

Jedoch die ausdauerndste Reglosigkeit bringt den Männern offensichtlich heute keinen großen Erfolg. Fische schwimmen genügend vorbei. Aber die Fischspeere in ihren Händen nützen nur bei großen Fischen. Die vielen kleinen Wasserflitzer können damit überhaupt nicht getroffen werden.

Die Erfahrung hat die Männer gelehrt, dass die hölzernen Fischspeere möglichst lang, aber schlank sein müssen. An einem Ende des Speeres ist mit dünnen Tiersehnen sehr sorgfältig eine geschnitzte Knochenspitze befestigt worden. Sie hat sogar einige Widerhaken, damit die zappelnde Beute, wenn sie denn getroffen wird, nicht gleich wieder davongleiten kann.

Anstrengend ist nicht nur die Reglosigkeit, in der die Männer verharren müssen. Anstrengend ist es vor allem, das glitzernde Wasser nach großen, jagbaren Fischen abzusuchen. Lachse, Hechte oder Zander müssten es schon sein. Die Strömung und das Sonnenlicht täuschen mehr als einmal einen Fang vor.

Jetzt aber ist es keine Täuschung! Einige Lachse schießen heran. Sorgfältig zielen die Männer. Fast zugleich stoßen sie sehr schnell zu. Wasser spritzt auf. An zwei Fischspeeren rucken Lachse gegen die Widerhaken an. Nur nicht den Fisch vom Widerhaken rutschen lassen! Es braucht Geschick und Kraft, die fast meterlangen Fische an Land zu hieven. Die leer ausgegangenen Männer helfen dabei mit ihren Fischspeeren und den bloßen Händen. Selbst noch am Ufer muss aufgepasst werden, dass sich die zappelnden Fische nicht wieder in das schützende Nass retten. Schnell sind aber die Männer mit ihren Steinmessern zur Stelle. Diese beiden Fische werden wohl nie mehr schwimmen!

Dafür aber schwimmt ein anderer: Einem der Männer ist sein Fischspeer entglitten. Vielleicht hat ihn auch ein halb getroffener Lachs ein Stück mitgenommen. Jedenfalls hat der Fischer alle Mühe, in der leichten Strömung dem wertvollen Speer hinterher zu kraulen. Diese Anstrengung lohnt sich, denn er weiß, wie mühevoll ein guter, neuer Fischspeer herzustellen ist. Triumphierend schwenkt er den Speer, als er ein Stück flussabwärts pitschnass aus dem Wasser steigt. Leider aber ohne einen Fisch am Speer.

Es bleibt an diesem Tag nicht bei dem Fang der zwei Lachse. Gemeinsam schultern sie am Abend die Fischspeere mit den daran hängenden Fischen. Sie freuen sich sogar über die drückende Last auf ihren Schultern. Nach Stunden können sie auch wieder ihre Beine und Körper bewegen. Vergessen die Anstrengung des Stillstehens. Endlich können sie sich ungestraft der Mücken erwehren. Und sie zahlen es diesen Plagegeistern auf dem Rückweg zum Rastplatz tüchtig heim!

Hoch oben sieht man viel

Die Übergänge vom Jagen und Sammeln zur Landwirtschaft vor 12000 Jahren

Sicher ist den Siedlungen des „Fruchtbaren Halbmondes" das Jagd- und Sammlerglück nicht immer so hold gewesen, wie es die nachfolgende Episode darstellt. Dafür soll der Zusammenhang zwischen der „Ernte" von Wildgetreide und der zeitweiligen „Tierhaltung" erkennbar werden.

1. **Bau fester Hütten in den größer werdenden Dörfern**
2. **Tote und lebende Jagdbeute**
3. **Sorge um den möglichst langen Erhalt der lebenden Jagdbeute**
4. **Ernte des Wildgetreides**

In der letzten Nacht wehte schon ein kühler Wind von den Bergen ins Tal. Auch hier im heutigen Nordirak kündigt sich damals wie heute der Herbst durch einzelne kühlere Nächte an. Höchste Zeit, um für den Winter vorzusorgen!

Vor Einbruch der kalten Jahreszeit muss noch eine weitere Hütte gebaut werden. So haben es die Ältesten der Sippe beschlossen. Schon vor Tagen wurde eine Erdgrube ausgehoben. Den untersten Teil der Wände bilden Feldsteine. Darauf setzen die Hausbauer ein Dachgerüst aus langen Holzstangen. In den nächsten Tagen wird dieses Gerüst dann mit Stroh eingedeckt. Die einzelnen Strohbündel, die durch Tiersehnen und Bast zusammengehalten werden, liegen schon bereit. So können die Dächer später Wind und Regen trotzen.

Die Hütte, an der die Männer gerade bauen, wird sich nicht von den schon in der Siedlung vorhandenen unterscheiden, nur dass sie neu ist. Längst ist eingeteilt, wer in der neuen Hütte wohnen soll.

Auch die Familie des zwölfjährigen Jungen wird dort einziehen. Sehr eifrig, wie er meint, ist er deshalb beim Bau dabei. Aber schon einmal hat er die Rufe der Männer, die die Stangen für das Dach oben gegeneinanderstützen und sorgfältig verbinden, nicht gehört. Er träumt wohl schon von der fertigen Hütte. „Junge, wo bleiben die nächsten Bastbänder?" Jetzt erst nimmt er die Aufforderung wahr. Erschrocken über seine eigene Unaufmerksamkeit beeilt er sich, dem Mann über ihm das Bindematerial zu reichen. Aber der lacht nur über den Jungen: „Du willst wohl, dass der Regen in dein Felllager tropft? Also Beeilung, damit wir mit der Hütte rechtzeitig fertig werden!"

Als nach Stunden das Stangengerüst des Daches fertig ist, bettelt der Junge: „Darf ich nicht auch einmal hinaufklettern?" Weil er ein geschickter Helfer war, erlauben es ihm die Hüttenbauer, jedoch nicht ohne ihn mit Mahnungen zu versehen.

Das hat sich der Junge schon immer einmal gewünscht! Hier oben hat er einen wunderbaren Überblick über den Siedlungsplatz, kann alle Hütten einmal von oben sehen. Der Rundblick ist viel freier als aus einer dichten Baumkrone. Auch die Umgebung der Siedlung erscheint ihm von hier aus völlig neu. So muss es wohl ein Vogel sehen! Sein Blick schweift weiter, den Berghang hinauf. Er hat scharfe Augen. Dennoch strengt er sich jetzt an, um noch einmal genau hinzuschauen. Jeder Zweifel ist ausgeschlossen! Und sofort ruft er, dass es das ganze Dorf hören kann: „Die Jäger kommen! Ich kann sie oben am Berghang sehen!" Diese Nachricht erfreut alle, die es hören. Denn seit Tagen warten die Dorfbewohner darauf, dass die Jäger zurückkehren.

Der Junge ist mächtig stolz, dass er die Männer zuerst gesehen hat. Aber den Bewohnern in der Siedlung geht es nicht nur um die Heimkehr der Jäger. Schon wird der Junge auf seinem Ausguck gefragt: „Haben sie Beute gemacht?" Der Junge muss seine Augen schmal zusammenkneifen, um noch besser sehen zu können. „Ja, die Jäger sind mit Beute beladen! Aber Genaues kann ich nicht erkennen!"

„So lauft ihnen schon entgegen, vielleicht könnt ihr ihnen beim Tragen helfen!" Diese Aufforderung der Sippenältesten lassen sich die halbwüchsigen Jungen und Mädchen der Siedlung nicht zweimal sagen! Jetzt bedauert der Junge, dass er sich noch immer hoch oben auf dem Dachgerüst der Hütte festhalten muss. Und herunter geht es nun einmal langsamer als hinauf. Als Letzter muss er der fortstürmenden Gruppe folgen. Es ist aber sicher, dass er nicht mehr zu den Letzten gehört, als sie auf die Jäger treffen. Es bleibt den heimkehrenden Männern auch kein Geheimnis, wer sie in der Siedlung zuerst ausgemacht hat.

Obwohl es den Bergpfad hinab geht, so drückt doch die Last der Beute, diesmal sind es Wildschafe, auf den Schultern. Es ist gut, dass die Kinder wenigstens etwas helfen können. Besonders lästig ist den Jägern auf dem Weg hierher die „selbstlaufende" Beute gewesen: An Lederriemen treiben sie einige Lämmer vor sich her. Der Anführer der Jäger hatte sie am Leben gelassen. Aber viele seiner Männer waren mit dieser Entscheidung nicht sehr zufrieden. Diese verängstigten, kleinen Tiere konnte man nicht schultern, immer wieder zappelten sie sich frei. Laufen aber mochten sie auch nicht, zumindest nicht dorthin, wo die Jäger es wollten. Es ist schon angenehm, dass sich jetzt die Kinder dieser ewig blökenden und quer laufenden Lämmer annehmen. Wenigstens auf der letzten Wegstrecke können die Jäger frei ausschreiten. Sie sehnen immer mehr den Zeitpunkt herbei, ihre schwere Beute endlich von den Schultern zu bekommen.

Mit Hallo und Freude werden die Jäger in der Siedlung empfangen. Alle sind froh, die Männer wieder unverletzt zu Hause zu sehen. Achtung und Anerkennung erhalten sie aber auch für die große Beute. Obwohl das meiste für den Wintervorrat bestimmt werden muss, bleibt noch genügend Fleisch für ein Festmahl. Wen wundert es, wenn die Feuer in der Siedlung gegen Abend heller und höher als sonst aufflammen? Der Junge vom Dach schläft in der nächsten Nacht schlecht, entweder träumt er noch von seiner „Heldentat" oder er hat ganz einfach zu viel vom Wildschaffleisch gegessen ...

Unruhig wälzt sich auch die Sippenälteste auf ihrem Nachtlager. Sie hat den Anführer der Jäger am Abend noch ausdrücklich dafür gelobt, dass er die Lämmer nicht getötet, sondern in die Siedlung getrieben hatte. Aber in dem kleinen Gatterverschlag neben der Hütte der Sippenältesten ist die ganze Nacht das ängstliche Blöken der Lämmer zu hören. Gleich morgen, so beschließt sie im Halbschlaf, wird sie ein größeres Gatter bauen lassen, vor allem etwas abseits von den Schlafhütten.

Noch ein Problem beschäftigt die Sippenälteste in dieser Nacht: Hoffentlich können wenigstens ein oder zwei Lämmer schon Gras oder Blätter fressen, sonst hätten sich die Jäger auf ihrem Heimweg umsonst geplagt.

Wie durch ein Wunder stirbt aber nur eines der Schäfchen. Alle anderen Jungtiere bleiben am Leben. Mit Freude betrachtet die Sippenälteste diesen „lebenden" Wintervorrat. Wenn es auch nicht leicht ist, täglich mehrmals das Futter für die kleinen Vielfraße zu besorgen oder sie auf der kleinen eingezäunten Wiese weiden zu lassen. Bald wird aber der kommende Herbst kein frisches Gras mehr liefern. Dann müssen auch die gefangenen Lämmer geschlachtet werden. Oder hat die Sippenälteste anderes mit den Schäfchen vor? Sie entdeckt nämlich, dass den Tieren auch trockenes Gras und Körner schmecken und gut bekommen. Vielleicht ist es möglich, sie so über den Winter zu halten?

Diesen Versuch kann die Sippenälteste nur unternehmen, weil sich in diesem Herbst wie nie zuvor die Bergwiesen rings um die Siedlung in leuchtendes Gelb verwandelt hatten. Alles was in der Siedlung arbeiten konnte, war mit Körben und Fellbeuteln in die Berghänge gezogen, um dort das goldgelbe Wildgetreide zu ernten.

Nicht zu früh aber auch nicht zu spät mussten die Ähren abgerupft werden. Kamen die Sammler zu früh, so lösten sich die Körner nicht aus der Ähre, sie verschimmelten. Kamen sie zu spät, so fielen die Körner bei der leisesten Berührung aus der Ähre auf den Wiesenboden. Unmöglich, sie dort aufklauben zu können. In diesem Jahr hatte die Sippe den rechten Zeitpunkt erwischt! Und die Sippenälteste ließ nicht eine Stunde ungenutzt, das Wildgetreide ernten zu lassen. Selbst die Jäger mussten auf die Bergwiesen!

Die Herbstsonne trocknete die in der Siedlung ausgebreiteten Ähren. Anschließend wurden die Ähren mühsam ausgeschlagen und ausgerubbelt. Ein reicher Körnersegen war der verdiente Lohn.

Die Vorratskammern sind jetzt gut gefüllt - vielleicht kann damit auch das Leben der Lämmer verlängert werden?

Ein Brandpfeil zischt durch die Nacht

Vom Hirtenleben vor 10000 Jahren

Vom zuverlässigen Umsorgen der Viehherden hing in dieser Zeit weitgehend das Überleben der Menschen in den Siedlungen des „Fruchtbaren Halbmondes" im Winter ab. Bis zum Schlachten im Herbst mussten die Tiere gemeinsam geweidet und beschützt werden. Einige der Schwierigkeiten und Gefahren, denen die Hirten damals monatelang ausgesetzt waren, schildert die Episode.

„Eigentlich sollte man sich jetzt über Mittag etwas ausruhen, um seine Augen in der Nacht offen halten zu können!" Mit diesen Worten versucht einer der drei Hirten, es sich etwas bequem zu machen.

„Schlaf aber nicht ein, sonst findest du uns nachher nicht mehr," neckt ihn der andere Hirte. „Du siehst doch, wie die Herde heute rasch über die Wiesen zieht."

„Dann müssen die Hunde eben die Schafherde etwas zurückhalten," murrt der Schläfrige.

„Die Herde wird sich kaum aufhalten lassen, wenn das Gras so dünn und kurz ist. Und wegen deines Mittagsschlafs schon lange nicht! Sieh lieber zu, dass dein Hund dort unten die Schafe nicht ins Moor laufen lässt!"

Dieser Hinweis ermuntert selbst den müdesten Hirten. Mit wenigen Kommandos an die Hunde ist die Gefahr gebannt. Nur gut, dass man sich auf die vierbeinigen Helfer so gut verlassen kann. Denn alle drei Hirten sind nicht mehr die schnellsten Läufer! Ja früher, als sie noch mit auf die Jagd zogen, da waren sie flink wie Wiesel. Jedoch das Alter und einige Verletzungen haben sie dazu gezwungen, der Sippe jetzt nur noch als Hirten zu dienen. Aber Verantwortung haben sie so nicht minder! Ist ihnen doch der Fleischvorrat des Winters anvertraut. Da muss man schon auf der Hut sein, dass keines der Tiere abhanden kommt!

Langsam, aber stetig zieht die Herde weiter. Die Hunde umkreisen die Tiere. Die Schafe sind voll und ganz mit dem Fressen beschäftigt, kaum eines tanzt aus der Reihe. Nur selten dringt ein vereinzeltes Blöken oder das kurze Bellen eines Hundes zu den Hirten. Friedlich und ruhig scheint die Welt. Aber die drei Hirten sind dennoch aufmerksam. Griffbereit haben sie auch ihre Speere und Keulen. Dazu noch selbstverständlich ihre Steinmesser. Alle tragen außerdem Pfeil und Bogen. Und sie können mit diesen Waffen auch umgehen!

„Was ist da drüben los?" Die Augen aller drei Hirten richten sich auf die Stelle, wo sich einige Schafe aus der Herde in den Büschen verkriechen wollen. Sehr genau haben die Hirten herausgehört, dass das Blöken dieser Schafe furchtsam klingt.

„Seht, dort oben!" Einer der Hirten hat die Ursache erspäht: Hoch am Himmel kreist ein Adler! Gegen die Sonne kaum zu entdecken!

„Treibt die Herde möglichst eng zusammen, lasst vor allem die Jungtiere nicht einzeln davonlaufen!" Der Hirtenälteste reißt seinen Bogen von der Schulter und nimmt den ersten Pfeil zur Hand. Die beiden anderen Hirten folgen seinem Beispiel.

Der Älteste mahnt: „Erst schießen, wenn der Adler herabstößt! Jetzt ist er für uns noch unerreichbar."

Inzwischen hat sich die Herde wieder dicht zusammendrängen lassen. Die Hunde verhindern jeden weiteren Ausbruchsversuch der ängstlichen Lämmer.

Ob der Adler nun keine Möglichkeit mehr für sich sah oder er eine andere, leichtere Beute erspäht hatte, bleibt unklar. Jedenfalls steigt er empor und verschwindet aus dem Blickfeld der Hirten.

Erst geraume Zeit später hängen sich die Schafhirten wieder ihre Bogen über die Schulter, rufen die Hunde zurück und lassen die Herde weiter wandernd grasen.

Vergessen hat der vorhin so müde Hirte sein Ruhestündchen, zumindest vorläufig ...

Ohne weitere Zwischenfälle vergeht der restliche Tag. Nahezu von selbst zieht es die Schafherde gegen Abend wieder zu ihrem nächtlichen Schlafplatz zurück. Die Tiere scheinen das schützende Gehege vor Einbruch der Nacht erreichen zu wollen. Und ihrem Instinkt ist zu trauen ...

Die drei Hirten haben für die Schafherde auch in der Nacht zu sorgen. Aus geflochtenen Ruten und dornigen Zweigen haben sie einen Zaun aufgestellt, der gerade so viel Raum gibt, wie die dicht gedrängte Herde für die Nacht braucht.

Ein Gattertor verschließt das Gehege. Davor haben sich die Hirten ein einfaches Nachtlager geschaffen. Abwechselnd wird geschlafen. Ein kleines Feuer soll etwas Wärme spenden. Meist ist es mehr Rauch. Vergleichsweise haben es die Schafe, eng zusammengedrängt im Gehege, wärmer als ihre Hirten vor dem Gatter.

Die Nacht ist heute nicht nur kühl, sondern auch dunkel und wolkenverhangen. Eingehüllt in ihre Felle schlafen zwei der Hirten, zusammengekauert, dicht am Feuer. Der dritte hält Wache - oder was er dafür hält. Schläfrig starrt er in die Holzflammen ... Auch hinter ihm liegt ein langer Hirtentag. Nochmals denkt er an den Beuteversuch des Adlers ... Immer wieder blinzelt er mit den Augen, um den Schlaf zu vertreiben. Ganz langsam sackt sein Oberkörper nach vorn. Doch irgendwie schreckt er auf. „Alles in Ordnung!", murmelt er zufrieden zu sich selbst. Eine Weile danach hält er sich noch mühsam munter. Dann überwältigt ihn der Schlaf. Im Traum schimpft er mit seinem Hund, der soll die blökende Herde zur Ruhe bringen. „He, gebt Ruhe!", so zetert er im Schlaf mit den Tieren. Schnarchen und Schimpfen wechseln sich ab.

Kleiner und kleiner werden die Flammen des Wachfeuers. Niemand legt mehr Holz auf. Die Glut wird dunkler und dunkler.

Ungewöhnlich laut schlagen plötzlich die Hunde an. Der Älteste der Hirten hört sie als Erster. Schlagartig ist er hellwach: „Was ist los?" Aber seine Frage wird nicht beantwortet. Er muss erst die beiden anderen Hirten wachrütteln. „Legt Holz auf die Glut, macht Feuer!" Umsonst bohren sich die Augen der Hirten in die Finsternis. Was ist mit den Schafen im Gehege? Das ängstliche Blöken und das Gekläff der Hunde gehen so ineinander über, dass man auch keine verdächtigen Geräusche ausmachen kann.

Doch da ist ganz deutlich das Knacken von Ästen zu hören! Irgendjemand macht sich am Strauchgatter zu schaffen! Im nächsten Augenblick drängen sich die Schafe, soweit es der Raum zulässt, an einer Seite im Gehege zusammen. Angstvoll ist ihr Blöken.

Endlich lodern die Flammen des Wachfeuers auf! Doch was die Hirten jetzt im Gehege erblicken, lässt ihren Atem stocken: Ein Leopard, ein Riesentier! Mit seinen Zähnen hat er fest ein Schaf im Nacken gepackt und getötet.

Das auflodernde Feuer irritiert den Leoparden. Er lässt das Schaf fallen. Im gleichen Augenblick duckt sich das große Raubtier, bereit zum Sprung! Den drei Hirten jagt die Angst Schauer über den Rücken! Wird der Leopard sie angreifen? Wie können sie diesen Angriff abwehren? Wo verstecken? Was zuerst tun?

Die Furcht scheint Gedanken und Gliedmaßen gleichermaßen zu lähmen. Der Hirtenälteste überwindet seine Angst zuerst und schreit: „Schießt Feuerpfeile!“

Wider Erwarten reagieren die anderen beiden Hirten sofort, ihr Schock ist überwunden. In kürzester Zeit flammen die Spitzen der Pfeile auf und schnellen von den Sehnen der Bogen. Doch der kaum überwundene Schreck der Schützen hat die Pfeile nicht treffsicher genug gemacht. Zwei der kleinen Brandfackeln schlagen vor dem Raubtier in den Boden, nur das dritte Geschoss trifft. Pfeil und Flamme haben sich in das Fell des Leoparden gebohrt. Markerschütternd ist das kurze Aufbrüllen des Raubtieres. Geschickt wälzt sich das Tier auf dem Boden, um den Pfeil und die Flamme abzustreifen.

Anschließend packt er erneut die schon geschlagene Beute und springt in einem Satz über den Gehegezaun.

Das geht so schnell, dass die Brandpfeile, die die Hirten dem Tier nachzischen lassen, sich genauso in der dunklen Nacht verlieren wie der Leopard mit seiner Beute.

Die Urmutter ist gnädig

Die ersten Getreidefelder vor 10 000 Jahren

Der Übergang vom Ernten der Wildgerste zum Anbau von Getreide war in den Gebieten des „Fruchtbaren Halbmondes" ein lang andauernder Prozess, der nicht ohne Rückschläge verlief. Sich deshalb stets einer göttlichen Hilfe zu versichern, war selbstverständlich. Noch wichtiger für gute Ernten waren aber die Erfahrungen, die von Generation zu Generation weitergegeben wurden, sowie die Entscheidungsbefugnisse der Siedlungsältesten.

1. Anlage des Ackers, Aussaat der Gerste
2. Monatelange Bewachung des Feldes
3. Abernten und Drusch der Gerste

Still brütet die Mittagshitze über dem Getreidefeld. Man könnte eigentlich das Gras wachsen hören. Es scheint, als ob die beiden Feldwächter das ständig tun. Ihre Ohren und Augen sind jedenfalls mächtig angestrengt. Dennoch belauschen sie nicht das Wachsen des Getreides, ihre Aufmerksamkeit gilt vielmehr seinen Feinden ...

Vor Wochen, als die ersten Frühlingssonnenstrahlen den Boden erwärmten, war nahezu die gesamte Sippe hier oben auf dem leicht geneigten Ackerstück. Den Zeitpunkt hatte die Sippenälteste sorgfältig bestimmt. Dabei nutzte sie die Erfahrungen ihrer Vorgängerinnen und Vorgänger.

Zuerst wurden die Steine, die wie alle Jahre wieder zu Tage getreten waren, vom Feld geräumt. Geschickt stapelten die stärksten Männer die Brocken an der talwärts gelegenen Feldgrenze aufeinander. Ein niedriger Steinwall entstand. Wenn er sorgfältig genug angelegt war, verhinderte er, dass die fruchtbare Oberfläche des Ackers vom Regenwasser talwärts gespült wird.

Obwohl die Sippe stundenlang angestrengt mit Hacken und Grabstöcken den Boden gelockert und für die Aussaat geebnet hatte, schien die Älteste noch nicht zufrieden zu sein. Wieder und wieder musste nachgebessert werden. Dann erst kam der große Augenblick: Die aus dem Vorratshaus der Siedlung mitgebrachte Gerste wurde zur Aussaat verteilt. Wie gern hätten alle diese gelb glänzenden Körner zerquetscht und als gebackene Fladen gegessen! Aber diese Saat musste durch den langen Winter bewahrt werden, um jetzt neues Getreide wachsen zu lassen. Aus jedem einzelnen Korn sollte schließlich eine Ähre mit vielen neuen Körnern werden!

Die Männer gingen nebeneinander mit Pflanzstöcken über den vorbereiteten Acker und drückten damit in kurzen, gleichmäßigen Abständen Löcher in den Boden. Reihe für Reihe. Fast feierlich folgten die Frauen mit kleinen Fellbeuteln voller Körner. Sorgfältig legten sie in jedes Pflanzloch ein einzelnes Gerstenkorn. Mit dem

Handrücken schoben sie anschließend etwas Erde darüber. – Nun musste die Urmutter immer wieder gebeten werden, das Korn auf dem Acker sprießen und reifen zu lassen.

Bisher schien die Urmutter gnädig mit der Sippe und dem Gerstenfeld gewesen zu sein. Zwar mussten noch einmal im zeitigen Sommer viele Hände das Unkraut vorsichtig neben den Getreidehalmen aus dem Boden ziehen, aber die Gerste wuchs danach nur noch besser ...

Voller Stolz betrachten die beiden Feldwächter die goldene Ährenpracht. Tag für Tag und Nacht für Nacht haben sie in den letzten Wochen dafür gewacht. Wildschafe, Steinböcke und nicht zuletzt die ewig hungrigen Bergziegen vertauschen schon gern dic kargen Weiden zwischen den Felsen gegen die saftigen Felder, die die Menschen angelegt haben. Gäbe es keine Feldwächter – die Getreidehalme wären längst restlos aufgefressen oder zertrampelt.

Mit jedem Tag wird das Feld heller, goldener. Die Ähren biegen schwer die Halme nach unten. Sehr oft haben die beiden Feldwächter in der letzten Zeit Besuch: Die Sippenälteste selbst prüfte die Reife des Getreides: Hart müssen die meisten Körner sein, aber noch fest in der Ähre sitzen.

Jetzt war, so entschied es die Sippenälteste, der Zeitpunkt der Ernte gekommen!

Wie zur Aussaat, so zur Ernte, ziehen fast alle Mitglieder der Sippe hinauf zum Gerstenfeld. In Weidenkörben wollen sie die geernteten Ähren in die Siedlung tragen. Die bei der letzten Ernte beschädigten Sicheln wurden inzwischen längst ausgebessert. Neue, scharfe Schneidsteine sind eingefügt und mit Harz befestigt worden. Sie werden besonders sorgfältig hier herauf aufs Feld getragen. Jeder in der Sippe weiß, wie schwer diese Sicheln herzustellen sind.

Die Männer und Frauen, unter ihnen auch die beiden Feldwächter, machen sich jetzt an die Ernte. Büschelweise werden die Gerstenhalme oben mit einer Hand zusammengefasst und durch die Sichel in der anderen Hand abgeschnitten. So ernten sie nur die Ähren, die Strohhalme bleiben im Boden stehen.

Die Sicheln reißen leider mehr als sie schneiden. Hände und Arme erlahmen, trotzdem macht kaum einer eine kurze Pause. Denn alle sind froh, dass die Ähren an diesem Tage knochentrocken abgeerntet werden können. Regen und Nässe während der Ernte hätte die Körner verschimmeln lassen.

Korb um Korb füllt sich. Schon sind die ersten Träger auf dem Weg zur Siedlung. Vor dem Vorratshaus ist eine große Fläche sehr sorgfältig gefegt worden. Dort liegen jetzt die Goldähren in der Nachmittagssonne und trocknen. Aber nicht lange! Bald treten und trampeln viele große und kleine Menschenfüße auf den Ähren herum. Herausfallen sollen dabei die Körner, die leeren Ähren können weggeworfen werden. Zwischen den liegen gebliebenen, ausgedroschenen Körnern befindet sich aber leider noch viel Spreu.

Sobald Wind weht, werden die Männer und Frauen die vom Boden aufgefegten Getreidekörner geschickt mit Schaufeln hochwerfen. Während die leichten Grannen und Strohreste vom Wind weggeweht werden, fallen die schwereren Körner rasch wieder auf den Boden. Mehrmals wiederholt, können so die Gerstenkörner von der Spreu getrennt werden.

Stolz sind nicht nur die beiden Feldwächter, als das goldgelbe Getreide für den Winter eingelagert wird. Die Mühe hat sich in diesem Jahr wirklich gelohnt! Der Urmutter sei gedankt!

Ton kneten und formen – kann das nicht jeder?

Erste Töpferarbeiten vor 9000 Jahren

Die Episode versucht, die Unterschiede zum Töpfern, wie es die Schülerinnen und Schüler heute kennen, deutlich zu machen. Die Schwierigkeiten der ersten Töpferarbeiten der Geschichte werden dabei auf die Vorbereitung und Ausformung beschränkt. Die Schilderung kann auch als Anleitung zum Experiment verstanden werden.

„Man kann sich vorsehen wie man will, immer wieder gibt es Scherben. Nichts füllt das Abfallloch schneller als die zerbrochenen Tonschalen!"

Traurig und ein wenig wütend schickt die Mutter ihre kleine Tochter mit den Resten der einstigen, von ihr so gern benutzten Schale zur Abfallgrube.

„Aber Mutter, du kannst dir doch eine neue Schale machen! Ich weiß doch, dass du das kannst!" Die Tochter möchte die Mutter damit trösten. Aber so recht will es ihr nicht gelingen. Nur zu gut wissen auch schon die Kinder, wie schwierig es ist, neue Töpfe und Schalen zu formen.

Wochen später. Inzwischen sind weitere Töpfe als Scherben in die Abfallgrube gewandert. Die Mutter und weitere Frauen der Sippe machen sich auf, neue Töpfe und Schalen zu formen. Natürlich haben einige der halbwüchsigen Töchter nur auf diesen Tag gewartet! Zuerst gehen sie zu der Stelle, wo in einer flachen Kuhle tonige Erde zu finden ist. Die erfahrenste der Töpferinnen prüft den Ton an verschiedenen Stellen der Grube mit der Hand. „Hier ist er am besten! Nehmt den Ton aus dieser Ecke!" Den Mädchen erklärt sie dazu: „ Der Ton darf nicht zu zäh sein, nicht an den Fingern kleben. Prüft es selbst - schön mager muss der Ton sein!" Das kommt den Mädchen lustig vor, sie kichern noch eine ganze Weile über den „mageren" Ton. Aber die Frau erklärt es ihnen: „Magerer Ton, der also nicht zu fett ist, muss zum Töpfern nicht mit Sand vermischt werden. Das spart Arbeit beim Kneten der Tonmasse."

Der Rückweg mit den Körben voller Tonerde ist beschwerlich. Erschöpft erreichen die Frauen und Mädchen endlich wieder die Siedlung und die Stelle am Bach, wo sie ihre Töpfe gewöhnlich formen. Vier kurze Stämme bilden einen kleinen Trog, dessen Boden sich schon durch alten Ton verfestigt hat. Hier hinein kippen sie den mitgebrachten Ton.

„Wo bleibt das Wasser?" Ungeduldig treibt die Älteste die Mädchen mit Krügen zum Wasserholen an. „Gieß mir das Wasser langsam über die Hände, ich kann es dadurch gleichmäßiger über den Ton leiten!"

Am liebsten würden die Mädchen gleich mit den Händen in den feuchten Ton greifen. Aber das hier ist kein Spiel. Sorgfältig knetet und quetscht die Frau die Masse. Harte Klümpchen, die sich nicht aufweichen lassen, werden entfernt. Immer und immer wieder greift die Frau in den Ton, lässt ihn durch die Finger quellen. Dann wieder bearbeitet sie ihn mit den Fäusten und sorgt dafür, dass die Masse gleichmäßig feucht wird.

„Warum quälst du dich und den Ton so?“ Mitleidig klingt die Frage eines der Mädchen. In Wirklichkeit können sie alle nur nicht abwarten, bis die Masse endlich fertig ist.

„Geduld! Die Tonmasse muss geschmeidig werden. Nur wenn alles gut durchgeknetet und richtig feucht ist, kann es gute Töpfe geben! Diesen Rat hat mir meine Mutter schon von ihrer Mutter weitergegeben. Auch ich kann es euch nicht oft genug sagen, nur eine gute, geschmeidige Tonmasse lässt uns brauchbare Gefäße machen! Denkt daran, wenn ihr selbst einmal die Tonmasse kneten und vorbereiten werdet!“

Endlich findet die Älteste den Brei aus Ton geschmeidig genug. Die Frauen greifen sich jetzt Klumpen heraus und gehen damit zu ihren Arbeitssteinen.

„Warum nimmst du nicht gleich mehr von der Tonmasse auf den Stein?“, fragt das Mädchen seine Mutter. „Ich nehme mir die Menge, die ich für einen Topf oder eine Schale benötige, das andere lasse ich im Trog, da bleibt der Ton feuchter, formbarer“, erklärt die Mutter. Zugleich fordert sie die Tochter auf, den feuchten Tonklumpen auf dem Arbeitsstein zu befühlen. Das wird für sie sicher einleuchtender als Worte sein.

Schon formt die Mutter die Grundplatte für die künftige Schale auf dem Stein. Kein Auge lässt die Tochter von den Händen der Mutter, die den Boden der Schale immer wieder glätten und runden.

„Reiche bitte den Wasserkrug etwas näher, damit ich mir immer wieder meine Hände feucht machen kann!“ Jetzt kommt der schwierigere Teil des Töpferns: Aus Ton formt die Mutter eine dünne Rolle. Diese soll möglichst gleichmäßig stark und so lang sein, dass sie einen Ring bilden kann. Vorsichtig drückt die Mutter diese Rolle aus Ton auf der Grundplatte fest. Einzelne Lücken verstreicht sie. Dabei rutscht sie mehr als einmal um den Arbeitsstein herum. Schon formt sie die nächste Rolle aus Ton und legt diese auf die erste. Wieder wird angedrückt und verstrichen. Lage um Lage wächst die Schale in die Höhe. Es gehört schon viel Erfahrung und Geduld dazu, auf diese Weise die Seitenwände gleichmäßig zu gestalten.

Das Mädchen ist sehr stolz auf seine Mutter und die neue Schale. – Hoffentlich reißt sie nicht beim Trocknen in der Sonne oder zerspringt beim Brennen im Ofen!

Wenn die Pflanze verdurstet, hungert der Mensch

Zur Feldbewässerung vor 8 500 Jahren

Im Bergvorland des „Fruchtbaren Halbmonds“ fiel für gewöhnlich ausreichend Regen. Aber es gab auch Ausnahmen. Von einer berichtet die nachfolgende Episode. Die Menschen versuchten, hier mit Erfolg, gegen die Unwägbarkeiten der Natur vorzugehen.

1. **Eine außergewöhnliche Trockenheit bedroht das Getreidefeld und damit die Menschen der Siedlung**
2. **Feldbewässerung mit Krügen und Kannen**
3. **Sicherung der Wasserstelle am Bach**
4. **Bau eines Wassergrabens für das Feld**

„Da hilft kein Klagen!“ Der Älteste der Siedlung beendet barsch das Jammern der Männer und Frauen um ihn herum.

„Dass unser Feld verdurstet, das sieht jeder. Und welche Folgen das für uns haben wird, ist auch allen klar. Ich schlage vor, alle verfügbaren Gefäße mit Wasser aus dem Bach zu füllen und es den Hang hinauf aufs Feld zu tragen. Sicher mühsam, aber nur so werden wir einen Teil des Feldes feucht halten können und der Getreidesaat das nötige Wasser zum Wachsen geben.“

Einwände und erneut ausgesprochene Hoffnungen auf einen bald einsetzenden Regen weist der Älteste mit einer sehr schroffen Handbewegung zurück. Schließlich müssen alle einsehen, dass die Bewohner der Siedlung vor einer Hungersnot zu bewahren sind – und das ohne weitere Verzögerung. Jeder noch so schwierige Versuch, der Trockenheit auf dem Felde zu begegnen, ist jetzt besser, als auf ein „Regenwunder“ zu hoffen. Haben die Bewohner der Siedlung doch schon seit Wochen von Tag zu Tag vergeblich auf dunkle, graue Regenwolken gewartet. Immer wieder haben sie sich damit getröstet, dass es nach aller Erfahrung bald Regen geben müsste. Vergebens. Der über und über blaue Himmel schickte nicht einen einzigen Tropfen Wasser. Schon glaubten einige, die „Mutter Urahne“ wollte sie absichtlich strafen. Womit hatten sie sich ihren Zorn zugezogen? Täglich gedrückter und sorgenvoller gingen die Männer und Frauen an ihre Arbeit.

Jetzt jedoch haben sie sich zur Tat entschlossen – selbst auf die Gefahr hin, dass ihre Mühe kaum Aussicht auf Erfolg hat – wie einige heimlich befürchten ...

Einen solchen Andrang hat es noch nie an der Wasserstelle der Siedlung gegeben. Hier versorgt ein kleiner Bach seit Menschengedenken die Siedlung mit Wasser zum Trinken, Tränken, Waschen, Gerben und Töpfern. An dieser Wasserstelle stehen jetzt vor allem die Älteren aus der Siedlung mit flachen Schalen und füllen die Gefäße, die am Ufer aufgereiht sind. In langer Reihe tragen dann Männer, Frauen und halbwüchsige Kinder die gefüllten Tontöpfe, Schüsseln und Krüge den langen Hang zum Feld hinauf.

Oben angekommen, wird das kostbare Nass auf Anweisung des Siedlungsältesten in kleine Kannen umgefüllt. Die Tüllen dieser Gefäße sorgen dafür, dass das Wasser möglichst unmittelbar an die Wurzeln der kleinen Getreidehalme gelangt und nicht auf dem übrigen Acker nutzlos verdunstet.

Wie der berühmte „Tropfen auf dem heißen Stein" wird das Wasser vom Boden und der Pflanze aufgesogen.

„Gießt nicht zu viel an die einzelne Pflanze, es versickert nur nutzlos im Boden. Wenn wir es schaffen, dann gießen wir lieber später noch einmal!" So mahnt der Älteste die Männer und Frauen, die gebückt über das glühheiße Feld gehen und Pflanze für Pflanze gießen. Mancher Tropfen Wasser erreicht weder Ackerboden noch Pflanze - er muss den Durst der Gießenden löschen. Viele denken an die Zeit im Frühjahr, als sie die Getreidekörner einzeln in die vorgestochenen Löcher des Ackers legten. Jetzt müssen sie sich erneut um jedes Pflänzchen kümmern.

Nach Stunden sieht man jedoch den ersten Erfolg: Die so mühsam bewässerten Pflänzchen erholen sich. Die Kühle der Nacht hilft später zusätzlich, sodass die Bauern am nächsten Morgen mit der Bewässerung des Feldes zufrieden sein können.

Hoffnungsvoll gehen deshalb alle wieder an die Arbeit des Wasserschöpfens, Wassertragens und Gießens. Die strahlend aufgehende Sonne und der wolkenlose Himmel ersticken jede Hoffnung auf baldigen Regen, auf ein Ende der mühsamen Feldbewässerung mit Krügen und Kannen. Also schicken sich wieder alle Bewohner der Siedlung in die ungeliebte, aber notwendige Arbeit.

„Was ist denn los? Warum kommt so wenig Wasser hier oben zum Feld?" Der Älteste poltert. Aber die keuchenden Wasserträger sind daran völlig unschuldig.

„Es dauert länger beim Wasserschöpfen. Die Wasserstelle am Bach ist so flach, dass die Alten alle Mühe haben, unsere Krüge zu füllen."

Zwar können die Pflanzenbegießer jetzt öfter ihre Rücken strecken, aber für die Pflanzen bedeutet es vielleicht das Ende, wenn der Wassernachschub zu langsam ist oder sogar völlig abbricht.

Aufgeschreckt von diesen Meldungen läuft der Älteste, so schnell er kann, hinunter zum Bach. Hier geben sich die Wasserschöpfer wirklich alle Mühe. Schon stehen sie alle selbst im Wasser. Aber es ist wirklich nur noch knöcheltief. Viel zu langsam füllt sich die tiefste Mulde der Wasserstelle mit Wasser. Der Bach ist zu einem kleinen Rinnsal geworden. Die Hitze der letzten Wochen ist auch an dem Wasserzulauf nicht spurlos vorübergegangen.

Der Älteste berät sich. Kurz danach wird die Bewässerung des Feldes für den heutigen Tag eingestellt. Den Männern befiehlt er: „Besorgt kurze Baumstämme und spitzt sie an einem Ende zu! Nehmt notfalls Bauholz vom Lagerplatz. Hier ist das Holz jetzt wichtiger!"

Kurze Zeit später krachen die Steinbeile in die Stämme. Noch am späten Nachmittag liegen die Holzbalken unterhalb der Wasserstelle bereit.

Neugierig verfolgen die Kinder, was die Männer wohl mit den Stämmen am Bach anfangen wollen. Soll damit etwa Wasser aus dem Boden geschlagen werden?

„Wenn es uns gelingt, die Stämme noch heute zu setzen, so werden wir morgen genügend Wasser in der Wasserstelle haben." Diese Worte des Ältesten verstehen die Kinder nicht. Aber keiner der Erwachsenen hat jetzt Zeit und Lust, ihnen das zu erklären. „Seht selbst!", ist die karge Antwort. Und schon dröhnen hölzerne Rammklötze und Steinbeile. Dicht bei dicht werden die angespitzten Pfähle quer durch den Bach gesetzt und eingerammt. Lange wuchten Rammen und Steinbeile, ehe jeder Pflock fest im morastigen Boden sitzt.

„Verbindet die Pfähle oben zusätzlich mit Lederriemen! Die Ritzen zwischen den Pflöcken müssen mit Gras, Schilf oder feinem Strauchwerk abgedichtet werden! Anschließend von beiden Seiten möglichst tonige Erde gegen die Pfähle schütten! Vergesst nicht, die Erde festzuklopfen!" Der Älteste ist mit dem Ergebnis erst zufrieden, als ein richtiger kleiner Wall den Bach abriegelt.

„Nun ruht euch aus! Morgen werden wir hoffentlich wieder Wasser auf den Acker tragen können!" Ganz sicher scheint sich auch der Älteste nicht zu sein. Aber alle haben getan, was möglich ist, um die Getreidehalme auf dem Feld vor dem Verdorren zu retten.

Nach und nach verlassen alle erschöpft die Baustelle am Bach. Mit der Dunkelheit zieht auch Ruhe in die runden Hütten ein.

Die Mühe der Bauleute soll nicht umsonst gewesen sein. Die Neugierigsten verkünden es lauthals schon sehr früh am nächsten Morgen: „Die Wasserstelle hat sich über Nacht in einen kleinen Teich verwandelt!"

Bereits nach kurzer Zeit sind alle Wasserträger wieder in Bewegung. Die Bewohner der Siedlung versuchen weiter mit aller Kraft, ihr Getreidefeld vor dem Verdorren und sich selbst vor dem Verhungern zu bewahren. – Es gelingt ihnen ...

Noch im gleichen Jahr beginnen Männer und Frauen der Siedlung künftigen Dürrejahren vorzubeugen: Weit oberhalb der Hütten leiten sie einen Teil des Baches mit leichtem Gefälle direkt zu dem Getreidefeld. Eine kleine Senke kann sich dort bei Bedarf mit Wasser füllen. Holzstämme regulieren den Zufluss zu dem neu geschaffenen, langen, schmalen Graben. Zumindest das mühsame Bergaufschleppen des Wassers werden die Ackerbauern damit in Zukunft vermeiden können. Vielleicht sorgt auch die „Mutter Urahne" wieder mit rechtzeitigem Regen für das Wachsen des Getreides?

Die Fremden beantworten nicht jede Frage

Eine befestigte Siedlung vor 8 500 Jahren

Lange schien es für die Forscher der Frühzeit nicht erklärbar, warum es zu jener Zeit im „Fruchtbaren Halbmond“ einige befestigte Siedlungen gab, die so völlig anders angelegt waren als die sonst üblichen offenen Siedlungen der Ackerbauern und Viehzüchter. Der Tauschhandel jedoch ließ schon damals Reichtümer zusammenführen und große Entfernungen überwinden. Die nachfolgende Episode versucht die Situation zu schildern, wie sie beispielsweise in Jericho mit seinen damals etwa 3 000 Einwohnern vorzufinden war.

„Wohl dem, der einen fruchtbaren Acker besitzt und saftige Wiesen für sein Vieh!“ Überzeugt von seinen Worten, lehnt sich der Mann in der Runde zurück. Alle nicken ihm bestätigend zu. Nur zwei Männer nicht. Sie sind Fremde in dieser Siedlung. Nur für eine kurze Rast wollen sie sich bei den Ackerbauern und Viehzüchtern aufhalten. Ihr Weg führt sie weiter nach Osten, in die Gebirge der Feuer speienden Vulkane.

„Es gibt auch andere Möglichkeiten zu leben, sogar gut zu leben! Seht uns an!“, erwidern die beiden Fremden. „Wir kommen aus einer Siedlung, in der es kaum Acker oder Vieh gibt, und doch leben dort hunderte von Familien.“

„Und wie beschafft ihr euch Getreide und Fleisch zur Ernährung dieser vielen Menschen?“

„Ganz einfach, wir tauschen es gegen Salz, Erdpech und Schwefel. Ihr müsst wissen, unsere Siedlung liegt in der Nähe eines Sees, an dessen Ufern wir diese Dinge gewinnen. Dass die Bauern Salz brauchen, um ihre Speisen zu würzen und die Vorräte haltbar zu machen, wisst ihr selbst. Das Erdpech, das wir gewinnen, ist besonders geeignet, die Schneidsteine in den Sicheln zu befestigen. Na, dafür werdet ihr doch auch Verwendung haben. Der Schwefel schließlich vernichtet Ungeziefer, wie Insekten und Mäuse. Ist doch klar, dass die Bauern gern diese Dinge gegen Getreide und Fleisch eintauschen. Ihr könnt euch also vorstellen, wie begehrt unsere Waren sind.“

Neugierig geworden, fragt einer der Bauern: „Ist es denn nicht zeitraubend, ständig die Nahrungsmittel bei den Bauern der näheren und weiteren Umgebung einzutauschen und anschließend in eure Siedlung zu bringen?“

Jetzt müssen die Fremden laut lachen: „Die Bauern bringen uns ihre Erzeugnisse doch täglich selbst in unsere Siedlung. Wir tauschen sie dort einfach auf einem Markt gegen unser Salz oder Erdpech ein. Keinen Schritt gehen wir wegen der Nahrungsmittel vor die Tore der Siedlung.“

„Aber ihr beide seid doch mit Salz oder Pech unterwegs. Also wird euch doch wohl nicht alles in eure Siedlung geliefert?“, bemerkt einer der Bauern etwas triumphierend.

Ohne auf den leisen Spott einzugehen, antwortet einer der Fremden offenherzig: „Das stimmt! Wir haben von unseren Ältesten den Auftrag, für die Siedlung Obsidian-Steine einzutauschen. Diese harten Glassteine gibt es nicht in unserer Gegend. Aus diesen Steinen schlagen und schleifen unsere Meister wunderschönen Schmuck und vorzügliche, scharfe Waffen. Hier seht nur!“ Der Fremde legt bedachtsam sein Obsidian-Messer auf den Tisch. Er lässt es nicht aus den Augen, als die Bauern seine Schärfe mit dem Daumen prüfen. Über die anerkennenden Blicke freut er sich.

„Donnerwetter, das nennt man ein scharfes Messer. Wenn ihr in eurer Siedlung viele solcher Waffen besitzt, dann möchte ich nicht euer Gegner sein!“

„Diese guten Waffen haben wir nicht zur Zierde, wir wissen sie auch zu gebrauchen. Besonders unsere Pfeile mit den Obsidian-Spitzen sind bei den Völkern der Ackerbauern und Viehzüchter in weitem Umkreis unserer Siedlung bekannt und gefürchtet. So halten wir uns von vornherein viele Feinde fern. Unsere Schätze an Salz, Pech und Schwefel locken immer wieder Räuber an. Bisher hat aber noch niemand unsere Schatzhäuser plündern können.“

Einer der Bauern kann nun doch seine Frage nicht mehr zurückhalten: „Ihr spracht vorhin von Toren in eurer Siedlung. Was meint ihr damit?“

Bedeutungsvoll sehen sich die beiden Fremden an, bevor einer von ihnen die Antwort gibt: „Diese Frage wird uns, wenn wir zum Tauschen in weit entfernten Gegenden weilen, immer wieder gestellt. Unsere Siedlung ist nicht nur eine kleine Siedlung mit einigen Holzhütten, so wie ihr sie bei euch kennt. In unserer Siedlung leben so viel Menschen wie in zehn oder zwanzig eurer Dörfer zusammen. Ihre Häuser sind aus Stein errichtet. Das Besondere an unserer Siedlung ist, dass sie im Unterschied zu allen anderen Siedlungen von einer Mauer aus Steinen umgeben ist. Nur an wenigen Toren, die bewacht werden, können die Menschen in die Stadt hinein oder heraus. Auf acht Türmen, die die Mauer überragen, stehen Wachen, die das Umland beobachten. Schon von weitem sehen wir jeden Feind herankommen und können uns auf den Kampf vorbereiten.“

Kopfschüttelnd unterbricht ihn einer der Bauern: „Und wenn die Feinde nun einfach über die Mauer klettern und euch in der Stadt selbst angreifen?“

Jetzt müssen die Fremden lachen. Nicht ohne Stolz berichten sie: „Wie soll das geschehen? Vor der Mauer ist ein tiefer und steiler Graben aus dem Gestein gehauen. Dahinter erst türmt sich die Mauer von über vier Metern Höhe. Stein auf Stein gefügt. Alle Steine untereinander wiederum fest mit Kalk verbunden. Kein Stein kann herausgebrochen werden. Die Wände der Mauern sind glatt und steil, niemand vermag daran emporzuklettern!“

Die Bauern in der Runde geben aber noch nicht auf: „Aber wenn die Feinde euch belagern, dann seid ihr doch Gefangene eurer eigenen Befestigung! Kein Wasser, kein Brot – das hält keiner aus.“

„Keine Sorge, auch für den Fall haben wir vorgesorgt. Riesige Wasserbecken sammeln das Regenwasser für Monate. Unsere Vorratsräume sind ebenfalls gut gefüllt. Mit Salz kann man, wie ihr selbst wisst, viele Nahrungsmittel monatelang frisch halten. Und gegen die Mäuse haben wir unsere Schwefelmittel" ..."und genügend Katzen!", fällt ihm der zweite Fremde lachend ins Wort.

Einer der Bauern ist noch nicht überzeugt, dass die beiden die Wahrheit sagen. Er stichelt: „Ich kann es einfach nicht glauben, dass eine so hohe Steinwand, steil aufeinander geschichtet, halten kann. Aus Erfahrung weiß ich, dass schon eine kleine Mauer aus Feldsteinen ..." Weiter kommt er nicht, die beiden Fremden sehen sich kurz und bedeutungsvoll an und möchten eine klare Anwort vermeiden: „Auch unsere Baumeister haben diese Erfahrungen gemacht. Aber ihr könnt sicher sein, unsere Mauern sind wirklich mindestens so hoch wie drei Männer übereinander – und oben begehbar. Wir würden eure Gastfreundschaft auch nicht mit Lügen vergelten wollen. Ihr könnt es uns schon glauben, die Mauern und Türme unserer Siedlung im Jordantal sind für alle Feinde unüberwindlich."

Mit dieser Feststellung wollen die beiden Fremden offensichtlich das Gespräch über die Befestigungsanlagen ihrer großen Siedlung beenden. Soll man ruhig auch hier in der Ferne wissen, dass ihre Mauern nicht ohne weiteres zu überwinden sind. Eventuelle Räuber kann das nur rechtzeitig abschrecken. Was die beiden Fremden hier in dieser Runde nicht ausplaudern wollen, ist das Geheimnis, wie der Kalk, der die Steine der Mauern und Türme dauerhaft verbindet und ihre gewaltige Höhe überhaupt erst zulässt, zusammengesetzt ist. Auch in der Festung selbst wissen nur wenige, dass die Baumeister dazu Kalkstein zerkleinern, ihn dann im Feuer brennen und schließlich mit Sand und Wasser vermischen. Beim Trocknen zwischen den aufgeschichteten Steinen erstarrt diese Kalkmasse zu einem steinharten Material, das die schwersten Steine fest zusammenhält.

Bevor die beiden Fremden am nächsten Morgen weiterreisen, erwidern sie die Gastfreundschaft der Bauern mit einem Beutel voll Salz und mit einer kleinen Menge Erdpech. Keine Frage, dass das Pech sogleich in die Obhut des Steinwerkzeugmachers gegeben wird.

Noch lange ist diese fremde, ferne Siedlung mit ihren Toren und Mauern Gesprächsstoff für die Bauern in der kleinen Siedlung mit ihren runden Hütten aus Holzstangen und Stroh.

Episoden aus der Geschichte der frühen Hochkulturen

Unheimlich ist das gurgelnde Wasser

Bauern besiedeln vor 7000 Jahren Mesopotamien, das Land zwischen den Strömen

Seitdem die Menschen in dem Gebiet des „Fruchtbaren Halbmondes" vorwiegend vom Ackerbau und der Viehzucht lebten, hatte ihre Anzahl stetig zugenommen. Trotz reicher Ernten und großer Viehherden konnten irgendwann nicht mehr alle Dorfbewohner ernährt werden. Auch Trockenzeiten trugen manchmal dazu bei. Die Menschen dieser Gegenden begannen deshalb, sich neues Siedlungsland zu suchen. Dazu zählte auch das bisher kaum zugängliche und durch unberechenbares Hochwasser gefährdete Land zwischen den Strömen Euphrat und Tigris: Mesopotamien.

1. **Gründe für das Auswandern**
2. **Der Zug der Auswanderer in unbekanntes Gebiet**
3. **Das erste Hochwasser für die Neusiedler**
4. **Boten berichten in der ehemaligen Siedlung vom Neuanfang**
5. **Das Hochwasser war stärker!**

Der Abschied fällt ihnen nicht leicht. Aber es muss sein. Die Felder und Weiden um die Siedlung können nicht mehr alle zwanzig Familien in der Siedlung ernähren. Nur wenn die Wolken tief hängen, regnen sie sich an den Hängen des Gebirges ab und bewässern dann auch die Äcker der Siedlung. Seit mehreren Jahren aber hat es nicht mehr ausreichend geregnet. Die Folge sind knochentrockene Böden und geringe Ernteerträge. Das Vieh findet auf den staubigen Weiden kaum noch Gras. Seit langem schon wird das Wasser für Menschen und Vieh aus dem großen Fluss, dem Tigris, mühsam herangetragen. Fast einen halben Tag sind die Wasserträger dafür unterwegs. Es ist wirklich beschwerlich, mit der Last des Wassers Stunden bergauf in die Siedlung zu steigen.

Alles Bitten um Regen, ja selbst Tieropfer, haben nicht geholfen. Jetzt ist eine Entscheidung gefallen ...

Fünf Familien verbringen den letzten Abend in ihrer gewohnten Umgebung. Die Gespräche drehen sich verständlicherweise um das Schicksal der Davonziehenden.

„Wir hoffen, dass ihr recht bald Boten schickt, die uns melden, ob ihr ein gutes Fleckchen zum Siedeln gefunden habt!“, bittet eine der älteren, daheim bleibenden Frauen.

Der Älteste der auswandernden Gruppe verspricht es: „Keine Sorge, wir melden uns bestimmt nach der ersten Ernte. Vielleicht brauchen wir dann auch eure Hilfe.“

Die Frauen schluchzen. Wer weiß, was ihnen die nächsten Wochen und Monate alles bringen werden. Es ist ja schließlich doch ein Zug ins Ungewisse. Noch manche Träne wird fließen, nicht nur in dieser letzten Nacht ...

„Nun aber los! Sonst verlieren wir den kühlen Morgen für den Weg!“ Der Älteste drängt seine Gruppe.

Aber nicht nur die Menschen können, trotz aller guten Wünsche, schwer Abschied nehmen. Auch für die Tiere, die für die neue Siedlung vorgesehen sind, ist die Aufregung ungewohnt. Sie verlassen nur widerwillig die Gehege und Stallungen der Siedlung. Immer wieder haben die Männer auch später zu tun, sie von einem Rückweg in die alte, vertraute Umgebung abzubringen.

Menschen und Rinder tragen die nötigste Habe, vor allem Decken, Werkzeuge, Geräte und Töpfe. Die Waffen aus Stein und Kupfer sind natürlich griffbereit. Selbst die Frauen und halbwüchsigen Kinder sind bewaffnet. Keiner weiß, was sie auf ihrem langen Weg erwartet.

Mehrere Tage sind sie nun schon unterwegs, die fünf Familien mit ihrem Vieh. Selbst Katze und Kater sind in ihren zwei kleinen Weidenkörbchen noch wohlauf. An den schwankenden Gang des Rindes, auf dessen Rücken sie reisen dürfen, haben sie sich gewöhnt.

Viele Umwege liegen hinter der Gruppe, denn Sümpfe und Gestrüpp versperrten ihnen oft den Weg. Nur gut, dass die Jäger unter ihnen für reichlich Fleisch sorgen können. Wenn die Vögel aufgescheucht werden, trifft fast jeder Pfeil, so dicht sind die Schwärme. Leider auch die der Mücken, Zecken und Fliegen. Besonders das Vieh leidet darunter und ist unruhig. Vielleicht warnt die Tiere auch ihr Instinkt vor Gefahren, die hier in den morastigen Ebenen der Flüsse lauern. Die Familien lassen nachts die Feuer aus Schilfrohr und Strauchwerk möglichst hell flackern. So gibt es bisher keine Opfer bei den Menschen oder ihren Tieren. Aber Löwen und andere Raubtiere umstreichen die Gruppe bei Tag und Nacht ...

Manchmal erschrecken die Wandernden vor bisher unbekannten, riesigen Echsen, Waranen, die wie Drachen aussehen, und vor großen und kleinen, aber nicht minder gefährlichen Schlangen. Einer der Hunde hat seinen vermeintlichen Mut schon mit dem Leben bezahlen müssen. Den Biss des eher unscheinbaren Reptils hat er nicht überlebt.

In all dieser Zeit haben die wandernden Familien keinen einzigen Menschen getroffen. Keine Siedlung, keine Jäger. Hier also sollen sie eine neue Heimat finden?

Nur der Älteste weiß etwa, auch nur aus Beschreibungen, wo in diesem sumpfigen Gebiet eine Möglichkeit für Siedlungen bestehen könnte. Und dorthin führt er schließlich die Familien.

Kaum erkennbar, aber doch für das Leben hier entscheidend, sind die leichten Bodenerhebungen, die die erschöpfte Gruppe jetzt erreicht. Auf dem höchsten dieser flachen Hügel richten die Familien ein vorläufiges Lager ein. Schon nach Tagen umgibt ein Strauchzaun Vieh und Menschen. Zusammen mit den Lagerfeuern soll er einen verlässlichen Schutz gegen nächtliche Raubtiere bilden.

Da es in dieser Ebene nicht einen einzigen kräftigen Baum gibt, können die Gerüste für die künftigen Hütten nur aus den stärkeren Ästen der Büsche und Sträucher errichtet werden. Schilfrohr für die Dächer dagegen ist reichlich vorhanden. Nach kurzer Zeit stehen neben den fünf Lagerfeuern kleine Hütten für die Familien. Der Anfang der Siedlung ist gemacht.

Die Neusiedler wären aber keine Bauern, wenn sie sich nicht umgehend um die Anlage von Feldern und Weiden kümmern würden. Dass sie sie mit Flechtzäunen aus Gestrüpp umgeben, ist selbstverständlich. So kennen sie es aus der alten Siedlung. Sorge bereitet ihnen das Unbekannte. Vor allem wissen sie nicht, ob und wie hoch hier im Sumpfland die übliche Frühjahrs-Überschwemmung sein wird. Ihre alte Siedlung lag zu weit vom Fluss entfernt, um Hochwasser fürchten zu müssen. Aber hier, in der Ebene?

Noch ist der Boden rund um die neue Siedlung feucht, die rechte Zeit also, um das mitgebrachte Korn zu säen. Die Wochen vergehen, eine Arbeit jagt die andere. Die Sehnsucht nach der alten Heimat wird verdrängt. Mit jedem Tag muss Neues bewältigt werden. Kaum Zeit also für Heimweh.

Das Getreide ist in dem feuchten Boden und durch die Wärme der Sonne schnell herangereift. Viele meinen, sogar schneller und besser als in der alten Heimat.

Die Wärme aber wird immer schwüler. Die großen und kleinen Mücken sind ausgesprochen lästig. Der Boden trocknet aus, wird steinhart. Das Trinkwasser aus dem Tümpel ist, zumindest für Menschen, fast ungenießbar. Es muss stets gekocht werden, besonders für die Kinder, so raten es jedenfalls die erfahrenen Frauen.

Ruhelos wälzt sich der Älteste auf seiner Schlafmatte. Die Nacht ist stockfinster. Ist es die Verantwortung für die Menschen in der neuen Siedlung oder ist es eine Vorahnung, die ihn nicht schlafen lassen? Von Ferne glaubt er ein Gurgeln und Plätschern zu vernehmen.

„Da kann doch etwas nicht stimmen!“ Leise, um die anderen in der Hütte nicht zu wecken, steht er auf und schleicht hinaus. Aber einer der Familienväter aus der Nachbarhütte steht bereits draußen. Beide Männer lauschen in die Nacht.

„Es hört sich wie fließendes Wasser an, aber es ist nichts zu sehen!“, flüstert der Älteste.

„Ja, in unserem früheren Dorf konnten wir die Geräusche aus der Erfahrung besser deuten. Hier aber ist zu vieles neu.“

Beide wissen, dass die Geräusche der Nacht, noch dazu, wenn sie Hochwasser signalisieren könnten, sehr ernst zu nehmen sind. Sie wissen, dass der Tigris, der weit entfernt von ihrer alten Siedlung in einer Talebene für sie gewöhnlich ungefährlich dahinfloss, in manchen Jahren in einer einzigen Nacht um über 10 Meter steigen konnte. Entsprechend weit ergossen sich seine Fluten über die Ufer. Sollte das hier in dieser neuen Gegend auch möglich sein?

Vorsorglich wecken die beiden Männer alle Familien in den Hütten. Falls sich ihr Verdacht bestätigt, soll die leise steigende Flut den Menschen nicht im Schlaf zum Verhängnis werden.

In der Morgendämmerung, die in dieser Nacht alle herbeisehnen, erblicken die Menschen von ihrem Siedlungshügel aus nur Wasser ringsum. Sogar der größte Teil der Felder ist vollständig im Wasser versunken. Das ist für die kommende Saatzeit nicht ungünstig, aber hoffentlich steigt es nicht noch weiter. Die Menschen und Tiere der Siedlung fänden sonst keinen Fluchtweg mehr.

Voller Sorge betrachten alle die dahingleitende Strömung. Das Wasser treibt Büsche, Wurzeln, Grasinseln mit sich. Und mit ihnen Tiere, die sich nicht rechtzeitig haben in Sicherheit bringen können. Vögel umkreisen ihre ehemaligen Brutgebiete.

Längst hat der Älteste einige Jungen ausgeschickt, um das Steigen des Wassers zu beobachten. In Abständen kommen sie angerannt und berichten.

„Es scheint nicht mehr zu steigen!“, rufen sie schon von weitem dem Ältesten zu.

„Lauft zurück und beobachtet weiter! Achtet aber auf Schlangen und Echsen, die mit dem Wasser angespült werden!“

Erleichtert ist der Älteste erst, als nach Stunden feststeht, dass das Wasser nicht weiter steigt. Für mehrere Wochen bleiben die Menschen jedoch vom Hochwasser eingeschlossen.

Als sich die Flut verlaufen hat, werden zwei junge Männer als Boten in die alte Siedlung geschickt. Sie sollen berichten, dass und wie die fünf Familien eine neue Bleibe gefunden haben. In ihren Ledertaschen haben sie als Beweis der guten, neuen Ernte auch ausgesuchte Getreidekörner. Der Weg der Boten ist kürzer als der, den die Familien vor Monaten mit ihrer Habe gegangen sind. Die Umwege, die sie damals aus Unkenntnis um Sümpfe und Seen machen mussten, können sie sich jetzt sparen. Nur die vielen kleinen Tümpel und überschwemmten Wiesen, die nach der Überflutung noch bestehen, bereiten Kummer. Den besten Weg versuchen sie sich nicht nur für den Rückweg zu merken, auch für spätere Boten muss er beschrieben werden können. Schließlich soll die Verbindung zur alten Siedlung auch in Zukunft nicht abreißen.

Mit großer Freude und vielen Fragen werden die beiden Boten in der alten Siedlung empfangen. Es dauert Tage, bis sie alles beantwortet haben und sich wieder auf den Rückweg machen können. Zwei junge Hunde begleiten sie, daran mangelt es in der neuen Siedlung.

„Hoffentlich können wir alle Grüße und Fragen behalten und vollständig überbringen!“, spötteln die beiden Boten auf ihrem Rückweg zur neuen Siedlung.

„Hast du gesehen, dass die Felder in der alten Siedlung völlig trocken waren? Die Getreidekörner sind klein und fast verdorrt.“ „Kein Wunder, wenn man nur auf den

Regen angewiesen ist. Und der bleibt eben manchmal jahrelang rar. Dafür haben sie kein Hochwasser befürchten müssen."

„Nur gut, dass unsere fünf Familien fortgezogen sind. Es hätte in diesem Jahr nicht mehr für alle gereicht!"

Den Rückweg haben sie tatsächlich mit einer einzigen Übernachtung im Freien bewältigt. Etwas erschöpft, aber glücklich treffen die beiden Boten wieder bei ihren Familien ein. Es gelingt nicht, alle Fragen noch am gleichen Abend zu beantworten. Auch die vielen besonderen Grüße müssen auf den nächsten Tag verschoben werden. Es ist sicher, dass die Boten auch in den nächsten Wochen noch von den Unterschieden zwischen alter und neuer Siedlung zu berichten wissen ...

Auch das letzte Hochwasser ist noch nicht vergessen. Im Gegenteil! Eifrig mühen sich in den nächsten Monaten die Bauernfamilien um die Sicherung ihrer Hütten und Felder. Höhere Erdwälle sollen dabei helfen. Täglich sind außerdem die Strauchhecken um die Felder und Weiden zu kontrollieren, denn die Flut kommt nur einmal im Jahr, die Raubtiere aber sind täglich auf der Lauer.

Dennoch sind die Bauern mit ihrer neuen Siedlung zufrieden: Der Boden ist fruchtbar und bringt gute Ernten, das Vieh findet reichlich Futter.

Regelmäßig nach der Ernte wandern erneut Boten in die alte Siedlung, tauschen Saatgetreide oder Vieh aus, berichten vom Tod der Menschen, von der Geburt der Kinder und Enkelkinder. Mancher Rat wird dabei ausgetauscht. Die alte Siedlung hat inzwischen durch einen künstlichen Regenwasserteich und entsprechende Gräben ihre Felder zum Teil bewässern können. Die Ernteerträge sind wieder gestiegen.

Jahr um Jahr vergeht. Flut auf Flut durchzieht das Land zwischen den Strömen; einmal sanft, ein andermal heftig und hoch. Wasser bringt Leben und Tod ...

Wenige Jahre später bleiben nach der Ernte die erwarteten Boten aus der neuen Siedlung aus. Die Ältesten der alten Siedlung schicken mehrere junge Männer aus, um Ausschau zu halten. Verstört und traurig kommen sie nach Tagen zurück: Die neue Siedlung besteht nicht mehr! Das letzte Hochwasser des Tigris hat Mensch und Tier mit sich gerissen. Nur noch Reste der Hütten und Hecken haben die Boten auf dem ehemaligen Siedlungshügel gefunden ...

Nach langer, langer Zeit stehen dort erst wieder neue Hütten und Hecken. Um sie herum schützen Deiche, höher und fester als die alten, eine neue Siedlung.

Langsam dreht sich die Töpferscheibe

Mesopotamien vor 6000 Jahren

Die Ackerbauern und Viehzüchter benötigten mehr als die Jäger und Sammler wasserdichte Tongefäße besonders zum Kochen, als Essgeschirr, zur Aufbewahrung von Vorräten und als Behälter für Handelsgüter. Voraussetzung dafür war vor allem das an viel Erfahrung geknüpfte „Brennen“ der Tonkrüge, Schalen und Schüsseln. Diese Aufgabe übernahmen in den einzelnen Siedlungen bald professionelle Töpferhandwerker, die nicht nur die Qualität der Gefäße verbesserten. Verzierungen und Bemalungen wurden oft zu „Markenzeichen“ bestimmter Siedlungen oder Regionen. Als Transportgefäße bekamen diese Töpfereiprodukte dann durch den Fernhandel sehr frühzeitig eine weite Verbreitung. Die Dekore und Formen der Gefäße wurden nicht selten zu geachteten Statuszeichen einzelner Siedlungen. Die nachfolgende Episode lässt erkennen, wie sich diese Töpferei von der des Hausgewerbes in der Frühgeschichte unterscheidet.

„Ich komme soeben vom Ältesten, er schickt mich zu dir!“ Mit diesen Worten schaut ein Mann vorsichtig in das Töpferhaus. Mit einer Hand streckt er dabei triumphierend mehrere kleine Lederbeutel vor. Diese Geste scheint um Entschuldigung zu bitten, denn der Angesprochene poltert tatsächlich laut, aber dennoch erfreut los: „Bist du endlich gekommen! Ich habe schon Tage auf dich gewartet. Die letzten Reste sind aufgebraucht. Ich kann doch nicht die Töpfe unserer Siedlung ohne Farbe brennen!“

„Das lass ja bleiben! Du siehst, ich habe mich beeilt und bringe dir nun deine geliebten Pulversteine. Im Übrigen hat schon der Älteste meine Verspätung gerügt. Aber auf den weiten Wegen kann man nicht immer alles genau vorherbestimmen.“

„Ich bin dir auch nicht böse, nur brauche ich dringend das Farbpulver. Du siehst ja selbst, die Werkstatt ist fast leer“, antwortet der Töpfer. Dabei deutet er in den großen, halbdunklen Raum.

Während der Töpfermeister den Mann mit dem Farbpulver freundlich einlädt, neben ihm Platz zu nehmen, entgeht seinem strengen Blick nichts: „Vorwärts! Macht neuen Ton weich und säubert die Arbeitsplatten!“

Unter den Augen des Meisters und seines Gastes gehen die jungen Männer eifriger als sonst an die Arbeit. Unter ihnen auch die beiden Söhne des Meisters, die sonst für die Bemalung der Gefäße zuständig sind. Jetzt helfen auch sie ausnahmsweise bei der Vorbereitung des Tons.

„Ja, hier also die Farbsteine. Das Feuerholz wird euch von meinen Gehilfen nachher gebracht. Die Tragtiere sollten erst von ihrer wichtigsten Last befreit werden. Ihr müsst wissen, dass wir viel Kupfer eintauschen konnten. Das wiegt nun einmal schwer. Obendrauf kam dann erst das Feuerholz für euren Brennofen. Aber wir haben, wie ihr sehen werdet, nichts vergessen."

„Ein Glück, denn ohne Holz sind wir beim Töpfern genauso aufgeschmissen wie ohne Farbstoffe."

Vertraulich rückt der Händler näher an den Töpfer heran: „Ich will euch nicht eitel machen, aber die Töpfe unserer Siedlung, von eurer Werkstatt hergestellt, werden in den fernen Dörfern gern als Tauschware genommen. Besonders wegen der Haltbarkeit und der Farbmuster." Geehrt reckt sich der Meister in die Höhe. Seine Augen blitzen.

Der Händler, der im Auftrag des Ältesten der Siedlung unterwegs war, hat aber dem Töpfermeister nicht alles erzählt, auch wenn er mit ihm seit Jahren befreundet ist. So konnte er in der Ferne die guten Tonwaren nicht nur gegen Kupfer, Farbpulver und Brennholz, sondern auch gegen Edelsteine eintauschen. Dieser Schmuck wird jedoch nicht wie die anderen eingetauschten Waren an die Mitglieder der Siedlung verteilt, sondern bleibt beim Ältesten in Verwahrung. „Für Notzeiten", hat der Älteste ihm gesagt.

Bald darauf verabschiedet sich der Händler wortreich vom Töpfer. Auch der Meister verschwindet rasch mit den Lederbeuteln in einem kleinen Nebenraum. Hier kann er in Ruhe die Pulversteine prüfen und zerkleinern. In Tiegeln zermalmt er mit einem Stößel die Steine zu Pulver. Nur nach jahrelanger Erfahrung vermag er die verschiedenen Sorten richtig zu mischen. Schließlich soll immer die gleiche Zusammensetzung des Pulvers entstehen, das dann den Tongefäßen eine ganz bestimmte Farbe gibt. Daran kann man, wie auch der Händler bestätigte, noch in fernen Gegenden die Gefäße ihrer Siedlung erkennen. Das macht nicht nur den Töpfer stolz. Alle Mitglieder der Siedlung empfinden die Muster und Farben auf den Töpfen als Zeichen ihrer Gemeinschaft.

Mit geübtem Griff hat sich der Meister aus der Mulde eine Probe vom Ton genommen. „Er ist reif!" Auf diese Worte haben die Töpfer nur gewartet. Jeder greift sich jetzt einen Klumpen der Tonmasse und setzt sich an seinen Töpfertisch. Unter den geschickten Händen entstehen die neuen Gefäße. Keiner der Töpfer rutscht dabei mehr um das Gefäß herum. Desgleichen bleiben beide Hände, stets feucht gehalten, an der zu formenden Tonmasse: Denn den Arbeitstisch drehen die Töpfer mit den Füßen. Nicht mit Schwung, aber doch so, dass sie bequem an alle Seiten des Topfes herankommen können. So entstehen Gefäße mit gleich starken Wandungen und ohne Beulen in der Rundung.

Die langsam drehbare Töpferscheibe erleichtert es, in gleichmäßigen Abständen Muster in die Außenseite der Gefäße einzukerben. Sorgfältig prüft der Meister, indem er von Tisch zu Tisch geht, ob alle die gleichen Muster anbringen. Natürlich kontrolliert der Meister nur noch bei den jüngeren Töpfern die Gefäße und die Muster. Dazu kennt er seine alten, erfahrenen Töpfer viel zu gut.

Mit einer dünnen Tiersehne trennen die Töpfer schließlich den geformten Topf von der runden Arbeitsplatte und stellen ihn sehr vorsichtig zum Trocknen auf. Jetzt zahlt es sich aus, dass die Töpferei ein schattiges Dach und feste Wände hat, denn die Tonmasse muss langsam und gleichmäßig trocknen. Es sollte möglichst auch kein Staub auf die frischen Gefäße fallen. Immer wieder befeuchten die angehenden Töpfer den Boden mit Wasser.

Nach Stunden sind die ersten Gefäße so weit getrocknet, dass sie erneut auf die Arbeitsplatten gehoben werden können. Jetzt beginnt die Arbeit des Meisters und seiner beiden Söhne: Kunstvoll verzieren sie die Muster der Töpfe dünn mit farbigem Pulverschlamm. Jeder Pinselstrich muss sitzen, denn Fehler sind nicht zu korrigieren. Angestrengt sind alle drei bei der Sache. Allerdings scheinen die Farben grau in grau zu sein. Niemand außer ihnen könnte die Farbtöpfe auseinander halten.

Am nächsten Tag wird der Brennofen vor der Töpferei angeheizt. Dicht bei dicht stehen die luftgetrockneten und bemalten Gefäße in dem kuppelförmigen Ofen. Die Hitze des Holzfeuers lässt sie langsam und gleichmäßig hart werden. Hier am Ofen entscheidet sich die Kunst des Töpfers.

„Geht sparsam mit dem Feuerholz um!“ Der Meister blickt sorgenvoll auf den kleinen Holzvorrat. Er wird den Ältesten der Siedlung schon bald um Nachschub bitten müssen.

„Nun lasst aber auch nicht gleich die Flamme im Ofen zu klein werden!“ Vor Schreck haben offenbar die jungen Töpfer jetzt zu wenig Holz aufgelegt.

„Gleichmäßig muss die Flamme sein - merkt euch das!“, brummt der Meister.

Nicht nur der Meister ist gespannt, als am Abend die gebrannten Schalen und Töpfe aus dem Ofen genommen werden.

„Wir haben Glück, kaum ein Gefäß ist gesprungen.“ Mehr ist zunächst auch nicht zu erkennen, denn Ruß und Aschereste müssen erst von den Gefäßen entfernt werden. Eine Arbeit, die mit besonderem Interesse von allen Töpfern verfolgt wird. Nur die jungen, angehenden Töpfer sind etwas traurig, weil sie für immer neues Waschwasser sorgen müssen und kaum miterleben, wie aus den grauen Töpfen herrlich farbige Gefäße werden. Gefäße mit genau den gleichen Mustern und Farben, wie sie seit langen Zeiten in dieser Siedlung üblich sind ...

Die Gemeinschaft eines Dorfes bewährt sich

Bau von Bewässerungsanlagen in Mesopotamien um 4000 v. Chr.

Von Jahr zu Jahr ist das Dorf größer geworden. Immer mehr Familien leben jetzt hier in der Ebene zwischen den Flüssen Euphrat und Tigris. Viele Leute, besonders die älteren, die sich noch an die kleinen Dörfer an den Berghängen erinnern können, fühlen sich nicht besonders wohl hier. Sie haben Mühe, sich untereinander genauer zu kennen. Das war, so meinen die alten Leute, früher in der Siedlung am Berghang alles überschaubarer und gemütlicher.

Zu seinem Verdruss hat der Älteste der neuen, großen Siedlung sehr viel mit Streitigkeiten und Missgunst zwischen den Bewohnern zu tun. Aber, so räumen es alle ein, die Ernten in dieser Gegend fallen bedeutend besser aus als in den früheren Berghangsiedlungen. Deren Felder waren nur fruchtbar, wenn genügend Regen fiel. Und immer öfter regnete es nur spärlich. Hier in der Ebene ist das anders. Die Flüsse mit ihren Überschwemmungen sorgen einmal im Jahr für genügend Wasser auf den Feldern. Sehr fruchtbar ist daher das Land rings um die neue Siedlung. Manchmal sind bis zu drei Ernten im Jahr möglich.

Längst strömen die Wassermassen der beiden wichtigsten Flüsse dieses Landes nicht mehr mit zerstörerischer Gewalt über die Ebene. Besonders der Tigris hat seine gefährlichen Hochwasserfluten, die von einem Tag zum anderen bis zu zehn Meter steigen konnten, eingebüßt. Ein Klimawechsel hat dafür gesorgt, dass die Quellgebiete des Tigris trockener geworden sind, der Fluss weniger Wasser führt. Dennoch reicht es für die jährliche Überschwemmung der tief liegenden Felder und damit für deren Fruchtbarkeit. Dafür gibt es andere Probleme.

Die Äcker und Weiden der zahlreichen, neuen Siedlungen stoßen hier in der Flussebene schon seit geraumer Zeit unmittelbar aneinander. Sehr zum Leidwesen auch der beiden ältesten Söhne einer Familie, die schon seit vielen Jahren in dieser Siedlung wohnt.

Der älteste Sohn knurrt nicht zum ersten Mal: „Früher konnten unsere Großeltern in dem Niemandsland zwischen den Siedlungen sich einfach ein Stück Land aussuchen und zum Acker oder zur Weide machen. Das Dorf half dabei, und eine weitere Familie hatte ihr gutes Auskommen."

Sein jüngerer Bruder ist bei diesem Thema stets Feuer und Flamme: „Ich wäre beim Siedeln bestimmt dabei. Sicher hätte ich dort schon eine Familie gegründet. Statt dessen sitze ich noch immer mit meinen Füßen unter Vaters Tisch."

Der Vater unterbricht dieses schon oft in der Familie geführte Gespräch: „Jagt keinen Wunschträumen hinterher, meine Söhne! Land lässt sich nicht vermehren, es ist ein Geschenk der Götter, mit dem wir sorgfältig umgehen müssen. Haben wir davon nicht genügend zur Verfügung, dann müssen wir eben aus dem wenigen mehr machen." Jetzt lächelt der älteste Sohn, denn er kennt schon den Wunsch seines Vaters: „Du möchtest, dass wir alle Jahre drei Ernten auf unseren Feldern haben! Aber nicht immer ist im Frühjahr so viel Wasser aus der Überschwemmung übrig geblieben, dass es dafür reicht. Und für einen neuen Kanal zur Bewässerung während des ganzen Jahres, dafür reicht die Kraft unserer Familie, ja unserer ganzen Siedlung nicht aus. Selbst dann nicht, wenn wirklich alle mithelfen würden."

„Wobei wir beim Problem sind", unterbricht ihn der Vater. „Die Erfolgreichen in unserer Siedlung liegen in Streit mit den Erfolglosen. Ich will nicht behaupten, dass sie faul sind, aber das Glück ertragreicher Felder ist ihnen nicht beschieden. Neulich erst mussten wir im Rat der Ältesten einen Bauern verurteilen, weil er einem Nachbarn Ähren vom Feld gestohlen hat. Aus Versehen, wie er behauptet - aber alle wissen, dass es anders war." Verächtlich lässt der Vater seine Hand durch die Luft sausen. Aus dem früheren Miteinander in der Dorfgemeinschaft ist jetzt vielfach Missgunst und Neid in der Siedlung geworden. Er als erfolgreicher Bauer muss es nicht selten erleben, dass sein Gruß nicht erwidert wird, wenn er durch die Siedlung geht.

Dabei fällt auch seiner Familie nichts in den Schoß. Je größer die Ernteerträge sind, desto mehr wollen auch die Steuerbeamten haben, um es in die Stadt zu liefern. Dort müssen immer mehr Beamte und Krieger mit Getreide, Fleisch und Gemüse versorgt werden. Allerdings, so gibt es der Vater ehrlich zu, alle diese Planer, Baumeister, Krieger, Bewacher, Kontrolleure und Richter sind nötig, auch für die Siedlungen rings um die Stadt, zu denen der eigene Ort ebenfalls gehört.

Die Tagesarbeit auf Feld und Weide ist wiederum vollbracht. Müde und satt sitzt die gesamte Familie nach dem Essen am Abend noch einen Augenblick um den Tisch. Kurz werden die wichtigsten Arbeiten des nächsten Tages besprochen.

Da ist ein freundlicher Gruß durch die offene Tür zu hören. Der Siedlungsälteste steckt seinen Kopf hindurch: „Wenn es gestattet ist, möchte ich gern mit euch etwas bereden!"

Natürlich ist mit wenigen Handgriffen ein Ehrenplatz für den Ältesten bereit. In aller Eile wird der Tisch abgeräumt. Erwartungsvoll und neugierig hängen die Augen der Familie an den Lippen des Ältesten.

„Ja", beginnt zögernd der Gast, „ich habe heute Besuch aus der Stadt gehabt. Der Oberste Kanalbaumeister hat einen seiner Beamten geschickt, um unsere Siedlung aufzufordern, an einem neuen Kanal mitzuarbeiten. Neues Siedlungsland soll dadurch erschlossen werden. Später könnte dieser Kanal auch verlängert werden, um unsere Siedlung in der trockenen Jahreszeit zusätzlich mit Wasser zu versorgen."

Jeder in der Runde hört mit großem Interesse zu.

„Und warum kommt ihr deswegen gerade zu uns?", fragt vorsichtig der Vater.

„Zu eurer Beruhigung: Ihr seid nicht die Einzigen, die ich deswegen aufsuchen werde. Der Oberste Kanalbaumeister ist, wie der Bote berichtete, auf die Mithilfe aller Siedlungen, die zu dieser Stadt gehören, angewiesen. Aus unserem Ort allein erwartet er 30 Männer. Deshalb komme ich zu euch. Wie ich weiß, ist mindestens einer eurer Söhne an neuem Siedlungsland interessiert. Die Mitarbeit am neuen Kanal kann dafür gute Voraussetzungen schaffen. So wurde es mir jedenfalls von dem

Beamten versichert. An eure Familie habe ich auch gedacht, weil ihr mit eurer Arbeit gut zurecht kommt, also sicher ein oder zwei Arbeiter für kurze Zeit entbehren könnt. Ich kam auch nicht umhin, dem Beamten aus der Stadt zu sagen, dass eure beiden ältesten Söhne nicht nur mit Hacke und Schaufel umzugehen verstehen, sondern auch mit Zimmermannsarbeiten gut zurechtkommen. Der Oberste Kanalbaumeister sucht besonders nach solchen Leuten."

Der Familienvater ist bemüht, sich dieses Lob für seine Söhne nicht anmerken zu lassen. Aber seine Stimme verrät doch seinen Stolz, als er dem Ältesten antwortet: „Ich kann euch da nicht widersprechen! Ihr habt dem Beamten nichts Unwahres gesagt. Unsere Familie wird, wie immer, nicht zurückstehen, wenn es um das Wohl der Siedlung geht."

„Das habe ich von euch nicht anders erwartet!", freut sich der Siedlungsälteste. „Es wird sicher nicht von Schaden für euch und unsere Siedlung sein, wenn sich eure Familie angemessen an den Arbeiten beim Bau des großen Kanals beteiligt!"

Die Mutter, die bisher nur schweigend in der Runde saß, erkundigt sich jetzt nach den Bedingungen der Mitarbeit: „Wenn ihr uns so eilig aufsucht, so wird es doch sicher damit eine Bewandtnis haben. Sagt sie uns, nur frei heraus, damit wir in unserer Familie auch darüber beraten und entscheiden können!"

Jetzt ist es an dem Ältesten, sich etwas verlegen zu räuspern, denn die Bedingungen, die der Beamte aus der Stadt überbrachte, sind nicht nur angenehm: „Wenn ihr mich schon direkt fragt, so will ich es euch unumwunden sagen. Schon in fünf Tagen sollen die 30 Arbeiter bereitstehen. Jung und kräftig sollen sie sein. Für den Marsch zur Kanalbaustelle müssen sie für zwei Tage Verpflegung mit sich führen und natürlich Werkzeug und Geräte."

Das lässt nun doch die Familie etwas besorgt aufhorchen, denn auch die Arbeit der Bauernfamilie ist für die nächsten Wochen schon vorausgeplant gewesen. Dennoch verabschiedet man sich sehr freundlich vom Ältesten. Alle Mitglieder der Familie wissen es als Ehre zu schätzen, dass der Siedlungsälteste bei dieser großen Aufgabe mit zuerst an ihre Familie gedacht hat. Morgen wird ihm, so verspricht es der Vater, die genaue Entscheidung der Familie zugehen.

Länger als üblich sitzen die erwachsenen Familienmitglieder an diesem Abend noch zusammen und beraten. Bereits am nächsten Vormittag weiß der Älteste, dass aus dieser Familie die beiden ältesten Söhne zum Kanalbau gehen werden.

Pünktlich am festgesetzten Tag ziehen die dreißig Männer der Siedlung in den Morgen. Jeder hat schwer an Geräten zu tragen. Die Verpflegung kommt sich in den Kiepen, die zur Ausrüstung gehören, etwas verloren vor.

Bereits am Vormittag des nächsten Tages sind die Männer an Ort und Stelle. Einige hundert Bauern aus den anderen Siedlungen sind schon eingetroffen. Leichte Hütten aus Schilf und Binsen für die Nacht sind schnell errichtet. Für die paar Wochen wird von den Männern nicht viel Aufwand für das Nachtlager betrieben.

Am Abend macht sie der Oberste Kanalbauleiter mit den bevorstehenden Arbeiten vertraut. Die angehenden Kanalbauer sind guter Stimmung, zumal auch die erste Gemeinschaftsverpflegung zu ihrer Zufriedenheit ausfällt.

Bereits in aller Frühe wird lauthals geweckt. Schon kurze Zeit später sind sie auf der Baustelle. Die Bauleiter haben bereits vor Tagen die Strecke des künftigen Kanals mit Holzpflöcken abgesteckt. Die Männer, eingeteilt in Dorfkolonnen, lockern mit Hacken den Boden, füllen ihn mit Spaten in Körbe und tragen anschließend den ausgehobenen Boden zur Seite. So entsteht entlang des Kanals ein niedriger Deich. Immer wieder messen die Baumeister Breite und Tiefe des Kanals, vor allem der Winkel der Böschung muss vielfach nachgearbeitet werden. Die Bauern sehen viele Messgeräte der Baumeister hier zum ersten Mal und staunen nicht schlecht, wie genau alles gehandhabt wird. Natürlich manchmal auch zum Verdruss der Bauern, wenn sie diesen oder jenen Abschnitt des Kanals nachbessern müssen.

Die Sonne brennt unbarmherzig vom Himmel. Nirgends ein Schattenspender. Nur gut, dass die Bauern harte Arbeit unter freiem Himmel gewohnt sind. Auch die Zusammenarbeit in Siedlungskolonnen ist willkommen. So kennt jeder jeden, Hilfe kann leichter gegeben werden. Anspornender Wettbewerb zwischen den einzelnen Kolonnen bleibt schon in den ersten Tagen nicht aus. Jeder versucht, so gut er kann, die Ehre seine Siedlung zu verteidigen. Die Baumeister sind darüber nicht böse.

Die Hälfte der 30 Tage ist bereits herum, der Kanal streckt sich schon beachtlich lang. Die Übernachtungshütten sind inzwischen der wandernden Baustelle gefolgt. In diesen Tagen werden die beiden Brüder zu einem der Bauleiter gerufen. Aus seinen Unterlagen geht hervor, so erklärt er ihnen, dass beide auch gut mit Holz umzugehen verstehen. Zusammen mit einigen anderen Männern arbeiten sie ab sofort an den hölzernen Hebewerken, die später das Wasser in die zahlreichen Seitengräben zur Feldbewässerung leiten sollen.

„Geht mir nur sorgsam mit dem Holz um“, ist die Begrüßung durch den Zimmermann, der ihre Arbeit anleiten und überwachen soll. „Ein falscher Hieb, und der Stamm ist wertlos für das Hebewerk!“

Einige der Bauern erhalten von ihm schmale, scharfe Kupferäxte. Beim Verteilen droht er, halb freundlich, halb ernst: „Glaubt ja nicht, ich könne nicht zählen oder mir nicht merken, wer etwas von mir bekommt! Und passt gut auf die Dinger auf!“

Tatsächlich müssen sich die meisten erst an diese scharfen Äxte gewöhnen. Der Unterschied zu den bei den Bauern üblichen Steinbeilen ist schon beachtlich.

Viele der Bauern halten hier auch zum ersten Mal in ihrem Leben eine kupferne Säge in den Händen. Viel genauer noch als mit dem Beil kann man mit der Säge die Stämme und Balken zerschneiden und mit Einkerbungen versehen. So sitzen die Querbalken ganz genau aneinander. Das wertvolle Holz wird besser genutzt.

Nach Tagen angestrengter Arbeit stehen die Hebewerke fest im Boden. Die Baumeister prüfen ihre Funktion. Die Bauern stehen daneben und freuen sich, dass ihre Arbeit Anerkennung findet.

Aber die Beamten wissen dieses Lob zu bremsen: „Die Bewährungsprobe für die Wasserheber kommt erst, wenn der Kanal mit Wasser gefüllt ist. Freut euch also nicht zu früh!“

Dennoch können es alle kaum erwarten, dass ihr neuer Kanal mit Wasser gefüllt wird. Eines Tages schicken die Baumeister endlich den Boten zum oberen Sperrwerk des neuen Kanals, um die Schieber öffnen zu lassen. Wer jetzt nicht schnell genug die Böschung erklimmen kann oder sein Werkzeug auf der Kanalsohle liegen lässt, hat Pech gehabt.

Die Freude über das Wasser im Kanal wird auch für einige andere getrübt. Eines der neuen Schöpfwerke neigt sich langsam zur Seite. Es ist genau das Hebewerk, an dem die beiden Brüder mitgearbeitet haben. Ihr Schreck ist verständlich. Trotz aller Mühe, die sie sich gegeben haben, müssen sie miterleben, dass die Kraft des strömenden Wassers unberechenbar ist. Der Untergrund für das Wasserhebewerk war wohl doch zu morastig. „Es muss abgestützt werden! Nehmt Stämme und setzt sie schräg an, um das Hebewerk wieder aufzurichten!“ Damit hat der Bauleiter sicher die richtige Maßnahme vorgeschlagen, um die Anlage vor der Vernichtung zu bewahren. Aber die Pfosten in dem schlammigen Wasser, das den Männern fast bis zur Brust reicht, an den richtigen Stellen in den Boden zu rammen und dann das sich neigende Bauwerk wieder gerade zu richten, das ist eine andere Sache. Stunden mühen sich die Arbeiter, endlich ist das Schöpfwerk wieder im Lot und gerettet. Jetzt erst bemerkt der jüngere der beiden Brüder, dass er sich an der Hand verletzt hat. Den Schmerz verbeißt er sich, ein Lappen von seinem Hemd dient ihm als Verband. Außerdem, so sagt er sich, geht es ja am nächsten Tag nach Hause.

Der von allen Männern ersehnte Tag ist angebrochen. Schnell sind die Gerätschaften zusammengerafft, die wieder mit nach Hause müssen. Für einige Körbe lohnt es sich nicht mehr, sie auf die Schultern zu nehmen. Verpflegung für die Reise ist gefasst, die begehrenswerten Kupferäxte korrekt abgeliefert.

Alles ist in freudiger Erwartung des Heimwegs. Bis auf eine Ausnahme: Der jüngere Bruder liegt auf seiner Matte. Fieber schüttelt seinen Körper, kalter Schweiß steht auf seiner Stirn. Sollte die Wunde zusammen mit dem schlammigen Wasser doch eine gefährliche Erkrankung ausgelöst haben? Der ältere Bruder steht ratlos vor dem Krankenlager. Jetzt kann nur die Gemeinschaft der Siedlung helfen. In aller Eile binden die Männer eine Trage zurecht. Abwechselnd werden sie den Kranken in den nächsten zwei Tagen nach Hause tragen. Die Gerätschaften der Krankenträger sind ebenfalls aufgeteilt.

Freude über die bevorstehende Heimkehr und Sorge um den Kranken beflügeln ihre Schritte gleichermaßen. Heilfroh sind sie, als die heimatliche Siedlung wieder in Sicht ist und sie kurz danach den Kranken in Obhut wissen.

Erstaunlich, wie viel Anteilnahme der Kranke in den nächsten Tagen erfährt. Kaum einer der fast dreißig Männer, die mit am Kanal gebaut haben, ist nicht mindestens einmal bei ihm gewesen. Auch Hilfe für die Familie des Kranken wird angeboten. Es ist, als ob die meisten Bewohner der Siedlung wieder enger zusammenrücken und sich gegenseitig unterstützen. Neid und Missgunst scheinen weitgehend vergessen zu sein.

Bereits am Tag der Heimkehr hat der Siedlungsälteste nach dem Kranken gesehen. Als er Tage später von den Baumeistern sogar schriftlich erfährt, wie sich die Kolonne seiner Siedlung bei den Arbeiten am Kanal bewährt hat, ist er sehr stolz. Besonders der Einsatz der beiden Brüder am Schöpfwerk wird in dem Bericht lobend hervorgehoben. Von der Krankheit des jüngeren Bruders hat man natürlich auf der Baustelle noch nichts erfahren.

Nach Wochen gelingt es, auch mithilfe von Kräutern und bewährten Heilverfahren, den Fiebernden wieder gesund werden zu lassen. Es ist noch einmal gut gegangen.

Als Monate später um den neuen Kanal herum Felder zum Siedeln vergeben werden, ist auch der jüngere Bruder dabei. Vielleicht hat auch die Hoffnung auf dieses Land und damit auf eine eigene Familie ihn wieder gesund werden lassen?

Nur eine Staubwolke ließen die Feinde zurück

Die Stadt Uruk in Mesopotamien um 3000 v. Chr.

Uruk ist nur als Beispiel für das Anwachsen und die Funktion der Städte in Mesopotamien anzusehen. Besonders wichtig für die Menschen damals war das Zusammenwirken von ländlichen Siedlungen mit der jeweiligen Stadt im Mittelpunkt dieses Gebietes.

1. **Plünderung einer der Stadt Uruk unterstehenden Siedlung**
2. **Abwehr räuberischer Krieger an den Mauern von Uruk**
3. **Zur Aufgabenteilung von Stadt und Umland**
4. **Stadtbesichtigung von Uruk**

Schon vor dem Anblick dieser Krieger müsste jeder Feind Reißaus nehmen. So jedenfalls denken die bewaffneten Männer, die nun schon seit Tagen auf Eroberungen aus sind.

Nicht, weil er der Mutigste ist, sondern vor allem wegen des Staubs, den die müden Füße seiner Krieger aufwirbeln, rollt das Gefährt des Anführers voran. Vier Esel ziehen, nicht ohne Mithilfe der beiden Treiber, den zweirädrigen Kriegswagen mit dem Kutscher und dem Anführer. Furcht einflößend steht er aufrecht im Wagen, angetan mit ledernem Hemd, das mit kleinen Kupferplättchen besetzt ist. Sie sind Schutz und Zierde zugleich. Am Gürtel hängen ein Dolch und eine lange Streitaxt, beides aus Kupfer. Den Kopf des Anführers ziert ein Helm mit langem Nackenleder. Gegen feindliche Pfeile und Lanzen ist der Kampfwagen vorn mit einem brusthohen Schutzbrett versehen. Mehrere Wurfspeere liegen griffbereit ebenfalls im Wagen. Alles an und auf diesem Streitwagen sieht sehr bedrohlich und Achtung gebietend aus. Diese Wirkung will der Anführer zweifellos beim Feind erwecken. Vielleicht auch bei seinen eigenen Truppen.

Schon taucht in der Ferne ein Dorf auf. „Dort werden wir die nächste Nacht verbringen und uns stärken!“, ruft der Anführer seinen Kriegern zu. Das mobilisiert die müden Beine.

Zwar haben die Dorfbewohner die Staubfahne bereits von weitem gesehen, doch ist es nicht so leicht, ein ganzes Dorf in kurzer Zeit in Sicherheit zu bringen. Glücklicherweise gelingt allen Menschen der Siedlung die Flucht. Die meisten ihrer Tiere können sie ebenfalls retten.

Die Krieger sind schnell genug, um einen Teil des Viehs noch in den Gattern und Ställen vorzufinden. Das ist ein „Sieg“ nach ihrem Geschmack: reichliche Beute ohne einen Pfeil verschießen zu müssen. Wen wundert es, wenn die Krieger ausgelassen den Abend feiern und ihren Anführer hochleben lassen.

Völlig erschöpft erreichen die Bauern mit ihren Familien und dem geretteten Vieh die Torwache der Stadt Uruk. Hier geht nun alles sehr schnell. Die Wache informiert die für den Schutz der Stadt zuständigen Aufseher. Schon nach kurzer Zeit sind alle 800 Wachtürme der fast 10 Kilometer langen Stadtmauer mit doppelten Wachen besetzt. Auch die Türme neben den beiden Stadttoren werden mit zusätzlichen Bewaffneten besetzt. Die Stadt Uruk bereitet sich auf einen feindlichen Angriff vor.

Währenddessen sind die Dorfbewohner in einem weiten Gelände hinter der Stadtmauer untergebracht worden. Hier ist genügend Platz für viele Bauern und ihr Vieh, wenn sie, wie jetzt, ihre Dörfer bei Angriffen verlassen müssen. So wie die Siedlungen die Stadt mit Lebensmitteln versorgen, so schützen sie die städtischen Mauern bei feindlichen Angriffen.

„Schickt bewaffnete Boten aus!“, ruft der zuständige Beamte. „Die anderen Dörfer in der Gegend müssen gewarnt werden. Alle sollen sich unverzüglich, notfalls auf Schleichwegen, in den Schutz unserer Stadtmauer begeben!“

Mit anbrechender Nacht haben die Torwachen alle Hände voll zu tun, um die Bauern mit ihrem Vieh einzulassen und auf die freien Flächen hinter der Mauer zu verteilen. Am nächsten Morgen sind die Bewohner der gefährdeten Siedlungen weitgehend in Sicherheit. Keine Stunde zu spät, denn trotz der Völlerei am Abend sind die räuberischen Krieger früh aufgestanden. Der Anführer gebietet Eile. Sie haben kaum Zeit, alles noch lebende Vieh zu töten oder die Hütten in Brand zu stecken. Den Anführer treibt seine Raubgier in die nahe liegende Stadt, dort sind die Schätze, auf die es ihm ankommt: Edelsteine, Metall, Waffen.

Der Anführer der Räuber kennt seinen Plan: Wie ein schneller, scharfer Speer will er an einer Stelle die Stadtmauer treffen, sie überwinden. Ist er erst einmal in der Stadt, dann werden seine Männer schon die Schätze zu finden wissen. Wer sich ihnen entgegenstellt, wird getötet.

Scheinbar friedlich liegt die Stadt vor ihnen, als sie schnellen Schrittes auf die Mauer zulaufen. „Es ist keine Wache zu sehen! Wir werden leichtes Spiel haben!“, frohlocken die Angreifer. Gegenseitig helfen sie sich schnell auf die Mauerkrone. Erst als die Angreifer auf der etwa fünf Meter breiten Stadtmauer stehen, strecken sich ihnen die Lanzen der Stadtwachen entgegen. Die Überrumplung der Stadt ist den Angreifern also doch nicht gelungen. Eher sitzen sie selbst in einer Falle. Viele Räuber lassen sich daraufhin an der Mauer innen, andere außen herunter. Vor der Mauer haben die Stadtkrieger inzwischen einen Halbkreis um die Angreifer gezogen und bedrängen sie hart. Mit ihren scharfen Lanzen und Kriegsbeilen aus Kupfer ist die Stadtwache den Räubern gegenüber erheblich im Vorteil. Dazu schießen die Wachen jetzt auch von der Mauer und den Türmen aus mit Pfeilen auf die eingekesselten Räuber. Und die Pfeile der Stadtkrieger sind durchweg mit scharfen, kupfernen Pfeilspitzen versehen. Das gibt viele Tote unter den Angreifern. Der Anführer und seine engsten Mitstreiter erkennen als Erste die für sie bedrohliche Lage – und ergreifen die Flucht. Den „Furcht erregenden“ Eselskarren lassen sie zurück.

Noch schlechter aber ergeht es den Räubern, die innen an der Mauer heruntergerutscht sind, in der Meinung, nun liegt die Stadt vor ihnen frei zur Plünderung. Neben der unsanften Landung auf dem Erdboden müssen sie feststellen, dass sich hinter der eben überwundenen Mauer noch eine zweite Stadtmauer befindet. Genauso hoch. Viel schlimmer aber für die Räuber ist, dass der breite Raum zwischen den beiden Mauern mit geflüchteten Bauernfamilien gefüllt ist. Durch Zufall treffen sie auch gerade auf die Bauern, deren Dorf am vergangenen Tag von den Räubern geplündert und weitgehend eingeäschert worden ist. Alle Familienväter und ihre erwachsenen Söhne sind bewaffnet, wie es sich gehört. Nicht mit kupfernen Waffen; aber Steinbeile verrichten auch ihr Werk, wenn sie in Verzweiflung und Wut geschwungen werden.

Aus gutem Grund sind bewaffnete Stadtkrieger den flüchtenden Räubern auf den Fersen. Es soll verhindert werden, dass der Anführer mit dem Rest seiner Truppe aus Wut über den gescheiterten Angriff noch weitere Siedlungen der Stadt plündert oder niederbrennt. Die Stadtkrieger verfolgen die Räuber, bis sie das weite Gebiet, das der Stadt Uruk untersteht, verlassen haben. Was weiter geschieht, das müssen andere Städte verantworten.

Während die Stadtkrieger auf dem Rückweg nach Uruk sind, kommen ihnen schon die Bauernfamilien mit ihrem Vieh entgegen. Sie wollen schnell wieder ihre Siedlungen erreichen. Alle sind sehr froh, als sie hören, dass bis auf die zuerst überfallene Siedlung alle anderen der Stadt Uruk gehörenden Dörfer unversehrt geblieben sind.

Das Gebiet zwischen den beiden Stadtmauern ist wieder geräumt. Eine der Bauersfrauen ist jedoch nicht mit ihrer Familie sofort in die heimatliche Siedlung zurückgegangen. Sie hat gehört, dass dort alles unversehrt geblieben ist. So macht sie sich mit ihrer großen Tochter auf, um in Uruk ihre Schwester zu besuchen.

„Wenn wir schon einmal, ungewollt, den Weg in die Stadt machen mussten, so werden wir die Gelegenheit auch gleich nutzen. Versprochen habe ich den Besuch schon lange." So suchen die beiden Frauen die Wohnung der Verwandten. Die Tochter, die die Stadt noch nie bewusst erlebt hat, ist etwas erschrocken, als sie die zweite Stadtmauer passiert haben: „Wie wollen wir in diesem Häuserwirrwar unsere Verwandten finden?"

Die Mutter kann die Sorge zerstreuen, obwohl ihr auch etwas beklommen ist: „Alle Familien, die aus einer Siedlungsgegend kommen, wohnen in gemeinsamen Stadtvierteln. Also fragen wir zunächst nach dem Wohnviertel, in dem alle Leute aus unserer Gegend zu Hause sind."

Schwül und stickig ist es in den engen und krummen Gassen. Fast verängstigt schauen sie in hunderte von fremden Gesichtern. So viel Bewohner hat ihre ganze Siedlung nicht, wie sie hier in einer einzigen Gasse vorfinden. Fast 40 000 Menschen wohnen insgesamt in den Mauern von Uruk.

Endlich finden sie das Haus der Verwandten. Es ist wie alle anderen einstöckig und aus sonnengetrockneten Lehmziegeln errichtet. Um einen kleinen Hof herum befinden sich die Wohn- und Wirtschaftsräume. Der überraschende Besuch ruft große Freude hervor. Eine Ewigkeit haben sich auch die beiden Schwestern nicht gesehen. Stolz werden Räume und Einrichtung des Hauses gezeigt. „Aber wo habt ihr euer Vieh? Gibt es denn keine Scheune?", fragt die Tochter der Bäuerin.

Belustigt antwortet ihr die Tante: „Wir haben überhaupt kein Vieh und keine Scheune. Wie du weißt, ist dein Onkel Schreiber in der Stadtverwaltung. Für seine Dienste bekommt er Getreide zugeteilt. Das kann ich dann auf dem Markt gegen Fleisch, Gemüse und andere Dinge eintauschen."

So weit ist es nun der Bauerntochter klar. „Aber woher kommt das Getreide für die Schreiber und die anderen Beamten?", bohrt sie weiter.

„Natürlich von den Bauern aus den Siedlungen, die im Umland zur Stadt dazugehören. Ihr wohnt doch selbst in einer davon!"

Die Fragen der Tochter haben nur ihren Anfang genommen. Die Mutter schämt sich fast für die Wissbegierde ihrer Tochter, besonders als gegen Abend auch der Onkel mit Fragen bestürmt wird. Aber lachend und mit etwas Stolz gibt er geduldig Anwort: „Ich sage es doch, alle Getreidelieferungen von den Siedlungen in die Stadt werden schriftlich genau festgehalten. Das Gleiche gilt für die Zuteilungen von Getreide an die Beamten und Krieger der Stadt. Über Jahre kann so bewiesen werden, wer wann wie viel Getreide oder andere Waren als Lohn für seine Arbeit erhalten hat."

Das will die Bauerntochter fast nicht glauben. Zum Beweis zeigt der Onkel ihr eine Tontafel, auf der Zahlen und Warenart in Keilschrift notiert sind. Das Mädchen sieht nur wirre Zeichen, denn die Keilschrift lesen, das kann sie nicht. Wie würde sie erst staunen, so denkt der Onkel, wenn sie die vielen tausend Tontafeln sehen könnte, die in seiner Verwaltung sorgfältig geordnet aufbewahrt werden.

„Nur die höheren Beamten und wir Schreiber haben zu diesen Archiven Zutritt", wehrt er eine Bitte, die von dem Mädchen sicher gekommen wäre, schon von vornherein ab.

Viel zu schnell vergehen die wenigen Tage, die sich Mutter und Tochter bei den Verwandten in der Stadt gönnen. Natürlich besuchen die beiden in Begleitung der Schwester auch den Mittelpunkt der Stadt Uruk: den Tempelbezirk. Ein Stufentempel erhebt sich dort, errichtet auf gewaltigen Ziegelfundamenten. Treppen führen hinauf zu den obersten Tempelhäusern. Jedoch nur von weitem können die Frauen diesen weiß leuchtenden Tempel betrachten. Ausschließlich dem König, den Priestern und anderen hohen Beamten ist dort oben der Zutritt gestattet. Den Tempelbezirk begrenzen zahlreiche Speichergebäude. Nicht umsonst werden diese von vielen Kriegern bewacht, denken die Frauen.

Bei der Verabschiedung geizt die Schwester nicht mit kleinen, aber wertvollen Geschenken für die etwas ärmere Bauernfamilie.

Dann wird der Heimweg angetreten. Das Stadttor ist ohne Schwierigkeiten passiert worden. Bald verliert sich für die beiden Frauen die Stadt in der Ferne.

Trotz der interessanten Tage, die hinter ihnen liegen und noch viel Gesprächsstoff liefern werden, sind Mutter und Tochter doch wieder froh, als sie ihre heimatliche Siedlung erreichen. Hier weht wenigstens ein etwas erfrischender Wind durch die Haine der Dattelpalmen und Tamarisken. Vor allem aber wird man die Familie wieder sehen und viel erzählen können.

Sorgten Krokodile für Gerechtigkeit?

In einem Dorf am Nil um 2700 v. Chr.

Endlose Wüste im Westen, kahle Gebirgszüge im Osten, dazwischen das 1 000 Kilometer lange Niltal ... 2 500 Jahre konnte sich hier eine Hochkultur entfalten, die uns noch heute in Erstaunen versetzt.

Feinde brauchten die Ägypter nicht zu fürchten. Es gab keine Nachbarstaaten, die ihnen das Land streitig machten. Die große Fruchtbarkeit des Bodens zwang sie nicht, einen ständigen und anstrengenden Kampf ums Überleben zu führen. Die jährlich wiederkehrenden Überschwemmungen allerdings mussten gemeistert werden. Dabei halfen die Beamten des Pharao, die im Wesentlichen im gesamten Land die gleichen Bedingungen zu verwalten hatten. Die Dienste dieser Verwaltung waren vorteilhaft für die Bauern. Deshalb wurde sie auch im Allgemeinen selbstverständlich durch Abgaben „entlohnt".

Trotz dieser günstigen äußeren Bedingungen hatten die Menschen am Nil kleinere und größere Sorgen. Davon erzählt die nachfolgende Episode:

1. **Ein Steuerschuldner im Dorf?**
2. **Ermitteln des Schuldigen mithilfe der Hirten**
3. **Nachzahlung der Steuerschuld**
4. **Kontrolle des Bäckers**
5. **Verlauf der Überschwemmung durch das Nilwasser**
6. **Neuvermessung der Felder**
7. **Erneuter Betrugsverdacht und Tod des Schuldigen**

„Das kann nicht sein!" Ungewöhnlich erregt bestreitet der Dorfälteste die Behauptung der drei Beamten.

Aber der fremde Oberaufseher wiederholt es nochmals: „Ihr habt im Dorf einen Bauern, der die Steuerbehörde betrügen will. Wir können es beweisen!"

Der Älteste ist völlig fassungslos, ein Betrüger in seinem Dorf? Einer, der dem Pharao nicht die geforderten Steuern zahlen will? Wenn das nur nicht Unheil über das Dorf heraufbeschwören wird!

„Ich werde euch selbstverständlich helfen, den Betrüger zu finden. Diese Schmach soll nicht auf unserem Dorf sitzen bleiben. Die Götter sollen mit uns zufrieden sein ..." Der Älteste will noch weiter reden, aber die drei Beamten winken ab. Sie kennen diese Entschuldigungen aus zahlreichen anderen Dörfern seit vielen Jahren. Aber sie haben auch genug Erfahrung, um solchen Steuersündern hinter ihre Schliche zu kommen. Bisher haben sie noch stets den Schuldigen gefunden. Einmal war es sogar der Dorfälteste selbst.

Die Beamten beherrschen ihre Aufgabe: „Seid sicher, wir werden alles genau aufklären. Zunächst vergleichen wir die Liste der Bauern, die bei der letzten Viehzählung vor zwei Jahren im Dorf gelebt haben, mit der heutigen Anzahl."

Gesagt, getan, aber der Vergleich bringt keine Veränderung zu Tage. Die Anzahl der Bauernfamilien im Dorf ist über die letzten zwei Jahre gleich geblieben.

„Wir haben bei den Bauern eures Dorfes, wie ihr wisst, das Vieh gezählt, das sie neben ihren Häusern halten. Alle Rinder, Esel, Schafe, Ziegen und Schweine wurden gesondert aufgelistet. Dann haben wir notiert, wie viel Tiere jeder noch in der gemeinsamen Herde des Dorfes hat. Euch ist ja bekannt, dass die Höhe der Steuern für die einzelnen Bauern auch nach der Menge ihres Viehs berechnet wird."

„Dann ist gewiss alles klar?" Der Dorfälteste schöpft Hoffnung, dass der Vorwurf des Steuerbetrugs doch noch von seinem Dorf abgewendet werden kann.

„Als gewissenhafte Steuerbeamte im Dienste des Erhabenen Pharao haben wir uns aber diesmal nicht mit den Angaben der einzelnen Bauern zufrieden gegeben sondern auch die gemeinsamen Herden des Dorfes überprüft. Und siehe da, die Herden der Ziegen und Schafe hatten mehr Tiere, als sie nach den Angaben der einzelnen Bauern haben durften. Acht Ziegen und sechs Schafe lagen über der Summe, die sich aus den Zahlen der Bauern ergeben hatten." Der Triumph über dieses Ermittlungsergebnis war in den Worten des Beamten deutlich zu hören.

Einer der jüngeren Beamten erklärt dem Dorfältesten anschließend weitschweifig, wie sie die Hirten geschickt befragt und so erfahren haben, welcher Bauer den Steuerbeamten gegenüber falsche Angaben gemacht hatte.

Der Dorfälteste stutzt, als er den Namen des beschuldigten Bauern hört. Hatte er doch schon längere Zeit den Verdacht, dass Anun, so heißt der verdächtigte Bauer, sich auch Vorteile innerhalb des Dorfes erschleichen wollte. Trotzdem trifft es ihn hart, dass ein Bauer seines Dorfes der Steuerschuld überführt worden ist.

„Ihr als Dorfältester sorgt dafür, dass Anun das Dorf nicht verlässt. Ihr erhaltet dann demnächst die Mitteilung, wie hoch die Steuerstrafe für Anun ist. Ich brauche euch wohl auch nicht daran zu erinnern, dass das ganze Dorf dafür einstehen muss, falls Anun die Strafe nicht sofort zahlen kann."

Gegen diese Anweisung der Steuerbeamten vermag der Dorfälteste nichts einzuwenden. Demütig verbeugt er sich, um nicht noch mehr Unheil über das Dorf heraufzubeschwören.

„Ach, ihr wisst, dass Anun gegen die Strafe vor Gericht mit eurer Hilfe Einspruch erheben kann." Der Älteste nickt nur zu den Worten des Beamten.

„Aber bei der vorliegenden Sachlage wäre das sicher wenig aussichtsreich für ihn." Mit diesen Worten verlässt der Obersteuerbeamte das Haus des Dorfältesten und macht sich mit seinen beiden Begleitern auf den Weg in das Nachbardorf.

Die nächste Versammlung der Bauern lässt nicht lange auf sich warten. Kaum dass sie sich alle auf den Sitzkissen aus Papyrus in dem Haus des Ältesten niedergelassen haben, berichtet dieser mit unüberhörbarem Groll in der Stimme über den letzten Besuch der Steuerbeamten. Seine Worte machen sie sehr betroffen, keiner möchte es sich mit den Göttern verderben, in deren Auftrag ja die Steuerbeamten handeln. Es ist auch sehr peinlich, wenn die anderen Dörfer davon erfahren.

Tief zerknirscht gibt sich auch Anun und verspricht, Steuern und Strafe rasch zu zahlen. Er will, wie er sagt, das Dorf nicht für seine Schulden aufkommen lassen. Die Bauern sind darüber sehr froh, denn die meisten von ihnen könnten ohnehin kaum zusätzliche Steuerschulden zahlen.

Der Älteste jedoch ist sehr erstaunt, als er hört, dass Anun sogleich alle Schulden und Strafen selbst bezahlen will. Warum hat er denn, wenn er so reich ist, diesen Betrug am Pharao überhaupt begangen und das Dorf in diese missliche Lage gebracht? Der Älteste schweigt jedoch dazu in der Versammlung. Was soll er auch gegen Anun vorbringen? Das ganze Dorf ist froh, dass das Problem gelöst worden ist. Außerdem spendiert Anun gerade eine Runde selbst gebrauten Bieres. „Zur Beruhigung der Gemüter", wie er sagt.

Der Dorfälteste hat sich vorgenommen, seine Gemeinschaft jetzt doch etwas genauer zu beobachten.

Mit den Hirten fängt er an: „Es war richtig, dass ihr den Steuerbeamten wahrheitsgemäße Antworten gegeben habt. Ohne eure genaue Aussage wäre der Betrug vielleicht nicht so schnell aufgedeckt worden. Sorgt auch in Zukunft dafür, dass ihr stets einen Überblick habt, wie viel Tiere euch von den einzelnen Bauern anvertraut werden."

Die Hirten sind zufrieden, nicht noch in einen Streit zwischen den Bauern hineingezogen worden zu sein. Der Vormann der Hirten zeigt dem Dorfältesten voller Stolz einen Hirtenstab. In ihn hat er die Anzahl der Schafe für jeden Bauern gesondert eingekerbt. Auch der Hirte der Ziegenherde hat solche Kerben in seinem Stab. „Wenn ein Tier abhanden kommt, wird auf die alte Kerbe noch eine quer geschnitten." Nur so konnten die Hirten wohl ohne Mühe die Fragen der Steuerbeamten beantworten. „Außerdem umgehen wir auf diese Weise Streit mit den Bauern, wenn wir die Tiere später wieder an die einzelnen Bauern zurückgeben", erläutert der Vormann der Hirten dem Dorfältesten ihre Stockkerbungen.

Der Älteste will sich schon verabschieden, als der Vormann ihn bittet, bewaffnete Bauern für einen Tag zu den Herden herauszuschicken. Auf den fragenden Blick des Ältesten antwortet er: „In den Teichen und Tümpeln, die vom letzten Hochwasser übriggeblieben sind, leben in diesem Jahr sehr viele Krokodile. Wenn unsere Tiere mittags zur Tränke müssen, sind sie dort ihres Lebens nicht sicher. Auch wir selbst fürchten uns schon. Hungrig und gierig lauern die Reptilien in den immer kleiner werdenden Wasserlöchern. Selbst die ältesten Beschwörungsformeln, die wir gegen diese Räuber kennen, helfen nicht mehr. Unsere Waffen sind zwar gut, aber wir können nicht an allen Stellen zugleich sein, wenn die Schafe und Ziegen durstig in die Tränke steigen."

Der Älteste verspricht, einige Bewaffnete herauszuschicken, um den Hirten zu helfen.

Als nächsten sucht der Älteste den Bäcker des Dorfes auf. Offensichtlich kann er sich auf ihn verlassen, denn die Steuerbeamten haben in der Backstube alles korrekt befunden. Mit Wohlbehagen gleitet der Blick des Ältesten über die Tonformen mit den Brotlaiben, die der Bäcker soeben aus dem Ofen gezogen hat. Alle gleich groß, gleich braun und mit einem appetitanregenden Duft. Der Älteste schluckt und fragt dann, ob es Schwierigkeiten gibt. „Nur die üblichen," anwortet der Backmeister. „Die Bauern wollen wie immer ihr bestes Getreide selbst behalten, teils für die Aussaat, teils für die eigenen Fladenbrote. Auch ihr Bier schmeckt ihnen aus guter Gerste nun einmal besser. Da kann es schon passieren, dass mir sehr kleine, wenig Mehl ergebende Körner geliefert werden. Aber nach der nächsten Ernte ist alles wieder vergessen." Der Bäcker hat in der Zwischenzeit den nächsten Teig schon wieder in frische Backformen gelegt, nicht ohne ihn vorher in einer besonderen Schale sorgfältig abgemessen zu haben. So kann sich der Älteste mit eigenen Augen von der korrekten Arbeit des Bäckers überzeugen.

Die nächsten Wochen werden, wie in jedem Frühjahr, die ruhigsten im Dorf. Alle Arbeit auf den Feldern ist eingestellt. Werkzeuge und Ackergeräte sind von den Bauern in die Nähe ihrer Häuser gebracht worden. Einiges davon muss wieder repariert werden. Auch Kühe, Esel, Schafe und Ziegen sind weit weg vom Nil untergebracht und manche bereits geschlachtet worden.

Die Ruhe im Dorf aber trügt: Die Menschen warten voller Spannung auf die jährliche Überschwemmung des Niltals. Schon ist der Sirius am Sternenhimmel zu sehen: Ein seit Menschengedenken bekanntes Zeichen für die bald einsetzende Flutwelle.

Öfter als sonst sitzen in diesen Tagen die Männer des Dorfes beim Ältesten. Mag die letzte Ernte auch nicht sehr üppig ausgefallen sein, Gerste für ein selbst gebrautes Bier findet sich stets. So fällt es offensichtlich allen leichter, dem kommenden Schicksal entgegenzusehen. Und mehr kann man wirklich nicht tun. Auch ihre Vorfahren haben es immer so gehalten.

Der Älteste indes geht noch einmal in Gedanken die Geschehnisse des letzten Jahres durch: Alle Steuern sind, wenn auch mit einem deutlichen Makel, an den Pharao gezahlt worden, die Vorräte des Dorfes werden, so hofft er, bis zur neuen Ernte reichen, das Saatgetreide hütet jeder Bauer wie seinen Augapfel und die Tiere, die jetzt aus Futtermangel geschlachtet werden müssen, sorgen in allen Häusern des Dorfes für einen gediegenen Festschmaus.

Die Jungen und Mädchen des Dorfes halten sich in dieser Zeit sehr oft am Ufer des Nils auf. Stündlich warten sie darauf, dass der Strom über seine Ufer tritt. Endlich ist es soweit. Und es geht schnell. Zuerst wird die Strömung innerhalb des Flussbettes schneller. Immer öfter treiben Sträucher, Äste, Schilfinseln mit Tieren und vieles andere auf dem Strom am Dorf vorbei. Jetzt überflutet das Wasser die ersten, tief liegenden Felder und Wiesen. Unheimlich gurgelt das schlammige Wasser, besonders nachts hört sich das gefährlich an.

Sobald die Fluten die ersten Felder bedeckt haben, beobachten die Menschen des Dorfes mit Sorge, wie hoch das Wasser in diesem Jahr steigen wird. Nochmals vergewissern sie sich, dass sie den Göttern und dem Pharao alle befohlenen Dienste erwiesen haben. Ihr Wunsch nach einer ausreichenden Überschwemmung muss nun von diesen Mächten erfüllt werden. Sie vertrauen darauf.

Das Dorf hat in diesem Jahr Glück. Die Fluten bleiben nach wenigen Tagen in der günstigsten Höhe stehen. Fast alle Felder stehen unter Wasser. Die Hütten der Bauern sind verschont worden. Auch die Verbindungswege zwischen den Hütten sind trocken geblieben. Einige dieser Wege dienen gleichzeitig als Deiche für große Wasserbecken, aus denen man in trockener Zeit Wasser für die Pflanzen holen kann - vorausgesetzt, die Öffnungen werden rechtzeitig vor dem Abfließen des Hochwassers geschlossen. Aber bis dahin vergehen noch etwa drei Monate. Zeit, um sich in Geduld zu üben und Kraft für die kommenden Feldarbeiten zu sammeln.

Für einige Familien des Dorfes wird die Zeit der Überschwemmung aber auch eine Zeit der Not. Die letzten Vorräte gehen zur Neige. Die hungernden Tiere blöken. Nirgends ist ein grüner Halm zu ernten, weder für die Tiere noch für die Menschen. Da kann bei einigen nur noch der Nachbar helfen. Einer von ihnen ist Anun. Und er hilft mit Getreide oder einem Schaf. Sicher auch, weil er bei seinem Steuerbetrug so glimpflich davongekommen ist. Aber auch, weil er mit den Männern der Familien, denen er hilft, heimlich tuschelt.

Endlich erwacht das Dorf aus seinem Wasserschlaf. Die ersten Felder werden wieder sichtbar. Besser gesagt, es ist nur eine durchgehend schwarze Schlammschicht, die den Boden gleichmäßig überzieht. Langsamer als sie gekommen sind, ziehen sich die Schlammfluten in das Nilbett zurück, Morast, Schlick und unwillkommene Tiere zurücklassend.

Während noch die letzten, tiefsten Felder im Wasser stehen, sind die Bewohner des Dorfes auf den höher gelegenen Flächen schon bei der Arbeit. Jede Stunde des feuchten Ackers muss für die Aussaat genutzt werden. Aber wo sind meine und deine Felder? Der Älteste teilt wie alle Jahre die Feldvermesser ein. Er selbst ist natürlich dabei, wenn mit Feldmessstab, Knotenleine und Pflöcken die Felder neu eingeteilt werden.

Der Älteste geht beim Neuvermessen von markanten Punkten, wie großen Sträuchern und den Hütten des Dorfes, aus. Wie seit jeher werden die gleichen Felder in Länge und Breite gemessen und mit Pflöcken abgesteckt. Die Arbeit erfolgt zügig, aber ohne Hast, fast wie eine heilige Handlung. Jeder weiß, vom fruchtbaren Acker hängt ihrer aller Leben ab.

Schon am nächsten Morgen ziehen die ersten Bauern mit ihren Familien auf die noch morastigen Felder. Wenn der Boden wie hier noch matschig ist, genügt es, die Saat breit auszuwerfen und anschließend Schafe darüber zu treiben, die mit ihren Hufen die Körner in den Boden drücken. Weiter oben, wo die Felder nicht so triefnass sind, muss mit der Hacke vorgearbeitet werden, ehe die Saat in den Boden kann.

Jede Familie bestellt ihr eigenes Feld. Von der Sorgfalt ihrer Arbeit hängt nicht zuletzt der Ernteertrag ab. Nicht alle nehmen es aber so genau. Manchen fehlt es auch an Kraft oder an den Schafen, die die Körner eintreten.

Felder, die neben denen des hilfsbereiten Bauern Anun liegen, sind offenbar etwas kleiner geraten. Nicht viel, aber bei diesem fruchtbaren Boden macht jede

Handspanne etwas aus. Doch die Pflöcke sind die der Dorfgemeinschaft – also wird alles wohl seine Richtigkeit haben.

Die Felder sehen schließlich alle bestellt aus. Manche besser, manche schlechter. Neben Emmer und Gerste keimt bald auch Flachs aus dem feuchten Boden. Eine strahlende Sonne lässt die Halme in kurzer Zeit emporwachsen.

Nicht nur die Felder bedecken sich mit Grün, auch die Wiesen spenden den Tieren wieder Futter. Die Hirten haben erneut ihre Kerben in die Hirtenstäbe geschnitten und versuchen wie immer, die Tiere vor Schlangenbissen und Krokodilen zu bewahren. Die Kerben für die Tiere des Bauern Anun sind übrigens in diesem Jahr besonders zahlreich.

Erschöpft von der Arbeit des Tages, sinken die Bauern abends auf ihre Matten aus Papyrus oder Schilf. Es bleibt kaum noch Zeit für das selbst gebraute Bier.

Trotzdem glaubt der Älteste immer öfter abends Streit im Dorf zu hören. Sobald er sich aber dazugesellt, verstummen die Reden. Er sieht nur die verzweifelten und bösen Blicke einiger Bauern, die ausschließlich Anun gelten.

Tage später wird der Älteste alarmiert.

„Im Tümpel liegt Bauer Anun, von Krokodilen zerrissen“, schreien die Kinder, die ihn entdeckt haben.

„Haben die Götter in Gestalt der heiligen Krokodile vollbracht, was nicht in unserer Macht lag?“, fragt sich leise der Dorfälteste. „Haben sie den Frieden im Dorf auf diese Weise wiederhergestellt?“ Die Götter sollten recht gehandelt haben.

Aller Aufwand umsonst?

Eine Pyramide für die Ewigkeit um 2600 v. Chr.

Ein Text in einer ägyptischen Pyramide erklärt den Zweck dieser Monumentalbauten des Alten und Mittleren Reiches: „Eine Rampe wird ihm (gemeint ist der Pharao) zum Himmel gebaut, dass er darauf zum Himmel steige. Er steigt zum Himmel auf unter seine Brüder, die Götter.“ Die Errichtung dieser Bauwerke war ein Dienst für die Götter und sicherte Arbeitsplätze. Die Pyramiden wurden also nicht von Sklavenheeren in Zwangsarbeit geschaffen.

Die nachfolgende Episode erzählt von Bau und Vollendung einer Pyramide:
1. Besuch des Obersten Baumeisters auf der Baustelle
2. Maßnahmen, um die Grabkammer vor Grabräubern zu schützen
3. Abschluss der Bauarbeiten und Tod des Pharao
4. Fast 400 Jahre später

Ein ungewöhnlich günstiger Wind hat die Barke des Obersten Baumeisters früher als angekündigt am Westufer des Nil in der Nähe von Gizeh ankommen lassen. Die Folge sind sich überstürzende Kommandos und eilig huschende Beamte und Diener. Während noch das kleine Schiff mit dem hohen Beamten vertäut wird, hat aber bereits die Ordnung an der Anlegestelle wieder Oberhand gewonnen. Wie zu erwarten, stehen die Beamten, nach ihrem Rang geordnet, auf dem schwimmenden, hölzernen Hafensteg und heißen den Oberbaumeister mit tiefen Verbeugungen willkommen. Der Gruß gilt sowohl dem Baumeister selbst als auch dem Pharao, in dessen Auftrag er reist.

Breite Schirme schützen den Oberbaumeister und die höchsten Beamten seines Gefolges vor den sengenden Sonnenstrahlen auf dem schattenlosen Sandweg zur Baustelle. Alle Beamten kennen den Weg zum Bauplatz. Seit Jahren müssen sie sich alle um die Errichtung der Pyramide kümmern. Man kennt sich. Dennoch gibt es immer wieder berechtigte Aufregung, wenn der Oberbaumeister den Fortgang der Arbeiten kontrollieren kommt.

Um der Gruppe von Beamten und Dienern mit ihren Schirmen und Palmwedeln den langsam ansteigenden Weg von der Anlegestelle zur Baustelle so angenehm wie möglich zu machen, müssen die Transportarbeiter mit ihren Seilen zur Seite treten. Mit gebeugtem Nacken, als würden sie den Pharao persönlich grüßen, verharren sie ehrfurchtsvoll am Wegesrand. Vielleicht sind sie sogar dankbar für die Unterbrechung. Sicher aber ist es auch eine große Ehre, die Füße der hohen Beamten des Pharao so dicht an sich vorbeischreiten zu sehen. Wissen doch alle, dass der Pyramidenbau eine Ehre und heilige Pflicht für alle Beteiligten ist. Das ständige Interesse des Pharao und seiner Beamten am Bau kann den Eifer der Bauleute nur beflügeln. Ohne Hochmut grüßen auch die Beamten die Bauleute vor Ort, besonders die Steinmetzen, die das gesamte Jahr hier arbeiten.

Schon auf dem Weg zur Baustelle ließ sich der Oberbaumeister des Pharao über die neueste Lage und die Probleme berichten.

„Wie ihr wisst“, wendet sich der Bauleiter an den hohen Gast, „sind die ersten Bauern schon zur diesjährigen Hauptbauzeit eingetroffen. Einige von ihnen habt ihr bereits vorhin beim Transport der Kalksteinquader gesehen.“

Der Oberbaumeister nickt nur bestätigend und fragt dann: „Sind die Lager für die zusätzlichen Arbeiter vorbereitet? Ihre Anzahl wird sich, wie ich euch schriftlich schon mitteilen ließ, in den kommenden drei Monaten auf fast 30 000 erhöhen. Die Ernte war gut, denn der Nil hat in den Monaten davor viel Wasser gespendet. Jetzt sind die Felder überflutet und die Bauern drängen sich wie noch nie zur Arbeit an der Pyramide.“ Der Oberbaumeister lässt erkennen, dass er diese wichtigen Zusammenhänge kennt. Er weiß aus den Gesprächen mit den Freiwilligen, dass sie diese Arbeit an der Pyramide als sicheren Arbeitsplatz sehr schätzen. Denn zu Hause stehen in diesen drei Monaten die Felder unter Wasser. Es ist die Zeit, da die Bauernfamilien mit jedem Getreidekorn sparen müssen.

Guten Gewissens und mit den Erfahrungen vieler Jahre kann der Bauleiter dem Oberbaumeister versichern, dass die zusätzlichen Arbeiter wiederum gut untergebracht, ausreichend versorgt und zweckmäßig zur Arbeit eingeteilt werden: „Die Schlafhütten aus Binsenmatten und Nilschlamm sind ausgebessert und zum Teil neu gedeckt worden. Ein Kalkanstrich im Innern wird die Arbeiter unter anderem vor Skorpionen und giftigen Spinnen schützen helfen. Die Lager sind mit Getreide gefüllt, das täglich gemahlen und zu Brot verbacken wird. Die Bäcker wissen immer genau, wie viele Brote sie am Morgen bereitstellen müssen. Trinkwasser ist reichlich vorhanden. Selbst für Sandalen ist ausreichend gesorgt.“ Der Bauleiter kann sich auf seine Unterbeamten verlassen, das gibt ihm jetzt Sicherheit für den Bericht und die zahlreichen zusätzlichen Fragen, die der Oberbaumeister noch an ihn stellt.

„Es ist gut, dass ihr gut vorgesorgt habt“, lobt der Oberbaumeister den Bauleiter. „Nur wer ausreichend betreut wird, kann seiner heiligen Arbeit beim Bau der Pyramide kraftvoll nachkommen. Es ist wichtig, dass die Bauern auch im nächsten Jahr gern wieder während der Zeit der Nilüberschwemmung hier arbeiten wollen. Das spricht sich in allen Gauen herum. So können wir stets über genügend Freiwillige während der dreimonatigen Überschwemmung verfügen.“

Nur dem Bauleiter allein gesteht der Oberbaumeister etwas später: „Der Erhabene Pharao drängt sehr auf die Fertigstellung seiner Grabstelle. Ihr wisst, dass er schon über zwanzig Jahre daran bauen lässt. Auch für uns und alle Ägypter hängt viel davon ab, ob der Pharao nach seinem Tode sich als Gott unserer annehmen kann.“

Inzwischen sind die Beamten über eine lange Sandrampe zu der Stelle der Pyramide emporgestiegen, wo die großen Kalksandsteine eingepasst werden. Hier endlich finden die schweren Steine nach ihrem komplizierten Transport vom Steinbruch – mit einem Lastboot bis zur Anlegestelle, von dort auf Kufen und Rollen über die schräge Rampe - ihren Platz. Die einzelnen Arbeitskolonnen sind sehr froh, wenn sie wieder einen der insgesamt über sechs Millionen Steinquader hier oben einfügen können. Zum Ansporn haben sie sich sogar Namen wie „Die Unerschütterlichen“ oder „Die Kräftigen“ gegeben. Dieser Wetteifer wird von den Vorarbeitern und Beamten begrüßt. Nur wenn sich diese Konkurrenz am Abend unter dem Einfluss des dünnen Bieres ungezügelt fortsetzt, schreiten sie ein. Und nichts ist in dieser staubigen Gegend gefürchteter als die Kürzung der ohnehin schmalen täglichen Bierration.

Bevor der Oberbaumeister am Abend wieder sein Boot besteigt, geht er noch unter vier Augen mit dem Bauleiter die weitere Bauplanung durch. Vor allem die Lage der endgültigen Grabkammer ist strittig.

„Unser Pharao hat in den letzten Jahren die beiden ersten Grabkammern nicht genehmigt. Eine dritte, neue muss jetzt von uns höher in der Pyramide untergebracht werden.“ Damit zeigt der Oberbaumeister auf den Plan.

„Die Berechnungen sind fertig, wir werden die dritte und endgültige Kammer hier einfügen.“ Der Bauleiter tippt auf die geplante Stelle. „Neue Granitquader für die Königskammer sind schon in Arbeit. Sie werden in den nächsten Tagen angeliefert.“

Die Sorge des Oberbaumeisters scheint noch nicht ausgeräumt: „Ihr wisst, dass die Königskammer insgesamt sechs Decken aus diesem Material erhalten soll, um den Druck seitlich ableiten zu können?“

Aber der Bauleiter hat auch hier bereits alles Notwendige einleiten lassen. Dafür hat er andere Bedenken, die er dem Oberbaumeister nicht verschweigen will: „Schwieriger erscheint mir die Lüftung und vor allem der schräge Gang zu sein, der später einmal die Grabkammer mit großen, genau passenden Steinquadern verschließen soll. So fest und schwer, dass kein Grabräuber sie je aus diesem steilen Gang herausziehen kann.“

Beide Männer sehen sich bedeutungsvoll an. Das ist der Punkt, der beiden Beamten oft schlaflose Nächte bereitet. „Es muss ein Bau für die Ewigkeit sein, aber mit der unversehrten Grabkammer“, unterstreicht der Oberbaumeister seine Befürchtungen.

„Sorgt stets dafür, dass die Pläne zur Anlage der Königskammer nicht in unrechte Hände kommen. Sucht euch eure Schreiber und Zeichner genau aus. Fertigt notfalls auch falsche Kopien an, um Unklarheit über die wirkliche Lage der Kammer zu erzeugen.“

Der Bauleiter nickt. Daran hatte er auch schon gedacht. Vor allem will er sich nach einem vertrauenswürdigen Nachfolger für sein Amt umsehen. Denn er weiß, dass er die Fertigstellung der Pyramide nicht mehr selbst erleben wird, mögen auch noch so viele zusätzliche Bauern als Transportarbeiter jedes Jahr hier tätig sein.

In der Kühle des Abends verabschiedet sich der Oberbaumeister von seinem Bauleiter und reist zum Palast des Pharao zurück. Er ist in Eile. Sicher wird der Herrscher von ihm bereits am nächsten Morgen den Bericht über den Pyramidenbau erwarten.

Arbeitsreiche Stunden liegen nach diesem anstrengenden Tag auch noch vor dem Bauleiter am Fuße der Pyramide. Bis in die Nacht hinein prüft er die Pläne und die Berichte über den Einsatz der zusätzlichen Arbeitskräfte.

Am nächsten Morgen beauftragt er seine Mitarbeiter, den Transport der besonders großen und schweren Granitquader für die Grabkammer umgehend vorzunehmen. Dafür sind besondere Vorbereitungen notwendig. Vor allem muss ausreichend Holz für die Schlittenkufen, Rollen und Wegebalken vorhanden sein. Alles hat bereit zu liegen, denn die zusätzlichen Arbeitskräfte sollen auch voll genutzt werden. Diese besonders schweren Granitplatten für die Grabkammer müssen zum richtigen Zeitpunkt in den Kern der Pyramide eingefügt werden, sonst könnte der gesamte Bau stocken.

Für den Bauleiter reißen die Sorgen nicht ab. Außerdem muss er noch, wie vom Oberbaumeister des Pharao empfohlen, die Pläne mit den falschen Angaben zur Lage der Königskammer fertig stellen ...

Jahre vergehen, der Pyramidenbau schreitet mal schneller, mal langsamer voran. Abhängig sind diese Schwankungen von den Erträgen der Ernten und der Anzahl der freiwilligen Bauarbeiter.

Längst hat der alte Bauleiter seine Aufgaben an einen Nachfolger abgetreten. Sein toter Körper wird jedoch nicht wie die der vielen Bauern und Arbeiter im Sand der Wüste verscharrt. Als hoher Beamter des Pharao darf er einbalsamiert in einer Gruft aus Kalkstein und Nilschlamm in der Nähe der Pyramide, seiner fast lebenslangen Wirkungsstätte, ruhen.

Nach nahezu dreißig Jahren ist die Pyramide des Pharao Cheops endlich fertig. Das Lager der Bauarbeiter ist verschwunden. Die Sand- und Ziegelrampen für den Transport der Steinblöcke auf die Pyramide sind abgetragen. Nur noch einige Wachen und wenige Bauarbeiter sind geblieben. Gigantisch überragt das Grabmal mit seiner Höhe von fast 150 Metern die Wüste. Hell strahlt der Kalksteinmantel, der die gesamte Pyramide umgibt, in der Sonne. Die oberste Spitze des Grabmals ist sogar mit einer weithin sichtbaren Goldkappe versehen.

Und irgendwann kommt der Tag, für den alle diese Arbeiten geleistet worden sind: Der Pharao Cheops stirbt - als Mensch. In seinem Tod wird er zum Gott. Seine Pyramide, die für ihn die Rampe zum Himmel ist, steht bereit. So steigt er auf zu seinen Brüdern, den Göttern.

Einbalsamiert und mit Geschenken für Weg und Ankunft versehen, liegt der tote Pharao in seiner Grabkammer. Schwere Steinquader gleiten, wie geplant, vor den Eingang der Grabkammer. Irrwege und Steinschutt im Innern der Pyramide sichern ihm die Ruhe des Todes hier und ermöglichen ihm sein Leben im Jenseits.

Fast 400 Jahre vergehen. Noch steht das Grabmal unversehrt in der Wüste. Zumindest äußerlich.

Im Innern jedoch sind Grabräuber am Werk gewesen. Sie haben sich Zugang zur Königskammer verschafft, alle Kostbarkeiten daraus gestohlen und die Mumie des Königs fortgeschleift und wahrscheinlich in der Wüste verscharrt.

Zielgerichtet haben die Räuber den Zugang gefunden. Sie müssen genaue Kenntnis von der Lage des Königsgrabs in der Pyramide gehabt haben. Das jedenfalls stellen nach der Tat die Behörden fest.

Sollte beim Errichten der Pyramide doch der geheime Bauplan in die falschen Hände geraten sein? Wie kamen die Räuber nach Jahrhunderten an den einzig richtigen, nicht irreführenden Bauplan? Oder war alles doch nur ein Zufall?

Mächtig aber einsam

Ein Tag im Leben eines Pharao um 2500 v. Chr.

In dem geographisch abgegrenzten Lebensraum des Niltals mit seinen einheitlichen und gewöhnlich friedlichen Lebensbedingungen setzte sich für über 2 000 Jahre eine einheitliche Führung leichter als in anderen Gebieten der frühen Hochkulturen durch. Der Pharao wurde von der ägyptischen Bevölkerung als Gottes Sohn angesehen, der als Mensch auf die Erde kam. Halb Mensch, halb Gott hatte er außergewöhnliche Fähigkeiten, war aber sterblich wie alle Menschen. In den Taten und Entscheidungen des Pharao sahen die Ägypter die Verwirklichung des Willens der Götter. Der Pharao konnte deshalb weitgehend mit Weisheit und nicht mit Gewalt regieren. Die Menschen seines Staates achteten und verehrten ihn, waren aber nicht völlig von ihm abhängig. Der Pharao trug gewissermaßen als „Mittler" zu den Göttern auch die Verantwortung für das Wohlergehen seiner Bevölkerung. Gute, von ihm selbst ausgewählte Berater waren somit für den ägyptischen König auch eine Absicherung seiner Macht. In den Augen der Ägypter war er nicht nur Herrscher über das Land am Nil, sondern der ganzen Welt. Dennoch gab es keine Eroberungskriege gegen andere Staaten. Der bezwingende Einfluss Ägyptens auf seine Nachbarvölker wurde jahrtausendelang vor allem durch seinen Reichtum und seine hoch entwickelte Kultur ausgeübt.

Auch für den Erhabensten Herrscher geht einmal die Nacht vorbei. Sein Nachtlager war nicht gerade bequem, denn sein Kopf ruhte wegen der kunstvollen Frisur auf einem hölzernen Gestell. Der Körper mochte noch so weich gebettet sein, eine wahre Erholung ist ein solches Schlafen nicht. So ist der Pharao einerseits zufrieden, sich gleichzeitig mit der aufgehenden Sonne von seinem Lager erheben zu können, andererseits empfindet er noch sehr große Müdigkeit. Wenn er auch ein Gott ist, wovon er selbst und alle seine Untertanen fest überzeugt sind, so ist der Pharao doch als Mensch sterblich - und an diesem Morgen besonders unausgeschlafen. Nur mit innerer Überwindung gelingt es ihm deshalb, sich den anstehenden Tagesaufgaben als Herrscher zu widmen.

Begonnen wird der Tag, wie immer, mit dem Lesen der Papyri, die ihm hohe Beamte noch vor Sonnenaufgang im Nebenraum des Schlafzimmers ausgelegt haben. Auch heute enthalten die Meldungen die üblichen Berichte und Informationen, die er als Pharao und Herrscher des Landes zur Kenntnis nehmen sollte. Die Beamten wissen, dass sie den Pharao über alles Wichtige informieren müssen, alles Unwichtige aber auch von ihm fernzuhalten haben. Heute findet der Pharao, zu seiner Zufriedenheit, nichts Ungewöhnliches in den Papyri.

Beruhigt von diesen Berichten, begibt sich der Pharao danach ins Bad. Das leicht angewärmte Wasser und die wohlriechenden Badezusätze erfrischen Körper und

Geist, machen ihn endgültig munter. Jetzt erst nähert sich ihm sein Erster Kammerdiener. Ohne aufzusehen legt er dem Pharao die leichte Tageskleidung und natürlich die Sandalen zurecht. Hilfe beim Ankleiden duldet der Pharao nur beim Anlegen der prachtvollen Staatsgewänder, die für feierliche Empfänge notwendig sind.

Erfrischt und innerlich schon ausgeglichener frühstückt der Pharao - wiederum allein.

Der Tagesbeginn des Pharao wäre aber nicht vollständig ohne den Besuch des Tempels. Der Weg dahin führt ihn durch hohe Säulengänge. In gebührendem Abstand wird er von einigen Dienern begleitet, alle jedoch mit gesenktem Kopf. Nur wenigen Menschen ist es gestattet, sich überhaupt in der Nähe des Pharao aufzuhalten. Keiner dieser Auserwählten würde es darüber hinaus je wagen, sich ohne Aufforderung dem Pharao zu nähern oder ihm sogar ins Gesicht zu sehen. Der Pharao ist nun einmal ein Gott. Noch nie hat in der langen Geschichte der Pharaonenherrschaft je einer daran gezweifelt. Auch die Pharaonen selbst nicht.

Allein verharrt der Pharao im Tempel, auf dem Bauch liegend, lange vor dem heiligen Standbild des Gottes Osiris. Auch auf dem Rückweg in seine Gemächer begegnet ihm kein Mensch.

Der große Thronsaal ist noch kühl, als der Pharao dort auf seinem Sitz unter dem „Goldenen Tor“ Platz nimmt. Viel Zeit vergeht. In den Nebenräumen haben sich bereits zahlreiche Beamte versammelt. Aber niemand wagt es, den großen Raum von sich aus zu betreten.

Als sich der Pharao gesammelt hat, ruft er zwei seiner wichtigsten Beamten in den Saal. Beide sind, im Gegensatz zum Pharao, festlich gekleidet, um das Auge des obersten Herrschers nicht zu beleidigen. Aber trotz dieser kostbaren Gewänder wagt keiner von beiden, aufrecht den Raum zu betreten. Tief gebückt treten sie ein und werfen sich in gebührendem Abstand vor dem Thron auf den Boden. Das Gesicht streng nach unten gerichtet. Für beide Beamte ist diese Zeremonie eine Selbstverständlichkeit, eine heilige Handlung. Nie käme es ihnen in den Sinn, darin eine Demütigung zu sehen. Der Pharao und die beiden Beamten kennen und achten sich seit vielen Jahren. Dennoch gibt es zwischen ihnen keine äußerlich erkennbare Vertraulichkeit.

Der Pharao schätzt den Sachverstand und die Weisheit seiner beiden höchsten Beamten sehr. Viele seiner Entscheidungen, die den Willen der Götter ausdrücken, beruhen nicht zuletzt auch auf den Empfehlungen des Wesirs und des Schatzverwalters.

Der Wesir entstammt einer untadeligen Familie, die schon seit vielen Generationen am Hofe des Pharao dient. Der Schatzverwalter dagegen ist als Sohn eines einfachen Steuerbeamten geboren worden und hat sich durch Fleiß, Gewissenhaftigkeit und Sachkenntnis um das Reich verdient gemacht. Niemand würde ihn wegen seiner Herkunft herabsetzen wollen. Im Gegenteil. Er ist Beispiel und Vorbild für viele Beamte und deren Söhne in Ägypten.

Mit freundlichem Gruß spricht jetzt der Pharao die beiden vor ihm auf dem Boden liegenden Würdenträger an. Er erlaubt ihnen sogar, sich aufzurichten und dichter an seinen Thron heranzurücken. Vielleicht hat diese Aufforderung auch einen sehr naheliegenden Grund: Denn was jetzt zwischen diesen drei Männern zu besprechen ist, sollte möglichst nicht von Ohren hinter den Säulen des Thronsaales mitgehört werden.

Nachdem der Wesir den Pharao, wie es Vorschrift ist, mit allen Titeln angesprochen hat, fährt er fort: „Alles Wichtige des gestrigen Tages und der letzen Nacht habt ihr sicher schon heute früh gelesen. Die Grußbotschaft der Phönizier werden wir, mit eurer Erlaubnis, höflich erwidern. Den Beamten aus Unterägypten, die uns um Hilfe für die Deichanlagen bitten, werden wir, wiederum mit eurer Erlaubnis, die nötigen Fachleute schicken."

Hier hebt der Pharao seine Hand. Aufmerksam hat er die Ausführungen des Wesirs verfolgt. Nach kurzer Bedenkzeit, die keiner der beiden Beamten zu stören wagt, antwortet der Pharao: „Verfahrt, wie ihr es vorgeschlagen habt. Gebt dem Bau des Deiches alle mögliche Unterstützung. Er ist für die Ernten in diesem Gebiet äußerst wichtig."

Nach erneuter Aufforderung fährt der Wesir in seinem Bericht fort: „Es hat sich seit einigen Tagen eine Gruppe von Grabräubern vor Gericht zu verantworten. Sie sind geständig, das Grab des Pharao ..." Hier fällt ihm der Pharao scharf ins Wort: „Sorgt dafür, dass das Gericht ein Urteil fällt, wie es für diese Straftaten vorgesehen ist. Für diesen Frevel will ich keine Milde in meinem Reich dulden!"

Der Wesir darf, erneut aufgefordert, in seinem Bericht fortfahren. Er nimmt nun eine Papyrusrolle zur Hand: „Wenn ihr erlaubt, werde ich, da wir schon die Straftäter zur Sprache bringen, euch diese Liste mit Todesurteilen vorlegen. Es ist der Wunsch der Gerichte, dass ihr, wie üblich, diese Urteile über Tod und Leben bestätigt. Meine Meinung zu einzelnen Fällen habe ich mir erlaubt, an den Rand der Urteile zu schreiben. Wir werden sie dann nach eurer Entscheidung morgen an die zuständigen Gerichte übermitteln." Damit legt der Wesir die Liste auf einen besonderen Hocker vor dem Thron.

Schon etwas ungeduldig hantiert der Schatzverwalter mit seinen Tontafeln. Nach Aufforderung durch den Pharao und der gebührenden Anrede spricht nun der Oberste Steuerbeamte des Reiches über das wichtigste Problem, das der Pharao wissen muss: „Es treffen immer mehr Nachrichten ein, dass die Bauern in vielen Gegenden ihre Steuern nicht vollständig zahlen können. Meist ist es, so beteuern es jedenfalls die Steuereinnehmer, nicht Schuld der Bauern, denn die haben in den letzten beiden Jahren eine große Dürre über sich ergehen lassen müssen. In einigen Teilen des Landes sind auch die Heuschrecken über alles Grün hergefallen."

Fast erschrocken unterbricht der Pharao den Vortrag des Schatzverwalters: „Seht ihr Möglichkeiten, den Bauern in diesen Gebieten mit den Steuern entgegenzukommen?"

Die beiden Beamten schütteln bedauernd den Kopf. Die Steuern wären dringend nötig, sonst würde der Bau der Pyramide des Pharao ins Stocken geraten. Das aber möchte niemand der drei Männer. So wird es wohl vom Geschick der Steuerverwalter abhängen, ob und wie viel Steuern einzutreiben sind.

Nachdem alle wichtigen Fragen an diesem frühen Vormittag beraten worden sind, dürfen sich die beiden Beamten zurückziehen, um mit ihren Unterbeamten und Schreibern die Entscheidungen des Pharao umzusetzen.

Inzwischen hat die Sonne den Palast mit seinen Lehmziegeln bereits stark erwärmt. Der Pharao sucht jetzt Kühlung in einem kleinen Palmenhain, der sich in einem der Höfe des Palastes befindet. Nach einer Erfrischung, die er hier vorfindet, besucht ihn seine Hauptfrau und Schwester, die als Einzige die abgeschirmten Gemächer der Frauen des Pharao verlassen darf. Das königliche Blut der Schwester berechtigt sie zu dieser Sonderstellung.

Die Schwester vermag ihn zu erheitern und ihm Vorschläge für das kommende Fest zu machen. So erzählt sie: „Ich habe Nachricht aus einem fernen Land im Süden erhalten. Dort soll es einen lustigen, kleinen Mann geben, der allerlei Späße und Tänze aufführen kann. Vielleicht sollte er unser Fest bereichern?“ Der Pharao ist begeistert und rät seiner Schwester: „Schreibe sofort und lasse diesen Tanzzwerg zu uns kommen, damit wir uns an seinen Darbietungen erfreuen können. Benachrichtige auch die Boten, dass sie ihn recht bald hierher begleiten.“

Unter allerlei Scherzen und „Palastneuigkeiten“ vergeht die Zeit. Die Schwester hat inzwischen auch den Haarmacher und den Leibarzt kommen lassen. Während der eine die Haarpracht des Pharao erneut richtet und glättet, streicht der andere grüne Kupfersalbe um die Augen des Herrschers. Diese Augenschminke lässt den Pharao seltsam königlich wirken. Der Zweck der kostbaren Salbe ist jedoch, den Pharao vor der in Ägypten gefürchteten Augenkrankheit und einer eventuellen Erblindung zu bewahren.

Nach einer Ruhepause während der Mittagsglut steigt der Pharao mit einigen Dienern auf das Dach des Palastes. Unter ausgespannten Tüchern weht hier ein leichter Wind. Diener helfen dem Windzug durch Palmenwedel etwas nach. Beim Lesen von Berichten wird der Pharao hin und wieder durch Baulärm gestört. Wenn er will, kann er von hier oben dem Fortgang des Pyramidenbaus zusehen. Nur sehr langsam wächst seit Monaten sein Grabmal in die Höhe. Bedrückt denkt er wieder an die ausbleibenden Steuern, die daran mit Schuld sind. Gern möchte er seine Sorgen mit jemandem besprechen, aber als Gott hat er keine wirklichen Freunde.

In diesem Augenblick wird ihm gemeldet, dass der Wesir um ein Gespräch mit dem Pharao gebeten hat. Der Pharao möchte darin einen Wink der Götter sehen, die ihm einen angenehmen Berater zum Gespräch schicken. Kaum ein anderer Beamter seines Hofes ist dem Pharao so vertraut und lieb. In froher Erwartung lässt er deshalb den Wesir umgehend kommen.

Nach dem üblichen Zeremoniell der Anrede will der Pharao gerade über seine eigenen Sorgen mit dem Vertrauten sprechen, als er bemerkt, dass nur ein außergewöhnliches Ereignis den Wesir zu ihm geführt haben kann. Ohne weitere Umschweife fordert er ihn deshalb zum Reden auf.

Mit kaum unterdrückter Erregung deutet der Wesir auf die Papyri in seiner Hand: „Soeben habe ich mehrere Berichte erhalten, die übereinstimmend aussagen, dass zwei Provinzen am Oberen Nil die Steuern verweigern. Nach Aussagen der dortigen

Steuereinnehmer werfen die Bauern in den Dörfern dem ‚Großen Haus' vor, die Heuschreckenplage und die Dürre nicht mithilfe der Götter abgewendet zu haben. Dadurch, so behaupten die Bauern, wäre das ewig währende, gegenseitige Abkommen, dem Pharao nur Steuern zu zahlen, wenn er als Gott Gefahren und Verluste von den Feldern abwendet, nicht eingehalten worden."

Wie versteinert sitzt der Pharao auf seinem Hocker. Schon während des Berichts, den der Wesir geben musste, ist das Gesicht des Herrschers aschfahl geworden. Jetzt ist es ein Vorteil, dass niemand seine Gesichtszüge sehen kann. Er weiß nur zu gut, dass dieses „ewige Abkommen" zwischen Bauern und Pharao seine Berechtigung hat. Nur wenn es ihm gelingt, die Felder der Bauern wieder fruchtbar werden zu lassen, kann er seine Herrschaft als Pharao, der den Willen der Götter vermittelt, sichern.

Fast pausenlos beraten in den nächsten Stunden und Tagen der Pharao und seine wichtigsten Beamten, wie dieser Staatskrise mit Weisheit und Hilfe aus anderen Landesteilen zu begegnen ist. Jeder von ihnen weiß, dass Gewalt zur Beilegung des Steuerstreiks der Bauern völlig ausgeschlossen ist. Aber auch die besonderen Gebete des Pharao allein werden die Felder nicht wieder fruchtbar machen und die Steuern fließen lassen.

Wenn es nicht gelingt, diesen Streit gütlich zu regeln, wird wohl der Baulärm an der Pyramide für diesen Pharao endgültig verstummen, bevor das Werk vollendet ist.

Episoden aus der Geschichte der griechischen Antike

Eine Flutwelle zerstört das Reich der Minoer

Der Vulkanausbruch vor Kreta vernichtet die gesamte Küstenregion um 1400 v. Chr.

Die Insel Kreta liegt in einem von Erdbeben gefährdeten Gebiet. Auch um 1700 v. Chr. zerstörte dort ein Beben Paläste und Häuser. Sehr bald danach begann ein Wiederaufbau mit noch prächtigeren Häusern. In dieser Zeit entstand auch der berühmte dreistöckige Palast von Knossos.

Um 1400 v. Chr. bereitete erneut eine Naturkatastrophe dieser minoischen Kultur ein jähes Ende: Auf der nördlich von Kreta gelegenen Insel Thera (heute Santorin) erfolgte ein Vulkanausbruch, der eine riesige Flutwelle auslöste. Sie vernichtete die Küstenregion der Insel vollständig. Knossos, höher im Innern von Kreta gelegen, überstand die Katastrophe. Dennoch wurde dieses Ereignis offenbar der Auslöser für eine große Wanderbewegung, die sich in der Folgezeit zwischen Kreta und dem griechischen Festland vollzog. Griechenland erhielt so von Kreta große kulturelle Anregungen für seine eigene Entwicklung.

Mehrmals im Jahr ist Frühaufstehen angesagt. Noch funkeln die Sterne, da verabschiedet sich der Bauer von seiner Frau, um nach Knossos zu ziehen. „Gebt nachher, wenn sie aufgewacht sind, den Kindern von mir noch einen Kuss!“, bittet er leise seine Frau.

An der Stalltür wartet schon sein Reisegefährte mit den Eseln. Beide Tiere sind hoch bepackt mit Säcken und Ziegenlederbeuteln, gefüllt mit Getreide und Olivenöl. Der Bauer kontrolliert die Verteilung der Lasten auf den Eseln. Dann treiben sie die Tiere an.

Erst als die Sonne aufgeht, machen sie eine erste Verschnaufpause und blicken den Weg zurück. Die Sonnenstrahlen beginnen das weite Tal, in dem auch ihr Dorf liegt, zu erhellen.

„Seht nur, in der Ferne kann man das Meer sehen!“ Damit wird offensichtlich, dass der jüngere Weggefährte diesen Ausblick noch nicht kennt.

„Ja, es ist ein schönes Tal zwischen Meeresküste und den Bergen, in dem unser Dorf liegt. Und fruchtbar dazu!" Zufrieden lässt der Bauer seine Augen nicht nur über seine Heimat, sondern auch über die prall gefüllten Säcke auf den Eseln wandern. Der junge Gefährte seufzt daraufhin etwas, der Bauer überhört es jedoch. Es ist abgemacht, dass darüber nicht gesprochen wird: Der Vater des Jungen hat im letzten Jahr Pech gehabt, sein Vieh ist fast vollständig eingegangen. Er musste sich von seinem reicheren Nachbarn Tiere zur erneuten Aufzucht geben lassen. Bezahlt wird diese Schuld durch die Arbeit des Jungen. Er ist deshalb für mehrere Jahre zur Arbeit beim Nachbarn verpflichtet. So begleitet er auch heute den Bauern bei seinem Weg nach Knossos, um dort Getreide und Olivenöl als Steuer im Königspalast abzuliefern.

Steinig ist der Weg, und mit wenigen Ausnahmen geht es immer leicht bergauf.

„Bleib nicht zu weit zurück!" Beunruhigt schaut sich der Bauer nach seinem Begleiter um. Beide haben ihren lieben Ärger mit den Eseln. „Treib deinen Grauen kräftiger an! Er darf nicht erst zum Stehen kommen!"

Aber da ist es schon geschehen. Kein Zerren, Schimpfen, keine Schläge bringen das Tier mehr von der Stelle. Beide Männer kennen ihre Lasttiere lange genug, um nichts Unmögliches zu versuchen. Seufzend ergeben sie sich in das Unvermeidliche. Aus der Erfahrung im Umgang mit Eseln gewitzt, binden sie die still stehenden Tiere sicherheitshalber an Sträuchern fest. Rasch finden sie auch für sich selbst einen schattigen Platz. Keinen Augenblick lassen sie von hier aus die Tiere ohne Aufsicht. Man weiß ja nie, wann sich einer der beiden Grautiere zum weiteren Marsch entschließt.

„Wenn die Esel ruhig rasten, können wir uns auch einen Schluck gönnen!" Schon setzen beide Männer ihre ledernen Wasserbehälter zum Trinken an. Obwohl „Herr" und „Knecht", so verstehen sich die beiden recht gut. Deshalb ist auch der Inhalt ihrer Wasserschläuche, die die Frau des Bauern vorbereitet hat, gleich. Gegorener Rebensaft verbessert den Geschmack des Trinkwassers.

„Trink nur in Ruhe! Auch wenn uns die störrischen Esel zu weiteren Pausen zwingen, erreichen wir Knossos noch am frühen Vormittag", beruhigt der Bauer den Jungen. Denn fast ungeduldig drängt der junge Weggefährte vorwärts. Schon oft hat er von der Stadt und dem Palast von Knossos gehört. Heute endlich wird er sie selbst zu sehen bekommen.

Vielleicht freut sich sein Esel auch schon auf Knossos – jedenfalls reißt er sich mit einem unerwarteten Ruck los und trabt ungewohnt schnell bergan. Laut fluchend rennt der Junge dem Ausreißer hinterher. Den Spott des Bauern nimmt er deshalb nicht mehr wahr. Bei seiner Verfolgungsjagd bemerkt er auch nicht, welche Tricks der Bauer selbst anwenden muss, um seinen Esel nun auch in Bewegung zu setzen. Vermutlich ist es die Erfahrung des Bauern oder der Nachahmungstrieb des Tieres – jedenfalls traben bald beide Esel wieder auf dem vorgesehenen Weg hinauf nach Knossos. – Oder drängt die Esel nur eine schlimme Vorahnung bergauf, von der die Menschen nichts wissen?

Beiden Männern macht es zeitweilig Mühe, mit den Eseln Schritt zu halten. Außerdem steigt die Sonne höher und höher. Es ist von Vorteil, dass sie leichte Kleidung tragen und nur ihre Verpflegung schultern müssen. Mit jeder freiwilligen oder unfreiwilligen Rast werden zudem die Wasserschläuche leichter.

Allmählich werden die Wege breiter und immer mehr Menschen begegnen ihnen. Als sie am frühen Vormittag Knossos erreichen, wundert sich der Junge: „Nirgends sehe ich einen Wachposten oder ein Tor! Umgibt denn die Stadt keine Mauer, die sie schützt?“

Der Bauer muss über den Jungen unwillkürlich lachen: „Stadt und Umland von Knossos, ja ganz Kreta stehen doch unter dem Schutz der Götter! Seit Menschengedenken hat es hier keine feindlichen Angriffe gegeben. Warum soll man dann Wachen aufstellen oder Mauern errichten?“

Der Junge gibt sich mit der Antwort zunächst zufrieden, denn die prächtigen, meist mehrstöckigen Häuser lenken seine Aufmerksamkeit ab. Alle sind aus Stein gebaut. Dicke Hauswände und steinerne Säulen stützen Dächer aus Ziegeln. Haus reiht sich an Haus. Viele Häuser sind noch zusätzlich mit Farbe bemalt. Besonders schön erscheinen dem Jungen die Farben der Wände und Säulen. Vor Staunen bleibt ihm fast der Mund offen stehen. Denn jetzt erblickt er auf einer Erhebung in der Stadt den Palast des Königs. Die Straßen von Knossos sind so angelegt, dass alle fast schnurgerade zum Palast führen. Jeder Besucher oder Gast kann schon von weitem dieses gewaltige, zum Teil sogar dreistöckige Bauwerk erkennen. Hier an den Säulen des Palastes glänzt sogar Gold. Im Zusammenspiel mit dem tiefen Rot der Wände ergibt sich für den Betrachter ein wunderbarer Anblick. Auch der Junge kommt aus dem Staunen kaum noch heraus. Schon muss der Bauer seinen Begleiter mahnen: „Ich glaube, wenn du den Palast von innen sehen könntest, würdest du überhaupt nicht mehr deinen Mund zu bekommen. Er muss wohl unzählige Räume haben, deren Wände mit Pflanzen, Tieren und Menschen bemalt sind. Über tausend Menschen sollen darin leben und dem König und seiner Familie dienen. Aber selbst habe ich den Palast auch noch nicht von innen gesehen.“

Immer dichter wird das Gedränge in den Straßen. Tausende von Menschen hasten mit und ohne Lasten an dem Bauern und seinem Begleiter vorbei. Besonders eilig haben es offenbar die Eseltreiber, die die Schätze von den Häfen in den Palast bringen. Manchmal ist es für den Jungen schwer, seinen „Herrn“ nicht aus dem Auge zu verlieren.

Beide erreichen schließlich ein Nebengebäude auf dem Palastgelände, in dem der Bauer seine Steuern in Form von Getreide und Olivenöl bezahlt. Gleichzeitig tauscht er dort einige seiner Getreidesäcke gegen Metallsicheln ein.

„Seht nur, dort die lange Reihe von Krügen. Sie haben die gleichen Muster wie wir sie in unserem Dorf haben!“ Der Junge hat inzwischen seine Augen an das Halbdunkel des Vorratsspeichers gewöhnt.

„Kein Wunder“, antwortet der Bauer, „auf ganz Kreta findest du die gleichen Muster auf den Tongefäßen. Selbst in fernen Ländern sollen, so erzählt man, die Kaufleute daran die Gefäße und Waren aus Kreta wieder erkennen. Das macht uns sehr stolz!"

„Mir scheint, der gesamte Reichtum von Kreta ist hier im Palast von Knossos untergebracht", vermutet der Junge.

Aber der Bauer wehrt ab: „Das sieht vielleicht so aus, aber die größten Schätze unserer Insel Kreta findest du in unseren Häfen. Hier werden Öl, Getreide, Holz und vor allem Wein in fremde Länder verfrachtet. Von dort holen unsere Kaufleute mit ihren Ruderschiffen Gold, Kupfer, Zinn und Edelsteine. Erst von den Hafenstädten aus wird dann auch der Palast in Knossos mit den Reichtümern beliefert." Der Bauer weiß, dass das ein einträgliches Geschäft ist, denn die Kaufleute von Kreta sind noch reicher als die Bauern. Auch dem Jungen ist nicht entgangen, dass die Menschen in Knossos viel und teuren Schmuck tragen. „Ach, wenn ich doch davon einen kleinen Teil hätte, dann könnte mein Vater seine Schulden sofort zurückzahlen und ich würde ihm auf seinem Bauernhof helfen und nicht als Schuldknecht dienen müssen." So denkt der Junge still für sich.

Der Nachmittag ist angebrochen, als die beiden Männer den Rückweg antreten. Vor dem Abend möchten sie wieder in ihrem Dorf sein. Einige Geschenke für seine Frau und vor allem die Kinder sind im Lederbeutel verborgen, den der Bauer vorsichtig über der Schulter trägt.

Es macht schon Mühe, sich durch das Menschengewühl den Weg nach Hause zu bahnen. So hören die beiden nur undeutlich in dem Gewirr der Geräusche ein tiefes Grollen ...

Tal um Tal durchqueren die beiden Heimziehenden. An der Stelle, an der sie früh in der Ferne das Meer blinken sahen, bleiben sie wie gebannt stehen. Das ist doch nicht ihr Tal? Wo ist der Weg geblieben? Wo sind die Bäume, Sträucher? Warum sieht man weit hinten nicht die Häuser und Hütten der heimatlichen Dörfer?

Vor den beiden liegen nur Tümpel, Morast, zusammengestauchtes Strauchwerk, Reste von Bäumen und Hütten. Als sie näher gehen, sehen sie verendetes Vieh im Schlamm liegen.

Der Verdacht der beiden wird, je näher sie sich ohne Weg und Steg zu ihrem Dorf durchkämpfen, zur grausigen Gewissheit: Ein gewaltiger Vulkanausbruch vor der Insel Kreta hat eine riesige Flutwelle ausgelöst und alles Land in Küstennähe in wenigen Minuten meterhoch überflutet. Häfen, Schiffe, Städte, Dörfer und alle Einwohner sind ertrunken.

Die Geschenke für Frau und Kinder hängen umsonst über der Schulter des Bauern ...

Jahre später zerstören ein Erdbeben und ein Brand auch die jetzt von der Flutwelle verschonte Stadt Knossos und den Königspalast. Nur Ruinen bleiben zurück, die Menschen verlassen für lange Zeit diese von Naturgewalten zerstörte Insel Kreta.

Die letzte Ziege einer hungernden Familie

Griechen erobern Mykene (Dorische Wanderung) um 1200 v. Chr.

Die mykenische Herrschaft auf dem Peleponnes befand sich in Auflösung. Das nutzten einfach lebende Völkerstämme und wanderten vom Norden Griechenlands her ein. Ihre kulturellen Leistungen waren in dieser Zeit noch gering, allerdings besaßen sie Waffen aus Eisen, durch die sie den einheimischen Kriegern von Mykene überlegen waren.

Die Dorer, einer der zahlreichen einwandernden Stämme aus dem Norden, ließen sich auf dem Peleponnes nieder und verschmolzen dort mit der noch verbliebenen Bevölkerung. Wo früher wehrhafte mykenische Burgen standen, gab es bald nur noch einzelne Bauerngehöfte oder Hütten eines Dorfes. Sogar die Schrift ging zunächst verloren. Erst allmählich verschmolzen die verbliebenen und die eingewanderten Stämme zum Volk der Griechen.

Die nachfolgende Episode schildert den Beginn der Einwanderung, die insgesamt rund drei Jahrhunderte dauerte:

1. **Der Zug der Dorer durch die Gebirge Nordgriechenlands nach Süden**
2. **Erstes Zusammentreffen mit einem einheimischen Hirten**
3. **Unterwerfung der einheimischen Mykener durch die Dorer**
4. **Die Einwanderer bestimmen fortan das Geschick dieses Landes**

Seit Wochen zieht der Stamm, aus Nordgriechenland kommend, nun schon durch das verschneite Gebirge nach Süden. Sie sind von anderen Völkern aus ihrem Siedlungsgebiet vertrieben worden. Sehr ertragreich war es ohnehin nicht. Hausrat und Ackergeräte liegen auf den Karren. Die Haustiere, die den Zug bisher überlebt haben, trotten widerstrebend hinter den Wagen her. Einige von ihnen sind in den vergangenen Wochen schon mitsamt dem Karren in tiefe Schluchten gestürzt.

Auch der Vater zweier Jungen ist auf diesem felsigen Weg in den Tod gerissen worden. Mit Tränen schaut sich der Jüngere der beiden das große, eiserne Messer an, das noch vor Tagen dem Vater gehört hatte. Jetzt steckt er es energisch in den Gürtel. Unerbittlich geht der Treck weiter durch den Gebirgspass. Jede Hand wird gebraucht. Schon hilft er neben seinem Bruder, den Wagen seiner Familie durch die nächste Schneewehe zu schieben.

Nach Tagen beruhigt sich das eisige und stürmische Winterwetter. Allmählich geht es auch bergab. Es wird wärmer. Die Zugtiere müssen nicht mehr so hart angetrieben werden. Es ist, als ob die Tiere nach den hohen Gebirgspässen wie von selbst die Wärme der künftigen Täler spüren und suchen. Tag für Tag kommt der Zug der Griechen rascher voran. Bedenklich schnell schuckeln die zerbrechlichen Wagen mit den Geräten, dem Saatgut und den kleinsten Kindern auf den schmalen Pfaden bergab. Die Räder rutschen oft mehr als sie rollen. Aber alles geht gut, das Gebirge fordert kein weiteres Opfer.

Tage darauf können die Tiere erstes, frisches Gras fressen. Dunkelgrüne Zypressen und Lorbeersträucher sind in der Ferne zu sehen. Die erschöpften Menschen fassen neuen Mut. Aber der Magen knurrt mehr denn je. Kann man nicht jetzt, da das Schlimmste überstanden scheint, aus dem mitgeführten Getreide Brotfladen backen?

„Nichts da! Keine Hand voll Korn wird jetzt gegessen oder verfüttert!“ Sehr energisch muss sich der Anführer der Bitten erwehren.

„Grabt Wurzeln aus, pflückt Blätter, erlegt die kleinen, erreichbaren Wildtiere! Aber haltet euch von den restlichen Getreidevorräten fern. Wir wissen nicht, ob wir nicht jedes Korn für die neue Saat benötigen!“

Insgeheim sind viele der Griechen mit diesen Anordnungen nicht zufrieden. Die beiden Brüder sehen den Kummer in den Augen ihrer Mutter, die nicht weiß, wie sie ihre Familie ohne Brot oder Fleisch zu Kräften kommen lassen kann.

„Wir müssen tun, was jetzt unser Vater gemacht hätte“, fordert der ältere Bruder den jüngeren auf.

„Lass uns während der nächsten längeren Rast umherstreifen und Wild jagen, und wenn es nur ein Hase ist. Ich werde es mit Vaters Pfeil und Bogen versuchen.“ Es scheint, als haben die beiden Brüder schon lange auf eine derartige Probe gewartet.

„Und ich habe ja sein scharfes, eisernes Messer“, macht sich der Jüngere selbst Mut.

Gesagt, getan. Bei nächster Gelegenheit sind die beiden Brüder auf der Pirsch. Absichtlich versuchen sie es allein. Sie wollen schließlich den Vater würdig vertreten – und natürlich seine Waffen erproben.

Lag es am Jagdglück oder an der mangelhaften Übung – die Pfeile fliegen stets daneben. Die Hasen, die sie aufscheuchen, kommen alle mit dem Leben davon. Enttäuscht suchen die beiden die daneben gegangenen Pfeile im Gras und im Gebüsch. Eine der kostbaren eisernen Pfeilspitzen ist ihnen dennoch verloren gegangen.

Über ihre eigenen Misserfolge sind beide sehr traurig. Etwas erfolgreicher hatten sie sich ihre erste selbstständige Jagd schon vorgestellt. Wie ein Geschenk der Götter erscheint ihnen deshalb eine kleine weiße Ziege. Wie angewurzelt steht sie plötzlich vor ihnen auf dem Bergkamm. Ein nicht zu verfehlendes Ziel für ihren Pfeil! Doch kaum hat das Geschoss die Ziege zu Boden stürzen lassen, kommt ein Junge zum Vorschein. Er schimpft und droht den beiden. Seine Gesten lassen mächtige Wut erkennen. Aber die beiden Brüder verstehen ihn nicht. Eine völlig andere Sprache macht die Verständigung schwer. So viel aber wird klar, die beiden „Jäger“ haben soeben eine magere Hausziege erschossen, die der Hirtenjunge weidete. Obwohl er nur mit einer einfachen Lanze bewaffnet ist, lassen sich die beiden Brüder nicht auf einen Streit mit ihm ein. Wer weiß, ob nicht im nächsten Augenblick weitere Hirten auftauchen. Denn immer wieder deutet der Junge hinter sich und ruft unter anderem das Wort „Mykene“.

Wenn es den beiden Brüdern auch um die zweite verlorene Pfeilspitze Leid tut, so ziehen sie sich doch langsam und vorsichtig zurück. Sie sehen nur noch, wie der Hirtenjunge die Ziege schultert und hinter dem Bergkamm verschwindet.

Recht niedergeschlagen kommen die beiden Brüder wenig später wieder bei ihrem Stamm an. Es passt ihnen überhaupt nicht, dass sie gerade zuerst dem Ältesten über den Weg laufen. Ein Blick genügt, und er erkennt, dass die beiden sehr bekümmert sein müssen. Es bleibt ihnen nichts anderes übrig, als ihm ihr Missgeschick zu erzählen. Aber der Älteste hört sehr aufmerksam zu und fragt dann unvermittelt: „Und ihr seid sicher, dass der Hirtenjunge mehrmals das Wort ‚Mykene' ausgesprochen hat?"

Verwundert bestätigen die beiden Brüder nochmals dieses Wort. Sie können sich nicht erklären, warum der Älteste daran so ein Interesse hat.

Ohne eine weitere Frage wendet sich der Älteste von den Jungen ab und geht rasch zum Lagerplatz, an dem viele der Familienväter versammelt sind. Was dort anschließend erregt beraten wird, hören die beiden Brüder nicht mehr. Sie sind froh, nach ihrem Missgeschick nicht noch Vorwürfe einstecken zu müssen. Dem traurigen Blick ihrer Mutter entziehen sie sich, indem sie sich unter ihre Schlaffelle verkriechen. Bereits kurze Zeit später schlafen beide fest und tief.

Aber ihr Schlaf währt nicht lange. Erschreckt fahren die beiden Brüder auf. Alles ist schon beim Verstauen und Losfahren. Noch wissen die beiden nicht, dass sie der Auslöser für diesen hastigen Aufbruch sind.

„Die Wagen mit den Frauen und Kindern werden in die Mitte genommen! Die Bewaffneten schützen den Zug vorn und von beiden Seiten!" Die Befehle des Ältesten klingen ernst und drängen zur Eile.

Erstaunt stellen die beiden Brüder bald darauf fest, dass der gesamte Wagenzug sich genau auf das Tal zu bewegt, vor dem sie den Hirtenjungen getroffen haben. Aber sie können nicht viel darüber nachdenken, denn der Karren mit ihren Habseligkeiten droht jeden Augenblick umzustürzen. Zerklüftet und steinig ist der Hang. Nicht einmal ein Pfad ist zu erkennen. Wo die beiden vor nicht allzu langer Zeit leichtfüßig Felsbrocken und Bäche übersprungen haben, da müssen sich jetzt alle, Menschen, Tiere und Wagen, hindurchquälen.

„Ist das das Tal, in dem der Hirtenjunge verschwunden ist?", wendet sich unverhofft der Älteste an die beiden Brüder. Beide bestätigen es, recht verdattert über die plötzliche Nachfrage. Aber ehe sie wagen, eine Frage zu stellen, ist der Älteste schon wieder an der Spitze des Zuges: „Bildet den Keil! Haltet die Wagen und Tiere zusammen. Vor allem aber vermeidet jetzt Lärm und Geschrei!"

An der Spitze des „Keils" gehen die besten und stärksten Kämpfer der Griechen, ihre eisernen Waffen griffbereit. Zwei weit vorauseilende Kundschafter versuchen, dem nachfolgenden Zug den besten Weg zu weisen. Ihre Handzeichen werden genau von den Männern an der Spitze des Zuges beobachtet und befolgt.

Scheinbar unbemerkt erreichen jetzt die Griechen den Eingang zu einem weiten Tal. Weit hinten erkennen sie viele steinerne Häuser. Es ist die Festung von Mykene.

Eine hohe Mauer scheint die gesamte Ansiedlung zu umgeben. Genaueres lässt sich aus dieser Entfernung nicht erkennen.

Aber ehe sich die Männer an der Spitze des Zuges darüber verständigen können, sehen sie schon eine Reihe Bewaffneter auf sich zukommen. Also war ihr Eindringen in das Tal längst bemerkt worden! Dicht an dicht kommen die Krieger in breiter Reihe mit vorgestreckten Lanzen auf sie zu. Ihre Körper sind durch dicke Lederhäute geschützt, manche tragen darauf zusätzlich Metallplättchen.

Unmittelbar vor dieser Reihe gepanzerter Krieger rumpeln mehrere Streitwagen. Offensichtlich sind darauf die Anführer mit ihren Wagenlenkern zu finden.

So versuchen die Beherrscher und Bewohner dieses Tals von Mykene, die Eindringlinge abzuwehren.

Der „Keil" der griechischen Krieger lässt sich jedoch nicht aus der Ruhe bringen. Nach Vätersitte läuft ihre Kampfformation auf die breite Reihe der Verteidiger zu. Im Schutz des „Keils" die Wagen, die Frauen, Kinder und Tiere. Als die Spitze des „Keils" die Streitwagen erreicht, beginnen die griechischen Krieger schneller zu laufen. In wenigen Augenblicken haben sie die starre Reihe der gepanzerten Krieger durchbrochen und greifen nun von hinten an. Die Griechen sind wendiger und schneller. Alle haben scharfe Waffen aus Eisen. Dadurch sind sie den Verteidigern mit den kupfernen Waffen überlegen. Denen nützen die Lederpanzer kaum etwas, wenn diese Eisenwaffen sie treffen. Zwar sind die Schwerter und Streitäxte aus Kupfer sehr gut gearbeitet und verziert, aber an Haltbarkeit und Schärfe sind sie den Waffen aus Eisen unterlegen.

Verwirrung kommt bei den Verteidigern auf, umsonst versuchen die Führer auf den Streitwagen, die Kampfreihe ihrer Fußkrieger wiederherzustellen.

Die meisten Krieger suchen jetzt ihr Heil in der Flucht. Schon rumpeln die Streitwagen den Fliehenden hinterher. Tote und Verwundete bleiben zurück.

Mit wenigen Verlusten verfolgt der „Keil" der Griechen jetzt weiter den Weg ins Tal. Die eigenen Verwundeten werden ohne Aufenthalt auf die Karren geladen. So schnell es geht, bewegt sich der Zug an die Festung mit ihren steinernen Häusern heran. Aber dort gibt es ebenfalls keine Gegenwehr mehr. Die Tore stehen offen. In der Ferne machen sich die Streitwagen mit wenigen Kriegern aus dem Staub ...

Die meisten der Verteidiger liegen erschöpft vor und in der Festung. Sie haben ihre Waffen weggeworfen. Mit Gebärden bitten sie um Gnade. Zu verschieden sind die Sprachen von Angreifern und Verteidigern, um sich anders verständigen zu können. Allzu entschlossen schien auch der Wille zur Verteidigung nicht gewesen zu sein.

Die Griechen machen nicht von ihrem Recht des Siegers über die Besiegten Gebrauch: Alle Krieger von Mykene, die sich ergeben, bleiben am Leben.

Nach wenigen Wochen beginnt man sich zu verstehen. Die Festung Mykene wird nun von den eingewanderten Griechen beherrscht. Die einzelnen Familien übernehmen Gebäude, Äcker, Weiden und Vieh der hier wohnenden Menschen. Der Älteste des Stammes bestimmt zusammen mit den einflussreichsten Familienvätern von nun an die Geschicke dieses Gebietes und der Stadt.

Aber an Überfluss ist weder für die Sieger noch für die Besiegten zu denken. Die großen Vorratshäuser sind leer, die Ställe der Bauern ohne Vieh. Nur gut, dass die Griechen Saatgetreide und einiges Vieh mitgebracht haben. Das Frühjahr sieht alle gemeinsam auf den Äckern. Die Unterordnung unter die neuen, griechischen Herren ist vollzogen. Nur wenigen der früheren Bewohner von Mykene musste mit der eisernen Waffe die neue Herrschaft verdeutlicht werden.

Die Bauten der Festung, die einst aus gewaltigen Steinblöcken errichtet worden sind, werden wie selbstverständlich von den neuen griechischen Herren bewohnt. Die ausgearbeiteten Radspuren in den steinern Straßen für die Kampfwagen der einstigen Fürsten von Mykene bleiben allerdings verwaist. Auch die Kanalisation in der Festung verkommt. Und mit den Badewannen können die neu eingewanderten Griechen erst recht nichts anfangen. Aber die Tore zur Festung, darunter das große Löwentor, werden weiterhin bewacht. Die neuen Herren von Mykene sind in Sorge, dass vielleicht andere, nachrückende Völkergruppen dem jetzt hier ansässigen Stamm der Griechen die „Beute“ streitig machen könnten.

Die Sprache der Neuankömmlinge wird bald von allen Bewohnern Mykenes gesprochen. Nun können sich auch die beiden Brüder mit dem Hirtenjungen verständigen, dem sie vor Monaten mit Pfeil und Bogen die Ziege getötet haben. Es war übrigens die einzige Ziege, die die Familie des Jungen aus Mykene damals noch besessen hatte.

Fahrt ins Ungewisse

Griechen gründen Kolonien um 700 v. Chr.

Mit zunehmender Bevölkerungszahl reichte das wenige Ackerland im gebirgigen Griechenland nicht mehr aus, um die Menschen zu ernähren. Versuche, Nachbarvölkern durch Krieg Land zu rauben, misslangen zumeist. Durch die vorhandenen Handelsverbindungen wussten die Griechen jedoch, wo an den Küsten des Schwarzen und des Mittelmeers Platz für Ansiedlungen (Kolonien) vorhanden war. So kam es zur Kolonisation der Griechen, von der die nachfolgende Episode berichtet:

1. **Gründe für die Auswanderung**
2. **Vorbereitung der Fahrt**
3. **Eine Kolonie wird gegründet**

„Du brauchst dich doch nicht zu sorgen! In deiner Familie packen sieben starke Jungen und zwei Mädchen mit zu! Da musstest du ja der größte Bauer im Dorf werden." Fast neidisch klingen diese Worte aus dem Munde des Nachbarn. „Wie soll ich mit meinem einzigen Jungen und den fünf Mädchen meine Wirtschaft so erfolgreich wie deine machen?"

„Vergiss nicht, zu kräftigen Armen gehören auch ewig hungrige Mäuler!", erwidert fast belustigt der Bauer. Mit einem Seufzer fährt er fort: „Und was dir heute zum Vorteil gereicht, das kann dich morgen in Sorgen stürzen!"

„Du meinst, dass deine Söhne nicht genügend Land für eigene Wirtschaften bekommen, wenn du deinen Bauernhof an sie weitergeben wirst?"

„Ja, das wird ein Problem, und nicht nur für meine Familie."

Beide Bauern wissen, dass ein Versuch, jenseits der Berge neues Land für die zahlreichen Söhne des Dorfes zu erobern, vor Jahren blutig gescheitert ist. Seitdem spricht man im Dorf nicht gern über diesen erfolglosen Kriegszug.

Wenig später treffen sich die Familienväter des Dorfes. Ihre Gesichter sind ernst. Der Dorfälteste beginnt: „Es muss eine Entscheidung fallen! Der Acker reicht nicht mehr für unsere Kinder und Enkel. Auch das Wasser ist zu knapp. Zwar stürzt es im Frühjahr stürmisch zu Tale, aber im Sommer fehlt es."

Alle Anwesenden bestätigen die schwierige Lage des Dorfes. Aber keiner will als Erster den einzig möglichen Ausweg vorschlagen. Auch der Älteste des Dorfes räuspert sich lange, ehe er wieder das Wort nimmt: „Es fällt mir sehr schwer, das Unabwendbare auszusprechen. Aber als euer Ältester muss ich es jetzt und hier vorbringen: Unser Dorf ist gezwungen, sich von einigen seiner Söhne zu trennen! Wir müssen sie auffordern, die Heimat zu verlassen und fernab neuen Boden zu bewirtschaften. Bleiben sie ohne Ausnahme hier im Dorf, werden bald alle Familien Hunger leiden. Die Ernten reichen dann nicht mehr."

Der Älteste muss nach diesen Worten, von denen das Schicksal fast aller Familien des Dorfes betroffen ist, zunächst innehalten. Die Männer um ihn herum schweigen betroffen und wagen sich kaum gegenseitig in die Augen zu schauen. Dennoch haben heute alle mit diesem Vorschlag des Ältesten gerechnet. Immer wieder hofften sie in den letzten Jahren, dass diese bittere Entscheidung an ihnen vorbeigehen würde. Vergeblich, wie sich jetzt zeigt.

„Es ist nicht zu verantworten, dieses Problem weiter aufzuschieben und auf ein Wunder durch die Götter zu hoffen", spricht der Älteste die Gedanken der Familienväter aus.

„Mein Vorschlag ist, dass etwa zwanzig junge Männer unser Dorf verlassen. Wir werden sie, so gut wir können, mit Hausrat, Saatgetreide und Vieh ausstatten. Unser Dorf wird für sie ein Schiff bezahlen, das sie an ferne, fruchtbare Küsten bringen soll. Damit folgen wir dem Beispiel vieler Nachbargemeinden."

Ein tiefes Atmen geht durch die Reihen der Familienväter des Dorfes. Nun ist gesagt, was gesagt werden musste. Keiner spricht dagegen.

„Wann sollen die jungen Männer das Dorf verlassen?"

Auch das hat der Älteste bereits bedacht: „Der Aufbruch sollte im zeitigen Frühjahr erfolgen. Rechtzeitig für die Aussaat im künftigen Land. Bis dahin haben wir alle auch genügend Zeit, die Auswanderung vorzubereiten."

Die Entscheidung der Familienväter bringt das Dorf in den darauf folgenden Tagen und Wochen mächtig durcheinander. Schon jetzt fließen Tränen. Wer geht freiwillig? Wer muss durch den Familienvater dafür bestimmt werden? Wer wird Anführer der Auswanderer?

Als im Frühjahr die jungen Männer das Dorf verlassen, sind sie bepackt mit allem Notwendigen für die ersten Monate. Das Dorf hat sich nicht lumpen lassen und seinen Söhnen gutes Werkzeug und gesundes Vieh mitgegeben. Es ist gut, dass alle sehr mit der Abreise beschäftigt sind, so können viele Tränen verkniffen werden. Denn alle wissen, es wird kein Wiedersehen geben.

Bis zum Hafen werden die jungen Männer noch von zwei älteren Bauern begleitet, die der Älteste des Dorfes dafür bestimmt hat. Sie sind es auch, die sich mit Händlern in der Hafenstadt beraten. Erst nach Tagen haben sie die besten Möglichkeiten für das künftige Ziel und ein Schiff gefunden.

Die zwanzig jungen Männer gehen mit Hab und Gut an Bord eines kleinen Schiffes. Mit der nächsten Brise verlassen sie den Hafen.

Für alle von ihnen ist es ein Erlebnis, zum ersten Mal Planken unter den Füßen zu fühlen. Und die bewegen sich mit den Wellen des offenen Meeres! Vielen vergeht der Appetit. Die Seeleute lachen nur über die „Landratten": „Hauptsache, einige von euch sind immer in der Lage, das Wasser aus dem Boot zu schöpfen! Also werdet uns nicht alle zugleich seekrank!" Zum Glück gibt es in den nächsten Tagen keinen Sturm, das Meer bleibt friedlich.

So erreichen sie mehr oder minder wohlbehalten eine Küste, die unbewohnt scheint. Da es keinen Hafen gibt, müssen die letzten hundert Meter mit einem kleinen Beiboot überwunden werden. Keine leichte Aufgabe, die Habe in das schwankende Boot zu verladen und unzählig oft überzusetzen. Am schwierigsten ist es, das Vieh an Land zu bringen. Den Matrosen, denen das Ausladen zu langsam vorangeht, werfen kurzerhand die größeren Haustiere über Bord. Zum Entsetzen der jungen Bauern. Jedoch schwimmen in ihrer Not alle Tiere zum nahen Strand.

Mit dem angeblich sicheren Versprechen, dem Heimatdorf der jungen Männer die Nachricht von ihrer glücklichen Landung im neuen Küstengebiet zu melden, verabschiedet sich die ruppige Schiffsmannschaft.

Nun sind die jungen Männer auf sich allein gestellt. Wachen gegen eventuelle Überfälle werden eingeteilt. Die Tiere müssen eingepfercht oder angebunden werden. Einfache Hütten aus Ästen und Zweigen werden errichtet. Die ersten Tage gehen so angefüllt mit Arbeit vorbei.

Der Boden im Hinterland der Küste scheint fruchtbar und vor allem „herrenlos" zu sein. Jedenfalls ackert dort niemand. Einige bewaffnete Männer, die sich in den nächsten Tagen zeigen und mit denen man sich nur mühsam verständigen kann, machen nicht den Eindruck, als wollten sie selbst den Boden bearbeiten oder Vieh weiden. Sie sind nur auf der Jagd. Keine Gefahr also für die neu eingetroffenen Bauern. Dennoch vergeht keine Stunde, zu der nicht mindestens zwei Männer Wache halten, um vor unliebsamen Überraschungen sicher zu sein.

Keine Zeit darf jetzt verloren werden: Die Saat muss in den Boden! Die Männer sind von Sonnenaufgang bis Sonnenuntergang auf den Feldern zu finden. Wenn das Wetter keinen Streich spielt, dann können sie auf eine gute Ernte hoffen, eine Chance mehr für ihr Überleben in der neuen Heimat.

Sobald die Saat im Boden keimt, richten sich die jungen Männer nach Väterart auch ihre Siedlung her. Zunächst suchen sie sich einen günstigen Siedlungsplatz zwischen dem Küstenstreifen und der Ebene mit dem Ackerland. Ein rechteckiger Platz in der Mitte des künftigen Dorfes wird vermessen und sorgfältig geebnet. Hier entsteht der spätere Markt- und Versammlungsplatz, so wie sie ihn aus ihrer Heimat kennen. Auch der Bau des Tempels wird begonnen. Der Gott der Heimatgemeinde soll auch hier sein Haus erhalten und sie schützen helfen.

Jeder der zwanzig Männer erhält gleich große Bodenstücke in der Siedlung zum Bau seiner Bauernwirtschaft. Alle sind genau rechteckig, so wie sie die Väter und Vorväter in der Heimat besaßen. Auch die Felder, auf denen die noch gemeinsam ausgebrachte Saat heranwächst, wird nach der ersten Ernte in zwanzig gleich große Stücke geteilt. Gegenseitig hilft man sich beim Bau der Häuser für die einzelnen Höfe. Dennoch wird es eine Arbeit für Jahre.

Schon in den ersten Wochen nach der Ankunft verschwinden immer wieder einige der jungen Männer in kleinen Gruppen. Nach Tagen kehren die meisten von ihnen mit einer Frau zurück, die sie einheimischen Sippen abgekauft oder geraubt haben. Bald füllt Kindergeschrei die halb fertigen Häuser der Siedler.

Wenn keine kriegerischen Stämme, tödliche Krankheiten oder Hunger die Kolonie der Griechen wieder vernichtet, ist das der Beginn einer Siedlung, in der die Menschen nach den Regeln der alten Heimat leben. Wenn ihnen das Glück hold ist, kommen weitere junge Männer wie sie aus überbevölkerten Gegenden Griechenlands und verstärken die Kolonie. Vielleicht ist ihr Hafen auch bald in den Küstenstädten der alten Heimat bekannt und wird zu einem beliebten Handelsplatz.

Aus dem Heimatdorf der ersten zwanzig jungen Männer ist allerdings keiner nachgekommen. Vielleicht hat die Nachricht von ihrer glücklichen Landung in der neuen Kolonie die Siedlung ihrer Väter doch nicht erreicht?

Gebt „Erde und Wasser"!

Athen unterwirft sich 492 v. Chr. nicht dem Perserreich

Im 6. Jahrhundert v. Chr. hatte sich das Perserreich die Griechenstädte an der Westküste Kleinasiens gewaltsam einverleibt. Einen Aufstand dieser Städte unterdrückten die Perser blutig. Weil Athen seinen Landsleuten mit einigen Kriegsschiffen, leider erfolglos, zu Hilfe geeilt war, schwor der persische Großkönig Dareios Rache: Er wollte Athen und das gesamte Griechenland erobern. Zunächst schickte er Gesandte von einem griechischen Stadtstaat zum anderen, um die Unterwerfung ohne Krieg zu erzwingen. Einige Griechenstädte hatten sich bereits in das Schicksal ihrer Unterordnung unter Persien gefügt. Jetzt, im Jahre 492 v. Chr., forderten die Gesandten des Großkönigs diese Unterwerfung („Erde und Wasser") auch von Athen.

(Diese Episode bildet auch den Auftakt für die nachfolgende Erzählung über die Schlacht bei Marathon.)

Fast unüberschaubar ist die Anzahl der Bürger Athens, die heute zum Pnyx gekommen ist und jetzt auf die Eröffnung der Volksversammlung wartet. Ein Zufall aber ist das nicht. Bis in die entferntesten Dörfer Athens sind die Staatsdiener gelaufen und haben für die Teilnahme an dieser Versammlung geworben. Immer wieder fiel in jenen Tagen der Satz: „Es geht um die Zukunft Athens!"

Auch zwei Bauern, die die Bürgerrechte Athens besitzen, haben sich aus ihrem weit entlegenen Dorf aufgemacht, um an der heutigen Versammlung teilzunehmen. Vier Stunden brauchten sie am gestrigen Abend für den Fußweg nach Athen. Die Nacht verbrachten sie in einer Herberge. Und eigentlich wäre ihre Arbeitskraft gerade jetzt auf den Äckern gefragt.

„Ich hoffe nur, dass wir den Weg hierher nicht umsonst gemacht haben. Denn für die Zustimmung zu neuen Marktgebühren oder für den Ausbau des Hafens wäre mir meine Zeit zu schade", murrt einer der Bauern.

Sein Dorfnachbar ist der gleichen Meinung: „Auch ich gehe, wie du weißt, nur selten zur Volksversammlung. Meist nur, wenn ich ohnehin für ein paar Stunden auf den Markt der Stadt muss."

Auch die vielen anderen Bürger um sie herum auf dem Versammlungsplatz sind aufgeregt, Gerüchte machen die Runde. Doch schon beginnt die Eröffnungszeremonie und schließlich spricht der leitende Beamte zu den mehr als zehntausend Bürgern Athens:

„Wie ihr aus der Einladung wisst, müssen wir heute über ein Angebot des Großkönigs von Persien entscheiden. Seine Gesandten suchten in den letzten Monaten viele griechische Städte auf und fordern ‚Erde und Wasser'! Ihr wisst, das bedeutet, den Großkönig als künftigen Oberherrscher anzuerkennen und ihm hohen Tribut zu geben. Zahlreiche griechische Städte, besonders in Kleinasien, haben sich schon dem Druck beugen müssen. Denn hinter den Gesandten stehen eine große persische Heeresmacht und deren Kriegsflotte."

An dieser Stelle muss der Beamte eine Pause machen. Es scheint ihm schwer zu fallen, sich wieder an die wie gebannt lauschenden Bürger Athens zu wenden: „Jetzt sind die Gesandten des Großkönigs auch bei uns erschienen. Kommen wir ihrer Forderung nicht nach, so droht uns Krieg, Vertreibung oder Tod. Die persischen Gesandten warten auf unsere sofortige Antwort."

Entsetzen spiegelt sich auf den Gesichtern der Zuhörer wider. Aber auch erste empörte Rufe werden laut. Nur mit Mühe kann der Beamte wieder Ruhe schaffen und nacheinander einzelnen Bürgern den Rednerkranz aufsetzen lassen. Niemand spricht sich für die Unterwerfung aus, obwohl allen klar ist, welche Folgen das für Athen haben kann:

„Sollen wir so wie unsere griechischen Brüder in Kleinasien und auf den Inseln unterdrückt oder vertrieben werden? Der Perserkönig missachtet dort doch seine eigenen Zusagen! Es geht ihm doch nur darum, das gesamte Land der Griechen unter seine Herrschaft zu zwingen!"

Als es zur Abstimmung gegen die Unterwerfung unter den Großkönig kommt, bleibt keine Hand unten. Selbst jene, die glauben, noch mit den Persern verhandeln zu können, um vielleicht für sich als Adlige beim Großkönig Vorteile herausholen zu können, trauen sich nicht, dagegen zu stimmen. Die leitenden Beamten der Stadt werden beauftragt, den Gesandten diese Entscheidung auf möglichst drastische Art mitzuteilen:

„Stürzt sie, wie Schwerverbrecher, vom höchsten Felsen in die Tiefe, dort werden sie dann genug ‚Erde und Wasser' finden! Der persische Großkönig soll wissen, dass er keine weiteren Gesandten mit derartigen Forderungen nach Athen schicken darf!"

Diesen Entscheid der Volksversammlung führen die Beamten auch unverzüglich aus. Alle Athener wissen nun aber auch, dass ein Krieg mit den Persern unausbleiblich ist.

Auch Sparta folgt diesem Beispiel von Athen und tötet die persischen Gesandten.

Die beiden Bauern aus dem entlegenen Dorf Athens haben es eilig, wieder zu ihren Familien zu kommen. Auf dem Heimweg machen sie sich so ihre Gedanken zu der soeben getroffenen Entscheidung der Volksversammlung.

„Dareios, der Großkönig der Perser, wird nicht schlecht toben, wenn er von unserer Entscheidung erfährt. Ob er gleich mit einem Kriegszug gegen uns beginnt?" Etwas Sorge schwingt in dieser Frage.

„Ich fürchte, er wird nicht lange warten, um sich zu rächen und Griechenland vollständig zu unterdrücken."

„Das heißt, auch wir müssen uns rasch auf den Einfall der Perser vorbereiten." Nach kurzer Pause fährt er fort: „Ich glaube, meine Kriegslanze wird einen neuen Schaft brauchen. Ein neuer Lederpanzer ist sicher auch nötig ..."

„Deswegen musst du aber nicht gleich in einen Dauerlauf verfallen. Wir werden schon noch alle Vorbereitungen schaffen," versucht der Nachbar zu spötteln.

Aber viel Zeit dürfen die Griechen, auch unsere beiden Bauern, wirklich nicht verlieren. In den Dorfschmieden liegen fast ausschließlich Lanzenspitzen und kurze Schwerter auf dem Amboss. Die „Fremden“, also die ziemlich rechtlosen Nichtbürger Athens, dürfen ab jetzt auch Waffen tragen und in der Armee kämpfen.

Im Schatten der Pfeile

Die Schlacht bei Marathon 490 v. Chr.

Gegen die Eroberungsabsichten des Perserreiches schlossen sich nach 492 v. Chr. (siehe vorangehende Episode) alle bedeutenden griechischen Staaten - außer Theben - unter dem Oberkommando Spartas im „Hellenenbund“ zusammen. 490 v. Chr. landeten die Perser ihr Heer an der attischen Küste bei Marathon. Da die Spartaner zu spät kamen, trat das Heer Athens unter dem Befehl des Miltiades allein den überlegenen Persern entgegen.

1. Die Perser landen bei Marathon
2. Miltiades und der Schlachtverlauf
3. Wettlauf zur Verteidigung Athens

Zwei Jahre sind seit der Entscheidung der Volksversammlung in Athen, sich dem Großkönig von Persien nicht zu unterwerfen, vergangen. Da melden griechische Händler und Flüchtlinge das Nahen der persischen Kriegsflotte. Mit 40 000 Mann erobern zwei Heerführer im Auftrag des Großkönigs Dareios die griechische Insel Euböa. Nur wenigen Einwohnern gelingt es gerade noch, auf kleinen Booten zu fliehen. Alle anderen werden niedergemetzelt oder in die Sklaverei verkauft. Die Griechen auf dem Festland, auch die Bürger von Athen, können jetzt ahnen, was auch ihnen bevorsteht.

Kurze Zeit später setzt die persische Flotte nahe dem Dorf Marathon das Heer an Land. Von hier aus wollen sie die griechischen Städte auf dem Festland unterwerfen.

Kaum dass die Flotte vor Marathon vor Anker gegangen ist, marschiert die Armee Athens schon zum Landungsplatz der Perser. Aber nur 10 000 Athener stehen dort den 40 000 Persern und ihren Hilfstruppen gegenüber. Ein Hilferuf der Athener an Sparta ist unterwegs, aber ehe diese Truppen ebenfalls bei Marathon eintreffen werden, wird Zeit vergehen.

Während sich die persische Armee sammelt, besetzen die Athener die beiden Ausgänge von der Landungsstelle in das Innere des Landes. Es ist schon Furcht erregend, die überlegenen Heeresmassen der Perser zu beobachten, die sich in der weiten Küstenlandschaft auf die Eroberung des griechischen Festlands vorbereiten.

„Ob wir gegen diese vierfache Übermacht überhaupt eine Chance haben?“ Besorgt fragt sich das, wenn auch leise, einer der Bauern aus dem Dorf bei Athen. Er gehört zu jenen, die damals vor zwei Jahren in der Volksversammlung gegen die drohende Perserherrschaft gestimmt haben. Sein Dorfnachbar hat die Frage dennoch verstanden.

„Da hast du Recht,“ antwortet er. „Du musst aber auch an deine Familie zu Hause denken! Wenn wir die Perser nicht aufhalten, dann ergeht es ihr wie den Griechen auf Euböa.“

„Oh, nein, das möchte ich auf jeden Fall verhindern," fasst der Bauernkrieger wieder Mut. Nach einiger Zeit wendet er sich erneut an seinen Nachbarn: „Wenn nur bald eine Entscheidung fallen würde: Sofortiger Angriff oder Rückzug und auf weitere Verbündete, auch aus Sparta, warten?"

„Das macht mir auch Sorge. Aber wir haben zehn Heerführer und jeder hat das Kommando nur für einen Tag. Das ist für unsere Lage nicht günstig," wirft der Nachbar ein.

„Morgen hat Miltiades den Tagesbefehl," weiß einer der Krieger zu berichten. „Er kennt die persische Kampfweise, hat selbst einige Zeit dort gelebt. Außerdem hat er Mut und vertraut uns Bauernkriegern."

In der Frühe des nächsten Tages ist das griechische Lager schon auf den Beinen. Heute soll es zum Angriff gegen die Perser kommen. Miltiades hat es befohlen. Die Anführer der einzelnen Kriegergruppen hat er noch in der Nacht zu einer Beratung um sich geschart.

Jetzt stehen die Griechen und blinzeln in die aufgehende Sonne. Auch die Perser haben das nächtliche Treiben im griechischen Lager als Angriffsvorbereitungen erkannt und stehen in langen Reihen zur Verteidigung bereit. Ganz vorn die gefürchteten Bogenschützen.

Doch nicht umsonst hat Miltiades lange mit seinen Unterführern gesprochen. Ebenfalls in breiter Reihe gehen die Griechen Schritt für Schritt, langsam auf die Perser zu. Da, jetzt entschließen sich die Perser zum ersten gemeinsamen Bogenschuss. Die Pfeile schwirren gefährlich dicht auf die Griechen zu. Doch die Entfernung ist noch zu groß gewesen, die Pfeile richten kaum Schaden an. Aber nach diesem ersten Pfeilregen beginnen die Griechen, wie auf Kommando, plötzlich zu laufen. Jedoch nicht fluchtartig nach hinten - nein, sie stürmen, so schnell sie können, auf die erste Reihe der persischen Krieger zu. Bevor deren Bogenschützen erneut zum Schuss kommen, sind die Griechen mit ihren langen Lanzen am Gegner. Dieser Waffe sind die Perser unterlegen, ihre Lanzen sind alle bedeutend kürzer und jetzt wirkungslos.

Aber was ist das? Nach den ersten Kämpfen weicht die mittlere Kampflinie der Griechen zurück! Die Perser, die hier in der Mitte ihre besten und stärksten Kräfte eingesetzt haben, drängen ungestüm nach, den Sieg schon vor Augen.

Die Krieger des Dorfes, aus dem auch unsere beiden Bauern stammen, sind am rechten Flügel der griechischen Kampflinie. Mitten im Kampfgetümmel kommt hier der erwartete Ruf: „Vorwärts, für unsere Freiheit!" Mit doppelter Wucht drängen jetzt die Griechen hier, genau wie auf dem linken Flügel, den Gegner zurück. Und das hat Miltiades beabsichtigt: Die beiden Seiten der griechischen Kampfreihe drohen jetzt die Perser einzuschließen. Außerdem kämpfen hier an den Flügeln auf persischer Seite Krieger aus unterworfenen Ländern. Diese Hilfstruppen haben schlechtere Waffen und können sich untereinander kaum verständigen. Miltiades wusste das.

Den beiden persischen Feldherren bleibt nichts anders übrig, als den Rückzug zu befehlen, wollen sie nicht die gesamte Armee einzingeln und vernichten lassen. Im

Eiltempo ziehen sich die Perser auf die Schiffe zurück, die noch vor der Küste ankern. Aber es ist keine kopflose Flucht, denn nur Tote und Verwundete lassen sie zurück. Alle übrigen Krieger, die Waffen und sogar die Pferde erreichen die Schiffe. Die Armee der Perser ist bei Marathon geschlagen, aber nicht vernichtet worden.

Während die Perser sich noch in aller Eile auf ihre Schiffe zurückziehen, schickt Miltiades einen Boten mit wichtigen Nachrichten nach Athen. Ohne Rast läuft dieser Bote die über vierzig Kilometer über Berg und Tal. Er schont sich nicht, die Meldung zu überbringen. Danach bricht er vor Erschöpfung tot zusammen.

Die griechischen Krieger bei Marathon freuen sich indessen über ihren Sieg. Trotz der Verwundeten und Toten, die sie zu beklagen haben.

Die Kämpfer aus unserem Dorf bei Athen sind mit kleinen Verwundungen davongekommen. Jetzt liegen sie, wie die anderen Griechen, erschöpft am Rande des weiten Schlachtfeldes. Einer von ihnen kommt schnellen Schrittes von einer Beratung der Unterführer zurück.

„Hört, was uns soeben befohlen worden ist: Alle kampffähigen Krieger müssen sich sofort sammeln und in Eilmärschen nach Athen zurückkehren!"

Die Krieger wollen seinen Worten kaum Glauben schenken. Doch der Unterführer wiederholt es: „Miltiades hat es soeben befohlen."

„Aber warum denn das? Wir haben doch die Perser aufs Meer gejagt. Die wagen jetzt bestimmt keinen zweiten Angriff!"

„Hier nicht," erklärt der Unterführer, „aber das persische Heer hat alle seine Waffen und die meisten seiner Krieger mit auf die Schiffe bringen können. Miltiades vermutet, dass sie jetzt nach Athen rudern, um die darauf unvorbereitete Stadt zu stürmen. Und Miltiades kennt seine Perser!" Das sehen sogar die erschöpftesten Krieger aus dem Dorf bei Athen ein.

Im Laufschritt bewegen sich die Truppen auf ihre Heimatstadt zu. Keinen Augenblick zu spät! Als sie die Bergkette erreichen, die Athen umgibt, sehen sie die persische Flotte Kurs auf den Hafen nehmen. Dank des Marathonläufers sind die Bürger Athens über den Sieg aber auch über die drohende Gefahr von der Seeseite informiert. Sie konnten sich, so gut es ohne Heer geht, auf einen Überfall vorbereiten. Ob es geholfen hätte? Nun aber ist die rettende Armee wieder in der Nähe.

Auch die Perser haben von ihren Schiffen aus die Ankunft der athenischen Krieger beobachtet - und drehen mit ihrer Flotte ab. Das griechische Festland ist für diesmal gerettet.

Erst nach einigen Tagen verlassen die Bauernkrieger wieder die Stadt Athen. Zwei Verwundete sind unter den Bauern unseres Dorfes. Alle sind froh, keine Todesnachricht mit ins Dorf bringen zu müssen.

Die Familien und Wirtschaften warten schon auf die Bauern und Krieger von Marathon. Einige der ehemals „Fremden" werden bald auch Bauernwirtschaften betreiben. Ihr Einsatz für Athen in der Schlacht von Marathon ist nicht vergessen worden.

Trotz aller Freude der Griechen bleibt die Sorge: Werden es die Perser erneut versuchen, Griechenland zu erobern?

Ein goldener Thron wird vorzeitig verlassen

Die Seeschlacht vor Salamis 480 v. Chr.

Zehn Jahre nach der Schlacht bei Marathon versuchten die Perser unter ihrem neuen Großkönig Xerxes wiederum, Griechenland zu erobern. Rückgrat ihres Angriffs war eine gewaltige Flotte, zu der auch Schiffe aus den von den Persern unterworfenen griechischen Städten gehörten. Nachdem die Stadt Athen schon aufgegeben und von den Persern zerstört worden war, gelang es dem athenischen Flottenbefehlshaber Themistokles, die persischen Schiffe in eine für sie ungünstige Position zu locken. Der Sieg der Griechen in dieser Seeschlacht führte zur endgültigen Befreiung von der persischen Gefahr.

„Wir haben uns ja Monate nicht gesehen!" Freudig ist das Wiedersehen der beiden Brüder. Noch dazu, weil die Zeiten unruhig geworden sind.

Der Ältere, ein wohlhabender Bauer aus der Umgebung Athens, hat gerade Vieh nach Athen getrieben und ein gutes Geschäft damit gemacht. Der Jüngere, Kapitän auf einem Kriegsschiff, konnte sich für ein paar Stunden Landgang genehmigen. Ein glücklicher Zufall führt sie hier in der Stadt zusammen.

„Seit der Schlacht bei Marathon hat sich viel verändert, wir von der Kriegsflotte kommen kaum noch zum Schlafen. Immer neue Schiffe werden in Dienst gestellt. Ruderknechte müssen ausgebildet werden, Seeleute lernen mit den neuen Kriegsschiffen, den Dreiruderern, umzugehen. Täglich wird bis zur Erschöpfung geübt. Die Ruderschläge müssen gleichmäßig und kräftig ausgeführt werden. – Aber ich langweile dich sicher mit meinen Sorgen. Was macht deine Familie?" Eine Frage folgt der anderen. Der jüngere Bruder kann seine Wissbegierde kaum bremsen.

„Du hast dich nicht verändert, immer noch der ungestüm fragende Bruder!" Knapp beantwortet aber der Ältere alle Fragen und fährt dann fort: „Nicht nur ihr von der Kriegsflotte bereitet euch auf eine neue Auseinandersetzung mit dem Perserreich vor. Wir, die wir als Bauernkrieger den Sieg bei Marathon errungen haben, schärfen ebenfalls erneut unsere Waffen. Die langen Lanzen, die Schwerter, die Lederrüstung und die besten Pferde stehen bereit. Sobald der Befehl kommt, sind wir und unsere Söhne zum Kampf bereit." Siegessicher klingen die Worte des älteren Bruders.

Im weiteren Gespräch teilt er aber auch dem Bruder und Kapitän seine Bedenken mit: „Wie du dir denken kannst, bin ich nicht damit einverstanden gewesen, den Gewinn aus den neuen Silbergruben in Laurion ausschließlich für den Ausbau einer Kriegsflotte zu verwenden. In der Volksversammlung habe ich dagegen gestimmt, leider vergeblich. Und dann noch der neue Hafen mit dem geschützten Zugang bis nach Athen hinein. Das kostet doch Unsummen. Dafür hätten wir lieber noch weitere schwer bewaffnete Krieger aufstellen sollen."

Der ältere Bruder redet sich nun doch, ganz gegen seine Gewohnheit, in Eifer.

Der Jüngere lächelt aber nur darüber und versucht natürlich, die Aufrüstung der Flotte zu verteidigen. Der Streit dieser beiden Brüder ist in Athen in jenen Jahren nach der Schlacht bei Marathon keine Seltenheit. Die Mehrheit der Athener unter Führung des Staatsmannes Themistokles hat schließlich festgelegt, dass zur Abwehr der Perser eine starke Kriegsflotte zu schaffen ist. Nun liegen diese neuen Schiffe im Hafen von Piräus vor Athen.

Zehn Jahre nach der Niederlage der Perser bei Marathon verbreitet sich in Windeseile in Griechenland die befürchtete Nachricht: Xerxes, der Sohn des verstorbenen Großkönigs Dareios von Persien, ist mit einem gewaltigen Heer, begleitet von einer starken Flotte, im Anmarsch auf das griechische Festland!

Zwar gelingt es Kriegern aus Sparta, das Heer des Xerxes am „Tor der warmen Quellen“ für einige Tage aufzuhalten, aber dann fällt Athen. Die Bauten der Akropolis, der Burg von Athen, werden von den Persern bis auf die Grundmauern zerstört. Viele andere Häuser Athens erleiden das gleiche Schicksal. Die Bevölkerung der Stadt ist auf der Flucht. Die vereinten griechischen Heere versuchen, in letzter Minute eine Abwehrstellung an der Meerenge von Korinth gegen die Perser aufzubauen. Die Insel Salamis ist mit Flüchtlingen, vor allem aus Athen, überfüllt.

Nachdem das persische Landheer Athen und Umgebung in seiner Gewalt hat, muss auch die griechische Kriegsflotte ihren Hafen Piräus verlassen. Nun stecken die Schiffe Athens in einer schwierigen Lage. Vor der Bucht zwischen Athen und der Insel Salamis lauert die zahlenmäßig weit überlegene persische Flotte.

Über einen Ausweg wird zwischen den Kapitänen der griechischen Kriegsflotte heftig gestritten: „Man könnte noch durch die schmale westliche Ausfahrt der Meerenge entweichen und die Flotte Athens in Sicherheit bringen!“, ereifert sich einer der Kapitäne.

„Aber dann sind die athenischen Flüchtlinge auf Salamis ohne jeden Schutz! Auch die griechischen Heere, die sich an der Meerenge von Korinth sammeln, hätten keine Unterstützung von See aus!“, entgegnet heftig ein anderer Kapitän.

„Aber was nützt uns Griechen eine Flotte, die sich nicht mehr bewegen kann, sozusagen in der Falle sitzt?“

„Außerdem verfügen wir nur über etwa 300 Schiffe, die Perser befehlen über 500!“

Unversöhnlich prallen die Meinungen der griechischen Kapitäne im Kriegsrat aufeinander. Schon Tage wird so beraten und keine Entscheidung fällt. Selbst Themistokles vermag in dieser Runde keinen Beschluss herbeizuführen.

Das alles bleibt dem persischen Großkönig Xerxes nicht verborgen. So wundert es ihn nicht, als eines Tages ein griechischer Kapitän vor seinem Thron erscheint, der ihm einen verräterischen Plan unterbreitet: „Wenn ihr, Großkönig, jetzt die Flotte der Griechen in der Meerenge vor Salamis von beiden Seiten angreift, dann stoßt ihr auf eine handlungsunfähige und zerstrittene Gruppe von Kapitänen. Diese Verwirrung solltet ihr euch zunutze machen!“

Es ist ein riskantes Vorhaben, das Themistokles durch diesen angeblichen Verräter dem persischen Großkönig vorschlagen lässt.

Xerxes misstraut ebenfalls dem griechischen Kapitän. Aber die Vorschläge, die er unterbreitet, scheinen der Wirklichkeit zu entsprechen. Das haben die persischen Kundschafter herausgefunden. „Außerdem“, so geben die persischen Berater des Großkönigs zu Bedenken, „steht das hier gewöhnlich sehr stürmische Herbstwetter unmittelbar bevor. Unsere Flotte muss bis dahin in schützenden Häfen liegen!“

Der Großkönig hört besorgt zu, denn er erinnert sich an die Zerstörung eines großen Teils seiner Flotte und einer Schiffsbrücke durch Stürme vor einem Jahr. Das möchte er nicht noch einmal riskieren. Also befiehlt er: „Die Flotte soll unverzüglich die griechischen Schiffe in der Bucht von Salamis angreifen, möglichst von beiden Seiten gleichzeitig. Ich selbst werde die Zerschlagung der griechischen Flotte von einem Felsen auf dem Festland beobachten.“

Schon die nächsten Stunden bringen Bewegung in die persische Flotte. Ein Teil segelt und rudert um Salamis herum, um den Westausgang der Meerenge zu sperren. Die meisten Schiffe aber steuern die Bucht zwischen Salamis und Athen an.

Die Späher des Themistokles melden, was er erwartet hat. Nun gibt es nur noch eine Entscheidung bei den griechischen Kapitänen: dem persischen Angriff entgegentreten!

Alle Streitigkeiten der letzten Tage sind vergessen, jetzt gilt es zu kämpfen.

Als die ersten Schiffe der persischen Flotte sichtbar werden, stutzen selbst die erfahrensten griechischen Kapitäne: „Wie sollen wir denn Freund und Feind unterscheiden? Die Perser haben viele Schiffe aus eroberten griechischen Häfen unter ihr Kommando gestellt. Diese aber sehen wie unsere eigenen Schiffe aus!“

„Aber sie werden nicht wie wir kämpfen! Viele mussten sich sicher dem Zwang der Perser beugen. Außerdem sind nicht wenige dieser Schiffe alt und ihre Mannschaft ungeübt.“ So machen sich die Griechen Mut, als die überlegene Flotte der Perser die Seeschlacht beginnt.

Trotz des kühlen Herbsttages hat Xerxes auf seinem Thron auf einem der vorspringenden Felsen des Festlandes Platz genommen. Schreiber und Kommandeure sollen die Schlacht zusammen mit ihm beobachten und den Bericht darüber für die Nachwelt festhalten. Späteren Generationen soll so verkündet werden, wie glanzvoll sein Sieg über die griechische Flotte in dieser „Mausefalle“ war.

Mit leuchtenden Augen beobachtet Xerxes, wie die zahlenmäßig weit überlegene persische Flotte auf die griechischen Schiffe zusteuert.

Aber die nächsten Stunden sollen anders verlaufen, als sie sich der Großkönig vorgestellt hat.

Die trainierte Mannschaft der Griechen, ihre Kenntnisse über Untiefen und Engpässe dieser Meeresbucht erleichtern es den Kapitänen, die Perser einzeln anzugreifen. Mit großer Fahrt zerbrechen die Griechen so manchem Gegner die Ruder oder rammen die großen, schwerfälligen Schiffe der Perser mittschiffs. Viele persische Schiffe behindern sich in der Meerenge selbst, manche von ihnen versenken sich gegenseitig. Die überlegene Anzahl der Schiffe kann von der persischen Flottenführung nicht genutzt werden. Die Verständigung ist ebenfalls oft unzureichend. Da hilft auch kein beschwörendes Fuchteln des Großkönigs von der Höhe seines Felsens. Er ist klug genug, recht bald seinen Beobachtungsposten aufzugeben, um nicht mit anzusehen, was mit seiner Flotte geschieht. Der Kampfwille auf seinen Schiffen erlahmt.

Die persischen Schiffe, die nicht versenkt werden, auf Grund gelaufen sind oder steuerlos treiben, versuchen das offene Meer zu erreichen. Wer kann, verstreut sich dort in alle Winde.

Die Seeschlacht ist für die Perser verloren, ihre Flotte vernichtet. Ohne diese Unterstützung aber muss sich auch das Landheer des Großkönigs aus Griechenland zurückziehen. Xerxes hinterlässt viele Ruinen, aber auch ein starkes Selbstbewusstsein der Griechen.

Ideen werden nur durch Tatkraft Wirklichkeit

Perikles, Iktinos und Phidias als die wichtigsten Gestalter der Akropolis in Athen ab 447 v. Chr.

Perikles wurde 14 Jahre hintereinander von der Volksversammlung in Athen zum „Ersten Strategen“ gewählt. Mit seiner Unterstützung erblühte die Demokratie in dieser griechischen Polis. Er verstand es, in der Baukommission für den Aufbau der Akropolis hoch begabte Künstler und befähigte Organisatoren zusammenzuführen. Leider gab es damals auch Intrigen und Verleumdungen, die gegen Perikles und seine Mitstreiter gesponnen wurden.

„Ich glaube an das Gute und Schöne im Menschen! Deshalb habe ich auch den Antrag zum Aufbau des Burgbergs in der Volksversammlung gestellt. Diese Haltung der Menschen von Athen soll sich auch in den neuen Bauwerken widerspiegeln!“ Von seinen Worten überzeugt, lehnt sich Perikles zurück. Im Kreise seiner Freunde Iktinos und Phidias fühlt er sich wohl. Mit ihnen kann er über das künftige Aussehen Athens fantasieren.

Doch diese drei Männer sind nicht nur Träumer. Sie wollen diese einflussreichste griechische Stadt, deren Bürger sie sind, auch tatsächlich neu gestalten. Schönheit und Macht sollen die öffentlichen Bauten ausstrahlen, den Bürgern Athens Selbstvertrauen geben und die Fremden in Ehrfurcht versetzen.

„So wie die Tempel und großen Gebäude von Athen jetzt aussehen, nimmt uns niemand in der Welt ernst. Sogar die Ruinen des Burgbergs liegen noch so, wie sie die Perser vor über dreißig Jahren hinterlassen haben,“ ereifert sich Iktinos, der Architekt und Baumeister.

„Ohne Zweifel, der Burgberg über der Stadt bietet einen schlimmen Anblick. Aber vergesst nicht, liebe Freunde, auch die anderen Teile von Athen lagen noch vor nicht langer Zeit ebenfalls in Schutt und Asche. In den letzten Jahren wurden die meisten Werkstätten und Häuser sowie der Hafen und die Straßen wieder aufgebaut und in Ordnung gebracht. Vieles davon sieht jetzt besser aus als je zuvor.“ Es ist Phidias, der Bildhauer, der an diese Aufbauleistung der Athener in den letzten Jahren erinnert. „Es war gut,“ so fährt er fort, „dass du, Perikles, den Antrag in der Volksversammlung, den Burgberg neu zu gestalten, erst jetzt gestellt hast. Vorher hätten die Bürger Athens dafür kaum Zeit und Geld gehabt und den Antrag womöglich abgelehnt.“ Zuversichtlich schaut Phidias nach diesen Worten auf seine Freunde: „Auch der Burgberg, der Heilige Bezirk Athens, wird wie die übrige Stadt neu und schöner denn je aus den Trümmern, die uns die Perser hinterließen, erstehen.“

„Aber die Zustimmung der Volksversammlung zum Aufbau dieser Akropolis ist erst der Anfang eines schwierigen und langen Weges“, gibt Perikles zu bedenken. Als Staatsmann und Politiker weiß er um die kommenden Probleme. Dennoch ist er von der Notwendigkeit und dem Erfolg der Aufbauarbeiten überzeugt: „Wenn uns unsere Schutzgöttin Athene geholfen hat, den Perserheeren und den Verwüstungen zu trotzen, so sollten wir nicht länger zögern, für sie wieder einen Tempel zu errichten, der ihrer würdig ist."

Mit diesen Worten bittet Perikles seine beiden Freunde an das Modell, das sie schon seit Monaten immer wieder betrachten. Mit jeder Zusammenkunft wird das Modell der Anlage ausgereifter und schöner. Laufend werden auch Fachleute für bestimmte Einzelheiten der Bauten befragt. Skizzen der künftigen Standbilder vervollständigen die Planungen. Gleichzeitig müssen Überlegungen getroffen werden, welche Materialien zur Verfügung stehen könnten. Transportwege und Kosten sind zu berücksichtigen.

Perikles drängt seine Freunde: „Wir sind uns also einig, dass mit dem Parthenon-Tempel begonnen wird? Er soll nicht nur die Akropolis, den gesamten Burgberg, beherrschen, sondern gleichzeitig auch als Schatzhaus der Stadt Athen dienen. So haben es die Bürger gefordert."

Aber der Staatsmann Perikles denkt nicht nur an die Wirkung und Zweckmäßigkeit des künftigen Gebäudes: „Die Bürger und übrigen Bewohner Athens, die noch keine Arbeit im Hafen, in der Flotte oder im Handwerk gefunden haben, sollen nicht untätig sein. Wie leicht könnten sie so das Arbeiten und die dafür nötige Disziplin überhaupt verlernen. Wir werden viele dieser Arbeitslosen beim Bau der Akropolis beschäftigen und so keinen Müßiggang in der Stadt zulassen."

Perikles redet so nicht zum ersten Mal zu seinen Freunden. Auch sie wissen um die umfassende Aufgabe, die mit der Errichtung der Bauwerke auf dem Burgberg erfüllt werden soll. Im Vordergrund aber steht für alle drei, der Schutzgöttin Athene einen Tempel zu errichten und das neue Selbstbewusstsein der Athener in seinen Bauten sichtbar werden zu lassen. Diese Aufgabe wird die drei Freunde für Jahre aneinander binden ...

Viele Monate sind seit jenem Gespräch vergangen. Der Burgberg Athens belebt sich. „Das ist aber nicht gerade der gemütliche Festtagszug zum Tempel der Athene!" keucht einer der Arbeiter. Zusammen mit anderen schafft er gerade sauberen Bausand auf den Burgberg hinauf. Hier oben liegen noch immer die Trümmer der ehemaligen Burg herum. Viele Hilfsarbeiter versuchen jetzt, das Gelände einzuebnen. Bauleiter dirigieren die Steine und den Sand so, dass eine ebene und feste Grundlage für den großen Tempel entsteht. Aber der alte Burgberg reicht für die geplanten neuen Tempel nicht aus. Deshalb ist vorgesehen, seitlich am Burgberg Steinmauern zu errichten, um mehr Platz für die Fundamente der großzügigen Tempelanlagen zu bekommen.

Zur gleichen Zeit arbeiten in den verschiedenen Steinbrüchen Griechenlands Hunderte von Menschen daran, große Steine für die Säulen und Mauern der Tempel sowie für die breiten Treppen zur Akropolis zu brechen. Viele Steine werden allein für die Stützmauer der Fundamente benötigt. Leuchtender Marmor gibt das Rohmaterial für Säulen und Standbilder ab. Aus den verschiedensten Gegenden des Landes schleifen Männer und Tiere die Steinblöcke nach Athen. Hier werden sie vor Ort zugeschlagen. Die Steinmetzen arbeiten so genau, dass die Steinquader ohne jedes Bindemittel fest aufeinander sitzen. Nur manchmal werden sie durch Zapfen aus Holz oder Metall miteinander verbunden. Dreiböcke aus schweren Holzstangen helfen den Bauarbeitern, die Steinblöcke aufeinander zu türmen.

Jedes Gewerk ist wie eine kleine Armee organisiert. Ein „General" befiehlt, viele Vorarbeiter überwachen und die Scharen von Arbeitern packen zu. So ist es im Steinbruch, bei den Transporteuren der Steine wie bei den Steinmetzen. Ja sogar bei den Bildhauern wird es so gemacht.

Wieder einmal besuchen Iktinos und Phidias, nun schon älter geworden, die Baustelle auf der Akropolis. Verständlich, dass sie längst nicht mit allem zufrieden sind. Ihr besonderes Augenmerk gilt aber der Qualität der Arbeit.

„Wer hat dieses Stück Mauer gesetzt?", empört sich Iktinos. „Die Neigung ist doch viel zu schwach. Die Steine sind außerdem vor dem Einbau nicht genügend geschliffen worden. Hier kann man ja fast eine Hand zwischen die Steine schieben. Dieses Stück Mauerwerk wird die Last des Fundaments nicht abfangen!"

Nur mit großer Mühe lässt sich feststellen, wer diesen Pfusch verursacht hat. Endlich ist er ermittelt und kann zur Rechenschaft gezogen werden. Der dafür verantwortliche Baumeister ist überhaupt nicht begeistert davon, die Mauer nochmals einreißen und neu setzen zu müssen. Natürlich auf eigene Kosten. Denn sein Geld kriegt er von der Stadt Athen nur für gute und pünktliche Arbeit. Und die Zeit ist am schwierigsten einzuholen. Das weiß auch Iktinos und muss vielfach ein Auge zudrücken, wenn er Pfusch wie diesen sieht.

Dem Freund Phidias gegenüber spricht Iktinos ungeschminkt seine Sorgen aus: „Die einzelnen Baumeister denken zu viel an ihr Geld und zu wenig an die Qualität. Manchmal lassen sie auch Arbeiten von Hilfskräften ausführen, für die nur erfahrene Bauleute genommen werden müssten. Aber gerade das erhöht oft ihren Gewinn." Iktinos ist sehr oft, wie auch heute, über die schlechte und schleppende Ausführung der Arbeiten an der Akropolis verärgert. Andererseits freut er sich über jeden Erfolg. Und nur das zählt, sagt er sich wie zur Beruhigung.

„Kommt, lieber Phidias, lasst uns in eure Bildhauerwerkstatt gehen! Ich hoffe, dort geht es besser voran."

Beide lenken ihre Schritte zu den Hütten, in denen die Bildhauer des Phidias die Standbilder, Friese und Säulen aus unterschiedlichem Stein schlagen.

Auf dem Weg dahin macht Phidias seinem Freund Iktinos noch einen Vorschlag: „Solltest du beim Bau der Mauern und Tempel nicht in die einzelnen Steinblöcke die Namenszeichen der jeweiligen Baumeister einschlagen lassen? Bei den Steinen für unsere Standbilder hat sich das bewährt. Vielleicht sind dann die Verursacher für Baupfusch schneller zu ermitteln. Abgerechnet wird dann beispielsweise nur anhand der korrekt verarbeiteten und gekennzeichneten Steinblöcke in der Mauer."

Iktinos ist begeistert: „Dass mir das nicht eingefallen ist! Ich werde aber vorher mit Perikles darüber sprechen. Denn das Geld muss schließlich die Stadt Athen bezahlen! Und viele der Baumeister werden nicht glücklich sein, wenn ihnen auf diese Art und Weise auf die Finger geguckt wird!"

„Das ist wahr. Aber etwas Schönes zu schaffen, das reicht offenbar vielen Bürgern nicht. Sie wollen sich auch noch über Gebühr an den Geldern der Stadt bereichern. Aber vielleicht kann auf diese Weise wenigstens die Bauqualität gesichert werden.“

Schon tauchen die beiden Freunde in das Halbdunkel der Bildhauerhütten.

Mit geübtem Blick kritisiert oder lobt Phidias hier und dort die Arbeit seiner Bildhauer. Auch hier gibt es Meister und solche, die es wohl nie lernen werden.

„Wie oft soll ich es noch sagen“, schimpft Phidias mit einem jungen Mann, „nicht mit dem Richtscheit und der Kreideschnur allein kann gearbeitet werden. Du musst den Stein beobachten und ihn zum Leben bringen. Schnurgerade Linien lassen jede Säule sterben.“ Verärgert greift er zur Kreide und kennzeichnet die von ihm gedachte Linie auf dem Stein, der einmal eine Säule werden soll. Etwas später spricht er mit dem Meister über den jungen Mann. Phidias scheint dessen Arbeit nicht gerade zu loben. Iktinos versteht bei dem Lärm der Steinmeißel zwar nicht alles, aber er sieht, wie auch der Meister mehrmals verzweifelt die Arme hebt.

Phidias arbeitet und kontrolliert so unverdrossen viele Jahre. Die wichtigsten Arbeiten übernimmt er selbst, schont sich nicht. Die meisten seiner Mitarbeiter teilen seinen Arbeitseifer. Jedoch nicht jeder. Aber alle schätzen, ja verehren ihn. Umso erstaunter sind sie, als Phidias eines Tages, der Parthenon-Tempel ist fast fertig, von Gerichtsbeamten aufgesucht wird. Eine Nachfrage soll es sein. Das Gericht Athens will, so heißt es, von Phidias nur eine Antwort auf eine Ungenauigkeit beim Tempelbau haben.

Mit Anweisungen an seine Meister für die nächsten Stunden verlässt Phidias in Begleitung der Gerichtsbeamten die Werkstatt. Aber er soll nicht wieder zurückkehren. Neider und Gauner haben ihn bei Gericht verleumdet. Phidias, so behaupten sie, soll Gold unterschlagen haben, Bezahlungen für die Baumeister zurückbehalten haben und den im Bau befindlichen Tempel entweiht haben. Die Verleumder haben angeblich sein Gesicht unter den hunderten von Figuren im Fries um den Parthenon-Tempel entdeckt. Er habe es selbst eingefügt, um sich „unsterblich“ zu machen. Diesen „Frevel“ eines Bildhauers wollen die Neider und Feinde des Phidias nicht hinnehmen. Vielleicht haben sie auch nur herausgefunden, wer damals Perikles den Rat gab, in Zukunft alle Steinblöcke kennzeichnen zu lassen, um Pfusch zu verhindern?

Selbst Perikles kann die Gerichtsbeamten nicht von der Unschuld des Phidias überzeugen. Sogar die Arbeiter an der Akropolis setzen sich bei Gericht für ihn ein. Alles umsonst! Lange sitzt der bedeutendste Bildhauer Griechenlands hinter den Gefängnismauern von Athen, von seiner eigenen Unschuld überzeugt. Es kommt und kommt nicht zur Gerichtsverhandlung. Eines Tages verbreitet sich die Kunde: Phidias ist im Gefängnis blutüberströmt tot aufgefunden worden. Mord oder Selbstmord? Es finden sich weder Zeugen noch Beweise ...

Das Gute und das Schöne im Menschen, das Phidias so meisterhaft in seinen Werken ausdrückt, kennt leider auch Ausnahmen. Einige dieser Neider und Bösewichte unter den Bürgern Athens sind Phidias zum Verhängnis geworden.

Nur immer einer darf reden

Volksversammlung in Athen um 400 v. Chr.

Die nachfolgende Episode will nur einen kleinen Einblick in das Funktionieren der Demokratie in Athen vermitteln. Gleichzeitig werden einige Informationen zur sozialen Lage des Töpferhandwerks gegeben.

1. Unterschiedliche Probleme zweier Töpfermeister aus Athen
2. Der Ablauf einer Volksversammlung in Athen

Zögernd verdrängt die Morgendämmerung die Nacht über Athen. Die Öllampen verbreiten nur schwaches Licht im Hause des Töpfers. Dennoch sind alle Bewohner schon auf den Beinen. Auch die drei halbwüchsigen Söhne.

„Nun schlaf nicht wieder ein!“, muss die Mutter den Jüngsten ermahnen.

„Das Holz für den Brennofen muss bereitgelegt werden und der Ton kann noch etwas Wasser gebrauchen“, ordnet der Vater an. „Und vergesst nicht, die Tonmasse nachher mehrmals kräftig durchzukneten!“ Seine Feiertagskleidung hindert ihn offensichtlich, sehr zu seinem eigenen Verdruss, viele Arbeiten selbst zu erledigen. Aber er weiß, auf seine Familie kann er sich verlassen. Seine Söhne sind fast ein wenig stolz, auch ohne den Vater auszukommen. Mit heimlichem Lächeln hören sie die zahlreichen weiteren Anweisungen des Vaters.

„Es scheint fast so, als wolltest du diesmal nicht Stunden, sondern Tage fortbleiben!“, foppt ihn nun auch noch seine Frau.

Aber er wäre nicht der geschätzte, gewissenhafte Töpfermeister, wenn er sich keine Sorgen machen würde, seine Werkstatt bis zum Nachmittag zu verlassen. Doch sein Wort will er nicht brechen: Er hat es dem Nachbarn versprochen, ihn diesmal zur Versammlung der Bürger Athens zu begleiten.

Während der Meister noch weitere Anweisungen gibt, klopft es kräftig an der Haustür.

„Seid Ihr bereit, Meister?“, vernehmen alle die Stimme des Nachbarn, so als ob er die Bewohner wecken müsste.

„Aber ja doch! Auch bei uns fängt der Tag immer früh an!“, antwortet der Meister. Schon ist er aus der Tür heraus und begrüßt den Nachbarn.

„Denkt nur nicht“, nimmt der Nachbar im Fortgehen das Gespräch wieder auf, „dass nur Eure Familie am frühen Morgen fleißig ist. Auch meine Arbeiter sind schon am Werken. Ein Aufseher sorgt in meinem Auftrag dafür, dass niemand bummelt. Und schließlich passt noch meine Frau auf alle auf. Deshalb kann ich unbesorgt, wohl auch öfter als Ihr, zur Volksversammlung gehen.“

„Das kann schon sein.“ Etwas ausweichend antwortet der Familienvater. „Wo viele Hände schaffen, da fällt es nicht so auf, wenn zwei für ein paar Stunden fehlen. Aber meine Söhne geben sich viel Mühe, die Werkstatt in Gang zu halten. Leider hat es noch nicht, wie bei euch, zu Gehilfen gereicht.“

Der Nachbar erwidert, absichtlich etwas stöhnend: „Mit den fremden Arbeitern hat man aber auch seine Sorgen. Da seid ihr mit euren Söhnen besser dran. Aber ich will nicht klagen, je größer die Werkstatt, desto mehr Gewinn wirft sie ab.“

Nach einer kurzen Pause fährt der reichere der beiden Töpfermeister fort: „Vielleicht entscheidet sich heute auf der Versammlung auch, ob wir Töpfer von Athen mehr Waren herstellen und absetzen können. Dann könntet auch Ihr Euch bald ein oder zwei Arbeiter leisten und Eure Familie etwas schonen.“

Bei diesem Thema ist der Familienvater ganz Feuer und Flamme: „Das hoffe ich auch. Deshalb will ich auch heute dabei sein, wenn über die Handelsflotte entschieden wird. Mit ihr können sicher auch wir Töpfer mehr Waren in ferne Länder verkaufen.“

„So müsste es sein“, stimmt der Nachbar zu. „Deshalb bat ich Euch ja, heute mit zur Volksversammlung zu kommen. Es kann sein, dass jede Stimme zählt.“

Beide legen jetzt einen Schritt zu, denn schnell rötet sich im Osten der Himmel, und der Weg zum Pnyx, dem Versammlungshügel der Athener Bürger im Südosten der Stadt, geht nun für die beiden leicht und stetig bergan.

„Ein Glück, wir sind nicht zu spät gekommen!“, keucht ein wenig außer Atem der Nachbar. Hier am Eingang wird jeder Ankommende von Beamten kontrolliert, ob er berechtigt ist, an der in der Regel alle neun Tage stattfindenden Volksversammlung teilzunehmen. Mit strenger Miene lassen sie nur Bürger Athens passieren, die über 18 Jahre alt sind. Frauen, Fremde oder Sklaven dürfen nicht auf den Versammlungsplatz. Den reichen Töpfermeister erkennen sie sofort, denn er ist sehr häufig hier zu finden. Er ist sehr stolz darauf, seine Rechte als Bürger Athens möglichst auf allen Versammlungen wahrzunehmen. Der ärmere Töpfermeister ist den Einlassbeamten weniger bekannt. Aber das Wort des Begleiters genügt, und er wird ohne nähere Prüfung eingelassen.

Geleitet von roten Absperrseilen, begeben sich beide Meister rasch zum eigentlichen Versammlungsort. Wie tausende anderer Athener Bürger hocken sie bald darauf auf Felsen und Steinen des sanft abfallenden Hügels. Schon hören sie, wie die Beamten am Eingang die Nachzügler zur Eile drängen.

Soeben hat sich die Sonne über dem Horizont erhoben und taucht sogleich die Berge von Athen in helles Morgenlicht. Die Beamten, die die Versammlung vorberaten haben und jetzt leiten werden, besteigen einen Felssockel am unteren Ende des Hügels. Einer von ihnen gebietet jetzt Ruhe. Die murmelnden Gespräche der Anwesenden verstummen schlagartig. Auf dem Opferaltar entflammt das Feuer. Ein mit bunten Bändern geschmücktes Opfertier, heute ist es ein Ferkel, wird von Priestern hereingetragen und auf dem Opferblock getötet. Das Haupt des Tieres verbrennen sie im Feuer des Altars. Die Götter sollen durch dieses Tieropfer und die Bitten der Priester geneigt gemacht werden, die Versammlung zu richtigen Entscheidungen zu führen.

Ohne Verzögerung ergreift nun, wie üblich, der leitende Beamte das Wort: „Bürger Athens! Wie vorgeschrieben, hing die Tagesordnung unserer heutigen Versammlung vier Tage am Markt aus. Wie es scheint, interessieren sich viele Bürger für die zur Beratung anstehenden Fragen. Die Einlassbeamten zählten soeben fast 6 000 anwesende Bürger."

Schon wird zum ersten Problem gesprochen: Soll Athen Krieg gegen einen kleinen Nachbarstaat beginnen, weil athenische Gesandte von ihm beleidigt worden sind? Die Meinungen dazu sind unterschiedlich. Bürger auf Bürger geht nach vorn und setzt sich den Rednerkranz auf den Kopf. Erst dann darf er das Wort ergreifen. So ist auch gewährleistet, dass immer nur ein Redner zu Wort kommen kann. Als keine neuen Meinungen mehr vorgetragen werden, lässt der Beamte abstimmen. Die erhobenen Hände der Bürger werden geschätzt. Die Mehrheit ist gegen einen Krieg. Zunächst sollen noch einmal Gesandte eine gütliche Einigung mit dem Nachbarstaat versuchen. Dem ärmeren Töpfermeister ist diese Lösung besonders recht, denn alle männlichen Bürger Athens zwischen 18 und 59 Jahren sind militärdienstpflichtig. Das könnte seine Werkstatt hart treffen. Sein Nachbar wäre in diesem Fall besser dran. Aber er hält seinen Mund, denn Neid ist eines Bürgers von Athen unwürdig.

Schon wird der nächste Punkt der Tagesordnung aufgerufen. Es geht um die Erweiterung der Handelsflotte. Nacheinander nutzen mehrere Händler und Beamte den Rednerkranz. Meinung prallt gegen Meinung. Letztlich geht es um die Frage, wer die Kosten für die neuen Schiffe aufbringen soll. Auch der reiche Töpfermeister greift in die Debatte ein. Er lässt durchblicken, dass die Händler und Handwerker nicht gegen eine Beteiligung an den Kosten für die Schiffe sind: „Es müsste sich doch bezahlt machen, wenn mehr Waren aus Athen in aller Welt verkauft werden können!" Wie so oft, soll eine Kommission die Einzelheiten ausarbeiten. Entscheidend aber ist, dass die Volksversammlung mit deutlicher Mehrheit einer Vergrößerung der Handelsflotte zustimmt.

Gegen Ende der Versammlung ruft der leitende Beamte mit lauter Stimme, wie es seine Pflicht ist: „Will jemand einen Beamten des Staates Athen beschuldigen, der seine Pflichten verletzt hat?"

Sofort springt ein Bürger auf und läuft auf das Podium zu. Nachdem er sich hastig den Kranz aufgestülpt hat, ruft er: „Ich klage den Marktaufseher an!"

Geraune setzt ein. Mit einer Handbewegung gebietet der leitende Beamte wieder Ruhe und fordert den Bürger auf, seine Beschuldigung zu erläutern.

„Seit wir den neuen Marktaufseher gewählt haben, sind viele Händler verunsichert und besorgt. Manchmal werden die Marktgebühren, von einem Tag zum anderen, ohne Begründung erhöht. Nicht viel und auch nicht für jeden Händler. Ein andermal erhält man seinen angestammten, guten Standplatz nur gegen eine Zuzahlung an den Marktaufseher. Mir scheint, die zusätzlichen Einnahmen sind rechtswidrig und gehen in die Tasche des Marktaufsehers!"

Fuchtelnde Hände und grimmige Rufe der Versammelten unterstützen sofort die Worte des Redners.

„Das ist eine schwere Anschuldigung", stellt der leitende Beamte sachlich fest. „Wie deutlich wird, stehst du aber nicht allein mit deiner Beschwerde. Deshalb werden wir sogleich darüber abstimmen, ob der Marktaufseher von seinem Amt abgelöst werden soll."

Der Händler, der die Anschuldigung vorgetragen hat, muss erst aufgefordert werden, den Rednerkranz wieder abzulegen und die Tribüne zu verlassen. Er ist noch ganz überrascht von der Wirkung seiner Worte. Denn es hat ihn viel Überwindung gekostet, hier öffentlich den gefürchteten Marktaufseher zu beschuldigen. Wenig später ergibt die Abstimmung eindeutig eine Mehrheit gegen den Marktaufseher. Der versucht zwar, mit Worten und Gesten seine Unschuld zu beteuern, doch der Vorsitzende schneidet ihm das Wort ab: „Du wirst dich für deine Taten vor einem Gericht zu verantworten haben. Das soll dann feststellen, welche Schuld dich trifft und ob du Strafe verdienst. Die Versammlung der Bürger Athens am heutigen Tage hat nur über eine Fortführung deines Amtes als Marktaufseher entschieden. Nun gib Ruhe und füge dich der Abstimmung!"

Für beide Töpfermeister wird der Heimweg von der Versammlung am Mittag etwas beschwerlich, denn einige Schankstuben werden Zeugen ihres „Erfolges". Schon sehen beide ihre Werkstätten vergrößert. Auch der „kleine" Töpfermeister wird bald, dessen ist er jetzt sicher, fremde Arbeiter beschäftigen.

Auch wenn in den zwei Werkstätten an diesem Tag jeweils eine wichtige Arbeitskraft ausfällt, so ist es sicher für beide Meister ein Gewinn gewesen, an der Versammlung der Bürger Athens teilgenommen zu haben.

Und die Söhne des Töpfers konnten schon einmal ihre Verantwortung für die Werkstatt des Vaters beweisen. Vielleicht auch bald für eine eigene?

Bürgerpflicht – anstrengend und unterhaltsam zugleich

Im Dionysos-Theater von Athen im Jahre 400 v. Chr.

Zwei verwandte Familien der Polis Athen feiern das jährliche Dionysos-Fest.

1. Das Fest vereint viele Familien Athens

2. Zweck und Ablauf des Festes im Theater

3. Wie ein Theaterstück aufgeführt wird

„Hier, nehmt noch die kleinen Kissen mit. Ihr seid das lange Sitzen noch weniger gewöhnt als wir." Damit drückt die Hausherrin ihrem Besuch kleine Sitzkissen in die Hand. „Für unser leibliches Wohl sollen diese Körbe sorgen. Ich hoffe, sie werden uns genügen."

Der Älteste ihrer Söhne stöhnt laut, als er die beiden Körbe mit Getränken und Speisen anhebt. Aber alle lachen, weil sie wissen, dass er nur Spaß macht. Denn Kraft hat er, um mehr als zwei kleine Körbe schleppen zu können.

Dem Familienvater, einem angesehenen Bürger und Töpfer Athens, ist es schon fast peinlich, dass seine Frau so umfangreiche Vorsorge für den Tag betreibt: „Wir hätten uns doch auch in den Pausen im Theater etwas kaufen können!"

„Das wird wohl trotzdem nicht ausbleiben", erwidert mit einem viel sagenden Blick die Hausherrin. „Wenn ich mich an die vergangenen Jahre erinnere, hat der Durst während der Aufführungen unsere Männer stets besonders heimgesucht ..."

Ihre Schwester bestätigt das lächelnd: „Das liegt nur daran, dass der Abend vor dem Theater meist zu lang geworden ist."

Ihr Mann fällt ihr lachend ins Wort: „Sage es doch deutlich – die Länge des Abends war nicht schuld. Die vielen guten Weinsorten haben uns am nächsten Tag zu schaffen gemacht!"

Schmunzelnd setzt der Hausherr hinzu: „Und das wird wohl in diesem Jahr nicht viel besser werden. Wenn ich mich dunkel erinnere ..."

Absichtlich drängt die Hausherrin zum raschen Aufbruch und beendet damit nicht ohne Absicht die Spötteleien. Keinesfalls möchte sie zu spät kommen. Sie freut sich auf den Besuch des Theaters. Wie alle Jahre sind ihre Schwester und deren Mann zu ihnen in die Stadt gekommen, um das Dionysos-Fest gemeinsam mit ihnen zu feiern. Auch sie sind Bürger Athens, obwohl sie eine Bauernwirtschaft betreiben, die über zwei Stunden Fußweg außerhalb der Stadt liegt. Sie haben ihren gerade erwachsen gewordenen Sohn, jetzt ebenfalls Bürger des Stadtstaates Athen, mitgebracht. Zum ersten Mal soll er am Fest des Dionysos im Theater Athens teilnehmen dürfen.

Die beiden fast gleichaltrigen Jungen sind seit der Ankunft unzertrennlich. Viel haben sie sich zu erzählen. Ein bisschen Prahlerei ist natürlich auch dabei.

Der Junge des Töpfermeisters hat schon im vergangenen Jahr an den Theateraufführungen teilnehmen dürfen. Für den Jungen des Athener Bauern wird das alles neu sein. Aufmerksam hört er deshalb, ganz gegen seine sonstige Gewohnheit, den manchmal etwas weitschweifigen Erklärungen seines Freundes über das Theater zu.

Bald aber werden beide von der erwartungsvollen Stimmung, die im weiten Rund des Theaters herrscht, angesteckt. Nur noch flüsternd wagen sich die beiden jungen Athener Bürger zu unterhalten.

„17 000 Menschen können hier Platz finden", bemerkt der etwas ältere Junge. „Es gibt 78 Sitzreihen aus Stein oder Holz. Die wichtigsten Beamten unserer Stadt sitzen dort unten in den ersten Reihen."

„Aber warum sind unsere Mütter nicht mit uns hier in die Mitte der Zuschauerreihen gekommen?"

„Die Frauen Athens dürfen zwar auch die Aufführungen miterleben, jedoch getrennt von uns Bürgern Athens und nur auf den obersten Sitzreihen. Dort, so sagt es meine Mutter, versteht man meist jedoch leider nicht alle Worte und Gesänge." Mit deutlichem Stolz, jetzt auch dazuzugehören, fährt er als „erfahrener" Freund fort: „Für die männlichen Bürger Athens ist es eine Ehre und Pflicht, den Vorführungen zu folgen. Deshalb sollen und wollen sie auch möglichst jedes Wort und jede Geste der Schauspieler und der Chöre verstehen und genau beobachten. Wir sind ja schließlich zum Lernen hierher gekommen!"

Der Junge vom Bauernhof scheint an weiteren Erklärungen seines Freundes jetzt kein Interesse mehr zu haben. Vielleicht erinnern sie ihn zu sehr an die jahrelangen Ermahnungen seines Vaters und seiner Lehrer. Jetzt sitzt er hier, zum ersten Mal als freier Bürger Athens. Er genießt den Blick auf das Bühnenhaus, auf das sich im Hintergrund abzeichnende Meer und natürlich auf die Menschenmenge, als deren Teil er sich fühlt. Deutlich spürt er, wie gut es ist, Mitglied einer großen Polis-Gemeinschaft zu sein. Vielleicht gelingt es ihm, so hofft er, auch einmal Bedeutendes für seine Stadt zu leisten, um dann eines Tages in den ersten Reihen dieses Theaters zu sitzen ...

Aus seinen Träumen wird er gerissen, als nach einem donnernden Gongschlag Chorführer und Chor gemessenen Schrittes zur Bühne emporsteigen. Schon ertönen Gesänge, die in das Theaterstück einführen. Kurze Zeit darauf treten die ersten Schauspieler auf. Auch auf große Entfernung ist genau zu erkennen, welche „Rolle" ein Schauspieler in diesem Stück spielt. So trägt derjenige, der einen älteren Mann spielt, dunkle Kleidung. Seine Haare sind ebenfalls schwarz und zusätzlich ziert ihn ein gekräuselter Bart. Ein Jüngling dagegen wird auf der Bühne durch helle Kleidung und blonde Locken gekennzeichnet. Um noch deutlicher erkannt zu werden, tragen die Schauspieler Sandalen mit sehr hohen Sohlen.

„Und wen verkörpert die Figur mit den langen schwarzen Haaren?", fragt leise der Jüngere seinen Freund.

„Dieser Mann stellt eine Königin dar, die wahrscheinlich jemanden zu betrauern hat ..."

„Wieso Mann? Ich denke es ist eine Königin, also eine Frau ..."

„Du musst wissen, dass alle Rollen im Theaterstück von Männern gespielt werden, auch die Rollen der Frauen."

Etwas peinlich ist dem Jungen vom Lande schon, dass er daran nicht gedacht hat: „Ach ja, jetzt fällt es mir wieder ein. Auch der Chor besteht ja nur aus Männern. – Aber sieh einmal, dort kommt einer mit einem roten Schleppgewand und er trägt einen spitzen Bart ..."

„Das ist ein Herold, der eine Nachricht übermittelt. Hör nur, was er sagt."

„Wenn ich nur sein Gesicht sehen könnte ..."

„Dann würdest du noch weniger verstehen, denn die Maske vor dem Gesicht verstärkt auch die Stimme des Schauspielers. Sieh doch nur die große Mundöffnung in der Theatermaske, sie wirkt wie ein Trichter beim Rufen."

Als schließlich ein „Krieger" auf die Bühne poltert, mit übertriebenen Gebärden von seinen angeblich erfolgreichen Kämpfen berichtet, können die beiden Jungen doch nicht an sich halten und müssen laut lachen. Aber sie sind damit nicht allein, die Zuschauer wollen sich fast ausschütten vor Lachen. Schauspieler und Chor müssen warten, ehe sie ihre Texte wieder sprechen und singen können. Wenig später kommt allerdings auch ein großes Schluchzen im Theaterrund auf. Die Königin hat eine sehr traurige Nachricht erhalten. Besonders in den obersten Sitzreihen des Theaters will das Mitleid mit der Königin auf der Bühne kein Ende nehmen. Aber niemand schämt sich seiner Tränen. Auch nicht die Männer in den vorderen Reihen! Man leidet und freut sich gemeinsam mit den Schauspielern.

Noch einmal zucken nicht nur die beiden Jungen zusammen: Ein gewaltiger Theaterdonner grollt aus dem Bühnenhaus und Blitze zucken über die Bühne.

„Du braucht keine Angst vor Blitz oder Feuer zu haben" beruhigt der ältere Junge. „Weit von oben lenken Männer mit großen Metallspiegeln die Sonnenstrahlen auf die schattige Bühne und lassen sie blitzartig hell erscheinen – das habe ich schon einmal im vergangenen Jahr gesehen."

Kaum dass sie sich beruhigt haben, ertönt eine gewaltige Stimme vom Dach des Bühnenhauses. Sie wirkt wie die Stimme eines Gottes. So ist es auch gemeint. Schon schwebt der Schauspieler, der den Gott verkörpert, an einem langen Seil von oben auf die Bühne und greift mit strengen Ermahnungen in das verworrene Wirken der Menschen ein. Kein Wunder, dass einer der „Bösewichter" über eine Treppe im Fußboden der Bühne schnell in die „Unterwelt" flieht. Offenbar hat der Gott durch seine Unterstützung die Menschen vor weiterem Kummer bewahrt. Die Zuschauer sind begeistert. Sie freuen sich über diesen Ausgang des Theaterstücks.

Aber keiner verlässt das Theater. Denn das nächste Theaterstück wird schon hinter den Kulissen des Bühnenhauses vorbereitet. Nach einer kurzen Pause wird es beginnen.

Nur gut, dass der „Futterkorb" in der Nähe ist, denken die beiden Jungen und probieren den Inhalt.

„Esst aber nicht alles auf", mahnt einer der Väter, „schließlich kommt heute mindestens noch eine große Pause. Wenn ihr euch aber die Beine vertreten wollt, so lauft hinauf zu euren Müttern. Aber dass ihr mir wieder rechtzeitig auf euren Plätzen seid! Denkt an eure Pflichten – ihr jungen Bürger Athens!“

„Und unsere Pflicht wird es sein, hier nicht zu verdursten, schließlich ist es ja das Fest zu Ehren des Dionysos, der nicht umsonst der Gott des Weines ist, das wir hier feiern. He! Ist dein Wein auch etwas gekühlt?“ Schnell sind die beiden Männer mit dem fliegenden Weinverkäufer, der zwischen den Bankreihen die Theaterpause nutzt, handelseinig. Denn die Sonne beginnt nun doch, trotz der Brise von der See, ihre Hitze im Theaterrund zu verbreiten.

Schneller als es den durstigen Vätern eigentlich lieb ist, sitzen die Söhne wieder neben ihnen und warten neugierig auf die Botschaften des nächsten Theaterstücks. Verschmitzt, aber sehr vorsichtig, zwinkern sich die beiden Jungen zu, als der Chor ankündigt, dass es im nächsten Stück auch um die üblen Folgen einer Zechtour eines Athener Bürgers geht.

Malariafliege besiegt Großkönig

Das Ende Alexanders des Großen 323 v. Chr.

Die Episode kann nur in einigen „Momentaufnahmen" versuchen, dem Leben und den Leistungen Alexanders des Großen gerecht werden. Seine Energie, sein Wissen, aber auch die despotischen Ansichten Alexanders vermag die Schilderung lediglich anzudeuten.

Die nachfolgende Episode beginnt mit dem Tod seines besten Freundes Hephaistion. Danach vergräbt sich Alexander in größenwahnsinnige Vorstellungen. Vermutlich sind die Einführung des persischen Hofzeremoniells und die Massenhochzeit von Susa Ausdruck seiner zunehmend widersprüchlichen Haltung. Erst als sich Alexander zu neuen Feldzügen durchringt, scheinen er und alle seine Krieger wieder zufrieden zu sein. Doch dieses Ziel Alexanders wird durch den Stich einer Malariafliege nicht mehr verwirklicht.

„Verlängert die Opfertage! Es darf nicht geschehen, dass mein bester Freund stirbt!" Alexander ist verzweifelt. Immer wieder tritt er an das Krankenlager des Hephaistion. Sein fragender Blick richtet sich auch auf die Ärzte im Zelt. Hephaistion wirft sich im Fieber hin und her. Redet wirr. Schweißperlen stehen ihm auf der Stirn. Röchelnd scheint er Bitten auszusprechen. Die Ärzte versuchen, seine Schmerzen zu lindern. Sein Fieber steigt. Medizin und kalte Wickel nützen nichts.

„Muss er wirklich sterben?", fragt Alexander leise die Ärzte. „Wenn er diese Nacht übersteht, dann wäre das ein Wunder, mein König!", antwortet der erfahrenste der anwesenden Ärzte. Schon will Alexander aufbrausen. Aber er weiß auch, dass die Ärzte getan haben, was sie konnten. Nicht die Ärzte sind schuld, es ist dieses hinterhältige Sumpffieber, das seinem Freund so zusetzt. Zusammen mit den Ärzten wacht Alexander die nächste Nacht am Lager seines Freundes. Gegen Morgen verstummt das Stöhnen. Das Herz des jungen und starken Hephaistion hat aufgehört zu schlagen. Noch lange danach hält Alexander die Hand des toten Freundes.

Erst nach Tagen zeigt sich der König wieder im Lager. Noch verschlossener scheint sein Wesen geworden zu sein. Wo ist sein stets triumphierendes Lächeln geblieben? Wo die mitreißenden Worte und seine fast schelmischen Kopfbewegungen?

Alexander sitzt als Großkönig auf dem Thron, der einst dem Perser Dareios gehörte. Auch dessen Art der Kleidung hat er übernommen. Als „Großkönig" sucht er nicht mehr die Erfahrungen seiner Berater. Alexander erteilt ihnen nur noch den Befehl, vor seinem Thron zu erscheinen. Selbst seine beiden besten, noch verbliebenen Freunde und Mitstreiter werden so vor den Thron befohlen.

„Peithon! Seleukos! Ich gestatte euch, näher zu treten!" Schroff und überheblich ist die Stimme Alexanders. Verdutzt treten die beiden Freunde näher, so wie sie es immer getan haben. „Seht ihr nicht, dass ihr vor eurem Großkönig steht?" Scharf ist die Anrede Alexanders. „Wo bleibt euer Fußfall?"

Peithon ist so verblüfft, dass er dem Befehl umgehend gehorcht. Seleukos will erst noch zögern und um eine Erklärung bitten: „Wir sind doch Makedonier ..." Aber der Blick Alexanders zwingt ihn zum stillschweigenden Fußfall.

Beiden Beratern kommt die Zeit ewig vor, ehe Alexander ihnen erlaubt, sich zu erheben. Ohne jede Freundlichkeit weist er seine beiden Berater an: „Um die Teile des Reiches besser verschmelzen zu können, wünsche ich, dass meine wichtigsten Berater und Offiziere sich umgehend mit adligen Töchtern des unterworfenen persischen Reiches vermählen!"

Alexander wartet keine Antwort seiner beiden Berater ab: „Ich selbst werde neben Roxane, der persischen Prinzessin, als zweite Frau die Tochter des ehemaligen Großkönigs Dareios heiraten." Drohend hebt er seinen Kopf, um jeden Widerspruch im Keim zu ersticken. Doch die Berater wagen ohnehin keine Entgegnung. Zu deutlich war der Befehlston ihres Königs. Beide wollen sich schon mit tiefer Verbeugung entfernen, als Alexander noch einen „Wunsch" äußert: „So befehle ich ferner, dass mit mir und meinen Adligen auch 10 000 Männer des makedonischen Heeres persische Frauen heiraten!"

Das kann nun Seleukos doch nicht schweigend hinnehmen: „Mein König! In Feldzüge und Schlachten sind alle makedonischen Krieger freiwillig für euch gezogen! Aber diese Männer zur Heirat mit Frauen eines fremden Volkes zwingen?"

Alexander sieht seinen Berater erstaunt an. Wie wird der König auf diese Widerworte reagieren? Lässt er die Wachen rufen, um Seleukos abführen zu lassen? Offensichtlich besinnt sich Alexander der langjährigen Freundschaft zu diesen beiden Beratern und antwortet zögernd: „Alle Brautpaare sollen großzügige Geschenke aus meiner Kasse erhalten. Bereitet mir diese Hochzeiten vor, und sparet dafür nicht an Mitteln!" Eine Handbewegung entlässt nun die beiden Berater.

Offiziere und Soldaten der makedonischen Armee sind bestürzt über diese neue Idee ihres Herrschers. „Er hat doch nicht etwa den Verstand verloren?", fragen Offiziere, die ihren König schon Wochen nicht mehr zu Gesicht bekommen haben.

„Der Tod seines Freundes Hephaistion hat ihn verändert!", beteuern Berater, die mit Alexander gesprochen haben.

„Aber deshalb lässt man sich doch nicht als ‚persischer Großkönig' den Hof machen!" Einer der Kommandeure ist sehr wütend über die neuen Umgangsformen, die Alexander von ihnen verlangt: „Wir sind und bleiben Makedonier! Fußfall und fast göttliche Verehrung des Königs ist bei uns nicht üblich! Auch nicht für einen außergewöhnlichen Herrscher, wie es Alexander ist."

Sofort wird er von seinen Mitstreitern gebeten, bloß leise zu sein. „Wir wollen keinen Streit mit unserem König. Er wird schon wissen, wozu das alles gut ist!", lenkt einer der engsten Berater ein. Ein mehrfaches „Na hoffentlich!", erfüllt den Raum. Aber alle gehorchen und gehen daran, die befohlene Massenhochzeit vorzubereiten.

Die Hochzeitsgeschenke verfehlen ihre Wirkung nicht. Es wird ein gewaltiges Fest. So etwas hat es in Susa seit langem nicht gegeben. Auch 80 seiner Offiziere und Berater heiraten, wie befohlen. Alexander feiert ausgelassen wie in alten Zeiten. Schließlich ist es ja auch seine eigene Vermählung.

Das gewaltige Gelage dauert die Nacht hindurch. Die makedonischen und griechischen Offiziere und Soldaten, die von Anfang an am Feldzug Alexanders beteiligt sind, sehen alles als eine vorübergehende Laune ihres Königs an. Für die persischen Beamten und Kommandeure ist es ohnehin nichts Ungewöhnliches, sich ihrem König bedingungslos zu unterwerfen. Ob sein Name Dareios oder Alexander lautet, das ist ihnen egal.

Aber die Ruhe in der gesamten Armee ist trügerisch. „Sollen wir täglich die Waffen putzen, ohne sie je zu benutzen?“, fragen die Krieger. Auch die Offiziere und Berater Alexanders sind nicht zufrieden: „Wie lange wollen wir die riesige Armee hier noch, fernab der Heimat Griechenland, lagern lassen?“ Jeder hebt nur die Schultern, alles wartet auf die Entscheidungen des Großkönigs Alexander.

Längst sind die Ehefrauen der 10 000 Krieger wieder in ihre Familien zurückgekehrt. Im Lager ist kein Raum für Eheleute oder Kinder. Der Wunsch Alexanders ist erfüllt worden. Mehr kann er nicht verlangen ...

„Endlich geht es los!“ Jubelnd rufen sich die Soldaten zu, was sie soeben von ihren Offizieren erfahren haben. „Alexander plant einen neuen Feldzug!“

In größerer Runde hat der König seine Berater und Offiziere um sich versammelt. Nach wie vor achtet Alexander sehr auf die Einhaltung der höfischen Umgangsformen, aber er lässt wenigstens schon wieder Meinungen und Vorschläge in seiner Gegenwart zu.

„Mein Plan ist es, den Feldzug am 7. Juni 323 zu beginnen. Mit einer Flotte begibt sich das gesamte Heer zunächst südwärts.“ Alexander verblüfft damit seine Berater. Er freut sich sogar über die überraschten Gesichter der Anwesenden. Mit einer Handbewegung fordert er sie auf, ihre Meinung zu äußern.

„Mein König!“ Peithon nimmt als Erster das Wort. „Es ist gut, dass du der Untätigkeit ein Ende bereitest. Alle Offiziere und Krieger werden dir auf diesem Feldzug folgen. Wir sind bereit, deine Feinde zu schlagen und deinem Reich neue Länder hinzuzufügen.“

Gnädig winkt Alexander ab: „Zur Sache! Lasst uns beraten, wie alles vorzubereiten ist!“

Jetzt sind die Berater in ihrem Element. Die Zeit bis zum Feldzug ist knapp. In wenigen Monaten muss ein neuer Hafen am Golf gebaut werden, in dem mehrere hundert Schiffe für den Feldzug gleichzeitig beladen werden können. Holz und Proviant müssen herangebracht werden. Ionische und phönizische Seeleute sind anzuheuern. Aus anderen Häfen des Reiches sind Transportschiffe rechtzeitig heranzubringen. „Ich werde diesen Angriffstermin nicht verschieben!“, droht Alexander zum Abschluss. Die Berater und Offiziere ducken sich bei diesen Worten. Sie wissen, dass Alexander sie mit ihrem Kopf zur Verantwortung ziehen wird. Alle haben bemerkt, dass in den letzten Monaten mehr Kommandeure durch Befehle Alexanders als durch Kämpfe gegen Feinde ihr Leben gelassen haben.

Die Zeit eilt. Unbarmherzig müssen die Kommandeure ihre Soldaten und Hilfsmannschaften beim Bau des Hafens antreiben. Schwärme von Mücken steigen aus den Schilfniederungen am Golf auf, die den neuen Schiffsanlegestellen zu weichen haben. Immer öfter fallen die Männer fiebergeschüttelt auf ihre Schilfmatten. Manche stehen auch nicht mehr auf. Die Malariafliege hat ihnen den Tod gebracht.

Alexander residiert seit vielen Wochen im „Sommerhaus" in Babylon. Dieser Palast liegt direkt am Flussufer. Das Haus wird von seinen makedonischen Lanzenträgern bewacht. Sorgfältig kontrollieren sie alle Eingänge zu den Gemächern des Großkönigs. Aber gegen die ewig schwirrenden Mücken und Fliegen sind auch sie machtlos. Fächer bewegen zwar die Luft in den Räumen, verhindern aber nicht, dass die sirrenden Plagegeister die Menschen trotzdem stechen. Auch Alexander. Oft bleibt er für Tage allein in seinen Räumen, wälzt sich auf seinem Lager. Die Ärzte wissen um die Anfälle seit Monaten und versuchen, ihm durch Medikamente Linderung zu verschaffen. Dann wieder spürt Alexander tagelang nichts von einer Krankheit. Er plant, berät sich und tafelt mit seinen Offizieren. Bis tief in die Nächte hinein gehen diese Gelage. Alexander ist ausdauernd im Feiern. Das wissen und fürchten alle seine Berater, denn keiner darf sich vor dem Großkönig aus der tafelnden Runde verabschieden.

Diese Gelage hindern Alexander nicht daran, schon am nächsten Tage wieder zu drängen: „Die Armee wird rechtzeitig die Schiffe besteigen, um nach Arabien zu gelangen! Ich dulde keine Ausreden. Fürchtet meine Rache!" Gleichzeitig lässt er auch stets genügend Wein an die Seeleute, Bauarbeiter und seine Krieger verteilen.

Alexanders treuester Freund wird in diesen Monaten Medios. Wieder einmal dauert das Gelage bis tief in die Nacht. Wein ist in Strömen geflossen. Zu Tausenden verbrennen die Mücken und Stechfliegen in den Fackeln und Öllampen. Aber es bleiben genug übrig!

Am Ende dieser Nacht geleiten die treuen Leibwächter ihren König nur mit großer Mühe zu seinem Sommerpalast. Ärzte sind zur Stelle. Alexander fiebert mehr denn je. Schon am nächsten Tag lassen die medizinischen Berater den Kranken in den Palast von Babylon bringen. Hier kann er in den höher gelegenen Räumen frischere Luft atmen.

Die Sorge um den Gesundheitszustand Alexanders breitet sich umgehend in der Armee aus. Wenn auch manche Krieger mit ihrem Schicksal hadern, das sie seit über elf Jahren ihre griechische Heimat nicht mehr sehen ließ, ihren König wollen sie dafür jetzt nicht verantwortlich machen. Weder seine Lanzenträger noch seine Reiter wünschen ihm einen solchen frühen Tod auf dem Krankenbett. Fünf Tage vor dem 7. Juni des Jahres 323 v.Chr. beginnen die Priester mit den Opferfesten. Dadurch sollen die Götter gnädig gestimmt und gebeten werden, den Feldzug Alexanders gegen Arabien zu beschützen. In einem günstigen Moment wagt es Medios, den kranken Großkönig zu fragen, ob die Opfer unterbrochen werden sollen. Doch Alexander braust auf: „Keineswegs! Die Schiffe werden wie vorgesehen zum Feldzug aufbrechen! Es wage niemand, den gegebenen Befehl zum Abmarsch zu verweigern! Bringt mich zum Altar, ich will den Opferfeiern beiwohnen!" Zwar wiegen die Ärzte bedenklich mit den Köpfen, aber widersprechen will dem Großkönig niemand. Alexander findet sogar noch die Kraft, eine Besprechung mit seinem Admiral

Nearchos durchzuführen. Ausdrücklich besteht er auch ihm gegenüber auf der Durchführung seiner Befehle.

Stunden später bringen die Krieger ihren König wieder zurück in den großen Palast von Babylon. Kraftlos fällt sein Kopf in die Kissen. Stumm sehen sich die anwesenden Ärzte und Kommandeure an. Sie wissen, was zu tun ist ...

Würdenträger, Offizier und einfache Krieger ziehen am Krankenlager vorbei. Der dreiunddreißigjährige Alexander nimmt Abschied von seinem Gefolge. Das Fieber verwirrt seine Sinne. Trotzdem bemüht er sich, wenigstens ab und an eine Hand oder gar den Kopf zum letzten Gruß zu erheben. Kein Wort kommt mehr über seine Lippen. Nur seine Augen versuchen zu sprechen. Sein Lächeln ist verschwunden.

Stunden später verkündet Medios: „Der Großkönig ist tot. - Der Feldzug gegen Arabien findet nicht statt!“

Episoden aus der Geschichte des Römischen Reiches

Gefährlich ist der Übermut des Reichtums

Vom Sklavenaufstand in Sizilien im 2. Jahrhundert v. Chr.

Ursprünglich gab es zwischen der Sklaverei in Griechenland und Rom keinen Unterschied. Als sich aber der Grundbesitz der reichen Senatoren und Ritter vergrößerte und durch die zahlreichen Kriege viele Kriegsgefangene zur Verfügung standen, wuchs die römische Sklaverei stark an. Besonders in Süditalien und Sizilien arbeiteten große Sklavenmengen auf den Äckern oder als Hirten auf den Latifundien. Zu Zeiten, in denen es besonders viele Sklaven gab, wurden sie so grausam behandelt, dass es zu Aufständen kam. Eine solche zugespitzte Situation beschreibt die folgende Episode.

Sehr, sehr vorsichtig setzen die völlig erschöpften Träger die Sänfte vor dem Säulenportal der weißen Landvilla ab. Irgendein Umstand lässt den darin Reisenden dennoch wach werden. Vielleicht fehlt ihm das Schwanken der Sänfte oder der leichte Luftzug durch die Fortbewegung. Erstaunlich rasch ist er hellwach und hievt sich aus den Kissen.

So schnell es ihm seine Körperfülle erlaubt, bewegt sich zur gleichen Zeit der Hausherr die Treppe zur Sänfte herab. Beide Senatoren begrüßen sich sehr freundlich.

„Ich freue mich, dass du dein Versprechen endlich wahr gemacht hast und mich auf meinem Landsitz besuchst! Hoffentlich hattest du eine erträgliche Reise?", fragt höflich der Hausherr.

„Danke der Nachfrage. Es war unangenehm heiß und die Träger etwas zu langsam. - Wenn das noch einmal passiert, werde ich euch auspeitschen lassen", droht er den Sänftenträgern.

„Es ist ja auch eine halbe Tagesreise von eurem Landgut bis zu meinem. Und unser Sizilien hat nun einmal viel Sonne und Hitze", versucht der Hausherr seinen Gast zu beschwichtigen.

Wenige Augenblicke später sind beide Senatoren im kühlen Innenraum der Villa verschwunden.

„Deine Ankunft wurde mir erst gestern durch deinen Schnellboten gemeldet. Ich hoffe aber, du findest trotzdem alles zu deiner Zufriedenheit gerichtet", entschuldigt sich höflich der Gastgeber, obwohl es eigentlich an dem Empfang des Freundes nichts auszusetzen gibt. Den Gast erwarten zunächst ein Bad, Erfrischungen und frische Kleider. Dann liegen die beiden Senatoren auf den Ruhemöbeln im luftigen Empfangsraum.

„Man kann dir nur immer wieder zu diesem herrlichen Anwesen gratulieren. Der Park ist noch schöner geworden", lobt der Gast.

„Ja, daran erfreue ich mich auch immer wieder. Besonders wenn ich an das heiße und staubige Rom denke!"

„Du hast offenbar noch mehr Springbrunnen und Teiche im Park anlegen lassen?"

„Oh, das ist von dir bemerkt worden?", freut sich der Hausherr. „Ja, jetzt sind auch die heißesten Sommertage Siziliens hier im Haus angenehm geworden. Außerdem muss man die Sklaven stets beschäftigen! Wenn auf den Feldern nicht genug zu tun ist, lässt man sie Körbe flechten, Geräte fertigen oder Springbrunnen bauen. Du weißt ja, ohne tägliche Arbeit kommen diese Sklaven bloß auf dumme Gedanken", spottet der Gastgeber.

„Das kenn ich!", bestätigt der angereiste Senator. „Auch mein Verwalter hat von mir den Befehl, keinen Müßiggang der Sklaven zuzulassen. Wenn Feld oder Vieh versorgt sind, sollen sie im Garten arbeiten, die Gebäude reparieren oder notfalls Stricke herstellen. Meinem Verwalter fällt da schon immer etwas ein! Wenn er nicht verstanden wird, soll er es ihnen, das habe ich ihm befohlen, mit der Peitsche klarmachen."

Höflich erkundigt sich der Gastgeber: „Sicher sind deine Sklaven auch aus aller Herren Länder und Provinzen? Ich finde es immer gut, wenn die Sklaven aus möglichst unterschiedlichen Gegenden stammen. Wenn zu viele aus einem Land kommen, besteht stets die Gefahr, dass sie sich gegen uns Römer verbünden. Ich bin der Meinung, dass man jedem möglichen Aufruhr schon im Anfang begegnen sollte! Wenn mir der Verwalter meldet, dass einer der Sklaven zur Aufsässigkeit neigt, dann lasse ich ihn sofort verkaufen. Im Bergwerk oder als Gladiator wird er meist rasch für seinen Widerstand gebührend bestraft."

„Du hast doch sicher auch noch zusätzlich gesicherte Keller für diese rebellischen Sklaven?", erkundigt sich besorgt der Gast. Aus seiner Erfahrung fügt er hinzu: „Ohne Nahrung, ohne Licht aber mit reichlich Prügel sind die meisten Aufsässigen wieder zu beruhigen."

„Der Meinung bin ich auch", erwidert der Hausherr. „Meinem Verwalter lasse ich völlig freie Hand bei der Bestrafung. Entscheidend ist, dass hier auf dem Gut keine Sklaven aufsässig werden. Da darf er schon einmal einen Unschuldigen einsperren oder durchprügeln. Wenn er dabei umkommt, werde ich meinen Verwalter deswegen nicht bestrafen, höchstens auffordern, Ersatz zu beschaffen. Alle Sklaven müssen wissen, was ihnen droht, wenn sie nicht gehorchen oder sich zusammenrotten sollten.“ Zufrieden bietet der Gastgeber erneut Wein und Früchte an.

„Übrigens habe ich neulich fast fünfzig Sklaven verkauft. Ein günstiges Geschäft, denn es waren nicht mehr die Jüngsten, die ich so loswerden konnte ...“, freut sich der Gast noch jetzt über seinen vorteilhaften Handel.

„Wie aber willst du dann ohne Störung in den nächsten Monaten dein Landgut betreiben?“ Die Neugier ist dem Hausherren förmlich ins Gesicht geschrieben.

„Du weißt doch, uns wird im Senat so manche Nachricht eher zugänglich als den gewöhnlichen römischen Bürgern. Und dir, mein Freund, will ich sie jetzt auch mitteilen: Der römische Feldherr in Nordgriechenland wird noch in diesem Monat einen Feldzug beginnen. Du weißt, dass das Nachschub für die Sklavenmärkte bedeutet. Wo viel angeboten wird, da sind auch die Preise niedrig und die Auswahl groß. Ich würde dir also raten, ähnlich wie ich zu verfahren und dir deine unbrauchbar gewordenen Sklaven vom Halse zu schaffen. Aber lass es nicht alle Gutsbesitzer Siziliens wissen, sonst ist unser Vorteil dahin!“, mahnt grinsend der Gast.

„Was denkst du!“, empört sich sein Freund. „Da uns als Senatoren Geldgeschäfte verboten sind, müssen wir wenigstens solche kleinen Vorteile unseres Amtes nutzen. Für deinen Hinweis danke ich dir. Mein Verwalter soll mir schon morgen eine Liste der alten, kränklichen oder aufsässigen Sklaven vorlegen. Bevor der Markt wieder übervoll ist, werde auch ich dann diese Sklaven verkauft haben. Hoffentlich kann auch ich dir einmal einen solchen Freundschaftsdienst erweisen.“ Mit noch größerer Höflichkeit bewirtet er anschließend seinen Gast. In Gedanken sieht er schon seinen vergrößerten Gewinn, der aus diesem Handel entstehen wird ...

Erst als der Abend dämmert, kehren die Sklaven von der Feldarbeit heim. Mühsam schleppen sie sich, manche von ihnen zusätzlich mit eisernen Fußfesseln, zu den Unterkünften. Abseits von der Villa des Senators stehen die kleinen aber festen Hütten, in die die Sklaven nachher über Nacht eingesperrt werden. Kein Bad, keine frischen Kleider, kein üppiges und wohlschmeckendes Mahl erwarten sie. Wie an jedem Tag essen sie gierig die zugeteilten Oliven und Brotfladen.

Prüfend blickt der Verwalter über die heimgekehrten Sklavengruppen. Er ist selbst zwar nur ein Sklave, aber durch Strenge und Brutalität gegenüber den anderen Sklaven versucht er immer wieder, sich Vorteile bei seinem Herrn zu verschaffen. Niemand der vor ihm kauernden Sklaven weiß, dass mit diesem Blick des Verwalters eine letzte Entscheidung über sein künftiges Schicksal fällt. Denn im Kopf des Aufsehers wächst die Liste der Sklaven, die er dem Herrn zum Verkauf vorschlagen wird. Besonders zufrieden wird er als Verwalter sein, wenn er die Burschen los wird, die durch ein Brandzeichen gekennzeichnet und zusätzlich Tag und Nacht an den Füßen gefesselt sind. Diese Kennzeichen tragen diejenigen Sklaven, die schon einmal versucht haben zu fliehen. Manchmal sind sie dieser Tat auch nur beschuldigt worden. Kein Sklave kann sich gegen derartige Vorwürfe zur Wehr setzen. Oft genug genügen ein drohender Blick, ein trotziges Wort des Sklaven, um in Ketten zu kommen oder sein Leben zu verlieren. Das weiß jeder Sklave.

Mit grimmiger Befriedigung murmelt der Verwalter: „Nur gut, dass sie sich kaum untereinander verständigen können und sich gegenseitig misstrauen. Dafür habe ich stets gesorgt.“ Mit einem letzten Blick auf „seine“ Sklaven verschwindet er in dem Verwaltungshaus. „Morgen“, so freut er sich, „lege ich dem Senator eine lange Liste vor. Schon in wenigen Tagen werde ich dann die Widerspenstigsten von euch los sein!“

Aber jeder Krug geht so lange zu Wasser, bis er bricht. Weder die Herren Senatoren noch der Verwalter ahnen, was auf sie in den nächsten Stunden zukommt. Oder haben nicht vielmehr Geldgier, Überheblichkeit und Grausamkeit das kommende Geschehen heraufbeschworen?

Trotz der schweren Tagesarbeit schlafen die meisten der geschundenen Sklaven in dieser Nacht unruhig und schlecht. Noch bevor der Morgen graut, werden die Türen der Schlafkerker fast geräuschlos aufgebrochen, teils von außen, teils von innen. Arbeitsgeräte und Knüppel verwandeln sich augenblicklich in Waffen.

Der Verwalter kann dem Herrn Senator keine Liste der zu verkaufenden Sklaven mehr vorlegen. Halbfertig liegt sie auf seinem Tisch, als er tot, erschlagen, darüber zusammenbricht. Und es sind keine Alpträume, die die beiden Senatoren nach dem guten Essen und Trinken im Schlaf wahrnehmen. Es sind kräftige, ihrer Fesseln entledigte Sklaven, die die beiden Senatoren in den Schlafgemächern aufsuchen und sie den nächsten Morgen nicht mehr erleben lassen.

Schon laufen Boten zur nächsten Villa. Binnen weniger Tage steigen in ganz Sizilien die Flammenzeichen der brennenden Landvillen in den Himmel. Mehr als hunderttausend Sklaven rächen sich für die jahrelange, grausame Behandlung. In unzähligen Sprachen jubeln die befreiten Sklaven. In gleich viele Richtungen versuchen die Sklaven auch, die Insel ihrer Unterdrückung zu verlassen, ihre jeweilige Heimat zu erreichen. Doch den wenigsten gelingt es. Wochenlang ziehen große und kleine Trupps von Sklaven kreuz und quer durch das Land. Gerüchte schwirren: „Wo sind denn die Schiffe, die uns in unsere Heimatländer bringen sollen?“ – „Ein neues Königreich wird errichtet, mit einem ehemaligen Sklaven an der Spitze!“

Inzwischen setzt der Senat in Rom Armeen in Marsch. Die Senatoren schäumen vor Wut, als sie hören, dass auch zwei ihrer hoch geachteten Mitglieder von den aufständischen Sklaven erschlagen worden sind. Die gut ausgebildeten Armeen Roms siegen bereits in wenigen Wochen über die schlecht bewaffneten und uneinigen Trupps der Sklaven. Wie Hasen werden sie auf Sizilien gejagt und erschlagen. Am Ende des Feldzugs zählt man dennoch 8000 gefangene Sklaven. Ausnahmslos werden sie alle ans Kreuz geschlagen ...

Schon kurze Zeit darauf werden wieder Senatoren und andere reiche Römer ihre Landgüter auf Sizilien betreiben und vergrößern. Neue Sklaven, viele aus einem Feldzug in Nordgriechenland, müssen die riesigen Kornfelder bewirtschaften. Werden sie durch die neu eingesetzten Verwalter weniger gepeinigt?

Nur einige Jahre später wird ein Beobachter (der Grieche Diodor) Folgendes über die Lage in Sizilien niederschreiben: „ ...infolge des übermäßigen Wohlstandes derer, die die herrliche Insel ausbeuteten, verfielen fast alle, gestützt auf ihren Reichtum, zuerst in Üppigkeit, danach in Überheblichkeit und Übermut. So wuchs in demselben Grade, wie durch dies alles die Behandlung der Sklaven noch schlechter wurde, auch der Widerwille gegen ihre Herren, bis schließlich irgendeinmal in einem günstigen Augenblick der Hass zum Durchbruch kam."

Afrikanische Kriegselefanten im Eis der Alpenpässe

Vom Beginn des Kriegszuges Hannibals gegen die Römer im Jahre 218 v. Chr.

Es ging zwischen Karthago und Rom um die Herrschaft im westlichen Mittelmeer. Drei Kriege entschieden diese Frage.

Im Mittelpunkt der Schilderung zum Zweiten Punischen Krieg steht die legendäre Überquerung der Alpen durch Hannibals Truppen. Trotz aller Schwierigkeiten und Verluste gelang es den Karthagern zunächst, die Römer auf italienischem Boden zu schlagen. Für die Römer schien sich eine vollständige Niederlage anzubahnen. (Den Fortgang der Ereignisse schildert die nächste Episode.)

Flackerndes Licht erhellt spärlich das große Zelt, in dem der Feldherr Hannibal zu seinen wichtigsten Militärführern spricht. Hunderte von Kilometern liegen zwischen Karthago, ihrer Hauptstadt, und diesem Militärlager in Spanien. Rom hat soeben der Handelsmacht Karthago erneut den Krieg erklärt. Nur rund 20 Jahre hat der letzte Friede gehalten. Wieder geht es um die Frage: Wer beherrscht das westliche Mittelmeer - Rom oder Karthago?

Selbstbewusst klingt die Stimme des Feldherren: „Wir wollen nicht das Land der Römer! Aber sie müssen unsere Handelsniederlassungen in Ruhe lassen!" Zustimmend nicken die Kommandeure, gebannt hängen ihre Augen an den Lippen des Befehlshabers. Niemand in der Runde würde es wagen, ihn mit irgendeinem lauten Wort zu unterbrechen. Und das, obwohl der Befehlshaber nur halb so alt wie die meisten anwesenden Kommandeure ist. Alle kennen noch seinen Vater, den obersten militärischen Führer der Karthager. Als dieser vor gut zwei Jahren starb, übernahm sein Sohn Hannibal das Amt. Damals war er gerade 25 Jahre alt. Jetzt trägt er die Verantwortung für die Heeresmacht von Karthago. Er ist jung und kühn. Gegen widersetzliche Meinungen kann er sich, wie sein Vater, ungewöhnlich scharf durchsetzen.

Die weit verzweigten Handelsverbindungen Karthagos haben für den jeweiligen Befehlshaber den Vorteil, dass er, wenn er will, über die Vorhaben seiner Gegner stets gut informiert ist. So weiß Hannibal zu dieser Stunde, dass Rom seine Legionen auf Schiffen sowohl nach Nordafrika als auch gegen ihn hier in Spanien in Bewegung setzt. Sein Weitblick rät ihm, dem Gegner zuvorzukommen.

Fast triumphierend hebt Hannibal einen Brief in die Höhe: „Der Senat von Karthago hat mir mit diesem Schreiben erlaubt, Rom anzugreifen. Wir werden also nicht hier in Spanien auf die Römer warten. In drei Tagen brechen wir auf, um Italien von den Römern zu befreien und das römische Heer in seinem eigenen Land zu vernichten!"

Der Jubel der anwesenden Befehlshaber ist kaum zu bremsen. Als die Soldaten von dem Befehl erfahren, werden auch sie von der Siegeszuversicht des Heerführers angesteckt. In dieser Nacht hat wohl in dem Militärlager der Karthager in Spanien niemand ein Auge zugemacht.

Befehlsgemäß ziehen in den nächsten Wochen 50 000 Soldaten zu Fuß, mehr als 9 000 Reiter und 37 Kriegselefanten an der spanischen Ostküste nach Norden. Sie überwinden die Pyrenäen und marschieren in das Rhonetal.

Aber auch die Römer haben einen Informationsdienst. So erfährt der römische Senat, dass Hannibal einen direkten Angriff auf Italien auf dem Landweg begonnen hat. Das setzt die Senatoren in Rom zunächst nur in Erstaunen und lässt sie ihre Kriegsplanung ändern. Sofort werden die beiden Heeresgruppen Roms nach Italien zurückbeordert. Die römischen Schnellsegler haben ganze Arbeit geleistet, um den langsamen Flotten den Befehl zur Umkehr zu überbringen. Zusätzlich wird ein römischer Konsul mit einem Heer aus Gallien nach Massilia beordert, um den Truppen Hannibals den Übergang über die Rhone zu verwehren. Aber der Konsul mit seinem Heer kommt zu spät! Die Karthager haben bereits den Strom überquert und ziehen das Tal aufwärts.

Ein neuer Befehl kommt für den Konsul aus Rom: „Sofortige Verfolgung der Truppen Hannibals und Sperrung der Alpenpässe nach Oberitalien!"

Aber Hannibal treibt seine Armee zur Eile an. Die römischen Verfolger bleiben zurück.

„Das schwierigste Stück des Weges haben wir jetzt vor uns", raunt Mathos, ein Offizier aus Libyen, seinem Wegbegleiter Hanno zu. Dieser ist, wie Mathos, Truppen-Kommandeur unter Hannibal, allerdings stammt er direkt aus Karthago.

Mit leisem Spott antwortet Hanno, der Karthager: „Für euch Libyer ist die Gegend hier sicher zu kalt, ihr seid ja nur Sonne und Wüste gewöhnt ..."

„Aber Wüsten aus Sand und nicht aus Schnee und Eis. Das wird unsere libyschen Soldaten schrecken." Mit Sorge blickt der Libyer auf die weißen, vereisten Felswände, die sich vor ihnen auftürmen.

„Glaub nur, auch den spanischen Soldaten ist dieser Marsch nicht ganz geheuer. Schon die Gebirgspfade über die Pyrenäen haben sie nur widerwillig genommen", ergänzt Hanno, der Kommandeur aus Karthago. Und freundlich ermahnt er seinen Begleiter Matho: „Zieh bloß deinen Wollschal fester, der Wind weht eiskalt!"

Obwohl beide Offiziere aus unterschiedlichen Gebieten und Traditionen kommen, sind sie sich seit Jahren wohlgesonnen. Auch ihre Treue zu Hannibal, den beide sehr verehren, lässt sie stets fest zusammenhalten. Schon oft haben sie, zusammen mit den anderen Kommandeuren, schwierige Situationen gemeistert. Sie vertrauen ihrer Ausbildung und Erfahrung, vor allem aber den vernünftigen und weitsichtigen Entscheidungen ihres Heerführers. Besonders bewundern sie an diesem jungen Feldherren seine Kühnheit und Selbstsicherheit. „Die Geschichte wird allein von wenigen auserwählten Menschen vorangetrieben", ist einer seiner liebsten Aussprüche. Und er zählt sich unbestritten zu diesen auserwählten Menschen.

Hanno, der Offizier aus Karthago, flucht innerlich auf Eis und Schnee. Das würde er sich aber nie anmerken lassen. Und so rät er seinem Freund: „Den Soldaten muss man trotz allem Mut machen. Sobald sie diese Berge und Schluchten überwunden haben, werden sie sich in Oberitalien wieder der wärmenden Sonne überlassen können.“ Wenig später ruft Mathos seinen libyschen Soldaten zu: „Nur noch ein kleines Stück bergan! Schon bald werden wir die Passhöhe erreicht haben!“ So versuchen die Männer, sich gegenseitig Mut zuzusprechen.

Im Unterschied zu den Kommandeuren schleppen die Soldaten unter anderem noch ihre Zelte und Decken. Sogar Belagerungsmaschinen befinden sich, natürlich auseinander genommen und auf die Krieger verteilt, auf dem Weg über die Alpenpässe. Behutsam versuchen die dafür zuständigen Soldaten, die 37 Kriegselefanten auf den schmalen Pfaden vorwärts zu treiben. Lose Steine, glatte und schräge Eisflächen sind für die Elefanten besonders gefährlich. Und die Tiere spüren das sehr genau. Das hier ist ganz und gar nicht ihre gewohnte Umwelt. Zusätzlich macht ihnen die Kälte hier oben das Leben schwer. Morgens kann sich so mancher der Kriegselefanten nicht mehr erheben. Immer mehr Tiere sterben vor Kälte und Entkräftung.

Ängstlich wirft sich einer der Elefantenbetreuer vor dem Kommandeur aus Karthago in den Schnee: „Soeben hat einer der Elefanten das Gleichgewicht verloren, er ist in die Tiefe gestürzt!“

Der Kommandeur ist erbost: „Konntest du nicht für einen gefahrlosen Weg sorgen? Habt ihr keine Matten ausgebreitet oder die Steine weggeräumt?“

„Wir haben alles getan, aber das Tier ist plötzlich zur Seite weggeknickt und abgestürzt ...“, versucht sich der Betreuer zu rechtfertigen.

Der Kommandeur kennt die Probleme, die die Wärter dieser Kolosse beim Marsch haben, nur zu gut. Dennoch befiehlt er in hartem Ton: „Das darf sich nicht wiederholen. Achtet künftig noch genauer auf die Tiere. Sie sind für die Angriffe unserer Armee fast unentbehrlich. Du weißt, dass die Feinde vor diesen großen Tieren Angst haben. Also bringt sie möglichst wohlbehalten über die Alpenpässe!“

Aber weder die Mühe der Elefantentreiber noch die härtesten Befehle ihrer Kommandeure verhindern, dass auf dem Marsch in den nächsten Tagen und Wochen fast alle Tiere sterben.

Die Alpenpässe mit Schnee und Eis fordern auch unter den Soldaten große Verluste. Immer öfter lassen die Schreie der Abstürzenden die übrigen Männer für einen Moment entsetzt innehalten. Nahezu an jedem Morgen erheben sich viele der Soldaten nicht mehr von ihrem Nachtlager. Sie bleiben so liegen, wie sie der kalte Tod getroffen hat. Aber die eisigen Schneestürme suchen sich ihre Opfer selbst während des Tages ...

Etwa 33 Tage quälen sich Hannibals Truppen durch die vereisten Pässe der Alpen. Als sie endlich wieder bergab steigen und zum ersten Mal nicht mehr eine Nacht in Eis und Schnee verbracht haben, lassen die Kommandeure ihre Truppenteile zählen. Es wird eine grausame Bilanz: Nur 20 000 Soldaten und 6 000 Reiter sind in Oberitalien angekommen!

Erstaunlich ist jedoch, dass der Kampfeswille nicht gelitten hat. Nach wie vor sind alle, Soldaten wie Offiziere, fest davon überzeugt, die Römer in ihrem eigenen Land schlagen zu können.

Auch die beiden befreundeten Kommandeure aus Libyen und Karthago sind davon überzeugt. Unumwunden lobt Matho die Weitsicht seines obersten Feldherrn: „Da hat Hannibal doch wieder einmal richtig vorausgesehen, dass hier in Oberitalien unsere Armee verstärkt werden kann."

Hanno ergänzt: „Er wusste, dass die Armee Verluste erleiden wird, wenn sie die Alpen überquert, aber gleichzeitig auch neue Bundesgenossen gewinnen wird!"

„Dass es aber so viele Völkerstämme sind, die sich aus der römischen Bevormundung befreien und jetzt uns unterstützen, das ist schon erstaunlich", erwidert der Freund.

„Erstaunlich vielleicht für uns, nicht so für Hannibal, der viele Zusammenhänge kennt, die auch uns Kommandeuren verborgen bleiben. Wichtig ist, dass wir unsere Armee mit neuen Soldaten auffrischen können, die hier außerdem Weg und Steg genau kennen." Beide Kommandeure haben kaum Zeit, weiter ihre Meinungen auszutauschen. Sie müssen sich um die Ausbildung und Eingliederung der neuen Soldaten kümmern. Fast täglich erkundigt sich Hannibal bei den Besprechungen nach der Kampffähigkeit und Einsatzbereitschaft der Truppe.

Hannibal weiß, dass er keine Zeit verlieren darf. Die Römer sitzen seiner Armee im Nacken. Über 2000 Kilometer hat sie seit dem Aufbruch in Spanien bis nach Oberitalien zurückgelegt. Große Verluste musste sie allein durch den Alpenübergang hinnehmen.

Das alles wissen auch die römischen Feldherren. So geschwächt, scheinen die Karthager eine leichte Beute für die nachrückende Römerarmee zu sein. Hastig drängen vor allem die römischen Reitertruppen darauf, Hannibals Armee anzugreifen.

Aber das ersehnte Reitergefecht verläuft nicht so, wie es sich die Römer gedacht haben. Die Reiter aus Karthago zeigen, wider Erwarten, keine Schwäche. Vor allem aber sind sie nicht überrascht worden. Am Ende des Gefechts müssen die Römer Hals über Kopf fliehen, ihr Heerführer wird schwer verwundet.

Ein römischer Konsul verliert auf dem Boden Italiens ein Reitergefecht und seine Gesundheit - das ist neu für die Herrschenden in Rom. Diese Scharte gilt es auszuwetzen!

Eilends werden die beiden Armeen Roms, die schon auf dem Wege nach Karthago und Spanien waren, in Italien wieder vereint und gegen Hannibal in Marsch gesetzt. Bereits drei Monate nach dem ersten verlorenen Reitergefecht stürzen sich die Römer in Oberitalien auf die Truppen Hannibals.

Seines Sieges völlig sicher, greift der zuerst eintreffende römische Konsul mit seiner Armee Hannibal an. Zu siegessicher, wie sich nach Stunden zeigt. Auch der zweite Konsul, der ihm mit seinen Truppen etwas später in der Schlacht zu Hilfe kommt, kann die Niederlage für die Römer nicht mehr abwenden.

„Du siehst, die Römer sind in ihrem eigenen Land wirklich zu schlagen!“, bemerkt der libysche Kommandeur zu seinem Freund.

„Und vergiss nicht, dass jetzt täglich hunderte von Soldaten zu unseren Truppen kommen. Alle hassen ihre ehemaligen römischen Unterdrücker. Hannibal hat das so kommen sehen!“ Stolz schwingt in der Stimme des Kommandeurs aus Karthago mit.

„Wir haben bald wieder die ursprüngliche Stärke der Armee erreicht, viel Arbeit für unsere Ausbilder und für uns!“ Schon läuft der Libyer eilig zurück zu seiner Truppe. Denn er muss sich nicht nur um die Ausbildung der neuen Soldaten, sondern auch um die Heranschaffung von Verpflegung und Viehfutter sorgen. Und jeden Tag kann Rom vielleicht erneut angreifen!

„Hannibal ante portas!"

Vom Zweiten Punischen Krieg ab 217 v. Chr.

Diese Episode schließt inhaltlich an die vorhergehende Erzählung an. Nachdem Hannibal mit seinem Heer die Alpen überwunden hatte, wurde er zu einer unmittelbaren Gefahr für Italien und die Stadt Rom. Trotz verheerender Niederlagen gelang es den Römern, die Vernichtung ihres Reiches zu verhindern und Hannibals Truppen wieder aus Italien zu vertreiben.

Die Episode schildert folgende Etappen dieses Feldzugs:

1. **Ungewöhnlich und opferreich bahnt sich Hannibal am Arno seinen Weg in Richtung Rom**
2. **Die Schlacht am Trasimenischen See 217 v. Chr.**
3. **Die Niederlage der Römer bei Cannae im Jahre 216 v. Chr.**
4. **„Hannibal vor den Toren!", schreien die Bewohner Roms**
5. **Der Abzug Hannibals aus Italien und sein Tod**

Keuchend erreicht der Bote das Zelt des obersten Feldherren Hannibal. Die karthagische Leibwache lässt ihn eintreten.

„Die Pässe über den Apennin sind von römischen Truppen besetzt. Damit ist uns der Weg nach Rom verlegt!" Noch außer Atem berichtet der Kundschafter hier in der Runde der Kommandeure. Selbst Hannibal scheint über diese Nachricht besorgt zu sein. Mit einer Handbewegung entlässt er alle Anwesenden.

Erst am nächsten Tag befiehlt Hannibal seine Kommandeure wieder zu sich. Inzwischen hat er einzelne Kommandeure und Offiziere befragt. Darunter waren auch solche, die die Gegend genau kennen.

„So hört meine Befehle!" Hannibal blickt seine Kommandeure an. „Die Römer glauben, dass sie uns den Weg nach Rom verlegt haben. Wir werden jedoch die römischen Senatoren überraschen, so wie wir das schon einmal mit unserem Übergang über die Alpen getan haben. Aber, und das sage ich hier in dieser Runde ohne Umschweife, es wird wieder nicht ohne Mühen und Opfer gehen ..."

Bis tief in die Nacht hinein planen die Kommandeure das weitere Vorgehen. Wenige Tage später hat die Armee Hannibals ihr Lager verlassen ...

„Wenn ich nicht wüsste, dass ich mich auf die Weitsicht meines Befehlshabers verlassen kann, würde ich jetzt vielleicht verzagen", raunt Mathos seinem Freund Hanno zu. Die beiden Kommandeure aus Libyen und Karthago versuchen gerade krampfhaft, auf den Ästen eines kleinen Baumes Halt zu finden.

„Vielleicht kann man beim Morgengrauen wieder vorwärts kommen", macht sich der Freund aus Karthago leise Mut. Einschlafen dürfen die beiden hier nicht, denn wenn sie von diesen Zweigen fallen, dann sind sie mit Sicherheit verloren. Um sie herum ist nichts als Sumpf und Wasser. An einigen Stellen ungewöhnlich tief, an anderen Stellen etwas flacher, aber mit tückischem Morast versehen. Hunderte von Soldaten und Pferden sind in den letzten Stunden darin versunken. Tatenlos mussten auch die beiden Kommandeure mit ansehen, wie einige ihrer Soldaten, um Hilfe rufend, tiefer und tiefer im Moor versanken.

Da ist es schon sicherer, sich mit Gesprächen wachzuhalten: „Die Bewohner dieser Gegend haben ja gesagt, dass der Fluss hier, den sie Arno nennen, um diese Jahreszeit immer Hochwasser führt", murmelt Hanno, der karthagische Kommandeur. „Aber mit einer derartigen Überschwemmung hat wohl doch niemand gerechnet."

Das aber ist kein Trost für den Karthager. Ganz, ganz leise spricht er aus, was vielleicht viele Kommandeure Hannibals denken: „Man kann Truppen nicht nur durch den Feind verlieren!" Aber rasch verdrängt er diesen Gedanken wieder, denn der Ast, auf dem er kauert, knackt verdächtig. Und jeder hängt am Leben, auch ein karthagischer Offizier. Mit Glück und Geschick findet Matho eine stärkere Astgabel. In dieser Nacht geht für ihn nochmals alles gut.

Mithilfe von Stangen und Ästen versuchen die Truppen Hannibals auch am nächsten Tag, sich weiter durch die überschwemmte Sumpflandschaft zu tasten. Trotz aller Vorsicht fordert das Moor erneut Opfer. Auch in den folgenden Nächten müssen sich die Krieger auf Baumstümpfen oder Ästen über Wasser halten. Einige sind auf die Kadaver ertrunkener Pferde geklettert, um für kurze Zeit etwas Schlaf zu finden. Nur nicht in der Dunkelheit vor Erschöpfung herunterrutschen!

Sehr langsam kommen Soldaten und Reiter in dem überschwemmten Sumpfgebiet voran. Hannibal selbst wird bei diesem schwierigen Waten durch das Moor am Auge verletzt. Er verliert es. Dennoch spornt sein eiserner Wille auch die Kommandeure und Truppen an durchzuhalten.

Vier Tage und drei Nächte brauchen sie, um wieder festen Fuß zu fassen. Das Unmögliche ist vollbracht. Die überschwemmte Ebene des großen Flusses ist überwunden. Vor ihnen liegt die feste Straße nach Rom!

Überrascht und erschrocken hören die römischen Heerführer auf den Pässen des Apennin-Gebirges, dass sie hier umsonst den Durchgang gesperrt haben. Hannibal hat sie umgangen. Also werden die römischen Lager auf den Pässen sofort abgebrochen.

In größter Eile kommt der Befehl des römischen Befehlshabers Flaminius: „Wir verfolgen die Armee Hannibals und vernichten sie!" Unter Aufbietung aller Kräfte marschieren die Römer hinter den Truppen Hannibals her, jeden Tag kommen sie ihnen näher. Der Zeitpunkt der Abrechnung mit dem Eindringling aus Karthago scheint nahe. Flaminius weiß um die Größe seiner Armee, und er will den Erfolg für sich! Natürlich möglichst schnell! So hetzt er seine Truppen vorwärts, um Hannibal einzuholen.

Umso genauer lässt sich Hannibal berichten, wo sich die römische Streitmacht jeweils befindet. Es scheint ihn auch nicht sonderlich zu beunruhigen, dass die Römer Tag für Tag näher kommen. In der nächsten Nacht ruft Hannibal seine Befehlshaber zusammen und erklärt ihnen seinen Plan: „Es ist abzusehen, dass die Römer mit ihren Gewaltmärschen unsere Truppen bald eingeholt haben. Eine offene Feldschlacht aber müssen wir vermeiden, der geballten Kraft der Römer sind wir noch nicht gewachsen. Deshalb befehle ich ..."

Am nächsten Morgen scheint die Armee Hannibals vom Erdboden verschwunden zu sein. Unbeeindruckt davon marschiert die römische Armee weiter. So wälzt sich dieser Heereswurm auch durch das nächste Tal. Immer in der Hoffnung, bald auf die Truppen Hannibals zu treffen und ihnen die vernichtende Schlacht zu liefern. Die Römer können nicht ahnen, dass sie, schneller als ihnen lieb ist, auf den Gegner treffen werden. Aber nicht, wie erhofft, in einer offenen Feldschlacht!

Enger und enger wird das anfangs breite Tal, durch das die Römer seit dem Morgengrauen ziehen. Rechts begrenzt ein großer See den Weg, links begleiten ihn Hügel. Weit vorn erheben sich ebenfalls Hügel, nicht sehr hoch, aber schwer zu begehen.

Die Sorglosigkeit des römischen Feldherrn wird seinen Truppen zum Verhängnis: Hinter der Hügelkette, die die römische Armee zu ihrer linken Seite begleitet, warten an diesem nebligen Morgen Hannibals Truppen auf das verabredete Angriffssignal. Wie eine Lawine stürzen sie sich jetzt in breiter Front auf die verdutzten Römer, die nichts ahnend auf dem Weg am Ufer entlangziehen.

Immer neue Krieger Hannibals stürmen von den seitlichen Hügeln herunter. Noch bevor viele der Römer begriffen haben, was hier vorgeht, sind sie schon von Schwertern und Lanzen getötet. Einer der Ersten, der auf diese Art stirbt, ist der römische Feldherr Flaminius selbst. So braucht er nicht mehr mitzuerleben, wie seine gesamte Armee, noch bevor sie zur Gegenwehr ansetzen kann, niedergemetzelt wird. Wer nicht durch die Waffen der Karthager stirbt, versucht in den See auszuweichen. Vor allem die Reiterei will sich auf diesem Wege retten. Aber zu Hunderten versinken sie in den kalten Fluten und dem sumpfigen Untergrund. Umsonst bäumen sich die Pferde instinktiv gegen den Tod, der sie im See erwartet, auf. Auch die römischen Reiter und Soldaten, die ihr Heil in der Flucht nach vorn oder hinten versuchen, werden getötet. Von drei Seiten sind die Römer umzingelt. Es bleibt nur der ebenfalls tödliche See.

An diesem trüben Morgen sterben innerhalb weniger Stunden über 15 000 Römer an den Ufern des Trasimenischen Sees. Eine ganze römische Armee ist vernichtet, genauer gesagt, niedergemetzelt worden.

„Die Gesichter der Senatoren in Rom möchte ich jetzt sehen!", wünscht sich Hanno.

„Hauptsache, die Römer bleiben noch recht lange in Angst und Schrecken. So können auch wir unsere Kräfte sammeln für den entscheidenden Schlag gegen Rom!", antwortet ihm sein Freund Matho.

Beide Kommandeure kennen bereits den Plan des Hannibal, Rom nicht sofort anzugreifen, sondern zunächst eine Pause zur weiteren Verstärkung der eigenen Armee einzulegen. Kaum ein römisches Dorf wird in den nächsten Monaten von kleinen Trupps karthagischer Krieger verschont, die alle Vorräte der Bauern mit Gewalt für die Armee beschlagnahmen.

Längst ist die Kunde von der schrecklichen Niederlage am Trasimenischen See in Rom eingetroffen. Die Stadt erstarrt im Schrecken. Mutlosigkeit macht sich breit. Mehrere Tage berät der Senat, ohne einen vernünftigen Beschluss zu fassen. In der Furcht vor dem angeblich anrückenden Feind werden in der Stadt sogar schon die Brücken über den Tiber abgebrochen. Erst als man merkt, dass Hannibal nicht direkt auf Rom zieht, beruhigen sich die Römer.

Das Heer des Hannibal überschreitet stattdessen noch im Herbst des Jahres 217 v. Chr. das Apennin-Gebirge. Seine Truppen überwintern hier in Apulien, im Osten Italiens. Neue Hilfstruppen werden angeworben oder laufen zu ihm über. Die bewaffneten Trupps, die Futter für die Pferde und Verpflegung für die Soldaten besorgen, durchstreifen weite Gebiete. Nur die Bauern der Völker, die mit den Römern gebrochen haben und jetzt zu ihren Feinden zählen, werden von den Plünderungen verschont.

„Findest du nicht auch, dass unsere Armee jetzt wieder stark und mächtig ist?“, wendet sich Hanno an seinen Mitstreiter aus Libyen. Beide hatten über den Winter viel damit zu tun, die Soldaten auszubilden und die Truppen neu zusammenzustellen.

„Wenn du davon absiehst, dass die Mehrheit der Soldaten jetzt nahezu nicht mehr aus Afrika und Spanien stammt, dann hast du Recht“, sorgt sich der Freund. „Viele unserer besten Kämpfer haben wir in den letzten beiden Jahren leider verloren. Sie sind nicht so einfach durch Hilfstruppen zu ersetzen!“

„Dafür bringen diese neuen Soldaten wertvolle Erfahrungen im Kampf gegen die Römer mit. Standen sie doch bis vor kurzem noch selbst meist unter römischem Kommando, kennen also die Kampfesweise unserer jetzigen Gegner genau“, entgegnet der Freund.

Etwas leiser fährt der Kommandeur fort: „Es ist erstaunlich, wie genau sich Hannibal von den übergelaufenen Offizieren über die Kriegskunst der Römer unterrichten lässt. Er scheint die Absichten der Römer nahezu vorauszuahnen!“

„Das hat unseren obersten Heerführer sicher auch viele Nächte um den Schlaf gebracht. Jeder von uns weiß, dass er sich nach wie vor über alle Vorgänge bei den Römern genauestens unterrichten lässt. Ihm bleibt deshalb kaum etwas verborgen.“ So wundert es auch die beiden Freunde nicht, dass Hannibal seine Offiziere bald darauf auffordert, die Truppen auf eine große Feldschlacht vorzubereiten.

Schon im Sommer des Jahres 216 v.Chr. soll es so weit sein. Hannibal hat erfahren, dass der römische Senat neue Befehlshaber gewählt hat. Eine gewaltige Armee von 16 Legionen wird von den Römern aufgestellt, um gegen Hannibals Truppen vorgehen zu können. Aber der karthagischen Führung bleibt auch nicht verborgen, dass sich die beiden römischen Heerführer, Varro und Paullus, schon vor dem Feldzug zerstritten haben. Jeder will allein der künftige Sieger über Hannibal sein und ruhmvoll in die Geschichte eingehen.

So treffen im Sommer des Jahres 216 v. Chr. die Legionen Roms auf das Heerlager Hannibals. Unter dem Kommando der römischen Heerführer stehen 86 000 Mann Fußvolk und 6 000 Reiter. Hannibal verfügt dagegen nur über 50 000 Soldaten, allerdings über 10 000 Reiter. Die Römer gehen siegessicher in diesen Kampf, denn ihre Übermacht an schwer bewaffneten Fußkriegern ist erdrückend. In rund 70 Reihen hintereinander stehen die römischen Truppen, dicht bei dicht, auf dem Schlachtfeld. Wer soll eine derartige Masse durchbrechen können?

Die letzten Befehle sind erteilt. Die Kommandeure verlassen das Zelt Hannibals. Bis jetzt, kurz vor Beginn der Schlacht, ließ der Oberbefehlshaber nichts über seinen Plan verlauten. Er hatte sich zwar mit vielen seiner Truppenführer beraten, den Gesamtplan seiner Schlachtordnung aber erfahren sie erst zu dieser Stunde.

Auch die beiden befreundeten Kommandeure haben soeben erst ihre Aufgaben zugewiesen bekommen. Eilig verlassen sie das Zelt des Oberbefehlshabers.

„Das ist ein ungewöhnlicher Schlachtplan, den Hannibal da unterbreitet hat“, ruft der Kommandeur aus Karthago eilig seinem Freund zu.

Der bestätigt es und ergänzt: „Gerade, weil die Römer glauben, in einer offenen Feldschlacht die besseren Erfolgsaussichten zu haben, werden sie sich wundern! Du übernimmst, wie ich gehört habe, karthagische Truppen am linken Flügel. Ich kämpfe mit Truppen aus unserer libyschen Heimat am rechten Abschnitt.“

Beide sind zuversichtlich: „Wir werden uns als Sieger wieder sehen!“

Es gibt keinen langen Abschied zwischen den beiden Freunden. Die Truppen brauchen ihre Kommandeure!

Der Morgen ist noch sehr frisch. Dennoch stehen sich die feindlichen Blöcke bereits gegenüber.

Die 86 000 Mann Fußtruppen der Römer bilden eine lebende, bewegliche Festung, einen riesigen Block von Kriegern, undurchdringlich, bereit, jeden Gegner niederzuwalzen. Mit einem wuchtigen Rammstoß soll diese gepanzerte Kampfmaschine der Römer die Truppen des Hannibal überrollen. Große Schilde schützen die römischen Krieger vor dem Feind, dazwischen ragen lange Lanzen heraus. Durch kurzes Öffnen der Schutzschildwand werden die Römer mit ihren Schwertern den Gegner treffen. So ist es bei den Römern üblich und auch jetzt von ihren Feldherren geplant.

Hannibals Truppen sind mehr in die Breite gezogen. Fast wie eine Sichel sieht die Aufstellung aus. An den zurückgezogenen Flügeln hat Hannibal seine besten Truppen postiert. In der Mitte, dem römischen Block direkt gegenüber, versuchen die etwa 20 000 Verbündeten Hannibals aus Italien und Gallien sich Mut zu machen. Sie sind der feindlichen Armee am nächsten und mit Sicherheit diesem römischen Truppenkoloss an Stärke und Kampffähigkeit unterlegen. Aber alle vertrauen auf das Geschick Hannibals. Und der ist mit der Aufstellung seiner Truppen zufrieden.

Bevor noch alle ihren Platz richtig gefunden haben, befiehlt Hannibal seiner Reiterei, die mit 10 000 Pferden der römischen mit rund 6 000 Reitern überlegen ist, die Schlacht zu beginnen. Aber nicht die Anzahl der Reiter wird entscheiden, es ist vor allem die Disziplin und Schnelligkeit, die in kurzer Zeit bereits die römischen Reiter zur Flucht zwingt. Während dieser Verfolgung bleibt von der römischen Streitmacht zu Pferde in der Tat kaum ein Kämpfer am Leben.

Währenddessen greifen umso ungestümer die römischen Fußtruppen Hannibals Krieger an. Aber wo bleibt deren Widerstand? Langsam, aber sicher drängen die Römer in der Mitte die Truppen des Hannibal zurück. Der Sieg scheint für die Römer zum Greifen nahe!

Wenn ein solcher Koloss aus 86 000 Soldaten erst einmal im Vorwärtsschreiten ist, so ist er unaufhaltsam. Viel zu spät bemerken die beiden römischen Feldherrn, jeder nur auf seinen eigenen Ruhm bedacht, dass ihre Armeen in eine tödliche Falle tappen. Denn während die Mitte der Truppen Hannibals langsam unter dem feindlichen Druck zurückweicht, schieben sich die beiden Flügel vorwärts. Die Römer werden in die Zange genommen, von beiden Seiten eingekesselt. Da nützen die Erfolge an der vorderen Front nichts. Jetzt müssen sich die Römer auch nach rechts und links wehren. Ihre Schlachtordnung gerät in Unordnung. Umsonst rufen die römischen Offiziere nach der Reiterei, die ihnen helfen soll. Stattdessen preschen die Reiter Hannibals, von der Verfolgung zurückgekehrt, jetzt auf das Schlachtfeld und greifen die Römer von hinten an. Das Chaos für die Römer ist vollständig. Schnell und geschickt bekämpfen die Truppen Hannibals die Römer von allen Seiten.

Panik bricht bei den römischen Soldaten aus, jeder versucht, sich in Sicherheit zu bringen. Auch Varro, einer der beiden Befehlshaber der Römer, flieht. Allein 80 Senatoren Roms, die an dieser Schlacht teilnehmen, sterben in diesem Gemetzel.

Etwa 50 000 Krieger und seine gesamte Reiterei verliert Rom in dieser Schlacht bei Cannae. Über 10 000 Römer geraten in Gefangenschaft. Hannibals Truppen büßen dagegen nur 6 000 Kämpfer ein. Der Ort Cannae steht künftig als Symbol für die vollständige Vernichtung gewaltiger Armeen.

Erschöpft begrüßen sich am Abend vor dem Zelt Hannibals auch die beiden befreundeten Kommandeure. Wie sich später bei der Zusammenkunft mit dem Oberbefehlshaber herausstellt, haben nicht alle Offiziere diese furchtbare Schlacht überlebt. Noch tagelang liegen die Toten auf dem Schlachtfeld. Beerdigt werden zumeist nur die Offiziere. Die Waffen und die Kleidung der Toten kommen, wie üblich, den überlebenden Kriegern zugute.

Schon in wenigen Tagen ist Hannibals Armee wieder kampffähig.

Ganz anders sieht es im römischen Lager aus. Die Stadt Rom befürchtet einen unmittelbaren Angriff durch die Truppen Hannibals. Alle Männer ab 17 Jahre werden sofort zum Kriegsdienst befohlen. Außerdem geschieht etwas ganz Unerhörtes: Der Senat ordnet die Bildung zweier Legionen aus Sklaven an, die für diesen Zweck vom Staat gekauft worden sind. Sogar die Beutewaffen, die man den Feinden in früheren Feldzügen abgenommen hat und die seitdem in den Tempeln der Stadt Rom als heilige Andenken und Opfergaben für die Götter lagerten, werden an die Truppen ausgegeben.

Weitere Städte Italiens fallen von Rom ab. Unter ihnen auch Capua. Als die Römer diese Stadt belagern, um sie wieder unter römische Oberhoheit zu zwingen, kommt Hannibal mit seinen Truppen den Belagerten zu Hilfe. Um die römischen Belagerer abzulenken, marschieren Hannibals Truppen direkt auf Rom zu. Jetzt, so denken die Römer in der Stadt, ist das Ende Roms gekommen. So dicht stand Hannibal noch nie vor den Toren der Hauptstadt. Ein Schreckensruf gellt durch die Gassen Roms: „Hannibal ante portas!" - „Hannibal ist vor den Toren!"

Aber nach kurzer Zeit zieht Hannibal wieder ab, ohne ein Fußbreit Roms erobert zu haben. Auch Capua überlässt er seinem Schicksal. Die Römer können deshalb bald darauf die kleine Stadt erobern. Ihre Senatoren werden hart bestraft, die meisten von ihnen hingerichtet. Nahezu alle Einwohner der Stadt Capua verkaufen die Römer in die Sklaverei. Ihr Besitz geht in das Eigentum des römischen Staates über.

Noch mehrere Jahre streifen die Truppen Hannibals, mehr plündernd als kämpfend, durch Süditalien. Keiner der beiden Gegner wagt mehr eine Schlacht. Da die Römer inzwischen in Spanien die restlichen Truppen der Karthager vertrieben haben, kommen keine Silberschätze mehr bei Hannibal an. Er kann keine neuen Truppen anwerben und bezahlen. Viele seiner bewährten Offiziere werden Opfer von kleineren Überfällen durch die Römer. Auf diese Art verlieren auch die beiden befreundeten Kommandeure aus Nordafrika ihr Leben. Sie werden von Bauern, die sich den Plünderungen widersetzen, erschlagen.

Von den Regierenden in Karthago im Stich gelassen, verlässt Hannibal später mit den Resten seine Armee Italien und kehrt in seine Heimatstadt zurück. Der jahrzehntelange Zweite Punische Krieg ist beendet.

Von Neidern in seiner Heimatstadt und seinem Hauptfeind, den Römern, auch außerhalb Karthagos jahrzehntelang verfolgt, nimmt Hannibal im Jahre 183 v. Chr. Gift. So entkommt er der Rache seiner Feinde. Hannibal, der auf seinen Feldzügen so vielen feindlichen und verbündeten Kriegern den Tod gebracht hat, muss von eigener Hand sterben.

„Gedenke, dass du sterblich bist!"

Triumph eines römischen Feldherrn im 1. Jahrhundert v. Chr.

Die Reste der Triumphbögen sind noch heute zu bewundern. Welche Aufgabe erfüllten sie im Römischen Reich? Die nachfolgende Episode schildert den Zug eines römischen Feldherrn nach seinem Sieg über den Kriegsgegner.

„Wir kommen sicher zu spät! Ganz Rom ist schon auf den Straßen!" Laut dringt die Stimme des Familienvaters in alle Teile des Hauses.

„Du übertreibst mal wieder gewaltig", antwortet von irgendwo seine Frau.

„Heute brauchst du uns nicht anzutreiben, wir warten schon hier an der Tür, dass es endlich losgeht", rufen lachend die Kinder. „Wir werden einen solchen Tag doch nicht verpassen!"

Die beiden kleinsten Geschwister allerdings bleiben in der Obhut der Kinderfrau. Nur den Kindern, die bereits zur Schule gehen, hat der Vater gestattet, ihre Eltern zu begleiten.

Kurz danach verlassen alle das Haus: Vater, Mutter, die beiden Söhne und die Tochter. Der Vater schlägt mit seiner Familie den kurzen Weg zur Innenstadt ein.

Nach wie vor ist er davon überzeugt, dass nur sein energisches Auftreten die Familie rechtzeitig aus dem Haus gebracht hat. Aber niemand will jetzt mit ihm darüber streiten. Ohnehin haben alle Mühe, sich nicht aus den Augen zu verlieren, denn rasch füllen sich von Minute zu Minute die Straßen. Die Römer scheinen heute nur ein Ziel zu haben ...

So schnell es die Würde eines hohen Angestellten der römischen Stadtverwaltung erlaubt, bahnen sich der Vater und seine Familie den Weg zu einer der Tribünen, die an der Straße des Triumphes errichtet worden sind. Er wäre ein wenig einflussreicher Beamter, wenn er sich nicht dort hätte Plätze reservieren lassen.

Befriedigt stellt er fest, dass seine Tribünenplätze ihr Geld wert sind. Von hier, so ist er sicher, werden er und seine Familie den Vorbeimarsch des Triumphzuges gut beobachten können.

Von Minute zu Minute steigt die Spannung. Die Neugier scheint selbst die hier anwesenden vornehmsten römischen Familien befallen zu haben. Mehrfach muss auch der Vater seine Kinder ermahnen, nicht zu drängeln und vor allem nicht so laut zu schreien. Was sollen sonst Bekannte und Amtskollegen von ihm und seiner Familie denken?

Besonders der Redeschwall seines ältesten Sohnes ist kaum zu bremsen. Unaufgefordert gibt er wieder, was er in der Schule von seinem Lehrer in den letzten Tagen über diesen Triumphzug erfahren hat. Das möchte er jetzt seinen staunenden Geschwistern mitteilen. Auch Vater und Mutter hören nicht ohne Interesse zu. Natürlich sind beide stolz auf die Kenntnisse des Sohnes. Es kann nicht schaden, wenn die Umstehenden von dem Wissen ihres Sohnes beeindruckt sind.

Deshalb sind die gelegentlichen Mahnungen des Vaters an seinen Ältesten, möglichst leise zu sprechen, auch nicht besonders ernst gemeint. So erfährt ringsum jeder, ob er will oder nicht, schon vorab Einzelheiten über den bevorstehenden Triumphzug.

Mit gewichtiger Stimme erklärt der Junge gerade: „Schon mehrere Tage lagerten die Truppen des Feldherrn in Unterkünften vor den Mauern Roms. Alles musste genau und nach der Vorschrift für diesen Triumph vorbereitet werden. Das Tor dort, durch das der Zug hindurchgeführt wird, ist in kürzester Zeit errichtet und geschmückt worden. Die Offiziere und Soldaten brachten im Lager ihre Waffen, Schilde und Feldzeichen auf Hochglanz. Außerdem musste man auf die Gunst der Stunde warten. Nur wenn die Sterne günstig stehen, kann der Triumph gelingen ..." Zweifellos wäre noch mehr von ihm über die Vorbereitungen zu erfahren gewesen, hätten nicht Trompeter auf dem neuen Tor die Gespräche der Wartenden jäh unterbrochen.

Auf der Tribüne gibt es wohl keinen, der nicht versucht, die ankommende Kolonne so früh wie möglich zu sehen.

„Voran marschieren Soldaten, mit Lorbeerkränzen geschmückt." Es war der jüngste Sohn der Familie, der schon längere Zeit auf den Schultern des Vaters trohnend, laut diese Nachricht verbreitet. Endlich konnte auch er Neuigkeiten vermelden und musste nicht alles seinem älteren Bruder überlassen. Leider hält seine Vorzugsstellung nicht lange an, denn sein Vater setzt ihn bald darauf wieder auf den Boden. Nun muss er allein versuchen, etwas vom Zug zu sehen. Hier etwas durchgedrängelt, dort auf die Zehenspitzen gestellt – er wäre kein römischer Junge, wenn es ihm nicht gelänge, seine Neugier zu stillen. So entgeht ihm auch nicht der Vorbeimarsch des weiteren Festzuges.

Gerade rumpeln Pferdewagen heran, auf denen Modelle und Karten gezeigt werden. Zuerst die Nachbildung einer großen Feldschlacht. Deutlich erkennbar sind die aufeinander prallenden Truppen der Römer und ihrer Feinde zu sehen. Ein Offizier zeigt mit einem langen Stock immer wieder, wo der Durchbruch der römischen Legionen durch die Reihen der Gegner erfolgte. Um allen Zuschauern einen anschaulichen Eindruck von dieser blutigen Schlacht zu geben, folgt dieser Karte ein weiterer Wagen, auf dem Krieger den entscheidenden Höhepunkt der Schlacht darstellen. Die Besiegten liegen dabei am Boden und die Römer drohen, sie mit dem Schwert zu töten.

„Ist das nicht für unsere römischen Soldaten gefährlich, wenn die Feinde hier mit ihren Waffen auf dem Wagen sind, auch wenn sie am Boden liegen?", fragt ängstlich die kleine Tochter ihren Vater.

„Aber nein, denn auf diesem Wagen des Triumphzuges werden auch die Feinde von Römern dargestellt. Den wirklichen Feinden werden keine Waffen mehr in die Hand gegeben. Es sei denn als Gladiatoren in der Zirkusarena. Aber das wirst du später vielleicht einmal sehen."

Schon holpert ein weiterer Wagen heran. Er zeigt die Nachbildung einer Festung, die der siegreiche Feldherr mit seinen römischen Truppen belagert und dann erstürmt hat. Gefährlich steil und hoch sehen die Mauern und Wehrtürme der befestigten Stadt aus. So wird die Leistung der Römer noch unterstrichen. Nur der Feldherr und seine Offiziere wissen, dass den Verteidigern das Trinkwasser ausging und sie sich deshalb nicht mehr verteidigen konnten. Aber so oder so, die Festung hat sich den römischen Legionen ergeben! Schon auf den nächsten Wagen werden Teile der Beute, die die Römer in dieser Festungsstadt machen konnten, gezeigt. Nicht schlecht staunen die Zuschauer über die Menge Gold und Silber, über die Juwelen, Stoffe und Pelze. Der Feldherr, der diese Schätze nach Rom bringt, hat nicht nur einen erfolgreichen Feldzug geführt, er wird auch die Schatzhäuser Roms auffüllen. So lösen diese Reichtümer laute Jubelrufe auf den Tribünen aus. Weitere Wagen zeigen sogar die teuren Purpurstoffe, die meist nur Königen vorbehalten sind, sowie seltene und offenbar kostbare Musikinstrumente der Feinde. Mit großem Lärm fahren die Wagen, auf denen die Waffen und Rüstungen der Besiegten liegen, vorbei. Die Waffenkammern Roms werden so beträchtlich aufgefüllt.

Am nächsten Wagen haben die Pferde besonders schwer zu ziehen. Mit starken Seilen verzurrt, steht auf ihm eine Statue aus kostbarem Marmor. Sie stammt, so der Erklärer neben dem Standbild, aus dem Palast des besiegten Königs. Die Wagen mit der Kriegsbeute wollen kein Ende nehmen. Sogar das prunkvolle Zelt des besiegten Königs, das ihn während seiner Feldzüge begleitete, wird den staunenden Römern vorgeführt.

Dann verliert sich das Poltern der Wagen mit der Kriegsbeute. Neugierig beugen sich alle vor, um zu sehen, was nun im Zug des Triumphes kommt. Weiße Stiere sind es! Ihre Hörner sind vergoldet, ihre Hälse ziert je ein grüner Kranz. Daran ist zu erkennen, dass es die Tiere sind, die der Feldherr dem Gott Jupiter opfern will. Damit wird er dem Gott seinen Dank für den erfolgreichen Feldzug abstatten. Denn nur mit göttlicher Hilfe, davon ist jeder hier in Rom überzeugt, konnte ein so großer Sieg errungen werden. Noch trotten die Stiere, von starken Männern des Jupiter-Tempels geleitet, ohne es zu wissen, ihren letzten Gang. Ihnen folgen im Triumphzug jetzt aber Menschen, die wissen, dass sie das gleiche Schicksal wie die Stiere erleiden müssen. Viele von ihnen werden, nach den Stieren, ebenfalls vor dem Altar des Gottes Jupiter getötet werden. Umgeben von bewaffneten römischen Bewachern schleppen sich diese Gefangenen über die Straßen Roms zum Tempel hinauf. Allen voran die Angehörigen des besiegten Königs, seine Brüder und Söhne. Es folgen die Fürsten des niedergerungenen Landes, seine Heerführer, Priester und hohen Beamten.

„Und wo ist der besiegte König?“, fragt jemand der Zuschauer. Der älteste Sohn weiß es: „In letzter Minute hat sich der geschlagene König von einem seiner Leibsklaven töten lassen, wohl um der Schmach der Gefangenschaft und dem Opfertod in einem fremden Land zu entgehen.“

Kaum jemand der Zuschauer auf den Tribünen ahnt, dass sich der römische Feldherr darüber während seines Triumphes sehr ärgert. Zu gern hätte er dem Volk von Rom den gegnerischen König gefesselt vorgeführt, um ihn dann im Tempel töten zu lassen. Diesen Makel seines Triumphes will er aber durch eine Vielzahl von Opfern an Tieren und Menschen vor dem Altar des Jupiter ausgleichen. So wird er allen Römern seine neu gewonnene Macht zeigen. Schließlich sollen ihn, den Sieger, alle Römer verehren und gleichzeitig fürchten.

Den größten Teil im weiteren Zug der Gefangenen bilden die Krieger, die alle an Händen und Füßen mit Ketten gefesselt sind. Fliehen könnten sie wegen der zahlreichen Bewacher ohnehin nicht, aber der Feldherr befahl die Ketten, um durch ihr Klirren die Römer zu beeindrucken. Tatsächlich ist der Lärm der schlurfenden Ketten fast unerträglich. Viele halten sich die Ohren zu, aber kaum einer der Zuschauer will seinen Blick von diesen gefangenen Kriegern wenden. Die stärksten von ihnen werden die Römer in der nächsten Zeit auch in der Arena wieder finden. Dort können sie ihr Leben etwas verlängern, wenn sie ihre Gegner oder die wilden Tiere im Kampf bezwingen. Der Zug der klirrenden Ketten verstummt langsam. Das Trappeln nackter Füße dringt jetzt auf die Tribünen herauf. Hunderte, vielleicht tausende von gefangenen Menschen, unter ihnen sehr viele Frauen und Kinder, werden an den Tribünen vorbeigetrieben. Der Sklavenmarkt wird durch sie lange Zeit genügend Nachschub erhalten.

Endlich ist der Zug der Gefangenen an den Tribünen vorbei. Die letzten werden von den Bewachern nicht eben freundlich zur Eile angetrieben. Nach einer absichtlich längeren Pause schreitet die Gruppe der Liktoren heran. Ihre Rutenbündel sind heute als Zeichen des Sieges und zur Ehre des Feldherrn zusätzlich mit Lorbeerlaub umwunden.

Endlich! Hinter den Liktoren erscheint der, für den dieser Triumph hier veranstaltet wird. Der römische Staat und die Stadt Rom wollen ihn für seine Verdienste im Feldzug ehren. Auf einem Prunkwagen steht, mit eiserner Miene und dem Lorbeerkranz auf dem Haupt - der Feldherr. Kaum hat er den Triumphbogen durchfahren, so steigen auch schon die Jubelrufe der Zuschauer in den Himmel: „Salve Triumphator!“, „Gegrüßt sei der siegreiche Feldherr!“ Der Rosselenker hat offenbar Mühe, die vier Apfelschimmel vor dem Wagen mit dem Triumphator ruhig zu halten. Zu laut ist ihnen wohl der Jubel, der direkt neben ihnen in den Himmel steigt. Ganz anders reagiert der Sieger auf dem Wagen. Ohne mit der Wimper zu zucken, schaut der Feldherr geradeaus. Zumindest äußerlich macht er den Eindruck, als ob ihn der Jubel der Menschen nicht berührt. War er doch in diesem Feldzug nur Ausführender des Willens der Götter und der Regierenden Roms. So zumindest gebietet es die Tradition der Triumphzüge.

„Was macht denn der Mann hinter dem Triumphator? Warum redet er dauernd auf ihn ein?“, aufgeregt fragt die kleine Tochter ihren Vater.

„Das ist ein Bediensteter des Staates Rom. In dessen Auftrag hält er während der gesamten Fahrt einen goldenen Ehrenkranz über dem Feldherrn. Außerdem ist er verpflichtet, ihm ständig eine Mahnung zuzuraunen: ‚Gedenke, dass du sterblich bist!‘“

„Ach, damit ist gemeint, dass er nicht übermütig wird, wenn er so viel Huldigung hier erfährt?“

„Ja," lacht der Vater über diese Auslegung seiner Tochter. „So etwa ist es gewollt."

„Hoffentlich hält sich der neue starke Mann Roms auch daran!", bemerkt einer der Umstehenden, der die Worte zwischen Vater und Tochter gehört hat. Und abgewendet, ergänzt er etwas leiser: „Es wäre ja nicht der erste Triumphator, der vergißt, dass er nur der Ausführende ist. Und sich später in Stadt und Land selbstherrlich wie ein strafender Gott benimmt."

Fragend schaut die kleine Tochter ihren Vater an. Der aber winkt nur ab, er will hier in der Öffentlichkeit keine Aussagen für oder gegen einen siegreichen Feldherrn Roms treffen. Außerdem ist er Beamter der Stadt Rom. Da sollte man sich nicht die Gunst der Oberen verscherzen. Wer weiß, welche Macht der jetzige Feldherr im Römischen Staat noch bekommt ... Jetzt trägt er die purpurne Ehrentoga nur, weil es für einen Sieger so vorgeschrieben ist. Auch sein Gesicht ist, wie üblich, rot gefärbt worden. Es ist die gleiche Farbe, die das Standbild des Gottes Jupiter im Tempel auf dem Kapitol besitzt. Das Rot im Gesicht des Feldherrn soll jedermann deutlich machen, dass er im Auftrag und mit Unterstützung des Jupiter den Feldzug begonnen und gewonnen hat.

Weiter zieht der Zug des Triumphators zum Jupitertempel, hinauf zum Kapitol. Verschlossen und starr bleibt das Gesicht des Feldherrn. Unbeweglich hält seine rechte Hand den Lorbeerzweig des Sieges. Kraftvoll umklammert die linke Hand den elfenbeinernen Amtsstab des „Imperators", des „beauftragten Heerführers". Die Sonne spiegelt sich in dem blank geputzten Adler, der die Spitze dieses Stabes krönt. Blitzt hier nicht für einige der Zuschauenden eine Warnung? Welchen Einfluss wird der erfolgreiche Feldherr in Rom künftig gewinnen? Wer werden seine Freunde und wer seine Feinde sein?

Auch der Vater ist unversehens ins Grübeln geraten. Erst die zahlreichen Rufe und Begrüßungen lassen ihn aufschrecken. Denn unten ziehen jetzt die aus dem Feldzug zurückgekehrten römischen Krieger vorbei. Auch sie sind mit Lorbeer bekränzt. Neue Auszeichnungen hängen an ihren Rüstungen und Feldzeichen. Lauthals erwidern einige die Zurufe der Tribünengäste. Immer wieder stimmen einzelne Gruppen kurze Ruhmeslieder auf ihren Feldherrn an oder lassen ihn hochleben. Zwischendurch ertönen auch Spottgesänge auf die besiegten Feinde, nicht immer fein in ihrer Wortwahl. Lachen und Beifall der Zuschauer sind die Antwort auf die Gesänge der Krieger. Die genießen diesen Zug durch die Menschenmassen. Nur sie wissen, dass viele ihrer Mitstreiter diesen Triumph nicht miterleben können. Aber das scheint sie jetzt nicht zu stören. Langsam marschieren sie im Zug dahin und steigen nach einer Biegung den Burgberg zum Tempel des Jupiter hinauf. Dort haben inzwischen die Opferhandlungen für den Sieg begonnen.

Die letzten Krieger entschwinden den Blicken der Zuschauer. Einsam und erhaben zeigt sich der Triumphbogen. Er wird auch noch nach Jahren und Jahrhunderten von diesem Siegeszug künden.

Erst jetzt wird den Zuschauern bewusst, dass sie stundenlang unter römischer Sonne dem Triumph zugeschaut haben. Längst ist auch der Sohn, der die ganze Zeit weiter vorn auf der Tribüne gestanden hat, wieder bei Eltern und Geschwistern. Er scheint noch mehr als die Übrigen gesehen zu haben. Jedenfalls könnte man das seinem Redeschwall entnehmen. Gesprächsstoff für die ganze Familie ist für Wochen geliefert.

Vielleicht, so denkt der Vater, kann er jetzt, nachdem so viele Gefangene gemacht worden sind und die Preise günstig sein könnten, für seine Kinder endlich den lange gewünschten Privatlehrer kaufen. Wenn auch die öffentliche Schule nicht schlecht zu sein scheint - aber standesgemäß ist sie für die Kinder eines hohen Beamten der Stadt Rom wohl nicht. Zunächst aber behält er seine Überlegungen noch für sich. Erst muss er rechnen und Erkundigungen einziehen. Doch mithilfe des Privatunterrichts, so ist er sicher, werden seine Kinder eine gute Stellung im römischen Staat erreichen können. Und welcher Vater möchte das nicht?

Eine Handbewegung entscheidet über Leben oder Tod

Gladiatoren in Rom im 1. Jahrhundert v. Chr.

Kriege und Eroberungen des Römischen Reiches sorgten für Sklavennachschub besonderer Art: Die Schaukämpfe in den Arenen der großen Städte brauchten Gladiatoren. Berühmt-berüchtigte „Trainingslager" bereiteten die Kämpfer auf ihren Einsatz vor. Die Episode berichtet von einem jungen spanischen Mann, der dieses Schicksal erleidet.

1. Abtransport der Gefangenen aus Spanien
2. Verkauf an eine Gladiatorenschule
3. Vorbereitung auf den Kampf
4. Tod in der Arena

„Es brennt noch immer!" Der junge Mann ruft es verzweifelt seinem Freund zu.

„Lass doch das Dorf, bedaure lieber deine Familie, deine Eltern, deine Geschwister!" Bitterkeit und Trauer schwingen in der Stimme des jungen Spaniers.

„Wer konnte auch ahnen, dass die Römer einen so schnellen und grausamen Feldzug führen würden. Die Menschen in unserem Dorf haben doch nichts verbrochen, dass sie eine solche Strafe verdienten!" Der Nachbarssohn und Freund kann es immer noch nicht fassen, dass er jetzt gefesselt aus seiner Heimat fortgetrieben wird.

Neben ihnen taucht ein römischer Legionär auf. Schneller als das laute Fluchen lässt seine Peitsche das Gespräch verstummen. Verstanden hätten die beiden Freunde seine Worte ohnehin nicht.

„Warum nur haben sie uns nicht mit den anderen erschlagen", murmelt einer der beiden gefangenen Männer.

Erst in der nächsten Nacht glauben die Gefangenen eine Antwort auf diese Frage zu finden. Jetzt lagern sie, streng bewacht und gefesselt, in einer kleinen Senke. Andere Gefangene sind hinzugekommen. Alles junge, kräftige Männer. Einige von ihnen verstehen die Sprache der römischen Soldaten. Sie haben gehört, dass man sie nicht töten wird, sondern nach Rom bringen will. Der Feldherr habe dort Besonderes mit ihnen vor. Mehr war nicht zu erfahren. Auf alle Fälle scheinen sie hier in der Senke sicher zu sein, am nächsten Morgen wieder erwachen zu können. Die Strapazen und die furchtbaren Erlebnisse des Vortages lassen die meisten Gefangenen in einen tiefen Schlaf fallen. Einige schreien dennoch mitten in der Nacht auf. Die letzten furchtbaren Stunden kommen ihnen wohl zu Bewusstsein.

Nicht gerade erfrischt wachen die Gefangenen am Morgen vom Geschrei ihrer Bewacher auf. Zunächst einmal stellt jeder fest, dass er noch lebt, aber ein Gefangener in Fesseln geblieben ist.

„Sucht euch Laub und Gräser, Wasser gibt es im Bach. Und dann weiter. In Rom wartet man schon auf solche wie euch!“ Laut und höhnisch kommen die Befehle der Soldaten.

Tagelang geht es so weiter bis an die Ostküste Spaniens. Alle Gefangenen haben wie durch ein Wunder den Marsch überlebt. Der Feldherr ist sehr zufrieden, dass er eine so große Gruppe junger und kräftiger Burschen bis hierher hat ohne Verluste bringen können. Er weiß, jeder dieser jungen Spanier kann für ihn bares Geld bedeuten. Entsprechend fordert er von den Bewachern, sorgfältig auf die Männer aufzupassen. Ernährt werden sie gerade so, dass sie wenig Kraft zum Widerstand haben, aber auch nicht verhungern.

Wochen vergehen, ehe sie an Bord eines römischen Lastschiffes gebracht werden.

„Wenn sie uns wenigstens die Fesseln abnehmen würden“, stöhnt einer der beiden Freunde aus dem eroberten spanischen Dorf.

„Vielleicht ist es besser, hier im Meer zu ertrinken, als in eine ungewisse Zukunft zu fahren.“

„Genau das werden unsere Bewacher befürchten“, gibt einer der Gefangenen zu bedenken. „Die Römer werden damit sicher ihre Erfahrungen bei früheren Gefangenentransporten gemacht haben.“

Auch die beiden Freunde ergeben sich notgedrungen in ihr Schicksal. Beide sind froh, wenigstens ab und an leise miteinander reden zu können. Aber sie finden keinen Trost. Die Trauer um die ermordeten Eltern und Geschwister presst auch nach Wochen noch ihre Herzen zusammen. Erschreckend ist für sie auch die eigene ungewisse Zukunft.

„Keiner der römischen Bewacher verrät, was sie mit uns vorhaben“, stöhnt einer der beiden Freunde. Obwohl sie mehr und mehr die Sprache der Römer verstehen lernen, erfahren sie dennoch nichts über ihr Schicksal.

Täglich lässt der beauftragte Offizier des Feldherrn die Gefangenen zählen.

„Wenn doch endlich dieses ewige Schaukeln des Schiffes aufhören würde ...“ Grün und gelb ist einer der Gefangenen im Gesicht. Die Seekrankheit fordert ihren Tribut. Nicht angenehm bei der Enge des Verschlages, in dem die Gefangenen zusammengepfercht und geknebelt sind.

„Seid froh, dass wir nicht in einen Sturm gekommen sind!“, höhnt obendrein noch einer der Matrosen.

„Das wäre uns jetzt auch egal“, antwortet finster einer der Gefangenen. Die Gespräche verstummen, denn die ersehnte tägliche Wasserration wird verteilt. Jeder versucht, einen möglichst großen Schluck zu bekommen.

„Nicht so gierig! Morgen werdet ihr sicher schon wieder festen Boden unter den Füßen haben. Es ist doch immer dasselbe mit euch Bauersleuten auf unseren Schiffen ...“ Mit einem kräftigen Fluch verschließt der Matrose das Fass mit dem brackigen, fast ungenießbaren Trinkwasser: „Es wird Zeit, dass wir den Hafen erreichen, um neues Wasser zu fassen.“ Klingt das vielleicht schon wie ein wenig Mitleid?

Diese mehr zufällige Bemerkung des Matrosen lässt die Gefangenen aufhorchen. Die Hoffnung, dieser ungewohnten Seefahrt zu entrinnen, Arme und Beine wieder gebrauchen zu können, macht den Gefangenen Mut.

Und tatsächlich, schon am nächsten Morgen ist im Dunst ein Landstrich zu erkennen. Den Gefangenen scheint es eine Ewigkeit zu dauern, bis das Schiff die Hafeneinfahrt erreicht und endlich festmacht.

„Wo sind wir? Wie heißt dieser Hafen?“, fragen die jungen Spanier.

Die Matrosen wollen sich über diese Frage fast ausschütten vor Lachen. Sie können sich nicht vorstellen, dass jemand auf der Welt nicht den berühmten Hafen Ostia kennt.

„Von hier sind es nur wenige Kilometer bis zur Hauptstadt unseres Reiches - dem ewigen Rom.“

Aber der Glanz dieser Weltstadt bleibt für die Gefangenen unsichtbar. Feste, fensterlose Holzschuppen nehmen sie zunächst im Hafen auf. Finster und schmutzig ist das neue Verließ, aber wenigstens nicht schwankend. Auch die Fesseln werden sie nicht los. In der nächsten Nacht sterben zwei ihrer Kameraden. War es das schlechte Wasser auf dem Schiff oder die Verzweiflung? Keiner weiß es. Der Offizier des Feldherrn, der die Gefangenen auch hier kontrollieren lässt, flucht jedenfalls fürchterlich, als er von dem Tod der beiden erfährt. Es ist weniger das Mitlied, das ihn packt. Mehr Sorgen macht er sich um den Bericht an seinen Feldherren und um den geschrumpften Verkaufserlös.

Am Tag danach stehen die Spanier auf einem Holzpodest in der Sonne. Auch hier sorgfältig bewacht und gefesselt. Jetzt sogar mit Ketten an den Füßen. Denn jeder wird einzeln begutachtet.

Es sind gut gekleidete Herren, die die Spanier, die jetzt hier als Sklaven verkauft werden sollen, genau prüfen und nach längerem Feilschen den einen oder anderen kaufen. Der Geldbeutel des beauftragten Offiziers füllt sich. Einer der Käufer erwirbt gleich mehrere der gefangenen Spanier.

„Und keiner von denen hat bisher als Krieger gekämpft?“ Nochmals stellt der Käufer die Frage an den Offizier.

„Das kann ich versichern. Wir haben sie direkt aus ihren spanischen Dörfern geholt. Sie kennen nur ihre Bauernhöfe“, versichert der Offizier.

„Denen musst du ja erst beibringen, was Schwert und Lanze sind“, macht sich einer der Männer über den Käufer der Spanier lustig.

Gelassen antwortet dieser: „Das lass nur meine Sorge sein. Wichtig ist nur, dass sie gesund, jung und kräftig sind. Die Handhabung der Waffen werde ich ihnen schon in meiner Schule beibringen lassen. Da lernen sie es gleich richtig für die Arena.“ Schließlich macht er diesen Handel nicht zum ersten Mal. Er kennt sich aus im Geschäft und weiß, warum er Bauernsöhne und nicht Krieger kauft.

Unmittelbar danach lässt der reiche Römer die soeben gekauften Sklaven für den Abtransport aneinander fesseln. Auch die beiden Freunde aus dem gleichen spanischen Dorf sind darunter. Schon nach wenigen Stunden befinden sie sich in der Gladiatorenschule von Capua.

„Hier gibt es kein Entrinnen", raunt der junge Spanier seinem Freund zu. Der kann nur nicken. Mauern und Bewachung ersticken jeden Fluchtgedanken. Außerdem sind sie in einem fremden Land, können sich als Spanier hier kaum verständlich machen oder auf Hilfe rechnen ...

Schon am nächsten Morgen werden sie sehr früh und unsanft geweckt. Der Besitzer der Gladiatorenschule mustert nochmals seine Neuzugänge und teilt sie anschließend verschiedenen Waffenmeistern zu. Das sind ebenfalls Sklaven, die unter anderem das Kämpfen mit dem Schwert, dem Spieß oder dem Netz besonders gut beherrschen und an neue Sklaven weitergeben müssen. Jetzt trennen sich auch die Wege der beiden Freunde. Während der eine der Gruppe zugeteilt wird, die lernen, mit Schwert und Schild zu kämpfen, wird der andere an Dreizack und Netz ausgebildet. Ihre jeweilige Gruppe dürfen sie nie verlassen. Jeder Kontakt zu den Sklaven anderer Gruppen ist verboten. Unterbringung und Trainingsstätten der einzelnen Ausbildungs-Abteilungen sind streng getrennt.

Die jeweiligen Waffenmeister halten ihre Gruppe stets fest zusammen. Zusätzlich trennen Mauern und Tore innerhalb der Schule die auszubildenden Sklaven. Nur aus dem Stimmengewirr und dem Waffenklirren während der Übungen können sie schlussfolgern, dass hunderte von Sklaven hier in der Gladiatorenschule von Capua sein müssen. Die Ausbilder selbst reden nicht viel. Sie verständigen sich durch das Beispiel, notfalls hilft die Peitsche nach. Auch untereinander sind Gespräche kaum möglich, denn die Sklaven kommen aus aller Herren Länder. Fast jeder in der Gruppe spricht eine andere Sprache. Vielleicht ist das auch die Absicht des einteilenden Direktors der Schule gewesen. Zum Nachdenken kommt hier ohnehin niemand. Stundenlang lernen und üben die Sklaven, andere anzugreifen und sich selbst zu verteidigen. Dem Ungeschickten oder Nachlässigen drohen Strafen und verstärkte Übungen.

Mehr tot als lebendig sinkt auch der ehemalige Bauernsohn aus Spanien abends auf sein Strohlager. Nicht einmal seinem Freund kann er sein Herz ausschütten. Er hat ihn nach der Aufteilung nie wieder zu Gesicht bekommen. Manchmal glaubte er, dessen Stimme irgendwo zu hören. Aber sicher ist er sich dessen nicht.

Der junge Spanier kennt inzwischen die Wahrheit, dass am Ende dieses Kerkers so gut wie sicher der Tod steht. Er hofft, wie alle Sklaven hier, dass er dieses Ende möglichst hinauszögern kann.

Von Woche zu Woche wird der junge Spanier geschickter beim Kämpfen. Er weiß nur zu gut, dass Sklaven, die sich keine Mühe geben, „zufällig" bei der Ausbildung zu Tode kommen - zur Abschreckung für die anderen. Sein Leben, so denkt er, kann er eigentlich nur dadurch verlängern, dass er seinen späteren „Gegner" in der Arena niederringt. Dann hat er etwas Zeit bis zum nächsten Kampf gewonnen. Aber sein „Gegner" ist genauso ein armer Sklave wie er, auch er wird gegen ihn um sein Leben kämpfen ...

Es wird wohl nicht mehr lange dauern, bis auch er in öffentlichen Zirkusveranstaltungen um sein Leben kämpfen muss. Denn dafür gibt es Anzeichen. Nicht nur die Verpflegung wird für ihn besser, auch die Masseure kümmern sich jetzt öfter um ihn. Bäder und Öle machen seinen Körper geschmeidig und ansehnlich. Es bleibt ihm auch nicht verborgen, dass der Direktor mit dem Ausbilder über ihn spricht. Viel würde er allerdings darum geben, wenn er wüsste, ob wilde Tiere oder ein anderer Gladiator seine Gegner sein werden ...

Und dann kommt es doch überraschend. Eines morgens wird sein Name gerufen. Alle in seiner Gruppe wissen, dass er jetzt für den Kampf im Zirkus bestimmt ist. Ausnahmsweise wird sogar der Ort des Kampfes genannt: Rom!

Stunden später befindet sich der Spanier in den Kellergewölben des großen Zirkus. Er erhält seine Waffen und letzte Ratschläge seines Ausbilders, der ihn hierher begleitet hat. Sein Gegner soll ein Gladiator sein, der mit Netz und Dreizack kämpfen wird.

Er selbst packt Schwert und Schild fest und wird in die gleißende Helle der riesigen Arena geschoben. Zunächst steht er wie geblendet, dann entdeckt er drüben, auf der anderen Seite des Feldes, seinen Gegner. Tausende Römer auf den Rängen johlen und rufen. Jetzt nur keine Schwäche zeigen, schießt es ihm durch den Kopf. Im Vorwärtslaufen sieht er durch seinen Gesichtsschutz noch die Loge mit dem Veranstalter, einem sehr reichen Römer, der diese Kämpfe heute hier bestellt und bezahlt hat. Er will wohl dadurch das Volk von Rom für seine politischen Ziele gewinnen. Egal! Er hier unten kämpft nicht für Politik oder Macht, er kämpft um sein Leben. Aber sein Gegner auch!

Jeder der beiden Gladiatoren kämpft mit aller Kraft, mit Geschick aber auch mit aller List. Es ist nicht einfach, dem schwingenden Netz des Gegners zu entgehen. Der hat sein Handwerk auch gelernt. Schon hat ihn der Dreizack am Arm verletzt. Lange kämpfen trotzdem beide miteinander. Seinem Gegner scheint der Spanier auch eine Wunde zugefügt zu haben.

Doch das Netz ist tückisch. Der Spanier stürzt. Der Dreizack seines Gegners sitzt ihm auf der Brust. Der Sieger schaut zur Loge. Die Ränge toben, die Zuschauer wollen offensichtlich seinen Tod. Die Handbewegung des reichen Römers in der Ehrenloge wird entscheiden. Da – der Daumen dreht sich nach unten.

Der Spanier ist wie gelähmt. Er glaubt die Stimme seines Freundes zu hören, spanische Worte, bitten sie nicht um Vergebung? Dann wird es schwarz vor seinen Augen. Ein furchtbarer Schmerz drückt seine Brust zusammen ...

Plötzlich wurde es dunkler als die finsterste Nacht

Der Untergang der Stadt Pompeji im Jahre 79 n. Chr.

Die Naturkatastrophe am Vesuv steht im Mittelpunkt der nachfolgenden Erzählung, die nach damaligen Berichten zusammengestellt worden ist. Auch die Ausgrabungen der „stummen Zeugen" lieferten wichtige Grundlagen für die genaue Darstellung dieser Tragödie. Gleichzeitig bietet die Erzählung einen Einblick in das Alltagsleben zu jener Zeit.

Der Fischer wird es selbst nie zugeben, aber heute hat er einen sehr guten Fang angelandet. Jedenfalls gleiten seine Augen wohlgefällig über die Körbe mit Fischen, die nebeneinander am Strand stehen. Dennoch gibt es ein Problem.

„Das schaff ich aber heute nicht allein!", ruft empört der Junge, der sonst jeden Morgen den Fang zu einer der berühmten Fischsoßenküchen in die Stadt Pompeji bringt.

Der Fischer hat das schon geahnt: „Unser Jüngster wird dir helfen. Wir anderen werden uns hier das Boot vornehmen, einiges muss gesäubert und repariert werden." Mit barscher Stimme wendet er sich an seinen jüngsten Sohn: „Dass du mir aber zum Nachmittag wieder hier bist und uns helfen kannst!"

Eilig laden die beiden Jungen die Körbe auf den Handkarren und ziehen ihn, so schnell es geht, durch den Sand auf den festeren Uferweg. Nur weg hier, bevor es sich der Vater anders überlegt!

„Endlich kann ich einmal wieder mit in die Stadt", freut sich der Junge aus dem kleinen Fischerdorf und wendet sich an seinen Gefährten: „Du hast es gut, kannst jeden Tag durch Pompeji schlendern."

„Denk nur nicht, dass das eine reine Freude ist", entgegnet der Bursche mit dem zweirädrigen Handwagen. „Du merkst doch selbst, wie schwer der Karren zu ziehen ist. Dabei sind wir jetzt zu zweit. Von Schlendern kann da keine Rede sein. - Nun schieb schon, es geht bergauf!"

Beide Jungen kennen sich schon lange. Meist aber konnten sie nur wenige Worte wechseln. Denn die frisch gefangenen Fische mussten stets rasch vom Boot in die Suppenküche gebracht werden. Das ist heute nicht anders. Nur zu schnell würde sich sonst der Besitzer der Küche einen anderen für den Fischtransport suchen.

„So, jetzt auf den Steinplatten rollt es besser", keucht der Junge. Trotzdem müssen beide mächtig aufpassen. Innerhalb der Stadtmauer mit ihren Toren und Wachtürmen wimmelt es von Menschen und Karren. Besonders gefährlich sind die Pferdewagen mit ihren schweren Lasten. Aber auch die Droschken mit den vornehmen Bürgern können den Jungen mit ihrer Karre zum Verhängnis werden. Nicht immer eilt ein Läufer voraus und warnt, wie jetzt eben, an der Kreuzung die übrigen

Straßenbenutzer vor dem schnellen Gefährt. Vorfahrtsregeln gibt es nicht, meist entscheidet der Stärkere die Situation für sich. Da kann ein Handkarren mit Fischen nicht mithalten!

„Lass uns hier halten. An diesem Brunnen nehme ich jeden Tag einen Schluck. Hier ist außerdem der schwierigste Teil des Weges vollbracht." Erschöpft sitzen beide im Schatten des hohen, kastenförmigen Brunnenrandes.

„Das Wasser kühlt aber gut", stellt der Fischerjunge fest.

„Ja, das ist wahr. Es kommt direkt über Wasserrinnen, die oben mit Steinplatten abgedeckt sind, aus den Bergen. So bleibt es kühl bis hierher. Manche der reichen Bürger haben eine solche Wasserleitung sogar in ihrem Haus, die anderen holen ihr Wasser hier an den öffentlichen Brunnen ..."

„Sieh nur, dort drüben läuft Wasser sogar aus dem Denkmal", unterbricht ihn der Fischerjunge.

„Ach ja, dass ist das Bild der ‚Göttin des Überflusses'. Siehst du das Horn mit den Früchten, das sie in Händen hält? Aus ihrem Mund fließt fortwährend frisches Wasser", erklärt der Gefährte.

„Man sieht aber keine Wasserleitung, die zu dem Denkmal führt", wundert sich der Fischerjunge.

„Hier in der Stadt liegen viele Brunnenleitungen auch unterhalb der Gehwege. Rohr an Rohr."

„Und die lassen kein Wasser durch?"

„Es kommt schon vor, dass eine Leitung undicht wird. Bei den vielen kleinen Erdstößen, die es in dieser Gegend immer schon mal gibt, ist das kein Wunder. Dann werden die Rohre eben wieder aufgegraben und gerichtet. Dafür hat die Stadt ja Brunnenwärter und ihre Sklaven."

„Eigentlich würde ich noch gern von dem Wasser aus dem Brunnen der Göttin des Überflusses trinken ...", meint der Fischerjunge.

„Das kannst du vergessen", fällt ihm der Freund ins Wort. „Das hilft uns Armen auch nicht. Ich hab es schon probiert. Nimm lieber noch einen kräftigen Schluck hier aus dem Brunnen und dann wollen wir weiter."

Mit neuer Kraft stemmen die beiden Jungen den Karren voran. Die sechseckigen Basaltplatten der Straße sind nicht immer eben. Besonders, seit vor ein paar Jahren kräftigere Erdstöße als sonst Straßen und Gebäude der Stadt beschädigt haben. Die zahlreichen Opfergaben und viele neue Standbilder scheinen aber die Götter wieder versöhnt zu haben.

„Wozu sind bloß die großen Steine noch quer über die Straße? Die behindern doch deinen Wagen bloß", keucht der Junge vom Boot.

„Aber auch nur den", antwortet ärgerlich der Karrenjunge. „Bei den großen Pferdewagen und Kutschen sind die Räder so angebracht, dass sie gerade zwischen diesen Trittsteinen hindurchpassen. Denn wenn es regnet oder die Abwässer die Straße unter Wasser setzen, kommst du ohne diese Trittsteine nicht trockenen Fußes auf die andere Straßenseite." Wieder haben sie gerade eine solche Stelle mit ihrem Karren hinter sich gelassen.

„Oh, das riecht aber gut“, schnuppert der Fischerjunge und sucht mit seiner Nase den Laden, aus dem der Duft kommt.

„Das ist die Bäckerei. Ihr Mehl mahlen sie sich selbst. Dort kannst du die Mahlsteine sehen. Schade, dass ich meinen Freund nicht sehe, er arbeitet hier. Früher war er ein Sklavenjunge. Der Müller und Bäcker hat ihn freigelassen. Aber in der Bäckerei ist er geblieben, muss wahrscheinlich ein tüchtiger Bursche sein.“

„Du kennst wohl viele hier?“, fragt der Fischerjunge.

„Das bleibt nicht aus, wenn man täglich hier hindurch muss. Auch in der Walkerei und Reinigung dort drüben kenne ich zwei Jungen, auch sie sind Freigelassene.“

Den letzen Weg geht es nochmals etwas bergan. Kein Wunder, sieht man doch in der Ferne den hohen Kegel des Vesuvs, eines, wie alle wissen, längst erloschenen Vulkans. Die beiden Jungen zuckeln noch an den Webereien und dem Laden eines Goldschmieds vorbei. Sie beneiden im Vorüberziehen die Einwohner Pompejis, die jetzt schon in die Thermen gehen können.

„Vielleicht nehme ich heute dort auch noch ein Bad“, freut sich der Junge. „Es ist ja kostenlos für alle Bürger. Aber du musst wohl gleich wieder zurück zu eurem Boot?“

„Ja, leider,“ seufzt der Fischerjunge. „Gern hätte ich mir hier alles noch genauer angesehen. Unser kleines Fischerdorf hat ja nicht einmal Straßen, geschweige denn Läden oder Thermen!“

„Oder ein Amphitheater, in das alle 20 000 Einwohner der Stadt Pompeji hineinpassen“, trumpft der Junge aus der Stadt auf.

„Passiert es denn, dass alle dort zusehen?“, fragt skeptisch der Fischerjunge.

„Natürlich, mindestens zweimal im Jahr reichen die Plätze des Amphitheaters nicht einmal! Zu den Einwohnern gesellen sich doch noch viele reiche Römer und ihre Dienerschaften, die hier im Sommer wegen des milden Klimas wohnen. In Pompeji selbst sind zahlreiche dieser Villen. Du stehst ja gerade vor einer.“

Verdutzt schaut der Fischerjunge auf. Aber er kann keinen Palast in der Straße erkennen.

„Hinter diesen unscheinbaren, aber hohen Mauern befinden sich viele elegante Häuser. Dort, der kleine bewachte Durchgang führt in das Haus eines römischen Senators, der hier im Sommer wohnt“, erklärt der Junge aus Pompeji nicht ohne Stolz.

An einer Hausecke bremst er den Karren und zeigt auf eine Reklametafel, die dort hängt: „Ankündigung! Dreißig Paare von Gladiatoren, gestiftet vom Lucretius Satrius Valens, dem Priester des Kaisers Nero, werden am 4. des nächsten Monats in Pompeji gegeneinander antreten. Ferner werden Kämpfe zwischen Jägern und wilden Tieren stattfinden. Man wird das Leinentuch aufspannen, damit die Leute nicht in der Sonne braten.“ Etwas stockend hat er es dem Fischerjungen vorgelesen. Dann fügt er hinzu: „An diesem Tag wird das Amphitheater bestimmt wieder bis auf den letzten Platz besetzt sein!“

Auf der letzten Wegstrecke legen sich beide Burschen noch einmal tüchtig ins Zeug. Es könnte sein, dass der Besitzer des Fischsoßen-Restaurants schon vor der Tür steht und auf die frischen Fische wartet. Denn er ist berühmt für seine Fischsoße, die er auch außerhalb seiner Gaststätte verkauft. „Nur frische Makrelen, Muränen und Thunfische werden hier gekocht!“, steht auf einer Tafel vor seinem Laden. Ausnahmsweise knurrt er heute einmal nicht, die vielen Körbe guter Fische scheinen ihn zu besänftigen. Trotzdem wird es mit dem Besuch der Thermen für den Jungen mit der Karre nichts. Denn schon befiehlt der Koch, sofort frisch gekochte Fischsoße zu mehreren Kunden zu bringen.

„Na dann bis morgen!“ Beide Jungen verabschieden sich eiligst ...

Zur gleichen Zeit nimmt der Befehlshaber der römischen Flotte von Neapel in seiner Villa ein ausgiebiges Bad. Er fühlt sich heute wirklich wohl. Seine militärischen Verdienste haben dem über Fünfzigjährigen die Gunst seines Kaisers eingebracht. Der Oberbefehl über die Flotte in der Bucht von Neapel, den er erst seit einigen Wochen versieht, ist nicht sehr anstrengend. Nebenbei kann er sich hier auch besser seinen naturwissenschaftlichen Studien widmen, die er seit Jahrzehnten betreibt.

Von seiner Villa am Berghang kann er die gesamte Bucht nach Süden übersehen. Unter ihm breitet sich Neapolis aus, weiter südlich erkennt er den Ort Herculaneum und schließlich die Stadtmauer und die roten Dächer der Stadt Pompeji. Genau gegenüber kann er die Insel Capri ausmachen. Am gesamten Küstenstreifen sind die weiß leuchtenden Villen der reichen Römer sichtbar, manche dicht am Meer, andere auf den grünen Hängen und grauen Felsen, die die Bucht umgeben. Und über allem thront majestätisch der Vesuv. Er beherrscht mit seinen fast 1300 Metern Höhe die gesamte Bucht. So oft es möglich ist, streift der Blick des Befehlshabers über dieses wundervolle und friedliche Panorama.

Heute hat er sich nach dem Bad am späten Vormittag in den kühlen Schatten des Hauses zurückgezogen. Ungestört arbeitet er dort Unterlagen durch, die seinen Dienst betreffen.

Entgegen allen Gepflogenheiten erscheint plötzlich seine Haushälterin. Fast unwirsch blickt er auf. Es muss etwas Besonderes passiert sein, wenn sie ihn bei der Arbeit stört. Kurz danach steht der Befehlshaber auf der Terrasse der Villa und blickt in die Richtung, die ihm die Haushälterin weist.

Über dem Gipfel der Vesuvs wird eine gewaltige Rauchsäule sichtbar. Steil steigt sie in den klaren, blauen Vormittagshimmel. In der Höhe verbreitert sie sich. Bald sieht die Rauchsäule wie der Schatten eines gewaltigen Pinienbaumes aus. Zur gleichen Zeit ist ein tiefes Dröhnen und Rumoren zu hören. Noch weiß der Befehlshaber und Wissenschaftler nicht, was genau passiert ist. Aber völlig zu recht vermutet er eine gewaltige Naturkatastrophe jenseits der Bergkuppe des Vesuvs.

Wenige Augenblick später ist er schon auf dem Weg zum Kriegshafen. Mehrere Schiffe stechen kurz darauf in See. Die Ruderer legen sich kräftig in die Riemen. Aber auch der Wind treibt sie zunehmend voran. Es ist, als ob der Rauchpilz eine Luftströmung verursacht, die auch die Segel der Schiffe anzieht.

Mehr und mehr erkennt der Befehlshaber, dass für die Menschen im Küstenbereich Gefahr besteht. Er lässt deshalb die Schiffe direkt Kurs auf die kleinen Häfen im südlichen Teil der Bucht von Neapel nehmen. Sein eigenes Schiff hält auf Pompeji zu.

Etwas später treiben ihnen Fischerboote entgegen, deren Segel zerfetzt sind. Kurz vor der Küste wird auch sein Schiff von Gesteinsbrocken getroffen. Manche von ihnen zerschlagen sogar das Deck. Urplötzlich wird das Wasser der Bucht unruhig. Wellen peitschen über das Schiff. Aber der Befehlshaber lässt trotzdem die Küste ansteuern. Am Strand stehen Menschen, sie schreien und versuchen, sich gegen den Hagel aus Staub und Steinen zu schützen. Einige Verletzte werden sofort an Bord genommen.

Von der Stadt Pompeji, etwas landeinwärts gelegen, ist durch den Staub hindurch nichts zu sehen. Der Befehlshaber möchte unbedingt mit einigen Männern seiner Mannschaft zur Stadt vordringen. Auch als Wissenschaftler will er mehr über das Ausmaß der Katastrophe erfahren. Aber immer dichter fällt der Staubregen. Es wird dunkler als die finsterste Nacht. Seine Männer versuchen, ihn zur Umkehr zu bewegen, aber es ist schon zu spät. Hustend fällt er zu Boden, hier sind Staub und giftige Dämpfe noch dichter. Nur noch tot können sie ihren Befehlshaber zurück auf das Schiff bringen.

Der Schiffsführer befiehlt, jetzt sofort das inzwischen stark beschädigte Fahrzeug aus der Gefahrenzone zu bringen. Die Segel sind völlig unbrauchbar. Verzweifelt rudern die Matrosen mit den verbliebenen Riemen, um aus dem Niederschlagsgebiet von Asche, kleinen und größeren Steinen sowie den giftigen Wolken aus Schwefel herauszukommen. Es gelingt.

Ein kleines Fischerboot treibt längsseits. Seine Besatzung, offensichtlich ein Vater mit seinen Söhnen, wird an Bord gehievt. Es sind mehrere Verletzte dabei. Wie im Fieber ruft der alte Fischer immer wieder nach seinem Sohn: „Ach wär er doch nur bei uns an Bord geblieben ..."

Zwei Tage lang fallen Steine und Asche auf Pompeji. Von den 20 000 Einwohnern der Stadt kommen weit über 2 000 in dieser Asche um. Regen lässt alles zu Schlamm werden. Über acht Meter hoch bedeckt schließlich eine fester und fester werdende Schicht die Stadt. Auch eine Bäckerei, in der noch bis zum Mittag des 24. August 79 n. Chr. Brot gebacken und verkauft wurde. Auf der Straße davor liegt ein kleiner Fischerjunge. Er konnte das Boot seines Vaters nicht mehr erreichen ...

Endlose Balken?

Straßen- und Brückenbau im Römischen Reich im 1. Jahrhundert n. Chr.

Während der Kaiserzeit erreichte die römische Bautätigkeit ihren Höhepunkt. Dazu zählten das Pantheon in Rom, viele Wasserleitungen, beispielsweise der Aquädukt des Pont du Gard im heutigen Frankreich, oder die Donaubrücke am Eisernen Tor. Von nicht geringerer Bedeutung waren aber die Straßenbauten quer durch das Römische Reich. Von ihrem Bau berichtet die nachfolgende Episode.

„Nichts geht über eine schöne, neue Straße!" Mit Schwung springt der Offizier aus dem Reisewagen und grüßt seinen alten Bekannten, der ihn schon erwartet. Auch ihm sieht man den Offizier der römischen Armee an. Beide haben sich einige Wochen nicht gesehen.

Nicht nur aus Höflichkeit fährt der Angekommene fort: „Da ist euch wirklich ein gutes Stück Arbeit gelungen. Wie aus einem Stück ist die Oberfläche. Kein Vergleich zu dem alten, holprigen Weg mit seinen Löchern und Unebenheiten. Und über viele Meilen schnurgerade, das spart später Marschzeit für die Armee."

Der so Gelobte ist fast verlegen: „Da ich weiß, dass du nicht großzügig mit Anerkennungen umgehst, freue ich mich über deine Worte sehr. Ja, auch ich bin mit der Straße zufrieden. Hoffen wir, dass nun noch die frisch gepflanzten Pinien alle anwachsen und schon in einigen Jahren Schatten spenden."

„Da hätte ich an deiner Stelle auch meine Sorgen", unterbricht ihn der Angereiste, „zwischen den Meilensteinen 78 und 80 sehen die jungen Bäume nicht gut aus."

„Danke für deinen Hinweis", erwidert der Straßenbauoffizier, „ich werde sofort für Gießwasser sorgen lassen. Na ja, du weißt, wenn man nicht überall selbst nach dem Rechten schaut ..."

Beide gehen noch einige Schritte auf der fertigen Straße. Dann stehen sie vor einer Baugrube.

Der Straßenbauer zeigt auf das vor ihnen liegende Gebiet: „Bis hierher sind wir gut vorangekommen. Jetzt aber müssen wir eure Hilfe als Brückenbauer in Anspruch nehmen. Dieses Gewässer muss durch eine Brücke überwunden werden."

„So ist es ja auch in den Straßenplänen, die vom Kaiser genehmigt worden sind, vorgesehen. Und mach dir keine Sorgen wegen der kleinen Verspätung, die wir Brückenbauer zurzeit haben. Wir machen uns sofort an die Arbeit. Ist unser Lager schon eingerichtet?"

„Ja, eure Männer arbeiten seit Tagen daran, die Baumaterialien abzuladen und zu stapeln. Wir haben euch eine feste Zufahrt zwischen dem Materiallager und dem Brückenbauplatz geschaffen. Eure Zelte stehen neben unseren ..."

„Damit wir auch nach der Tagesarbeit noch gemeinsam den Wein dieser Gegend genießen können?“, fragt lachend der Brückenbauer.

„Natürlich! Wie wir es schon manchmal getan haben. Auch hier werden wieder Brücken- und Straßenbauer zusammen das Problem lösen.“ Beide Männer sind erfreut, für Wochen wieder einmal gemeinsam arbeiten zu können. Vielleicht sind ihnen die Gespräche und Weinproben am Abend wichtiger als die Kümmernisse der Tagesarbeit?

Kurze Zeit später inspiziert der Offizier seine Brückenbauarbeiter. Alles scheint in Ordnung zu sein. Genügend Bauholz liegt, gut sortiert, bereit. Desgleichen behauene und unbehauene Steine. Besonders sorgfältig sind die gebrannten Ziegelsteine gelagert. Unter Rohrmatten verstecken sich Holzkästen mit der besonderen Kalkerde, die über weite Strecken aus dem süditalienischen Pozzuoli herangefahren worden sind.

Gemeinsam mit seinen Vorarbeitern prüft der verantwortliche Offizier anschließend die künftige Baustelle. Bodenprüfer haben hier schon Gruben ausgehoben.

„Der Untergrund ist fest, aber man muss recht tief den Schwemmsand und eine morastige Stelle ausheben“, berichtet einer der Vorarbeiter.

„Und was ist mit dem Fluss selbst? Nach den Plänen soll er im Frühjahr stets viel Hochwasser führen.“ Kritisch blickt der Offizier auf die gelbbraunen Wasserfluten.

„Wir haben uns bei den Leuten der Gegend erkundigt. Es stimmt, der Fluss steigt dann um mindestens fünf Fuß.“

„Ich muss mir das noch einmal auf den Kartenplänen genau ansehen“, entscheidet der Bauoffizier. „Morgen früh werden wir entscheiden. Bei Tagesanbruch sind alle Vorarbeiter an meinem Zelt!“

Befehlsgemäß sind bei Sonnenaufgang alle Verantwortlichen versammelt. Militärisch knapp werden auch die weiteren Maßnahmen bekannt gegeben. Schließlich hat der Kaiser den Straßen- und Brückenbau nicht umsonst dem Militär unterstellt. Neben den abkommandierten Offizieren und Soldaten arbeiten aber auch Gruppen von Tagelöhnern auf den Baustellen. Unerlässlich für die schweren Arbeiten sind die Scharen von Sklaven, die vom Staat zur Verfügung gestellt werden. Wenn es nötig ist, sind sogar Strafgefangene aus den Gefängnissen der Umgebung auf den Baustellen zu finden. Alle natürlich bewacht, meist noch dazu in Ketten. Für diese Arbeitskräfte ist ein eigener Vorarbeiter dem Bauoffizier gegenüber verantwortlich. Und der will nicht gerne schuld sein, wenn es einmal bei den groben Arbeiten zu langsam vorangeht!

Vor dem Zelt befiehlt an diesem Morgen der Brückenbauoffizier: „Wir setzen in der Flussmitte einen Pfeiler, um zwei Bogen zu errichten. Die Wassermassen sollen zu jeder Jahreszeit ungehindert unter der Brücke hindurchfließen können. Wir können nicht riskieren, dass die Brücke vom Wasser weggerissen wird. Die Straße muss jederzeit sicher über diesen Fluss führen.“

Die Vorarbeiter eilen zu ihren Gruppen, um den Befehl weiterzugeben. Sie haben schon viele Brücken gebaut, wissen jetzt also, was sie zu tun haben. Außerdem können sie sich auf ihren Offizier verlassen. Sie wissen, dass er nicht nur den Befehlston beherrscht, sondern auch ein Fachmann für Brückenbauten ist. So wollen auch sie ihn nicht enttäuschen.

Schon Stunden danach stehen Männer auf verankerten Flößen und rammen in der Mitte des Flusses Baumstämme in den Grund. Dicht bei dicht. An einem Seil wird dabei der Rammbär an einem langen Pfahl, der oben eine Rolle hat, in die Höhe gezogen. Anschließend wird auf Kommando das Seil losgelassen, und der schwere Holzklotz saust abwärts auf den einzurammenden Baumstamm. Keine leichte Arbeit und gefährlich dazu, die da von den Sklaven auf den schwankenden Flößen vollbracht wird.

Ungeduldig warten schon die Fachleute und Maurer, die den steinernen Brückenpfeiler errichten sollen, darauf, dass sie endlich beginnen können. Aber zunächst muss noch das Wasser aus dem Trog, der mithilfe der eingerammten Baumstämme entstanden ist, ausgeschöpft werden. Das ist mit den Ledereimern und Fellsäcken mühsam und langwierig. An mehreren Stellen sind immer wieder Ritzen zwischen den Stämmen abzudichten.

Endlich wächst dann in den nächsten Tagen der Brückenpfeiler in die Höhe.

„Spart nicht mit dem wasserfesten Beton!", ruft der Bauoffizier seinen Maurern im Trog zu. „Notfalls werden wir neue Kalkerde aus Pozzuoli holen lassen."

Die Maurer sind es zufrieden. Auch sie wollen gute Arbeit leisten. Stein auf Stein fügen sie, verbunden mit wasserfestem Mörtel, aufeinander. Und tatsächlich, noch nach mehr als 2 000 Jahren werden Forscher diesen Brückenpfeiler unversehrt im Flussgrund finden.

Wieder Tage später errichten Zimmerleute hölzerne Bogenkonstruktionen zwischen dem Pfeiler in der Flussmitte und den beiden Ufern.

„Und das soll nachher die schwere Straße halten?", wundert sich einer der Tagelöhner, der zum ersten Mal beim Brückenbau beschäftigt ist.

„Das ist doch nur das Stützgerüst während des Bauens", belehrt ihn sein erfahrener Mitgeselle. „Das Holz gibt dem steinernen Bogen Halt und Form. Diese hölzerne Stütze bleibt so lange, bis der Schlussstein, das ist der oberste Stein im Bogen, eingefügt und der Mörtel zwischen den Steinen fest geworden ist. Dann trägt sich der Brückenbogen selbst, und die Holzkonstruktion kann wieder entfernt werden."

„Und in der Brücke selbst sind keine Balken aus Holz oder Stein versteckt?", fragt ungläubig der Tagelöhner.

„Wo denkst du hin!", der erfahrene Brückenbauer ist fast beleidigt. „Kein Holzbalken würde Jahrhunderte überdauern, so wie diese steinernen Bogen. Und hast du schon einmal so lange Steinbalken gesehen, die von einem Flussufer zum anderen reichen? Unsere gemauerten Bogen dagegen bilden endlos lange Balken. Sie können jeden Fluss und jedes Tal, oft meilenweit, überbrücken. Manchmal stehen diese Brücken sogar übereinander."

Verwundert blickt der Neue den älteren Brückenbauer an: „Warum denn das? Eine Brücke braucht doch nur von einem Ufer zum anderen zu reichen? Die dazugehörige Straße passt sich doch der Uferböschung im Flusstal an, wie hier auch!"

„Du denkst nur an eine Straßenbrücke. Ich habe aber schon an Brücken gebaut, die viele Meilen lang waren und mehrere Bogenreihen übereinander besaßen."

Der Neuling unterbricht ihn: „Ich weiß, du meinst die Wasserleitungen, die das Trinkwasser für die großen Städte aus den Gebirgen heranführen."

„So ist es. Die Wasserrinne muss immer in gleicher Höhe liegen, egal ob es über ein Tal oder flaches Land geht. Wenn nötig, müssen sogar Stollen durch Felsen und Berge gegraben werden."

Verschmitzt bringt der Neue seinen Einwand vor: „Aber die Wasserrinne muss auch stets ein ganz kleines Gefälle haben, sonst käme das Wasser nie in der Stadt an."

„Donnerwetter, du weißt ja doch schon einiges von unserem Handwerk", staunt der Brückenbauer. „Jetzt wollen wir uns aber ans Mauern machen. Mal sehen, ob du davon auch so viel verstehst! Steine, die nicht passen, müssen behauen werden. Erst dann mit Mörtel einfügen! Nein, die Ziegelsteine lass liegen, die kommen erst später dran, wenn wir daraus ein niedriges Brückengeländer errichten."

Anordnungen und Hinweise wechseln sich ab. Allmählich kennt sich der Neue aus. Auf die Hilfsarbeiter und Sklaven kann er jedenfalls schon kräftig schimpfen, wenn sie die Steine nicht schnell genug bereithalten oder ungeschickt in die Lücken hieven.

Wochen später umspült der Fluss bereits den steinernen Pfeiler in seiner Mitte. Gurgelnd durchströmen die Wassermassen die beiden steinernen Brückenbögen. Schon pflastern die Straßenbauer die Fahrbahn auf der Brücke. Während noch die Brückenbauer das restliche Material ordnen und zur nächsten Baustelle abtransportieren, wird jenseits des Flusses schon das Bett für die neue Straße bereitet. Zwischen den Markierungsgräben rechts und links heben die Arbeiter und Sklaven den Boden fast hüfttief aus. Ein Teil davon wird mit Ochsenkarren in eine Senke gefahren. Die künftige Straße wird hier auf einem Damm das flache Tal überqueren.

Auf den freigelegten, festen Baugrund der Straße schütten die Männer anschließend eine dicke Schicht Kies. Unerbittlich prüfen die Offiziere und Vorarbeiter, ob die Schicht fest genug gestampft wird. Sie treiben die Arbeiter zur Eile an. Die Sklaven spüren nicht selten die Peitsche ihrer Bewacher. Die Sonne brennt unbarmherzig, und die nächste Pause ist noch weit. Die Handrammen werden immer schwerer ...

Karren voller Schotter werden herangefahren. Er wird auf dem Kies ausgebreitet. Auch diese Schicht aus groben Schottersteinen wird mit Kies bedeckt, dem aber jetzt Kalk beigemengt ist. Zum Schluss verlegen Fachleute flache, glatte Steinplatten in ein feuchtes Gemisch aus Kalk und Kies. Fugenlos und eben wie eine Tischplatte zeigt sich die fertige Straßenoberfläche. Zu den Straßenrändern hin ist diese Steinebene aber dennoch etwas abgesenkt, mit bloßem Auge kaum sichtbar. Peinlich genau lässt der Bauoffizier besonders diese leichte Neigung immer wieder messen und nacharbeiten: „Der Regen darf auf dem Pflaster keine Pfützen bilden, er muss in die Gräben abfließen. Sonst dringt das Wasser in die feinsten Ritzen zwischen den Steinplatten ein und zerstört allmählich die Straße."

Erst als die Fahrbahn fest ist, rollt der Handkarren mit dem Messrad heran. Nach jeder Meile wird nun seitlich ein „Meilenstein“ gesetzt, sorgfältig in Mörtel gebettet. Alle 1481,5 Meter, die Länge einer römischen Meile, markiert solch ein „Meilenstein“ das gerade Band der Straße. Obenan auf dem Stein steht der Name des Mannes, der diesen Straßenbau befohlen hat: „Augustus“. Erst dann folgt die Meilenentfernung bis Rom.

Tausende dieser Steine finden sich an den Straßen des Römischen Reiches zur Zeit des Kaisers Augustus.

Der Kaiser ist nicht unser Gott!

Die Zerstörung Jerusalems durch die Römer im Jahre 70 n. Chr.

Die römischen Kaiser, die sich wie Götter verehren ließen, erweiterten das Reich, wo immer sie es konnten. Aufstände der unterjochten Völker blieben somit nicht aus. Von besonderer Bedeutung war der Aufstand der Juden in Palästina. Sie verehrten in ihrer sehr strengen Religion nur einen einzigen Gott. So war es ihnen auch nicht möglich, dem römischen Kaiser Opfer und Abgaben, die er als „Gott" forderte, darzubringen. Die unzähligen Konflikte, die sich daraus mit den Römern ergaben, mündeten im Jahre 70 in einen jüdischen Aufstand.

1. **Die Belagerung Jerusalems durch die Römer**
2. **Eroberung und Zerstörung Jerusalems**
3. **Die letzten jüdischen Verteidiger sterben auf dem Felsen von Masada**

„An welcher Stelle werden die Römer diesmal angreifen?", fragt flüsternd David seinen älteren Bruder Josephus. Die beiden jungen Männer versuchen von der Stadtmauer herab, die Dämmerung mit den Augen zu durchdringen.

„Wenn ich das wüsste, könnte ich uns allen einen großen Dienst erweisen", erwidert leise seufzend der Bruder. „Immerhin ist die Stadtmauer um Jerusalem über vier Kilometer lang, da können sich die römischen Soldaten schon eine Stelle zum Angreifen aussuchen."

„Eines der acht großen Tore werden sie sicher nicht dafür wählen. Dass die besonders bewacht sind, das ahnen auch die Römer." Immer wieder versucht der jüngere David, die Eroberungspläne der Römer zu erraten. Bei diesen Überlegungen, so glaubt er, vergeht die Zeit des angespannten Wartens besser. Etwas Angst scheint dabei aber auch mitzuschwingen.

Deshalb beruhigt ihn der ältere Josephus: „Lass gut sein, die zwölf Meter hohe Stadtmauer muss erst einmal von den römischen Angreifern überwunden werden." Und wie um sich selber Mut zu machen, beugt er sich weit über den Mauerkranz vor und schaut von dieser Höhe direkt an der Stadtbefestigung herunter. Vergeblich, denn noch verschlingt die Nacht jede Sicht. Erst später am Tage könnten die Verteidiger direkt auf die römischen Legionäre und ihre Hilfstruppen schauen. Allein vier Legionen Römer belagern die Stadt seit dem Passahfest. Unter den Belagerern ist auch die 12. Legion, die vor Jahren von jüdischen Kämpfern geschlagen und fast vollständig vernichtet wurde. Die mit Mühe davongekommenen römischen Legionäre brennen jetzt darauf, ihre Schmach von damals wettzumachen. Sie fiebern vor Rache.

Aber Jerusalem trotzt den Angriffen der Römer. Die Verteidiger sind zum äußersten entschlossen. Denn nur zu genau erinnert sich das jüdische Volk der Befehle der römischen Besatzungsmacht, nur noch dem römische Kaiser zu opfern, nur ihn als ihren Gott anzubeten. Ein ganzes Volk erhob sich dagegen. Aber eine widersetzliche Stadt nach der anderen wurde im Laufe der Jahre von den römischen Soldaten erobert. Dabei gab es auf beiden Seiten hohe Verluste und grausame Abrechnungen mit den Überlebenden. Jetzt, im Jahre 70 n. Chr., sind neben Jerusalem nur noch wenige Festungen in jüdischer Hand.

„Oh, schon wieder knurrt mein Magen", jammert David, „das können ja die römischen Belagerer dort drüben hören."

„Na, so schlimm ist es auch nicht. Du weißt, die Römer warten nur darauf, dass wir vor Hunger kapitulieren", beruhigt ihn Josephus.

„Wenn nur nicht so viele Besucher zum Passahfest nach Jerusalem gekommen wären, dann könnten unsere Nahrungsmittel vielleicht noch reichen", sinniert der jüngere Bruder weiter.

„Bedenke," mahnt Josephus, „auch diese Menschen sind verzweifelte Juden auf der Flucht vor den Römern. Sie suchen Schutz in der ‚Stadt Gottes'. Hier, wo wir, das jüdische Volk, schon einmal über die Römer siegen konnten, fühlen sich alle Juden sicher und in Gottes Hand."

„Diesen Beistand werden wir sicher brauchen, denn du weißt, dass die Besucher des Passahfestes auch Seuchen in die Stadt gebracht haben. Hier auf engstem Raum haben diese Krankheiten seitdem schon viele Opfer gefordert." Bedrückt klingt bei diesen Worten die Stimme des jüngeren Bruders.

„Lass den Mut nicht sinken, streng lieber deine Augen an, es wird langsam Tag. Du weißt, die Römer lieben es, zu dieser Tageszeit ..." Weiter kommt er nicht, denn in der Nähe donnert ein Stein aus einer römischen Wurfmaschine an die Stadtmauer. Ein weiteres Geschoss fliegt über die Mauer und kracht in die Hütten der jüdischen Flüchtlinge. Menschen schreien und jammern.

So geht es Tag für Tag. Das letzte Lamm ist längst im Tempel geopfert. Wie kann man noch ohne Opfergabe um Gottes Beistand flehen? Die Oberen der Stadt beraten fast täglich. Aber eine Kapitulation kommt ihnen nicht in den Sinn. Sie und die gesamte Bevölkerung von Jerusalem wissen, was ihnen bei einer Gefangennahme droht. Die vergangenen Jahrzehnte haben es immer wieder bestätigt, dass die Römer kein Erbarmen zeigen, wenn sie eine jüdische Stadt erobert haben. So hoffen alle Juden in Jerusalem auf göttliche Hilfe. Und sie muss schnell kommen!

Die Priester der Tempel sind ganz sicher, dass Gott sein Volk nicht im Stich lässt. „Pech und Schwefel wird Gott über die Römer schütten", rufen sie. Allmählich glauben alle übrigen Verteidiger ebenfalls fest an ein göttliches Wunder.

Auch die beiden Brüder hoffen und beten. Trotzdem verlassen sie sich nicht nur darauf. David und Josephus sind, wie viele auf der Mauerkrone, überzeugt, dass auch der Gebrauch der Waffen helfen wird, das Wunder geschehen zu lassen.

Es ist der Morgen des 29. August des Jahres 70: Die Stadtmauer ist schon vor Tagen im Norden, an ihrer schwächsten Stelle, von den römischen Truppen überwunden worden. Die Kämpfe in den Stadtvierteln waren erbittert und für beide Seiten sehr verlustreich. Aber die Tempelstadt, eine Festung innerhalb der Stadt Jerusalem, ist noch nicht von den Römern erobert. Die Mauern der Tempel werden hartnäckig verteidigt. Es scheint, als ob jeder Stein von den Römern einzeln erobert werden müsste.

Seit Stunden wogt der Kampf. Verzweifelt müssen die Verteidiger auch zusehen, wie die vielen jüdischen Stadtbewohner und Flüchtlinge in den Vorhöfen der Tempel zusammengetrieben werden. Kaum ein römisches Schwert ist bei diesem Gemetzel nicht vom Blut der Gefangenen gerötet worden. Nur die Kräftigsten bleiben am Leben.

Ohne den Menschen ihres Volkes helfen zu können, stehen die letzten Verteidiger der Tempelfestung auf und hinter den Mauern. Immer wieder versuchen die römischen Truppen, die Tempeltüren mit Rammböcken zu zerstören oder mit Leitern die Mauerkronen zu erreichen.

„Sieh nur, unsere Priester stehen dort oben auf den Türmen der Tempelfestung“, David, der jüngere Bruder, zeigt entsetzt in die Höhe.

„Sie rufen Gott um Hilfe an, vielleicht gelingt es ihren Gebeten, wie vor Jahren, mit Gottes Hilfe eine Wende des Krieges herbeizuführen.“ Leise Hoffnung schwingt trotz allem in den Worten des älteren Bruders Josephus.

„Sieh nur, dort steigt Rauch aus dem Tempel auf! – Und dort züngeln schon Flammen!“ Aufgeregt zeigt David auf die Brände.

„Viel schlimmer ist, dass dort drüben die Römer ein Tempeltor durchbrochen haben“, ruft ihm Josephus zu. „Lass uns schnell unseren Kämpfern zu Hilfe eilen!“

Auf dem Weg dorthin stolpern die beiden Brüder im Innern des Tempels über heruntergebrochene Dachbalken, gestürzte Mauern und Säulen. Noch bevor sie die bedrohte Stelle am Tempeltor erreichen, stehen sie unversehens römischen Legionären gegenüber. Verzweifelt versuchen sie, die römischen Eindringlinge wieder aus dem Tempel zu vertreiben. Aber ihre Körper sind vom Hunger geschwächt. Nur wenige jüdische Kämpfer können sie unterstützen. Dagegen strömen immer mehr Römer durch die zersplitterten Tore in den Tempel. Ihr Siegesgebrüll ist furchtbar, wie ihre Schwerter. Immer undurchdringlicher wird der Qualm des Feuers. Er legt sich über Freund und Feind.

Wie sie aus dem brennenden Tempel herausgekommen sind, wissen die beiden Brüder nicht. Gefesselt liegen sie auf einem der Vorhöfe des Tempels. Ihr Blick richtet sich unwillkürlich auf die schwarzen Rauchwolken, die über der Tempelfestung emporsteigen. Oben, auf den Türmen des Tempels stehen noch immer Priester und beten. Aber nicht nur! Sie werfen auch Mauersteine auf die Feinde am Fuße der Türme und Tempelmauern. Immer wieder macht sie der Rauch des Feuers unsichtbar. Schließlich sind die Priester überhaupt nicht mehr zu sehen. Sie sind in die Flammen des Tempels und in den Tod gesprungen. Nicht einmal ihre Leichen können die Römer finden und daran ihren Triumph auskosten ...

Schier endlos ist der Zug der Gefangenen, den die römischen Hilfstruppen aus Jerusalem treiben. Auch die zwei Brüder sind unter den 70 000 Menschen, die gefesselt den Weg in die Sklaverei antreten. Viele von ihnen werden auch nach Rom gebracht, um sie im Triumphzug dem Volk zu zeigen. Anschließend werden sie dann dem Jupiter geopfert. Die meisten der Gefangenen aber werden in den nächsten Wochen gegen klingende Münze an Sklavenhändler verkauft. Tausende sterben in den Zirkus-Arenen des Römischen Reiches im ungleichen Kampf gegen wilde Tiere.

Der letzte Widerstand einiger jüdischer Kämpfer wird erst nach einem Monat in der Oberstadt Jerusalems gebrochen. Die Stadt gleicht einem rauchenden Trümmerhaufen. Der Feldherr Titus befiehlt seinen Hilfstruppen, die noch stehenden Mauern und Bauten ebenfalls dem Erdboden gleichzumachen. Trümmerschutt und Geröll bedecken die Fläche, auf der einst eine prächtige Stadt stand. Nur drei große Türme des Palastes, den Herodes erst vor rund 70 Jahren errichten ließ, werden auf Befehl des Titus als Mahnmal stehen gelassen. So bleiben auch die Fundamente des Palastes, die einst zum jüdischen Tempel des Salomo gehörten, erhalten. Heute bilden sie die berühmte Klagemauer, ein Heiligtum für die Juden.

„Sollen denn wirklich alle Angehörigen unseres Volkes vernichtet werden?“, grübelt Josephus. In der nächsten Nacht gelingt es ihm, seinem Bruder David und fünf weiteren Gefährten zu fliehen. Schnell entledigen sie sich ihrer Fesseln. Schwieriger ist es aber für die Entflohenen, in eine der noch nicht von den Römern eroberten jüdischen Festungen zu gelangen. Bei ihren behutsamen Erkundigungen stellen sie fest, dass fast alle Festungen schon in die Hände römischer Truppen gefallen sind. – Nur Masada noch nicht!

Unter größter Vorsicht schlagen sich die Männer zum Toten Meer durch. Immer auf der Hut vor römischen Truppen. Immer auf der Suche nach Wasser und Nahrung. Sie treffen kaum auf bewohnte Dörfer. Die jüdische Bevölkerung ist entweder von den Römern getötet worden oder in die befestigten Städte geflohen. Dort hat sie jedoch das gleiche Schicksal getroffen oder sie sind, was vielleicht noch schlimmer ist, von den Römern in die Sklaverei verkauft worden.

Endlich erreichen die sieben Männer Masada. „Noch haben die Römer diese Festung in der Wüste nicht erobert“, stellt Josephus erleichtert fest. Wie eine uneinnehmbare Festung liegt der steile und oben flache Felsen vor ihnen.

„Wir kommen wirklich aus Jerusalem!“, beteuern die entflohenen Männer. Die Verteidiger sind mit Recht misstrauisch. Aber schließlich vertrauen sie den aus der römischen Gefangenschaft Geflohenen.

„Und Jerusalem ist wirklich gefallen und zerstört? Die ‚Heilige Stadt‘ befindet sich in den Händen der Römer?“, werden sie immer wieder gefragt. Die rund tausend Verteidiger von Masada können es kaum glauben. Doch die Berichte lassen keinen Zweifel aufkommen.

„So seid uns als Verteidiger des jüdischen Volkes willkommen!“, entscheidet schließlich der Befehlshaber der Festung und reiht sie in die Gruppen der Kämpfer ein.

Und wieder schauen die beiden Brüder, wie schon in Jerusalem, wachsam über die Zinnen der Festungsmauer.

Es ist ein schweres Leben, das die letzten Familien des jüdischen Volkes auf dem Felsen von Masada führen. Und es soll noch schwerer werden ...

„Römische Truppen ziehen durch die Wüste!“ Der Ruf der Wache schreckt alle auf. „Sie marschieren auf uns zu!“

Das haben alle erwartet und befürchtet.

Wie anzunehmen war, greifen die Römer den hohen Felsen in der Wüste nicht gleich an. Sie wissen, dass die steilen Felswände, verstärkt durch die Mauer entlang der Felskante, eine sofortige Eroberung unmöglich machen. So legen sie in den nächsten Monaten einen streng bewachten Wall rings um den Felsen. Kein jüdischer Späher oder Bote kann die Felsenfestung mehr verlassen. Auch eventuelle Hilfe für die Eingeschlossenen von außen ist so unmöglich geworden.

Der römische Befehlshaber lässt sich Zeit.

Aber auch für ihn und seine Truppen ist die wasserlose Wüste schwer zu ertragen. Tag und Nacht sind Wasserträger unterwegs, um die Truppe nicht verdursten zu lassen. Weitab liegen die Wasserstellen.

Fast ein ganzes Jahr bauen die römischen Truppen an einer Rampe aus Sand und Steinen, um mit ihren Wurfmaschinen und Sturmböcken näher an die Festungsmauer auf dem Felsen heranzukommen.

Es ist nicht zu unterscheiden, was die Verteidiger von Masada mehr peinigt, der Mangel an Wasser und Nahrung oder die sichtbare Gefahr vor ihren Augen. Jeden Augenblick können die römischen Angreifer zuschlagen. Zermürbend ist dieser Zustand für die Menschen auf dem Felsen. Kleiner und kleiner wird die Wassermenge, die sich in der Zisterne befindet.

Aber immer wieder gelingt es den jüdischen Kämpfern, die Angriffe der Römer abzuwehren. Das Ende für die Verteidiger ist jedoch abzusehen.

„Wir haben die Eroberung Jerusalems und die kurze römische Gefangenschaft überlebt! Soll das jetzt unser Ende werden?“, fragt David eines Tages verzweifelt seinen Bruder Josephus. Der nimmt ihn fest in seinen Arm und tröstet ihn: „Ich denke, wir haben für unser Volk getan, was wir konnten. Jetzt sollten wir den Willen unseres Gottes hinnehmen. Sei zufrieden, dass wir den Weg bis hierher, als die Letzten unserer Familie, gemeinsam gehen konnten.“

Am Abend vor dem voraussichtlich entscheidenden Sturmangriff der Römer auf die Festung versammeln sich alle übrig gebliebenen jüdischen Familien. Männer, Frauen und Kinder stehen eng beieinander. Ein letztes Gebet erklingt.

Als die Römer am nächsten Morgen angreifen und die Mauern schließlich überwinden, finden sie nicht die geringste Gegenwehr: Vor ihnen liegen 960 Menschen tot auf dem felsigen Boden der Festung von Masada. Unter ihnen auch die Brüder David und Josephus, gestorben, wie alle, durch die Dolche in ihren eigenen Händen.

„Kommet zu mir, die ihr mühselig und beladen seid!"

Von den Anfängen des Christentums im Römischen Reich im 1. Jahrhundert n. Chr.

Das Christentum fand in den ersten Jahrzehnten seines Bestehens zahlreiche Anhänger, weil es sich vor allem an die im Römischen Reich Benachteiligten wandte. Eine Religion, die Mitleid mit unglücklichen Menschen zeigte, war etwas völlig Neues. So fühlten sich besonders Frauen vom Christentum angesprochen. In dieser ersten Zeit waren auch alle Christen davon überzeugt, dass es bald zu einer Wiederkehr des Gottessohnes und damit zu einem Gericht über gute und böse Menschen kommen würde. Die meisten Bürger des Römischen Reiches glaubten im 1. Jahrhundert an zahlreiche Götter, von denen überall Standbilder und Tempel zu finden waren. Ihnen erschienen die Christen seltsam, weil sie zu einen unsichtbaren Gott beteten und dem Kaiser in seiner göttlichen Eigenschaft keine Opfergaben entrichten wollten.

„Und halte dich bereit! Sobald es dunkel wird, komme ich dich abholen", leise verabschiedet sich der Händler von seinem Bekannten. Beide wohnen in der gleichen Straße Roms. Sie sind nicht gerade reich, sonst würden sie in einem besseren Stadtviertel wohnen. Aber am Hungertuche nagen sie und ihre Familien auch nicht.

Der Abend senkt sich über Rom. Nur ab und an bricht das Mondlicht durch die rasch dahinziehenden Wolken. Die beiden Männer suchen sich ihren Weg durch die Dunkelheit.

„Ich bin mir noch immer nicht sicher, ob es gut ist, mit dir zu dem Treffen der Christen zu gehen", beginnt der Bekannte vorsichtig das Gespräch. „Man hat hier in Rom von euch Christen zu viele merkwürdige Ding gehört ..."

„Oh, frage nur, ohne Furcht. Du kennst mich ja lange genug", ermutigt ihn der Händler. „Nur weil wir fast schon wie Freunde sind, habe ich dich ja auch zu unserem Treffen eingeladen. Du sollst dir selbst ein Bild von unserer Christengruppe machen."

„Ja, das will ich. Aber ein wenig Neugier ist auch dabei. Denn von euch erzählt man, dass ihr nur an einen einzigen Gott glaubt, der außerdem unsichtbar ist und von dem es nicht einmal Standbilder gibt. Das ist doch merkwürdig. Jeder Römer findet in der Stadt üblicherweise auf Schritt und Tritt Tempel und Standbilder der verschiedensten Götter. Und jede Gottheit ist seit jeher für die verschiedensten Angelegenheiten zuständig. Ich als Händler opfere, wie du weißt, besonders viel dem Merkur, dem Gott des Handels ..."

„... und bist trotzdem kein reicher Mann geworden", ergänzt lächelnd sein Begleiter.

„Aber geschadet hat es mir auch nicht", trumpft der Bekannte auf.

Inzwischen haben die Wolken den Mond völlig verschwinden lassen. Trotz der Finsternis kennt sich der Händler gut aus: „Jetzt müssen wir noch durch diesen Park. Bleib jetzt bitte dicht hinter mir, damit du den Weg nicht verfehlst, und sprich nicht mehr. Es soll uns, kurz vor unserem Treffpunkt, möglichst keiner hören und sehen."

Leise bahnen sich die beiden Männer den verschlungenen Pfad zu einer Grotte. Hier führt eine steinerne Öffnung zu einem schmalen, unterirdischen Gang. Zunächst tasten sie sich mit den Händen an den Wänden voran. Erst hinter der nächsten Biegung brennen Öllampen und spenden spärliches Licht.

Dem neuen Besucher wird recht beklommen. Aber die leisen, aufmunternden Worte seines Begleiters beruhigen ihn etwas. Er atmet jedoch erst auf, als sie einen größeren Raum erreichen. Mehrere Lampen erleuchten die Felsenhöhle. Etwa dreißig Menschen sind hier versammelt. Leise Unterhaltung klingt den beiden Ankommenden entgegen.

Höflich und freundlich werden die beiden Männer durch einen älteren, weißhaarigen Mann begrüßt. Er wendet sich sogleich an den Neuankömmling: „Ich freue mich, dich hier zum ersten Mal begrüßen zu können. Sieh dich um und höre zu. Mach dir selbst ein Bild von uns Christen hier in Rom."

Es scheint, als ob der alte Mann noch mehr sagen wollte. Aber er entschuldigt sich und eilt zum Eingang. Aus dem dunklen Gang tritt, zunächst kaum hinter seinem Begleiter zu sehen, ein älterer Mann in den Raum. Sein Wanderstab und die umgehängte Reisetasche verraten, dass er von weither kommt. Seine Augen müssen sich erst an das Lampenlicht gewöhnen.

Der weißhaarige Anführer der Gemeinde verneigt sich tief vor dem Ankömmling: „Sei gegrüßt, verehrter Bruder. Ich danke dir, dass du den weiten Weg auf dich genommen hast, um uns zu besuchen und uns von Jesus, dem Sohn unseres Gottes, zu berichten."

Wenig später steht der Gast auf einem Stein in der Mitte des Raumes. Er hat sich keine Verschnaufpause gegönnt, auch einen Schemel zum Sitzen lehnt er ab.

Beim Reden schaut er seinen Zuhörern ins Gesicht. Mimik und Gesten unterstreichen lebhaft seine Worte. Schon nach kurzer Zeit zieht seine Predigt alle in ihren Bann, auch den Bekannten des Händlers, der zum ersten Mal in dieser Christenrunde weilt.

Der Prediger erzählt, dass immer mehr Menschen im Römischen Reich sich den Christengruppen anschließen. Nicht nur in Judaea und Kleinasien, auch in Griechenland weiß er von neuen Christengemeinden zu berichten.

„Zu unseren christlichen Geboten gehören Nächstenliebe und Gewaltlosigkeit. Alle, die an den einzigen Gott und seinen Sohn Jesus glauben, werden dafür nach ihrem Tode belohnt. Wer nach Gottes Geboten hier auf Erden lebt, kommt in das Paradies, wer aber schwere Sünden gegen seine Mitmenschen begeht, wird nach seinem Tode die ewige Verdammnis erdulden müssen."

Als einige neuere Mitglieder der Gemeinde erschrocken fragen, welche Gebote der einzige Gott denn fordert, nennt der Prediger sie geduldig. Er begründet die

Notwendigkeit der Gebote nicht zuletzt mit den Wirren der Zeit, in denen sich die Menschen befinden: „Wie ihr wisst, herrschen auch im Römischen Reich und in den Provinzen oft Ungerechtigkeit, Willkür, Sklaverei, Knechtschaft, Unsicherheit, Zukunftsangst, Haltlosigkeit sowie ein beängstigender Verfall der Sitten und der Moral. Die Gebote des christlichen Gottes sollen euch und allen anderen, die an ihn glauben, Halt und Orientierung für ihr Leben in dieser Welt geben."

Beschwörend hebt der Prediger beide Hände: „Vergesst nie, dass vor Gott alle Menschen gleich sind, ob sie Knechte oder Könige sind! Gott sieht ihre guten und schlechten Taten und wird sie nach ihrem Tode danach beurteilen. Niemand kann sich diesem Gericht entziehen!"

„Das heißt, dass wir uns auch gegen Ungerechtigkeit und Unterdrückung nicht mit Gewalt zur Wehr setzen sollen?", fragt etwas erbost ein alter Soldat, dem man die Narben des Krieges noch ansieht.

Beruhigend wendet sich der Prediger an ihn: „Gott allein steht es zu, die Bösen zu strafen. Das ist nicht Sache der Menschen auf Erden. Von den Christen ist niemals beispielsweise eine Rebellion gegen die römischen Kaiser oder ihre Statthalter ausgegangen."

„Warum aber müssen wir uns heimlich treffen und um unser Leben bangen, wenn wir uns als Christen öffentlich bekennen?", fragt einer der Zuhörer.

Geduldig erläutert der Fremde: „Wir sagen, dass alle Menschen vor Gott gleich sind. Demnach sind auf Erden auch Männer und Frauen, Knechte, Freigelassene, Kaiser, Statthalter, Heerführer, Soldaten, Arme und Reiche, ja sogar Sklaven unsere christlichen Brüder. Das gefällt einigen Reichen und Machtgierigen nicht. So glauben sie, wir Christen würden Aufstände der Armen und Unterdrückten gegen sie anzetteln. Auch Jesus ist ja als angeblicher Aufrührer gegen den römischen Staat angeklagt worden und dann unschuldig mit dem schimpflichen Sklaventod am Kreuz bestraft worden. Wer von den Mächtigen einen Grund sucht, um seine Schuld für eigene Fehler oder Verbrechen zu vertuschen, der findet auch einen. Sogar für Katastrophen und Krankheiten versucht man vielfach, die Christen verantwortlich zu machen. Es finden sich dann immer gewissenlose Leute, die ihre Wut an uns unschuldigen Christen auslassen oder vergelten lassen. Erst neulich wurden Christen in Kleinasien für eine Hungersnot verantwortlich gemacht und verfolgt. Viele völlig Unschuldige wurden dabei getötet."

Spät in der Nacht segnet der Verkünder der christlichen Lehre die Gemeinde in der Felsenhöhle. Erschöpft, aber mit der Gewissheit, neue Glaubensbrüder gewonnen zu haben, verabschiedet er sich. Sein Begleiter führt ihn wieder in die Dunkelheit der Nacht hinaus.

Einzeln oder in kleinen Gruppen verlassen nach und nach die Versammelten ebenfalls die Grotte. Auch die beiden kleinen Händler machen sich auf den Heimweg.

Das neue Mitglied der Gemeinde ist noch ganz benommen. Er fragt und spricht ohne Unterlass zu seinem Begleiter. So bemerken beide nicht, dass ihnen seit geraumer Zeit eine kleine Gruppe folgt. Plötzlich sind sie umringt: „Ihr also seid daran schuld, dass neuerdings in unserer Straße Kinder an seltsamen Krankheiten sterben. Denn ihr wollt nicht, dass uns unsere alten und vertrauten Götter helfen!“ Und ein anderer ruft hasserfüllt: „Ihr Christen seid Feinde des Staates, weil ihr die Opfergaben an den Standbildern des Kaisers verweigert!“

Noch ehe sich die beiden Händler mit Worten zur Wehr setzen können, treffen sie die tödlichen Schläge der Holzkeulen.

Episoden aus der Geschichte des frühen Mittelalters

„Das weiche Taufgewand stärkt die Kraft der Waffen!"

Die Taufe König Chlodwigs in Reims Weihnachten 498

Gregor von Tours hat den Übertritt Chlodwigs zum Christentum in lebendigen Darstellungen beschrieben. Obwohl wir geneigt sind, ihn fast als Zeitzeugen anzuerkennen, muss an einigen Details seiner ausschmückenden Berichte Zweifel angemeldet werden. So bleibt für uns beispielsweise ungewiss, wo die entscheidende Schlacht zwischen Alemannen und Franken im Jahre 496 geschlagen worden ist. Vieles deutet auf Zülpich hin, wieder andere Quellen favorisieren ein Gebiet nördlich des Mains und östlich des Rheins. Auch der dramatisch von Gregor von Tours beschriebene Schwur des Chlodwig ist mit ziemlicher Sicherheit nicht erst während der Schlacht abgelegt worden. Dennoch verdanken wir dem erzählenden Chronisten tiefe Erkenntnisse über die Denk- und Verhaltensweise der fränkischen Oberschicht zu jener Zeit.

1. **Vom Streit um den rechten Glauben zwischen Chlodwig und seiner Frau Chrodichilde**
2. **Vorbereitung der entscheidenden Schlacht gegen die Alemannen**
3. **Der Schwur Chlodwigs vor der Schlacht und seine Folgen**
4. **Die Taufe Chlodwigs 498 in Reims**

„Nun trockne endlich deine Tränen!" Chlodwig kann seine Frau Chrodichilde nicht weinen sehen. Dabei geht auch ihm der Tod seines Erstgeborenen nahe.

Chrodichilde scheint sich aber nicht beruhigen zu können: „Gerade einen Tag alt, und schon haben wir ihn wieder verloren!" Unverwandt blickt sie auf das tote Kind. Das prächtige, weiße Taufkleid will gar nicht zu dem leblosen Körper passen. „Mit welchem Grund hat unser Gott ihn wieder zu sich genommen?" Zärtlich streicht sie dem Kind über die kalte Stirn.

„Meine Götter waren es nicht, die dieses Kind zu sich genommen haben!“, braust Chlodwig auf. „Es war dein christlicher Gott, der es nicht leben ließ!“

Erschrocken schaut Chrodichilde ihren Mann an: „Wie kannst du das sagen! Du weißt, dass ich an diesen Gott, seine Kraft und Güte glaube!“

Aber Chlodwig glaubt sich im Recht: „Ich habe dir zwar erlaubt, das Kind christlich taufen zu lassen. Du weißt aber, mein tiefster Wille war es nicht. Ich misstraue nach wie vor der Kraft deines Christengottes. Die alten Götter unserer Väter und Urväter hätten sicher auf das Leben dieses Erben besser aufgepasst ...“ Chlodwig wendet sich voller Trauer ab.

Aber Chrodichilde gibt nicht so schnell auf, sie kennt ihren aufbrausenden Mann: „Ich weiß, dass du dem Christengott noch misstraust. Aber ich kann auch nicht an deine alten Götter glauben. Du hast mir die christliche Taufe unseres Kindes, wenn auch widerwillig, gestattet. Dafür danke ich dir. Und mit Gottes Hilfe werden wir noch weitere Kinder haben ...“

Rechthaberisch unterbricht Chlodwig seine Frau: „Aber zugeben musst du doch, dass der Christengott sich nicht von seiner stärksten Seite gezeigt hat, wenn er unseren Sohn noch im Taufkleid sterben lässt? So stark, wie ihr Christen immer behauptet, scheint euer Gott denn doch nicht zu sein ...“

In der Trauer um das Kind verliert sich jedoch der Streit der Eheleute um den besten Gottesbeistand. Jeder fühlt sich auf der richtigen Seite des Glaubens.

Auch das zweite Kind, das nach einem Jahr geboren und wiederum christlich getauft wird, kränkelt, ist dem Tod nahe. Die Königin verbringt Tage und Nächte im Gebet an der Wiege. Besorgt schaut Chlowig in kurzen Abständen in das Gemach seiner Frau. Chrodichilde weiß, dass vom Leben oder Tod des Neugeborenen für sie alle vieles abhängt. Erst nach Wochen ist die Gefahr gebannt. Theuderich, so heißt der Kleine, wird gesund. Ihm folgen noch drei weitere muntere Jungen. Chrodichilde fühlt sich in ihrem christlichen Glauben bestärkt. Die christliche Taufe hat offensichtlich allen vier Kindern geholfen.

Die Eheleute haben aber in all den Jahren ihren Streit über ihre unterschiedlichen Ansichten zum rechten Glauben nicht beigelegt. Entscheidend für Chrodichilde ist, dass Chlodwig nichts gegen die christliche Erziehung der Kinder einzuwenden hat. Und sie nimmt diese Aufgabe sehr ernst. Chlodwig hat ohnehin andere Sorgen ...

Unruhig sind die Zeiten schon immer gewesen. Jetzt aber kommen fast täglich Boten mit schlimmen Meldungen an den Königshof von Soissons: „Die Alemannen bereiten sich auf neue Eroberungen vor!“ Wenige Tage später schon meldet ein völlig abgehetzter Reiter: „Die Alemannen marschieren westwärts zum Rhein! Das Gebiet nördlich des Mains haben sie schon durchquert und ausgeraubt!“

Öfter als sonst berät sich jetzt Chlodwig mit seinen Getreuen. Der König zwingt sich zur Gelassenheit. Keiner seiner Gefolgsleute soll bemerken, dass auch er zutiefst beunruhigt ist. Sorgfältig wie immer sind seine langen, rotblonden Haare gekämmt, als er den Raum betritt und auf seinem Sessel Platz nimmt. Erst jetzt richten sich die Berater wieder auf und schauen auf ihren König. Ja, sein Gesicht zeigt

Entschlossenheit. Die hellen Haare, die es umschließen, beweisen, dass er zur Familie der Merowinger gehört und seinen Königstitel von seinem Vater, den einige der Berater noch kannten, ererbt hat. Entschlossen verteidigte Chlodwig in all den Jahren seither die Königswürde. Er führte diesen Kampf mit allen Mitteln, manchmal auch mit dem Mord an Verwandten, die seiner Macht im Wege standen. Jeder in dieser Runde weiß das und bewundert gleichzeitig die Zielstrebigkeit dieses Königs. Aber auch etwas Furcht und Vorsicht im Umgang mit dem König ist für seine Getreuen stets geboten. Chlodwig verfügt über ein gutes Gedächtnis, besonders für Leute, die ihn hintergehen wollten. Seinen gehorsamen Gefolgsleuten gegenüber ist er jedoch stets freigiebig.

Mit kräftiger Stimme befiehlt Chlodwig: „Lasst hören, was es Neues von den Alemannen zu berichten gibt!"

In gehöriger Kürze werden von den Beratern die letzten Nachrichten vorgetragen. Aufmerksam hört der König jedem Bericht zu. Nach einer Bedenkzeit fragt er unvermittelt: „Sollte es nicht an der Zeit sein, sich den Alemannen entgegenzustellen? Können wir warten, bis sie größere Teile des Frankenreiches geplündert haben? Außerdem befürchte ich, dass Theoderich, der mächtige König der Ostgoten, sich mit den Alemannen gegen uns verbündet."

Ragenar, der älteste Berater des Königs, antwortet als Erster in dieser Runde: „Mein König, die Zeit ist dafür sicher gekommen. Mit jedem Tag werden sonst die alemannischen Heere stärker. Die von ihnen geplünderten Gebiete unseres Reiches werden sehr bald für uns weder Pferd noch Reiter stellen können ..."

Chlodwig fällt ihm ins Wort: „Wohl wahr, aber bedenkt, dass die Alemannen kampferprobte germanische Krieger sind! Das sind keine römischen Gegner wie bisher!"

Aber die meisten Berater räumen diese Bedenken des Königs beiseite: „Gerade das kann auch ein Vorteil sein! Die Waffen der Alemannen sind nicht so vortrefflich wie die der Römer. Außerdem wollen die alemannischen Krieger nicht Schlachten schlagen, sondern auf schnellen Kriegszügen möglichst viel Beute für ihre Heerführer und natürlich auch für sich machen. Sie hinterlassen schlimme Verwüstungen. Sie sind unbarmherzig zu den Wehrlosen und Ausgeplünderten. Aber als Krieger gegen Krieger werden sie sicher weit weniger mutig sein."

„Bedenkt auch," meldet sich Audhart zu Wort, „dass jetzt viele ehemalige römische Krieger auf unserer Seite stehen. Sie werden wie wir tapfer gegen die Eindringlinge kämpfen. Auch sie haben Angst, dass die siegreichen Alemannen ihnen ihren Besitz und ihre einflussreichen Stellungen, die sie hier bei uns im fränkischen Reich haben, nehmen könnten."

„Du redest wohl auch im eigenen Interesse, weil der Bruder deiner Frau einst römischer Offizier hier in Gallien war?" Der König kann sich diesen Einwurf erlauben. Fast erschrocken blickt Audhart den König an. Doch der lächelt ihm zu und ergänzt: „Keine Sorge, wir alle schätzen die treuen und wertvollen Dienste deiner Verwandten. Sie alle sind wie wir von dem Angriff der Alemannen bedroht. Und gemeinsam werden wir dieser Gefahr entgegentreten!"

Schon will der König die Runde beenden, da räuspert sich Rigomer, einer der treuesten Berater des Königs: „Es ist sicher richtig, den Raubzügen der Alemannen mit Waffengewalt entgegenzutreten. Aber die Kraft der Waffen könnte noch erheblich verstärkt werden ..."

Nun ist auch der König etwas verwundert: „Was soll denn außer dem blanken Schwert die Alemannen noch abwehren können?"

„Mein König, ihr wisst, dass viele Bewohner unseres Landes, wie es in der römischen Vergangenheit üblich war, Christen sind. Sie würden sicher noch kräftiger euch und eure Krieger unterstützen, wenn ihr den gleichen Glauben wie sie hättet."

Der König runzelt nur kurz die Stirn. Dann bemerkt er freimütig: „Ich weiß deinen Rat zu schätzen. Auch meine Frau drängt mich, diesen Schritt zu tun. Ein gemeinsamer Glaube könnte unser Land wirklich stärken und vor Angreifern schützen. Lasst mir aber noch etwas Zeit, darüber nachzudenken!" Danach erhebt sich der König und befiehlt: „Unverzüglich müssen die Alemannen mit Waffengewalt aufgehalten werden! Bereitet den Feldzug vor!"

Nicht zweimal lassen sich das die Berater sagen. Fast noch vor dem König verlassen sie den Raum, um alles Notwendige zu veranlassen.

Nur Tage sind seit jener Beratung vergangen. Der letzte Morgen vor dem Aufbruch ist gekommen. In Waffen und Rüstung umringen viele der Berater ihren König, um noch Anweisungen zu erhalten. Chlodwig hat bereits sein Pferd bestiegen, als er sich an seine Gefolgsleute wendet: „Euren Rat habe ich durchdacht. Wir werden die Alemannen nicht auf ihren Beutezügen verfolgen, um Teile ihrer Armee zu schlagen, sondern wir fordern sie, wie es sich für echte Krieger gehört, zum Kampf auf freiem Feld heraus! Alle Krieger mögen sich einer großen Schlacht stellen. Zwei Boten werden diese Forderung dem alemannischen Heerführer überbringen. Wenn sie noch etwas Ehrfurcht vor dieser alten germanischen Sitte haben, müssen sie einwilligen."

„Das ist ein mutiger Vorschlag! Wir und unsere Krieger werden für dich kämpfen!" Laute Zustimmung ist die Anwort auf dieses Wort von Audhart.

„Ja", ruft der König, „ich will diese entscheidende Schlacht und nicht einen jahrelangen Feldzug. Außerdem," und nun senkt Chlodwig seine Stimme, „werde ich auch nicht nur mit dem blanken Eisen die Schlacht gewinnen."

Fragend sehen sich die Berater an. Der König hebt langsam die Schwurhand und ruft mit lauter Stimme, sodass es nicht nur die Berater in seiner Nähe hören: „Jesus Christ, wie mir Chrodichilde, meine Frau, oft genug gesagt hast, bist du der Sohn des lebendigen Gottes. Sie sagt, dass du Hilfe den Bedrängten gibst und Sieg denen, die auf dich hoffen. Ich flehe dich jetzt um deinen mächtigen Beistand an: Gewährst du mir in der kommenden Schlacht den Sieg über meine Feinde, so will ich an dich glauben und mich taufen lassen auf deinen Namen!"

Jubelnd wird dieser Schwur des Königs von seinen Kriegern aufgenommen. Wer es nicht aus dem Munde des Königs direkt gehört hat, dem vermeldet es der Nebenmann. Geeint wie selten, zieht die Truppe Chlodwigs den Alemannen entgegen.

Nur langsam nähern sich Chlodwigs Krieger dem Rhein. Noch immer ist keine Nachricht eingetroffen, ob und wo sich die Alemannen zum Kampf stellen werden. Aufmerksam beobachtet man die Gegend, ob nicht bald die ausgesandten Boten zu sehen sind.

„Was sind das für fremde Krieger, gut gerüstet und mit edlen Pferden?", fragt erregt einer der Königsberater und zeigt auf die ankommende Truppe.

„Leider sind es nicht unsere Boten!", bemerkt finster der König, der unerwartet soeben neben seinen Beratern erschienen ist. Auch er ist neugierig und befiehlt: „Reitet ihnen entgegen und geleitet sie zu mir."

Kurz darauf knien die fremden Krieger vor Chlodwig. Feierlich spricht ihr Anführer. „Wir kommen auf Befehl unseres Herrn, des Bischofs von Reims, und wollen uns König Chlodwig unterstellen!" Auf den fragenden Blick des Königs antwortet der Anführer: „Unser Bischof, der seinen Sitz in der Feste Reims hat, erfuhr von eurem Vorhaben, euch christlich taufen zu lassen ..."

„Halt! So schnell habe ich das nicht vor. Wenn ihr von meinem Plan gehört habt, so wisst ihr auch, dass daran eine Vorbedingung geknüpft ist. Noch ist kein Sieg über die Alemannen errungen!"

„Eben deshalb schickt uns unser Herr zu euch und euren Kriegern", antwortet etwas verschmitzt der Anführer der Kriegsschar. Auch Chlodwig schmunzelt: „Reiht euch in meine Truppe ein, wir können jetzt jeden tapferen Kämpfer brauchen!"

Es wundert den König kaum noch, als auch in den nächsten Tagen weitere Krieger auf Befehl ihrer Bischöfe sich zur Verfügung stellen.

Endlich, endlich treffen auch die ausgesandten Boten ein. Noch abgehetzt, berichten sie sofort dem König: „Der alemannische Heerführer wird auf euren Vorschlag eingehen. Nach tagelanger Beratung befahl er uns endlich, euch auszurichten, dass er sich der Schlacht mit euren Truppen stellen wird."

Nun ist es entschieden. Die Truppen beider Seiten ziehen zum Ort der Schlacht.

Wie nicht anders zu erwarten, wird es eine blutige Schlacht. Die Alemannen sind erprobte Haudegen. Durch ihre Schwerter und Lanzen verbluten viele Franken. Und mit ihnen sterben auch ehemalige römische Offiziere und Soldaten sowie Krieger der Bischöfe. Sie alle kämpfen tapfer für das Reich der Franken und deren König Chlodwig. Ist es nun die Hilfe des christlichen Gottes oder der Mut der fränkischen Krieger - die Schlacht geht letztlich für die Franken siegreich aus. Die Alemannen ziehen sich geschlagen zurück.

Chlodwig weiß, dass er seinen öffentlich geleisteten Schwur nun halten muss. Es scheint ihm auch nicht schwer zu fallen, denn der Gott der Christen hat ihm geholfen. Er ist stärker gewesen als die alten Götter der Germanen, an die die Alemannen noch glauben.

Chlodwig findet seinen Frieden auch in seiner Familie: Chrodichilde sieht sich am Ziel ihrer vorsichtigen, aber zielstrebigen Überzeugungsarbeit: Ihr Ehemann und die vier Söhne werden künftig an den gleichen Gott glauben!

Nicht zuletzt weiß Chlodwig zu schätzen, dass die Bischöfe ihn künftig zuverlässig unterstützen werden. Sie beherrschen die festen, ummauerten Bischofssitze in den Städten. Hier finden jetzt auch der König und seine Gefolgsleute einen sicheren Schutz gegen feindliche Kriegsbanden. Die Mauern dieser Bischofsfestungen sind doch etwas anderes als die kleinen und einfachen Heerlager, in denen sich der König bisher aufhalten musste.

So findet sich Chlodwig gegen Ende des Jahres 498 in Reims ein. Er kommt aber nicht allein. Mehr als 3 000 seiner Gefolgsleute begleiten ihn. Wer wollte sich auch der Gunst des christlichen Gottes und der des Königs entziehen?

Kaum fasst die Bischofskirche alle Gäste. Remigius, der Bischof von Reims, verbindet das christliche Weihnachtsfest mit der Taufe des Frankenkönigs. In Anwesenheit der gesamten Familie steigt König Chlodwig in das flache Taufbecken und wird dann vom Bischof höchstpersönlich in die Gemeinschaft der Christen aufgenommen.

Chrodichilde verliert nicht wenige Tränen, fühlt sie sich doch in ihrem Glauben bestätigt und am Ziel ihrer Mühe. Mit Freude schaut sie immer wieder auf die hellblonden langen Locken ihrer vier Söhne. Vater und Söhne sind nun nicht nur durch ihre königliche Haarpracht verbunden, sondern auch durch den gemeinsamen christlichen Glauben.

Nach der Taufe des Königs werden alle übrigen Gefolgsleute an das große Taufbecken geführt. Die Kraft des Christengottes ist für sie alle deutlich geworden, und so eifern sie ihrem König nach.

Eine „Ordnung" für das Leben

Die Gründung des Benediktiner-Ordens im 6. Jahrhundert

Von den vielen Versuchen, dem Sinn eines christlichen Lebens im Kloster gerecht zu werden, hat sich Mitte des 6. Jahrhunderts die knapp formulierte „Regula“ des Benedikt von Nursia besonders bewährt. Vielleicht lag das nicht zuletzt auch an dem Durchsetzungsvermögen dieses ersten Abtes von Monte Cassino.

Die „Heilige Regel“ des Benedikt stellte offensichtlich für die Menschen eine nachvollziehbare Anwendung der christlichen Lehre auf das Leben dar. Dem weit verbreiteten Mönchswesen wurden so Sinn und Ziel gegeben. Da diese „Lebensordnung“ auch in einer praktischen Erprobung entstand, war sie für die nächsten Jahrhunderte anpassungsfähig, ohne dass ihre inhaltlichen Hauptziele verloren gingen. Mit Unterstützung Karls des Großen wurde die „Regel der Benediktiner“ weit in Westeuropa verbreitet. Somit bildete sie rund 200 Jahre nach dem Tode Benedikts die allgemein anerkannte Grundlage nahezu aller Klöster in diesen Gebieten.

In der Episode werden folgende Themen berührt:

1. **Herkunft und Lebensweg des Benedikt in den ersten 50 Lebensjahren. Sein Streit mit den Mönchen von Subiaco**
2. **Die Gründung des Klosters Monte Cassino um 529**
3. **Die Formulierung der „Heiligen Regel“ durch Benedikt**
4. **Leben und Wirken der Bendiktiner-Mönche**

„Wo ist Benedikt?“, fragt gelangweilt der Beauftragte der Schule in Rom. Er ist für die Liste der Schüler zuständig. Wer in diesem Verzeichnis steht, der muss auch für den Unterricht zahlen.

„Er wird wohl zu seiner Familie nach Norditalien zurückgekehrt sein“, mutmaßt einer seiner Mitschüler. „Er kann es sich ja leisten, sein Studium abzubrechen. Wenn ich so einflussreiche Eltern wie Benedikt hätte ...“

„Das hast du aber nicht! Sorge lieber dafür, dass du dein Schulgeld für das letzte halbe Jahr an die Schule zahlst!“ Der Beauftragte für die Schülerliste ist genau. Mit einem kurzen Vermerk streicht er den Namen Benedikt von Nursia aus seinem Verzeichnis. „Schade“, murmelt er, „Benedikts Familie war kein säumiger oder schlechter Zahler. Er hätte hier in Rom noch gut und gern sein Studium beenden sollen.“

Den Mitschülern ist es egal, denn Benedikt gehörte nicht zu den Spaßmachern, die alle mögen. Ernst und diszipliniert saß er meist neben den anderen Schülern.

Aber Benedikt ist nicht zu seiner vornehmen, oberitalienischen Familie zurückgegangen. Im Gegenteil. Sein Unterschlupf ist eine Höhle, sein Tisch die Felder und Wälder. Nur selten trifft er einen Menschen. Zurückgezogen und auf einfachste Art und Weise lebt er in und von der Natur. Die meiste Zeit verbringt er mit Denken und Gebeten.

Drei Jahre lebt er so zurückgezogen in seiner Höhle. Eines Tages besuchen ihn Mönche aus Klöstern bei Subiaco. Auch sie leben in ihren Hütten ohne Verbindung zur übrigen Bevölkerung. Deshalb bitten sie Benedikt: „Wir hörten, dass Ihr wie wir in der Einsamkeit lebt, um Euch durch nichts auf der Welt vom Gebet an Gott ablenken zu lassen. Wir wissen aber auch, dass Ihr in Rom studiert habt und viel über Gott und Jesus wisst. Wir bitten Euch deshalb, uns als Abt zu leiten und zu führen!"

Ohne zu zögern folgt Benedikt diesen Mönchen in die nahe gelegenen Klöster, die alle eng beieinander liegen und deshalb nur einen einzigen Abt brauchen.

Zunächst sind die Mönche froh, einen Abt als Betreuer und Streitschlichter über sich zu wissen. Denn in den einzelnen kleinen Klöstern haben sich zu viele unterschiedliche Gewohnheiten und Eigentümlichkeiten herausgebildet. Die kleinen Klausen sind oft nur Herbergen für die zahlreichen durchwandernden Mönche. Die meisten dieser Wandermönche halten sich nur Tage oder Wochen in den Klöstern auf.

Nachdem sich Benedikt dieses Treiben in den Klöstern von Subiaco einige Zeit angesehen hat, fordert er: „So hat sich unser Herr Jesus Christus das Leben in seinem Sinne nicht vorgestellt! Wer ihm nachfolgen will, muss schon einige Verpflichtungen auf sich nehmen und vor allem für die kleine Gemeinschaft der Mönche leben und arbeiten!"

Aber seine Ermahnungen werden nur halbherzig befolgt. Einige Mönche verurteilen sogar laut seine Anweisungen: „Als Abt habt ihr kein Recht, uns genaue Vorschriften zu machen, wie wir ein gottgefälliges Leben zu führen haben. Wer will, lebt ganz allein. Andere sollen gemeinsam arbeiten und beten. Aber anordnen dürft ihr das nicht!"

Benedikt jedoch gibt nicht nach. Er hat seine strengen Vorstellungen vom Leben in einer christlichen Gemeinschaft, die nicht durch Eigenbrötler zerstört werden darf. Einige der Mönche bedauern es schon, Benedikt als Abt hergebeten zu haben. Andere packen einfach ihre wenigen Habseligkeiten und wandern weiter, in andere Klöster oder Klausen. Manche geben ihr Mönchdasein sogar wieder ganz auf und heiraten. Da Benedikt nicht umzustimmen ist, versuchen drei Mönche, den ungeliebten Abt sogar für ewig loszuwerden. Auf ihren Streifzügen durch Wälder und Felder sammeln sie Kräuter und kleines Getier. „Was ist das für ein abscheulicher Tee, den ihr da zusammengebraut habt?", fragt Benedikt. Erst als die Mönche sich standhaft weigern, selbst von diesem Getränk zu kosten, wird dem Abt die Absicht klar. Enttäuscht verlässt er die Einsiedler-Klöster von Subiaco. Mit ihm ziehen nur wenige getreue Mönche nach Süden.

Hinter Rom, Richtung Neapel, erblicken die Wanderer einen Berg. Er liegt in einer verlassenen Gegend, in der nur wenige Ziegenhirten zu finden sind. „Lasst uns den Berg erkunden!", ruft Benedikt. Oben auf der abgeflachten Bergkuppe des Monte Cassino finden die Mönche Reste einer alten Burg und die Ruine eines römischen

Tempels. Es bedurfte nur einer kurzen Verständigung: Hier könnte das neue Kloster stehen! Selbst Baumaterial ist vorhanden ...

Schon Monate später erhebt sich eine Kapelle. Im Innern mit klobigen Holzbänken versehen. Ein sorgfältig zusammengefügter Altar aus Stein bildet den einzigen Schmuck. Später entstehen auf dem Monte Cassino eine Küche mit Speiseraum sowie ein gesondertes Schlafhaus für alle Mönche. So als ob dieser Berg nur auf Benedikt und seine Getreuen gewartet hätte, finden viele andere Mönche den Weg hier hinauf. Bald können sie das Tal unterhalb des Berges mit Weinreben und Olivenbäumen bepflanzen. Gemüse und Korn werden angebaut.

„Vergesst niemals", predigt Benedikt seinen Mönchen, die ihn auf Monte Cassino zum Abt gewählt haben, „dass der gesamte Tag uns für den Gottesdienst gegeben worden ist! Nur einen Teil davon sollen wir mit Arbeit, Studium und Mußestunden sinnvoll füllen!"

Trotz der zahlreichen Gebete und Gottesdienste arbeiten die Mönche angestrengt und erfolgreich. Sie leiden deshalb keine Not an Nahrungsmitteln. Auch Bücher werden angeschafft. Fast alle Mönche bemühen sich, das Lesen zu erlernen. Einige könne sogar einzelne Seiten abschreiben und anderen zum Lesen geben.

Aber eng und beschwerlich bleibt es in den kleinen Häusern auf dem Monte Cassino. Benedikt zwingt sich, Ruhe und Zeit zu finden, um aufzuschreiben, was eigentlich hier in dem Kloster schon die Regel ist. Er überschreibt seine Klosterordnung: „Regula". In wenigen Absätzen fasst sie alles Notwendige zusammen, was für das gemeinsame Leben in einem Kloster notwendig ist:

„Jeder Klosterangehörige steht im Dienst Gottes, alle anderen Tätigkeiten ordnen sich diesem Gottesdienst unter!

Jeder bleibe seinem einmal gewählten Kloster treu und wohne dort ein Leben lang!

Jeder Mönch verzichtet auf Eigentum! Der Besitz des Klosters gehört allen gemeinsam! Kein Mönch ist jedoch verpflichtet, absichtlich in Armut zu leben!

Alle Mönche gehorchen dem von ihnen gewählten Abt bedingungslos ein Leben lang! So wie die Jünger Jesus Christus gehorchten!

Kein Mönch darf heiraten oder eine Frau lieben!

Jeder Mönch vollbringe nützliche Handarbeit innerhalb des Klosters! Er leiste, wenn erforderlich, stets gegenseitige Hilfe!"

Die Mönche von Monte Cassino nennen sich noch zu Lebzeiten ihres Abtes „Benediktiner". Über mangelnden Zulauf muss sich das Kloster keine Sorgen machen. Männer aller Altersgruppen und Bildungsschichten klopften an die Pforte, um nach dieser schlichten und strengen „Regula" Mönche zu werden. Das abgeschlossene Kloster wird über Jahrhunderte zur Schule und Wirkungsstätte vieler Jungen und Männer in Mittel- und Westeuropa. Nicht wenige von ihnen stehen als Berater Königen und Kaisern zur Verfügung. Aber wer für kurze oder längere Zeit im Auftrag des Abtes das Kloster verlassen muss, kehrt zurück, ohne über das zu sprechen, was er

„draußen“ gesehen oder gehört hat. Im Kloster ist kein Platz für die Zerstreuung oder Leichtlebigkeit der übrigen Welt. Weder in Worten noch in Taten.

Benedikt stirbt um 550, geachtet und verehrt, in den Armen seiner Mönche. Er hat das für jene Zeit hohe Alter von 70 Jahren erreicht.

30 Jahre später zerstören germanische Langobarden das Kloster auf dem Monte Cassino. Die Gebäude werden wieder errichtet, größer und schöner. Es bleibt nicht das einzige Kloster der Benediktiner. Am dauerhaftesten aber bleibt die „Heilige Regel“ des Benedikt.

Alle Araber sollen Brüder sein!

Arabien nach dem Tode Mohammeds im Jahre 632

Auch die Entstehung der islamischen Religion ist von Mythen umwoben. Die vorliegende Episode konnte nur mithilfe einer Rahmenhandlung einige der gängigsten Legenden nutzen. Die Handlung spielt noch vor der Niederschrift des Koran. Die Aussagen basieren zumeist auf der Gemeindeordnung von Medina aus dem Jahre 624. Im Mittelpunkt der Episode stehen einige der wesentlichsten Forderungen Mohammeds (Allah als der einzige Gott, Ende der Blutrache, Einigung Arabiens). Der erzählerische Kontrast zwischen Wunsch und Wirklichkeit soll zum Nachdenken anregen.

Rechtzeitig vor Sonnenuntergang hat die Kamelkarawane ihren Lagerplatz gefunden. Keine Herberge, keine Stadt, nur eine kleine Senke, in der man lagern kann. Die Wasserstelle ist nicht sehr reichlich. Mensch und Kamele müssen sich mit wenig Wasser begnügen. Aber morgen werden sie bestimmt eine größere Oase erreichen.

Die Kamele sind für die Nacht gefesselt, das Feuer entfacht. Bis auf die Wache versammeln sich alle um die mäßig lodernde Flamme.

„Dein Schwert musst du nicht ständig in der Hand halten!", lächelt Omar, der Führer der Karawane, einen seiner jüngeren Weggenossen an. „Die Zeit der ständigen Fehden ist vorbei. Alle Araber eint jetzt ein gemeinsamer Glaube."

„Na, wenn du meinst!" Nur zögernd lässt Ali seine Waffe los. Er ist das erste Mal auf einer so langen Karawanenreise. Sein Handelsherr hat ihm obendrein streng befohlen, ja gut auf die Handelsware aufzupassen.

„Du kannst beruhigt sein," sagt Omar, „wir haben schon Monate keine Feinde mehr gesehen. Alle, denen wir auf unserer Reise begegneten, waren friedliche Araber, wie wir."

Der Führer der Karawane hockt zufrieden auf seiner Decke, dicht am Lagerfeuer. „Komm, Ali, setz dich schon zu mir! Zur Wache bist du ja erst später bestimmt. Kannst ja dein Schwert mitbringen, wenn dir so viel daran liegt!", fordert er Ali auf.

„Du hast schon Recht, alles geschieht so, wie Allah es will." Mit diesem Stoßseufzer lässt sich Ali neben Omar in der Runde nieder. „Dennoch soll man nicht sorglos sein in dieser Welt ..."

„Nun hör schon auf! Auf dich und die anderen hier wird das ‚Paradies' sicher noch eine Weile warten müssen, so jung wie ihr seid!" Omar ist damit bei seinem Lieblingsthema angekommen. Als Ältester weiß er immer etwas aus den früheren Zeiten zu erzählen. Auch heute findet er seine Zuhörer.

„Ist es wahr, dass du Mohammed noch selbst gekannt hast?", fragt einer aus der Runde.

„Na ja, vieles weiß ich auch nur aus den Erzählungen meiner Familie. Denn als Mohammed starb, war ich noch ein kleiner Bursche, viel jünger als ihr jetzt." Omar hat die Erinnerung an den Propheten durch seine eigenen Erzählungen für sich wach gehalten. „Ich sehe ihn noch wie heute: den Kaufmann und Prediger. Ein freundlicher und lebhafter Mann mit schwarzem Haar und Bart. An seiner Adlernase war er stets zu erkennen. In der Stadt und im weiten Umfeld nannten wir ihn nur ‚den Gerechten'."

„Wie ist er zu diesem ehrenhaften Namen gekommen? War er denn ein Richter?", fragen die Jüngeren im Kreis.

„Oh nein, ein Kadi war er nicht. Dennoch hat er mehr als tausend Richter für Ordnung und Frieden in Arabien gesorgt." Omar schaut zum Himmel, so als wolle er die Zeit zurückholen, über die er jetzt berichtet.

„Ihr sollt wissen, dass vor nicht einmal hundert Jahren zwischen den zahlreichen arabischen Stämmen noch blutige Fehden herrschten. Außerdem zogen zu dieser Zeit immer weniger Karawanen durch unser arabisches Land. Die Kaufleute, die ihre Waren von Indien nach Europa transportierten, begannen damals mehr und mehr den Weg über Kleinasien und das Schwarze Meer zu nehmen. Die Zwischenhändler in unseren arabischen Städten verdienten nichts mehr an diesem Fernhandel. Je ärmer die Menschen in den Handelsstützpunkten Arabiens wurden, desto mehr neideten sie den wenigen Reichen ihr Hab und Gut. Wer Pech hatte und Schulden machen musste, war gezwungen, unverschämte Wucherzinsen zu zahlen. So war fast jeder auf jeden böse. Selbst die wenigen Karawanen, die noch durchs Land zogen, wurden von Landsleuten überfallen. Araber erschlugen Araber! Jede Sippe rächte sich dann dafür wieder an der anderen Sippe."

„Mein Großvater hat mir davon erzählt", warf Ali ein. „‚Blutrache' nannten sie das."

Omar nickt mit dem Kopf und fährt traurig fort: „Dabei ging der Handel gänzlich zugrunde. Jede Sippe dachte nur noch an sich. Früher standen die verschiedenen Götterbilder der einzelnen Sippen in der Kaaba friedlich nebeneinander. Jede Sippe betete dann zu ihrem Gott. Das alles war jetzt vorbei."

„Man konnte also in der heiligen Kaaba nicht mehr ungestört seinen Sippengott anbeten?" Fast ungläubig schüttelt einer der Jungen den Kopf.

„Ja," bestätigt Omar, „so weit war es gekommen. Der neben einem betende Araber war zum Feind geworden, nur weil er sich vor einem anderen Sippengott verneigte."

Die jungen Männer sind betroffen über so viel Hass untereinander.

Omar wartet einen Moment den Zorn seiner Zuhörer ab, dann fährt er fort: „Auch Mohammed litt als Kaufmann und Karawanenführer unter diesen Veränderungen in Arabien und in seiner Heimatstadt Mekka. Die einzelnen Sippen der Beduinen trauten sich kaum noch nach Mekka. Sie fürchteten zu Recht, von anders denkenden Sippenangehörigen angegriffen und ermordet zu werden. Der ‚Würfel' mit seinem schwarzen, vom Himmel gefallenen Stein, stand wie verlassen in der Stadt. Die Folgen? Keine Pilger, keine Händler, kein Geld ..."

„Und was machte Mohammed? Griff er zum Schwert?“, ereifert sich Ali.

„Wenn er so ein Heißsporn gewesen wäre wie du, dann vielleicht. Aber Mohammed suchte Antworten auf die Probleme, indem er oft einsam in die Bergwüste zog. Tagelang durchstreifte er die zerklüftete Einöde und grübelte. Fast verzweifelte er dort. Eines Tages jedoch erschien ihm, so berichtete er es später selbst, der Engel Gabriel und überbrachte ihm eine Aufforderung Gottes. Er, Mohammed, solle die Botschaft allen Menschen verkünden.“

„Und was hat ihm Gott empfohlen?“ Die Männer kennen schon vieles von der neuen Religion. Sie möchten aber gern hören, welche Botschaft Mohammed selbst von Allah empfangen hat.

„Allah ließ durch Mohammed verkünden, dass es künftig nur noch einen Gott für die Araber gibt. Alle Araber hätten sich, in der Religion des ‚Islam‘, dem Willen dieses Gottes zu unterwerfen. Ferner sollte es gerecht auf der Welt zugehen und die Gläubigen seien verpflichtet, nach den Vorschriften Gottes zu leben. Zur Belohnung dafür würden sie nach ihrem Tode herrlich im Paradies leben. Na, ihr kennt ja die Gebote und Regeln unserer Religion. So hat sie damals Mohammed auch direkt von Allah empfangen.“

„Dann war doch damals alle Not vorüber!“, beruhigt lehnt sich einer der jungen Männer zurück.

„Das denkst du dir so!“, fährt Omar ungehalten fort. „Als Mohammed die Worte Allahs vor den Bürgern von Mekka wiederholte, da lachten sie ihn aus, verhöhnten ihn. Nur wenige glaubten ihm. Erst nach Jahren scharten sich Einwohner um ihn, die seine Lehre aufnahmen und ebenfalls verbreiteten.“

„Wer waren denn die schlimmsten Feinde Mohammeds in Mekka? Ich würde ihnen heute noch ...“ Ali wurde immer lauter.

Erzürnt unterbrach Omar diese Rede: „Das genau hat uns unser Gott verboten, und Mohammed hat diese Botschaft übermittelt: Kein Araber soll mehr einen anderen Araber erschlagen. Auch wenn er einer anderen Sippe angehört. Alle sind Angehörige einer gemeinsamen Religion, sind also vor Allah Brüder.“

„Demnach müssen die gläubigen Araber Allah mehr gehorchen als ihrem Sippenältesten oder dem Sippengott?“, fragt sicherheitshalber einer der jungen Männer nach.

„So ist es“, antwortet Omar und schickt seinen Blick über die Runde am Feuer hinaus. „He, du da, deine Ohren sollen Feinde erlauschen und nicht meine Worte!“ Halb ergrimmt, halb belustigt schickt Omar so die Wache wieder auf ihren Posten. Ein wenig schmeichelt es ihn schon, dass selbst die Wache versucht hat, seiner Erzählung zu lauschen.

Ungeduldig fordern die Männer am Feuer: „Berichte weiter! Ließ sich Mohammed in Mekka weiter demütigen?“

„Fast zehn Jahre predigte er schon in Mekka. Aber die Feindschaft der Reichen wurde unerträglich. Zuerst hatten sie ja nur über ihn gelacht. Schließlich verboten sie den Bewohnern Mekkas, mit Mohammed oder seinen Anhängern zu sprechen. Sogar Morddrohungen erreichten den Propheten. Ein großer Teil seiner

Anhänger verließ Mekka und zog nach Yathrib. Beide Oasenstädte waren nicht gut aufeinander zu sprechen. Deshalb fanden diese Anhänger dort eine freundliche Aufnahme. Im September 622 verließ auch Mohammed Mekka. Mein Vater sagte damals zu uns, der Prophet hätte Hals über Kopf fliehen müssen. Sogar ein Mordkommando wäre im Auftrag der Herrschenden von Mekka hinterdrein geschickt worden. Aber ich glaube, da hat mein Vater etwas übertrieben. Fest steht aber, dass Mohammed begeistert in Yathrib empfangen wurde. Die verfeindeten Sippen von Yathrib hofften, durch Mohammed als Kadi die Blutrache zwischen ihnen zu beenden. Schon nach kurzer Zeit gelang das auch dem Propheten. Mit seiner Ankunft begann überhaupt ein neues Leben in Yathrib - daher beginnt auch unser Kalender in diesem Jahr der Übersiedlung mit der Zeitrechnung."

„Ihr redet immer von Yathrib. Ich bin in der Nähe von Mekka bei einem Beduinenstamm aufgewachsen. Aber eine Stadt dieses Namens kenne ich nicht." Fragend richtet einer in der Runde die Augen auf Omar.

„Ach ja, die Stadt Yathrib nannte sich erst nach der Ankunft des Mohammed ‚Medina', also ‚Stadt des Propheten'. Eine neue Gemeindeordnung entstand. In ihr wurde unter anderem festgeschrieben, dass ein Bürger Medinas nur noch dem Willen Allahs zu folgen hat, keinesfalls mehr den Weisungen seiner Sippe."

„Dann war also Medina die erste Stadt, die nach den Geboten Allahs und seines Propheten regiert wurde?", fragt neugierig Ali.

Omar erläutert: „Und nicht nur die Stadt selbst, auch die umliegenden Beduinenstämme beugten sich freiwillig dieser neuen Ordnung. Fast zehn Jahre verwalteten so Mohammed und die islamischen Gläubigen die Stadt. Dabei entwickelte sie sich zu ihrem Vorteil. Die Reichen spendeten Almosen, die Blutrache wurde beendet, Habgier und Wucher konnten gemildert werden."

„Was aber geschah mit Mekka und der heiligen Kaaba?" Diese Frage kommt überraschend von dem jungen Mann, der eigentlich Wache halten sollte. Seine Neugier ist wohl doch nicht zu zügeln. Aber niemand nimmt ihm das übel. Auch Omar mahnt ihn jetzt nicht an seine Pflicht. Eifrig berichtet er weiter:

„Mohammed ließ eine bewaffnete Truppe zusammenstellen, um notfalls eines Tages gegen Mekka gerüstet zu sein. Denn auch Mekka sollte, so wie es einst von Gott dem Mohammed aufgetragen worden war, den Glauben Allahs annehmen. Waren es die anrückenden Krieger oder die Hilfe Allahs - jedenfalls gingen die Einwohner von Mekka ‚ihrem' Mohammed schon von weitem entgegen und geleiteten ihn in die Stadt. Der Glaube wirkte: Immer mehr Araber vereinigten sich friedlich unter dem Islam - selbst diese beiden einst verfeindeten Städte."

„Und was wurde mit den Götterbildern in der Kaaba?", will einer noch wissen.

„Ganz schnell beseitigten die Herrschenden in Mekka die Götterbilder der einzelnen Sippen aus der Kaaba. Mohammed weihte danach den ‚schwarzen Stein' im Sinne des Islam. Von nun an war die Kaaba das Heiligtum aller Muslime. Ein Volk, ein Gott und Frieden im ganzen arabischen Land ..."

Die Stimme Omars geht in ein lautes Röcheln über. Die Pfeile der arabischen Beduinenkrieger sitzen genau. Niemand aus Omars Runde überlebt. Tot liegen sie um das glimmende Feuer.

Arabisch klingt das Siegesgeheul, das danach aufsteigt. Wenig später treiben die Beduinen die erbeuteten Kamele und die wertvolle Warenladung in die Dunkelheit der Wüste.

Gott oder Götzen und eine Axt

Bonifatius fällt 722 die Donareiche zu Geismar

Aus der langen Missionszeit der Iren und Angelsachsen greift die Episode einige Momente der Tätigkeit des Bonifatius heraus.

Die knappen Situationsschilderungen über die Lage der Klöster und Bischofssitze soll die komplizierte Situation verdeutlichen, in der Bonifatius zu Beginn des 8. Jahrhunderts wirkte. Seine besondere Fürsorge galt der Gründung und Festigung von Pfarrgemeinden. Die vorangegangenen Missionsbewegungen hatten erkennen lassen, dass die Errichtung von Klöstern und Bischofssitzen allein nicht genügte, um den christlichen Glauben im gesamten Land zu verbreiten oder wieder zu festigen.

Die Episode verdeutlicht, dass Bonifatius nicht ungeschickt mit den religiösen Grundstimmungen der Bevölkerung umgeht. So verwendet er beispielsweise das Holz der gefällten Donareiche wieder zum Bau für einen Ort der Gottesanbetung.

Dass sich Bonifatius auch Feinde schuf, wird durch seinen Tod deutlich. Das Buch, das durch den Axthieb gegen Bonifatius teilweise gespalten wurde, ist noch heute in Fulda zu sehen. Zum Gedenken an den heiligen Bonifatius finden bekanntlich die jährlichen Konferenzen der katholischen Bischöfe Deutschlands in jenem Kloster statt, das er gegründet hat.

1. **Ankunft der Bonifatius-Mönche und erste Erfahrungen mit einem Kloster**
2. **Bonifatius und die Sorgen eines Bischofs in Köln**
3. **Die Donareiche zu Geismar wird gefällt**
4. **Bonifatius gründet das Kloster zu Fulda**
5. **Ein Axthieb tötet den Missionar in Friesland**

„Den Rest der Fahrt müsst ihr leider allein bewältigen. Näher kann euch mein Boot nicht an die Küste heranbringen!“ Mit dieser Entschuldigung weist der Bootsführer auf den nahen Strand.

„Warum sollen nicht auch noch die Füße nach dieser Überfahrt nass werden!“ lachen die Männer, die jetzt ins flache Wasser springen. Ihre kleinen Bündel mit den wenigen Habseligkeiten werden ihnen nachgereicht.

„Und Glück auf euren Wegen!“, ruft der Bootsführer den zwölf Männern nach, die halb lachend, halb schimpfend durch das schon wieder ablaufende Wasser zum Strand waten.

„Lasst uns den Weg mit einem Gebet beginnen!“ Bonifatius, der Anführer dieser Gruppe von Männern, kniet im Sand nieder. Erst später trocknen alle ihre einfachen, dunkelbraunen Kutten. Wie Jesus und seine Jünger haben sich diese Männer aus Südengland aufgemacht, auch hier auf dem Festland den Glauben an den Christengott zu verbreiten. Es ist also nicht die Abenteuerlust, die sie zu dieser Reise veranlasst. Bonifatius ist bereits über 40 Jahre alt, als er hier im Jahre 716 an der friesischen Küste landet.

„Die Schreiben unseres Klosters und des Papstes sind trocken geblieben!“, freut sich einer der jüngeren Männer dieser Schar. „So können wir jedem, der sich danach erkundigt, unseren Auftrag vorweisen ...“

„Wenn er denn lesen kann oder nicht seine Frage gleich mit der Streitaxt stellt!“, wirft Bonifatius ein. „Ihr wisst, die Bewohner dieser Gebiete hier misstrauen Fremden. Mönche, die vor uns schon das Land bereist haben, berichteten schlimme Erlebnisse.“

Mut und Gottvertrauen brauchen die zwölf Männer in den nächsten Wochen schon. Obwohl sie klugerweise nicht mit der Tür ins Haus fallen, erreichen sie bei den Friesen kaum etwas. Man hört ihnen schweigend zu, aber zum neuen Gott, den die Mönche ihnen beredsam vorstellen, wollen sie sich nicht öffentlich bekennen. Manchmal drehen sich die Bewohner während der Predigt auch nur um und gehen stur ihrer Wege. Die Mönche um Bonifatius müssen manchmal froh sein, dass sie mit heiler Haut weiterziehen können. Oft hebt sich aus der Menge eine Waffe drohend gegen die Prediger. „Muss man sich nicht wehren, wenn diese Priester die alten, vertrauten Götter beleidigen?“ So denken viele der Friesen.

Die Mönche um Bonifatius geben dennoch nicht auf. „Steter Tropfen höhlt den Stein!“, spricht Bonifatius seinen Weggenossen Mut zu.

Auch als sie das Land der Friesen verlassen, wird ihre Aufgabe nicht leichter. Entlang des Rheins hatten sich die Bewohner vor rund 200 Jahren schon einmal zum Christentum bekehren lassen. Nun scheint es so, als ob der Glaube an die germanischen Götzen mit Macht zurückgekehrt ist.

„Seht nur“, ruft einer der Männer um Bonifatius, „schon wieder ein Götzenstandbild! Und frisch mit Opfergaben belegt!“

„Sollen wir es zerstören?“, fragt einer der Mönche. Bevor Bonifatius jedoch Antworten kann, sprengt ein Trupp vornehm gekleideter Reiter heran. Offenbar kommen sie gerade von der Jagd zurück. Lachend begrüßt ihr Anführer die Gruppe der Mönche: „Seid gegrüßt, Brüder in Christo! Entschuldigt den Staub, den wir hier aufgewirbelt haben, aber wir haben es eilig. Von eurem Kommen haben wir gehört und wollten euch deshalb ein gehöriges Festmahl bereiten lassen. Offensichtlich seid ihr aber schneller hier eingetroffen, als es uns die Boten meldeten!“

Höflich verneigt sich Bonifatius vor dem Reiter: „Meinen Namen und meine Ziele kennt ihr offenbar schon?“

„Aber natürlich, Bruder Bonifatius! Euer Ruf eilt euch stets voraus! Ich bin der Abt des Klosters hier. Es liegt vor euch, gleich hinter dem Hügel. Ich erwarte euch dann als meine Gäste.“ Im Galopp entfernt sich der Abt und seine Begleitung, um vor den Gästen im Kloster zu sein.

„Klein, aber fein!“, stellt einer der Mönche fest, als sie die Klosterpforte durchschritten haben. „Hier kann man leben!“

„Und vielleicht auch Gott vergessen!“ knurrt Bonifatius leise. „Da wundert es mich nicht, dass die Götzenbilder vom Klostertor aus zu sehen sind!“

Freundlich und reichlich werden die Gäste vom Abt bewirtet. Endlich können die Wandermönche wieder einmal an gut gedeckten Tischen sitzen. Aber schmecken will ihnen das alles nicht. Bonifatius hält trotz dieser Gastfreundschaft keineswegs mit deutlichen Worten der Kritik zurück: „Redet ihr denn nicht den Leuten ins Gewissen, die Götzendienste zu unterlassen und wieder an den christlichen Gott zu glauben?“

„Sie würden mir wenig glauben. Außerdem bin ich kein Prediger für die armen Leute. Ich bin ein Verwandter des Königs und deshalb hier Abt. Als Priester tauge ich nicht. Ich bin nicht dafür ausgebildet“, entgegnet trotzig der Gastgeber.

„Da brauche ich mich ja nicht zu wundern, dass ihr euch nicht lateinisch mit uns unterhaltet, wie es unter Mönchen und Priestern üblich ist“, braust Bonifatius auf.

„Natürlich nicht!“ weist der Abt diese Forderung zurück. „Ich verwalte hier das Kloster, so gut es geht. Der König ist mit meiner Arbeit zufrieden. Aber verlangt bitte nicht von mir, dass ich das Vaterunser lateinisch herbeten soll!“

Schon in der Frühe des nächsten Tages brechen Bonifatius und die Mönche wieder auf. Bei nächster Gelegenheit schreibt Bonifatius Briefe an den König und den Papst. Vielleicht wird sich in Jahren ein Abt für dieses Kloster finden lassen, dem die Frage des rechten Glaubens nicht gleichgültig ist.

In der Ferne tauchen Mauern und Gebäude einer großen Stadt auf. „Das muss Köln sein!“, ruft erfreut einer der Männer. „Seit hunderten von Jahren schon herrscht in diesen alten Römerstädten der christliche Glaube. Demnach brauchten wir die Bewohner dieses Landstrichs gar nicht mehr zu bekehren! Ich freue mich darauf, endlich tausende von Gleichgesinnten zu treffen!“

„Das hast du wohl in England in den alten Büchern des Klosters gelesen?“, fragt Bonifatius lächelnd seinen Begleiter. Der junge Mann bekommt wegen der ironischen Bemerkung seines Herrn einen roten Kopf. Vorsichtig erkundigt er sich: „Sollte in diesen Klosterschriften etwa nicht die Wahrheit stehen?“

Bonifatius schaut ihn etwas traurig an und erklärt: „Sicher stimmte es, was der Mönch da vor vielen, vielen Jahren niederschrieb. Ich fürchte nur, die Wirklichkeit hat sich inzwischen etwas verändert! Du wirst es selbst sehen.“

Mit Neugier betreten sie die Stadt Köln. Was sie erwartet, verwundert die Mönche sehr. Keine Torwache, mit Unkraut überwucherte Gassen. Schweine und Schafe laufen scheinbar herrenlos zwischen Hausruinen herum. Nur die Stadtmauer erinnert noch an die einstige Größe der Stadt. Jetzt dient sie vor allem als Viehkoppel.

Die Mönche versuchen, einen der Einwohner zu fragen, wo sie den Bischof finden können. Nur mit Mühe verständigt man sich. Einer der sprachgewandten Mönche schüttelt den Kopf: „Das ist kein Latein, was dieser Mann spricht. Ich hätte das aber in einer ehemaligen römischen Stadt erwartet.“ Nach längerem Grübeln fährt er fort: „Es scheint die Sprache eines kleinen germanischen Stammes zu sein, die ich aber nicht kenne.“ Endlich gelingt mit vielen Gesten eine Verständigung, und der Einwohner weist ihnen den Weg durch die zerfallenen Gassen.

In einem Winkel Kölns stehen die Mönche schließlich vor dem Bischofssitz. Durch Mauern nochmals geschützt, finden sich einige steinerne Häuser und eine Kirche. Die Wachen des Bischofs sind sehr vorsichtig und prüfen die Gruppe genau, ehe sie sie einlassen. Der Bischof wird sich später dafür entschuldigen.

„Wir haben schlimme Zeiten hinter uns“, erklärt der Bischof seinen Gästen. „Viele meiner Dienstleute wurden von germanischen Kriegern ermordet oder verschleppt. Immer wieder versuchen Beutegierige hier einzudringen. Mein Vorgänger wurde sogar von einem Trupp Germanen ermordet. Ihr wisst nun, warum wir vorsichtig sein müssen.“

„Dann werdet ihr auch kaum kirchlichen Einfluss auf die Bewohner dieses Landstrichs nehmen?“, fragt Bonifatius und kennt im Grunde schon die Antwort.

„Ihr habt leider Recht. Solange nicht der König hilft, wird die Kirche allein die germanischen Stämme nicht bekehren können. Wir brauchen Stützpunkte im ganzen Land, mehr Bischofssitze, Pfarrkirchen und Klöster. Nur so könnten wir dem um sich greifenden Götzenglauben entgegentreten.“

„Und was wird aus den ehemaligen römischen Städten, in denen einst so viele Christen zu Hause waren?“, fragt Bonifatius besorgt.

Der Bischof hebt die Schultern. „Die Germanen kennen keine Städte. Sie lebten und leben stets auf dem weiten Land. Die alten Römerstädte werden weiter verfallen, so wie Köln.“

Nach einigen Tagen der Rast verlässt die Gruppe des Bonifatius Köln. Sie ziehen nach Südosten, weiter hinein in die germanischen Gebiete.

Über sechs Jahre sind inzwischen seit ihrer Landung an der friesischen Küste vergangen. In vielen Berichten schildert Bonifatius König und Papst die Lage und bittet um Hilfe für das Land und die Kirche. Erste Erfolge stellen sich ein. So haben Bonifatius und seine Helfer schon viele Menschen taufen können. Neue Kirchengemeinden wurden von ihnen geschaffen. Aber sehr, sehr viele Landstriche warten noch darauf, vom christlichen Glauben zu hören.

Im Hessischen scharen die Mönche eines Tages die Einwohner des Dorfes Geismar und seiner Umgebung um sich. Wie so oft schon in anderen Landstrichen versuchen sie, die Bevölkerung zum christlichen Glauben zu bekehren. Eindringlich reden die Mönche auf die Anwesenden ein, um ihnen klarzumachen, dass eine Abkehr von den alten germanischen Göttern notwendig ist.

„Ja, wenn wir wüssten, dass der Christengott wirklich stärker ist als unsere Götter, dann könnte man darüber nachdenken und sich taufen lassen. Aber den Beweis für diese Kraft werdet ihr Christen nicht erbringen können.“ Diese Worte eines alten Bauern finden bei den meisten murmelnde Zustimmung.

Bonifatius fühlt sich herausgefordert und denkt sich: „Mit weiteren Worten ist diesen Bauern nicht beizukommen!“

Erstaunt vernehmen deshalb alle, selbst seine Begleiter, das nun folgende Angebot aus dem Munde des Bonifatius:

„Morgen in aller Frühe werden wir alle hinaus zu eurer heiligen Eiche gehen. Ihr verehrt in ihr, so habe ich gehört, seit Jahrhunderten Donar, den Gott des Gewitters. Dort werde ich euch beweisen, welcher Gott der stärkere ist. Wenn ihr meinen Worten nicht glauben wollt, so sollt ihr euren eigenen Augen glauben."

Der Zulauf zur Donareiche ist größer, als es die Mönche erwartet haben. Kaum dass der Morgen graut, stehen schon die Bewohner von Geismar und Umgebung um die weithin sichtbare Eiche. Natürlich mit respektvollem Abstand, denn dem Heiligtum darf man sich nicht ungestraft nähern. Donar könnte sonst seine Blitze schleudern und Sintfluten ausschütten.

Bonifatius aber tritt unter die mächtigen Äste der uralten Eiche und ruft: „Höret, wenn euer Gott Donar so mächtig ist, wie ihr glaubt, dann wird er diesen Baum beschützen. Wenn aber der Gott der Christen stärker ist, so wird die Eiche durch diese Axt, geführt durch die christlichen Mönche, stürzen."

Die frisch geschliffene Axt funkelt in den Strahlen der Morgensonne. Die Menge murmelt und streitet, wer wohl Sieger sein wird. Nur weit hinten ist eine kreischende Stimme zu hören: „Seht die Axt der Christen, wer sie gegen unseren Gott Donar schwingt, der wird selbst von ihr getroffen werden!"

„Sei still, Alte! Geh lieber wieder in deine Wälder und misch dich hier nicht ein!" „Wir wollen sehen, wer der stärkere Gott ist!" Vielfältig klingen die Stimmen aus der Menge.

Bonifatius ergreift als Erster die Axt und tritt an die Eiche heran. Schlag um Schlag kerbt sich das Werkzeug in den Stamm. Man merkt, dass Bonifatius nicht immer nur ein Mann des Wortes war. Aber bald schon wird er durch seine übrigen Mönche abgelöst.

Laut hallen die Axthiebe in das Tal. Die Schaulustigen sind in ihrer Meinung zum Geschehen gespalten: „So eine Eiche lässt sich nicht so einfach fällen!", mit unverhohlenem Spott schaut ein Bauer den Mönchen zu. „Ich bin gespannt, ob sich die Götter das gefallen lassen!", ruft eine junge Frau ihrer Nachbarin zu und bringt ihre Kinder sicherheitshalber noch weiter nach hinten. „Keine Angst, liebe Frau, so schnell kippt dieser Baum nicht um. Und wenn, dann erreichen seine Äste uns hier nicht." Mit prüfendem Blick vergewissert sich aber der Bauer nochmals, dass sie alle genügend Abstand haben. Das Gemurmel der Volksmenge begleitet die Arbeit der Mönche. Die aber wissen, dass es jetzt nicht nur auf den Beistand Gottes ankommt, ob diese Eiche sich fällen lässt.

„Brüder! Schont eure Kräfte nicht!" Auch Bonifatius geht im Wechsel immer wieder selbst mit der Axt an den Stamm.

„Da! Der Wipfel zittert!", einer der vorwitzigen Jungen aus dem Dorf will es gesehen haben. „Unsinn, Donar wird über diesen Frevel nur sein Haupt geschüttelt haben. Die Eiche steht fest", belehrt ein alter Mann die Kinder.

Mehr als eine Stunde ist bereits vergangen. Keiner hat den Schauplatz verlassen. Alle wollen wissen, wem die Götter helfen. Die Mönche halten kurz inne und betrachten den angeschlagenen Stamm von allen Seiten. Dann verrichtet wieder die Axt ihr Werk. Helle und dunkle Späne fliegen.

„Zurück!" Bonifatius kann seine Mitstreiter gar nicht so schnell warnen. Erst langsam, dann immer schneller neigt sich der Baum zu Seite. Fluchtartig verlassen die Mönche den Gefahrenbereich. Da krachen auch schon die Äste auf die Erde, bohren sich in den Boden. Das Gewicht des uralten Baumes knickt selbst die stärksten Äste. Ein Zittern und Schütteln geht nochmals durch die Äste des gestürzten Baumriesen. Danach tritt Ruhe ein. Still stehen auch die Menschen. Und still gehen sie auch alle auseinander. Für die meisten hat sich soeben die Ohnmacht und die Macht von Göttern offenbart. Allen, selbst den Zweiflern ist vor Augen geführt worden, dass der Christengott den heiligen Baum der alten Götter stürzen ließ.

„Sucht die Axt!", ruft einer der Mönche, die neugierig an den gefällten Stamm herantreten. „Ich habe sie vorhin in der Eile fallen gelassen!" Nur kurz ist die Suche. Ein Sonnenstrahl hat das Metall aufblinken lassen. Bonifatius hebt die Axt mit beiden Händen auf und kniet dann vor dem Stamm nieder. Ein kurzes Gebet beendet die schwere Arbeit der Mönche.

„Der Erfolg ist uns durch Gottes Hilfe halb beschieden!", ruft Bonifatius kurz danach seinen Mitstreitern zu. Verwundert blicken sie ihn an. „Jetzt gilt es, die verwirrten oder verunsicherten Menschen dieser Gegend zu taufen, um sie vollends von ihrem Götzenglauben abzubringen."

Ein Bach wird zum Taufbecken, zu Hunderten führt Bonifatius sie zur Taufe und zum neuen Glauben.

Bonifatius will aber auch ein Zeichen für die neu gewonnenen Christen setzen: „Lasst uns aus dem Holz der Donareiche eine Kapelle bauen! Sie soll die Bewohner von Geismar und Umgebung an diesen denkwürdigen Tag erinnern!"

Diesmal helfen auch die Bewohner. Grob und klobig wirkt dieser kleine Kirchenbau aus Eichenholz, als er nach Wochen fertig ist. Aber er steht fest – wie eine Eiche.

Schon lange ist die Mönchsgruppe um Bonifatius wieder auf der Wanderschaft, um weitere Menschen zum Christentum zu bekehren. Noch Jahre und Jahrzehnte kümmert sich Bonifatius um neue Kirchen und die Erneuerung der Klöster. Manche bewundern ihn, manche fürchten ihn. Unermüdlich reist er umher und schreibt seine Berichte an den Papst. So ist auch ein Brief über die Gründung des Klosters Fulda im Jahre 744, das 751 fertig wurde, erhalten geblieben: „Es ist ein waldreicher Ort in einer Einöde von allergrößter Einsamkeit inmitten der Völker unseres Missionsfeldes, an dem wir das Kloster erbaut und die Mönche angesiedelt haben, die nach der Regel des heiligen Vaters Benedikt leben, Männer von strenger Enthaltsamkeit, die auf Fleisch und Met verzichten und auch keine Diener haben, sondern sich begnügen mit dem, was sie von eigener Hand erarbeiten."

Mit über 80 Jahren begibt sich Bonifatius nochmals auf eine Bekehrungsreise. Diesmal nach Friesland, jener Gegend, die er mit 40 Jahren zuerst betreten hat. Tief atmet er die salzige Luft des Meeres ein. Bonifatius predigt, bekehrt und tauft.

Aber er hat sich nicht nur Freunde geschaffen.

Seine Hände fassen wie immer den Bischofsstab und sein Buch. Gerade will er sich segnend wieder einigen Friesen zuwenden. Da trifft ihn ein Hieb. Mit dem Buch versucht Bonifatius den Schlag des Mörders abzuwehren. Tief dringt die Axt in Umschlag und Blätter ein. Dann verletzt das Mordwerkzeug Bonifatius selbst. Die blutige Axt entgleitet den Mörderhänden und fällt zu Boden. „Wer sie gegen unseren Gott Donar schwingt, der wird von ihr selbst getroffen werden!" Bonifatius glaubt die kreischende Stimme von damals zu hören – und stirbt.

„Habt ihr die Rauchzeichen denn nicht erkannt?"

Vom Beginn der Sachsenkriege Karls des Großen 772

Aus den Sachsenkriegen Karls des Großen, die von 772 bis 804 dauerten, sind zwei Phasen ausgewählt worden. Die erste Episode schildert den Beginn der Kämpfe bis zum Fall der Eresburg. Darin werden die Gründe für Erfolge und Misserfolge der Kriegsparteien an Beispielen dargelegt. Auf die weiteren, zeitgleichen Kriege Karls des Großen wird hier nicht eingegangen, obwohl sie immer die Züge gegen die Sachsen beeinflussten.

Quellen und Legenden zu den Sachsenkriegen widersprechen sich manchmal, sodass die vorliegenden Episoden nur einigen Versionen folgen konnten. Manche der zeitgenössischen Übertreibungen mussten ausgeklammert werden. Sicher aber ist, dass die Franken das sächsische Heiligtum „Irminsul" so gründlich zerstört haben müssen, dass es spätere Untersuchungen nicht mehr auffinden konnten.

1. Vom jährlichen Treffen der sächsischen Stammesfürsten in Marklo
2. Die Franken überfallen ein sächsisches Dorf nach dem anderen
3. Verteidigung und Erstürmung der Eresburg

„Auch euch wünsche ich einen glücklichen Heimweg! Wir sehen uns dann ja in einem Jahr hier wieder!", ruft Hermann seinen Stammesgenossen zu. Dann bleibt nur noch eine Staubwolke von ihm und seinen Begleitern.

„Ich will es für uns hoffen, dass wir uns alle wieder sehen!" Es ist Odilo, der das traurig ausspricht.

„Ach Odilo! Du ewiger Sorgenknecht! Wir Sachsen gehen schon nicht verloren, auch wenn wir uns nur alle Jahre einmal hier in Marklo treffen!", lacht Hunold. „Es ist nun einmal alter Brauch, dass sich die kleinen Stämme der Sachsen getrennt halten. Jeder für sich und niemals einen König über sich!"

„Ich bin ja auch damit einverstanden", sagt Odilo, „solange Frieden herrscht!"

„Du glaubst doch nicht, dass uns der Frankenkönig wirklich angreifen wird?", versucht Hunold die Sorge Odilos zu vertreiben. „Der Franke hat genug im eigenen Land zu tun. Und Feinde für ihn soll es ja auch an seinen anderen Grenzen geben. Deshalb wird er uns in Frieden lassen!"

Odilo zuckt nur mit den Schultern. „Hoffentlich geht dein Wunsch in Erfüllung!"

„Aber sicher, Odilo! In einem Jahr wirst du sehen, dass sich dann alle Abgesandten der freien Bauern und der Adligen Sachsens hier wieder treffen." Hunold schwingt sich aufs Pferd und grüßt im Davonreiten nochmals die Abgesandten der anderen kleinen Stämme.

Grollend murmelt Odilo in seinen Bart: „Sachsen, Sachsen, ihr seid euch nicht einig genug!"

Kein Jahr ist vergangen. Abgehetzte Reiter jagen durch das Land an der Weser, um die Sippen der Sachsen zu warnen: „Habt ihr nicht die Rauchzeichen und Signalfeuer gesehen?", rufen die Boten verzweifelt schon von weitem.

Die Adligen und Bauern in dem abgelegenen Dorf sind ahnungslos: „Natürlich haben wir vorgestern und gestern kleine Rauchsäulen am Horizont bemerkt. Das sollten Signale sein? Welche und wofür?"

Alle reden bestürzt durcheinander: „Unser Mann, der in Marklo war, hat uns nichts von einer drohenden Gefahr berichtet."

Endlich kann sich auch der Abgesandte des Dorfes Gehör verschaffen: „Kein Wort war in Marklo davon zu hören. Das muss ich bestätigen. Auch von Warnungen durch Feuerzeichen habe ich nichts dort erfahren ..."

Die erschöpften Boten wissen das alles schon aus den anderen Dörfern.

„Ihr hättet mindestens zwei Tage Zeit gehabt, euer Dorf zu verlassen, wenn ihr die Rauchzeichen richtig gedeutet hättet. Jetzt aber ist uns der Feind schon fast auf den Fersen!", zürnen die Reiter.

„Von welchem Feind redet ihr? Wer greift uns an?" Die Bauern können sich die ganze Aufregung nicht erklären.

„Keine Zeit zum Reden! Nur so viel: Der Frankenkönig Karl marschiert ins Land der Sachsen ein. Bitte gebt uns ausgeruhte Pferde, damit wir noch möglichst viele Dörfer warnen können!" Nur mit kurzer Rast jagen die Boten weiter. Einer, der Weg und Steg zum nächsten Dorf kennt, reitet mit ihnen.

„Ihr habt es gehört! Keine Zeit ist zu verlieren!" Der Älteste der Bauern und einer der Adligen übernehmen das Kommando.

„Verteidigung ist zwecklos, unsere kleinen Dörfer haben zu wenige Bewaffnete. Also fort mit dem Vieh und unseren Leuten in die Fliehburg! Vergrabt, was ihr nicht mitnehmen könnt, denkt vor allem an das Getreide und die Geräte", rät der Bauernälteste.

„Verwischt alle Spuren, die ihr auf dem Weg zum Burgwall hinterlasst! Zwei meiner Knechte werden zusätzlich noch eine falsche Fährte legen. Vielleicht haben wir Glück, und die Franken folgen uns nicht zum Versteck", ruft der Adlige den verstörten Dorfbewohnern zu.

Der Bauernälteste beschwört nahezu seine Mitbewohner: „Und beeilt euch! Jede Stunde zählt jetzt, sonst ist alles verloren!"

Was kann ich mitnehmen, was muss ich vergraben oder verstecken? Diese Frage muss auf jedem Bauernhof in Windeseile entschieden werden. Schon knarren die ersten beladenen Karren aus dem Dorf. Das Vieh muss zusammengetrieben werden. Vieles geht durcheinander. Zwei oder drei Schweine sind ausgerissen und in den Wald gelaufen ...

Der Bauernälteste verlässt als Letzter mit seiner Familie das Dorf. Voller Sorge geht sein Blick zurück: Still liegen die Hütten und Häuser. Kein Mensch ist zurückgeblieben, auch die Alten und Kranken sind mitgenommen worden. Niemand im Dorf darf verraten können, wo sich die Fliehburg befindet!

Stunden vergehen, ehe die gesamte Dorfbevölkerung mit ihren Karren und ihrem Vieh die Wallburg erreicht. Die Spuren ihrer Fluchtwege sind weitgehend verwischt.

Die Bewohner eines weiteren Dorfes halten sich schon hinter dem Erdwall auf. Der Platz für die Tiere wird jetzt eng. Aber alle helfen mit, damit weder Mensch noch Tier vor dem schützenden Erdwall bleibt.

„Bewahrt Ruhe und versucht, die Tiere still zu halten. Sie könnten uns zuerst verraten. Sorgt für Wasservorräte!“ Die Bauernältesten sind besorgt.

Die Adligen kümmern sich vorwiegend um die Wachen: „Alle Krieger, ob Bauer oder Adliger, halten auf dem Ringwall Wache! Vier Mann erkunden, ob fränkische Truppen schon in der Umgebung sind!“

Bereits in der nächsten Nacht wird das auch ohne Kundschafter deutlich: In der Ferne brennen Dörfer!

Die Angst, vom Feind entdeckt zu werden, ist riesengroß. Dennoch wagen selbst die Kinder und Frauen nicht, laut zu weinen. Jedes Wehklagen könnte Späher der Franken auf die Fliehburg aufmerksam machen. Angespannt blicken die Bauernkrieger vom Wall aus in das schier undurchdringliche Gestrüpp des Waldes. Aber kein Knacken oder Rascheln verrät feindliche Reiter oder Krieger zu Fuß.

Noch den ganzen nächsten Tag warten alle angespannt in der Fliehburg.

In der darauf folgenden Nacht erblicken die Sachsen wieder den Feuerschein eines brennenden Dorfes. Es liegt aber in anderer Richtung als in den Nächten davor. Ausgesandte Späher berichten, dass es nicht die eigenen Dörfer waren, die nachts gebrannt haben. Alle atmen auf. Für diesen Augenblick hatten sie Glück gehabt. Sehr viel Glück sogar.

Anders ergeht es den Sachsen, die zwei, drei Tagesreisen weiter in ihren Dörfern wohnen.

Als sie vom überraschenden Herannahen des Frankenheeres erfahren, verlassen auch sie ihre Wohnstätten und fliehen in die Wälder. Viele der freien Bauernkrieger sowie die Adligen mit ihrem Gefolge begleiten jedoch nicht die Dorfbevölkerung in die Waldverstecke, sondern reiten zur größten Wallanlage der Sachsen, der Eresburg. Diese Anlage ist für die Sachsen ein heiliger Ort, ihn gilt es jetzt zu verteidigen. Hunderte sächsischer Krieger bewachen hier die Wälle und Palisaden der riesigen Verteidigungsanlage.

Auch die beiden sächsischen Adligen Odilo und Hunold treffen sich hier mit ihrem Kriegsgefolge. Zuletzt haben sie sich in Marklo bei der jährlichen Versammlung der sächsischen Abgesandten gesehen.

„Ich muss gestehen, Odilo, dass ich nie und nimmer an deine Voraussage geglaubt habe. Aber leider hast du Recht behalten!“ Hunold ist wirklich zerknirscht, dass er die Mahnungen Odilos vor Monaten so in den Wind geschlagen hat.

Odilo triumphiert keineswegs. Traurig entgegnet er Hunold: „Wir Sachsen hätten uns vielleicht doch rechtzeitig vorbereiten und jetzt gemeinsam wehren sollen. So haben die Franken, wie du siehst, ein leichtes Spiel!“

Beiden bleibt aber keine Zeit, sich um die Fehler der Vergangenheit zu kümmern. Die bevorstehende Verteidigung der Eresburg erfordert auch von ihnen alle Kraft und Überlegung.

Bisher hat Karl der Große die Sachsen nie in großen Schlachten zu fassen bekommen. Nun hat der König einen verlässlichen Hinweis darauf bekommen, dass viele sächsische Krieger in der Eresburg versammelt seien. Er vermutete nicht zu Unrecht, dass die Sachsen ihre heiligen Stätten, zu denen die Eresburg zählt, vor dem Feind schützen wollen.

Tage später erreicht das fränkische Heer die Eresburg. Schon von weitem sind die Wälle der Burg in der riesigen Lichtung erkennbar. Karl frohlockt: „Endlich eine Angriffsmöglichkeit außerhalb der unüberschaubaren Wälder!"

Weder seinen Bauernkriegern noch seiner gepanzerten Reiterei, die meist aus Adligen besteht, gönnt Karl der Große eine Verschnaufpause nach dem beschwerlichen Marsch. Obwohl bereits der Nachmittag begonnen hat, lässt er unverzüglich angreifen. Eine höchst ungewöhnliche Zeit für einen großen Angriff. Hinzu kommt, dass die fränkischen Bauernkrieger, die meist nur widerwillig dem Heerbann des Königs folgen, freien sächsischen Bauern gegenüberstehen. Die Sachsen eint obendrein der Wille, sich und ihr Heiligtum zu verteidigen.

Die Sachsen nutzen die Deckung aus, die ihnen Wälle und Zäune der Eresburg geben. Ihre Pfeile, Speere und Steine beenden den ersten Ansturm der Frankenkrieger. Bedenkliche Lücken werden in die Reihen der Angreifer gerissen. Mit einer solchen grimmigen Verteidigung hat Karl nicht gerechnet. Leider kann er jetzt nicht seine schwere Reiterei einsetzen, denn die hohen Wälle der Burg können die Pferde mit ihrer Last nicht gefahrlos bewältigen. Erbost über den Misserfolg seines ersten Sturmangriffs, schickt Karl weiter Welle um Welle von Fußkriegern in den Kampf.

Hier und jetzt will Karl der Große die Entscheidung über den gesamten Feldzug erzwingen. Ganz gegen seine sonstigen Gepflogenheiten lässt Karl schließlich sogar seine Panzerreiterei absitzen und zu Fuß kämpfen.

Die Sachsen müssen sich nach vielen Stunden in den inneren Burgwall zurückziehen. Hier aber kommen die Franken keinen Schritt weiter. Sie können einfach nicht in das Innere des Burgwalls eindringen.

Erst der Abend beendet das blutige Ringen. Als niemand in der hereinbrechenden Dunkelheit mehr Feind und Freund unterscheiden kann, ziehen sich die Franken zurück. Sie sind sich sicher, am nächsten Morgen den letzten, inneren Wallring der Sachsen erobern zu können und das Heiligtum der Sachsen ein für allemal zu beseitigen.

Ein großer Ring aus Lagerfeuern umzingelt die Wallanlage der Sachsen.

Die Finsternis der Nacht verschluckt die Gestalten, die sich lautlos auf den Wällen der Eresburg bewegen. Es sind nur wenige sächsische Krieger. Mit ihren Dolchen überwältigen sie an einer bestimmten Stelle geräuschlos die fränkischen Wachen. Noch bevor bei den Franken Alarm gegeben wird, sind alle sächsischen Krieger aus dem inneren Burgwall durch den Ring der Lagerfeuer hindurch. Sogar ihre Pferde haben sie mitnehmen können. Und schon sind die Sachsen auf dem Weg in die Wälder. Die Götter der Natur werden ihnen, wie bisher immer, hier Schutz und Hilfe geben. Unter denen, die in den Wäldern Kraft für neue Angriffe gegen die Franken schöpfen, ist auch Hunold. Odilo fiel schon am Tag zuvor.

Die fränkischen Krieger, allen voran Karl der Große, ärgern sich sehr, den scheinbar sicheren Sieg verschenkt zu haben. Keine ruhmreiche Schlacht hat so den Feldzug der Franken gegen die Sachsen beendet. Im Gegenteil, die Kämpfe beginnen erst ...

Die Wut der Franken tobt sich an den Anlagen der Eresburg und dann auch an dem Heiligtum Irminsul, der „Weltenesche", aus. Karl befiehlt seinen Kriegern: „Zerstört die Heiligtümer der Sachsen so gründlich, dass niemand mehr erkennen kann, wo sie einst lagen!" Und noch einmal machen sich seine Truppen daran, um die letzten Reste dieser sächsischen Bauwerke zu beseitigen.

„Taufe oder Tod!"

Aus den Sachsenkriegen Karls des Großen in den Jahren 782 bis 785

Aus den über dreißig Jahre dauernden Sachsenkriegen Karls des Großen ist als zweite Episode der Übertritt Widukinds zum christlichen Glauben gewählt worden. Es ist zu beachten, dass diese Erzählung keinen direkten Anschluss an die Episode über den Beginn der Sachsenkriege hat.

1. **Die Sachsenkriege belasten die fränkischen Bauern**
2. **Widukind an der Spitze des sächsischen Widerstandes**
3. **Erlahmen der sächsischen Kampfkraft und Verrat vieler Adliger**
4. **Die Taufe Widukinds**

Jahr um Jahr vergeht. Fast immer spielt sich das gleiche ab: Im Sommer rücken die Krieger Karls des Großen in das Sachsenland ein, zerstören Felder und Dörfer. Mit Geschick und List entkommen ihnen jedes Mal die meisten Bewohner. Die Wälder machen sie für die Franken unauffindbar. Überfälle sächsischer Krieger auf kleinere Truppenteile Karls sind sehr häufig. Es wird für kleine Trupps der Franken fast lebensgefährlich, Raubzüge in die verlassenen Dörfer zu unternehmen.

Regelmäßig im Herbst beendet Karl der Große wieder seine Feldzüge. Aber niemals kommt es zu einer entscheidenden Niederlage der Sachsen.

Das Murren der fränkischen Bauernkrieger jedoch wird von Jahr zu Jahr größer. Noch lauter schimpfen die Bauersfrauen in Franken.

Besonders Mathilda ist böse: „So geht das nicht mehr weiter! Jedes Jahr muss ich mit den Kindern die Ernte allein einbringen. Nicht einmal zur Grasmahd bist du hier!"

Eckbert, ihr Mann, ist genau so zornig, aber er schluckt meist seinen Groll herunter. Unbeirrt fährt dafür seine Frau fort: „Die Dächer müssten dringend ausgebessert werden. Die Ernte fällt Jahr für Jahr kleiner aus – aber die Abgaben an das Kloster und den Herrn sind geblieben. Wie sollen wir bloß über den nächsten Winter kommen?"

Eckbert will sich verteidigen: „Ich kann doch daran auch nichts ändern, der Heerbann gilt nun auch für mich ..."

„Aber doch nicht in jedem Jahr. Der Krieg gegen die Sachsen lässt uns Bauern in Franken ja alle verhungern", schimpft Mathilda. Sie ist nicht leise, jeder im Dorf kann es hören, dass sie böse auf den Heerbann und den König ist. Sie weiß, die meisten im Dorf denken so wie sie.

„Wenn es nur die Ernte wäre, die kleiner wird", brummt Eckbert. „Schließlich muss ich ja auch dafür sorgen, dass für den Kriegszug ein starkes Pferd bereitsteht, meine Waffen gut und scharf sind und ich für drei Monate Verpflegung mitzunehmen habe."

„Und alles muss erst erarbeitet werden!", erbost sich Mathilda. „Diese Feldzüge müssen so oder so ein Ende nehmen. Sonst sind wir in Franken eher am Ende als die Sachsen. Lieber sollen die Sachsen Heiden bleiben ..."

„Frau, das darfst du nicht einmal denken!" Eckbert schaut jetzt erschrocken seine Frau an. „Du weißt selbst, dass es unsere Pflicht ist, die Heiden zu bekehren."

„Auch mit der Waffe?", grollt Mathilda.

„Aber natürlich!" Eckbert kennt dabei keine Zweifel. „Wie oft standen wir Krieger schon mit unseren Lanzen dabei, wenn der Pater die heidnischen Sachsen taufte und zu Christen machte."

„Und wenn sie sich weigerten?", fragt Mathilda.

„Ein Heide in Sachsen hat keine Wahl. Es lässt sich taufen und lebt als Christ oder ..."

„Sprich nicht weiter, Eckbert, ich will es gar nicht wissen, was ihr dann im Zeichen des Kreuzes macht!"

Zehn Jahre Krieg sind eine lange Zeit. Das Heer Karls des Großen wird kampfesmüde. Zumindest lässt wohl die Aufmerksamkeit nach.

So kommt die Stunde Widukinds. Im Gegensatz zu vielen sächsischen Adligen bemüht er sich um ein gutes Verhältnis zu den freien Bauern im Lande. Er weiß, dass sie die besten Krieger sind. An ihrer Spitze bringt er den fränkischen Truppen schon seit Jahren schwere Verluste bei. Karl der Große versucht, Widukind im Kampf zu vernichten, zu „kaufen" oder durch Verräter umbringen zu lassen. Nichts davon gelingt.

Jede Nachlässigkeit der Franken nutzt Widukind aus: Bei Süntel marschiert eine Heereseinheit der Franken durch sächsisches Gebiet. Widukind lässt sie genau beobachten. Stärke und Bewaffnung der Gegner sind ihm so genauestens bekannt. Er weiß, ob sie viel oder wenig Reiterei haben, ob die Krieger erschöpft sind und welchen Weg sie einschlagen. Als er erfährt, dass die Franken sogar auf Vorausabteilungen beim Marsch verzichten, sammelt er seine Krieger.

Die überraschten Franken werden angegriffen. Ihr gesamter Truppenteil ist plötzlich eingekesselt. Wikudind feuert seine Krieger an: „Nehmt Rache für die Morde der Franken an unseren Brüdern!"

Doch das braucht er seinen Bauernkriegern nicht zweimal zu sagen. Sie kämpfen für ihre Dörfer, Familien und Götter. Bis auf den letzten Mann wird die große Abteilung der Franken getötet. Niemandem gelingt es zu fliehen.

Erst sehr spät erfährt Karl der Große von dieser vernichtenden Niederlage seines Truppenteils durch Widukinds Krieger.

„Heute darfst du dem König nicht unter die Augen kommen, er rast vor Wut!" Die Ratgeber des Königs ziehen die Köpfe ein.

„Karl sinnt auf Rache an den Sachsen", berichtet Adalwin, einer der engsten Vertrauten des Königs. „Alle Panzerreiter des Königs sind aufgeboten und hunderte der besten Bauernkrieger. Schon in drei Wochen werden wir die Sachsen wieder angreifen!"

In Ingelheim, einer der Pfalzen des Königs, wimmelt es in den nächsten Tagen von Pferden und Kriegern. Wenige Tage später steckt jedoch die Armee der Franken wiederum in den dichten Wäldern Sachsens fest. Gefahren lauern von allen Seiten. Die sächsischen Bauernkrieger wenden jede List an, um das große fränkische Heer in kleine Abteilungen aufzuspalten, die sie dann leichter vernichten können. Holt die große Frankenarmee dann zum Gegenschlag aus, sind die Sachsen längst im Dickicht verschwunden.

In den unübersichtlichen Landstrichen Sachsens ist diesmal aber nicht nur mit Feinden zu rechnen. Kaum eine Woche vergeht, da nicht ein sächsischer Adliger sich vor Karl dem Großen auf den Boden wirft und seine Dienste anbietet. Und der Frankenkönig ist klug genug, diese Angebote zu nutzen. Ehe er den sächsischen Adligen aber etwas verspricht, „prüft" er sie. Mit Erfolg. So verraten beispielsweise einige dieser Adligen, wo sich die Bauernkrieger Widukinds aufhalten, die bei Süntelн die fränkische Heeresabteilung vernichtet haben. Sie nennen auch die Namen derjenigen Adligen, die zusammen mit Widukind und den sächsischen Bauernkriegern gekämpft haben. Auch der Name Hunold fällt.

Was die Wälder nie preisgegeben hätten, der Verrat macht es möglich: Tausende von sächsischen Kriegern werden aufgestöbert und nach Verden an der Aller geschleppt. Abschreckend soll es sein, wenn Karl befiehlt, den gefangenen Sachsenkriegern ohne Ausnahme die Köpfe abzuschlagen. Ein gewaltiges Blutbad richten die Franken an. Unterwerfen sich nun die Sachsen endlich?

Nicht alle Bauernkrieger Sachsens verbluten in Verden. Viele konnten rechtzeitig entkommen und sammeln sich erneut in den Wäldern. Sie hoffen auf den nächsten Winter, der ihnen, wie alle Jahre, eine Kampfpause verschaffen wird.

Im darauf folgenden Jahr, 783, fällt die Armee Karls des Großen erneut in Sachsen ein. Wie schon früher, beendet auch dieser Heereszug nicht den Krieg. Im Herbst entscheidet Karl plötzlich, mit seinem Heer in Sachsen zu überwintern. Das ist völlig ungewöhnlich und ruft den Unmut seiner Krieger hervor. Aber der König setzt sich durch. In diesem Winter müssen Frauen und Kinder in den Bauernwirtschaften in Franken völlig ohne die Hilfe der Männer auskommen, denn Karl will den Widerstand der Sachsen endgültig brechen.

Nur mit Unterstützung sächsischer Adliger, die er schon früher als Grafen eingesetzt hat, kann er die Armee im besetzten Land überwintern lassen. Viele der „neuen" Grafen herrschen weiterhin in ihren „alten" Gebieten. Nun allerdings haben sie einen König über sich. Aber die sächsischen Adligen beruhigen sich: „Besser einen Frankenkönig über sich, als unruhige Bauern unter sich, die sich womöglich gegen uns verschwören können!"

Im Jahre 785 muss Widukind einsehen, dass er diesen Kampf gegen die Franken nicht gewinnen kann. Zu viele Adlige der Sachsen sind schon im Dienst Karls des Großen. Mit Unterstützung des Frankenkönigs können die sächsischen Adligen endlich die freien Bauern in die Abhängigkeit bringen, ihnen Steuern und Abgaben aufbürden.

Immer weniger Sachsen können sich als freie Bauern behaupten. Damit endet aber auch allmählich die Kraft des sächsischen Widerstands.

Am Ende des Jahres 785 erscheint Widukind bei Karl dem Großen. Er will sich taufen lassen und den Kampf gegen die Franken aufgeben.

Karl überlegt, ob er diesen jahrelangen Feind sofort töten lassen solle. Er berät sich und nutzt dann seine Chance als „Bekehrer der Sachsen". Er will sogar selbst Taufpate Widukinds sein. Die Feier findet zu Weihnachten in der Pfalz Attigny nahe Reims statt, weitab vom Land der Sachsen.

Offenbar hat sich Karl der Große zu viel von der Taufe Widukinds versprochen. Denn weiterhin müssen fränkische Krieger und Priester das Land der Sachsen durchstreifen. Sie suchen die noch ungetauften Einwohner. Die meisten lassen die Taufe über sich ergehen. Nur ganz Eigenwillige verstecken sich wie bisher in den Wäldern oder beten heimlich zu ihren Naturgöttern.

Wer von den Sachsen jedoch aufgegriffen wird und die Taufe verweigert, wird getötet. So fordert es ein Gesetz Karls des Großen. „Taufe oder Tod!" ist der Ruf der fränkischen Krieger und Priester. Rücksicht nehmen die Franken dabei nicht.

Dennoch dauert es noch etwa zwanzig Jahre, ehe alle Sachsen getauft sind und Karl den Großen als König anerkennen.

Von Hammaburg blieb nichts

Die Normannen erobern Hamburg im Jahre 845

Die Züge der Normannen und Wikinger aus Skandinavien nach Westeuropa stellten die letzte Phase der Völkerwanderung dar. Ähnlich hart wie die Hunnen diese ethnische Verschiebung eingeleitet hatten, so schloss auch das Vordringen der „Nordmänner“ diese Epoche grausam ab.

Da die Landwirtschaft in den skandinavischen Ländern in jener Zeit zunehmend die Ernährung der Bevölkerung nicht mehr sicherstellen konnte, galt es, sich die Lebensmittel durch Tausch zu besorgen. Dafür benötigte man zweckmäßigerweise Edelmetalle, die meist durch Raub beschafft wurden. So ließen die Männer Skandinaviens die ohnehin wenig ertragreiche Landwirtschaft von ihren Frauen und Kindern besorgen. Für sie selbst galt der Spruch: „Ein Mann gehört aufs Schiff!“ Die Adligen sorgten für gute Ausbildungs- und Trainingsmöglichkeiten der Seefahrer und Krieger. Oft waren die Männer ganzer Landstriche fern ihrer heimatlichen Höfe, in so genannten „Winterlagern“, kaserniert. Neben der körperlichen Stärkung dienten diese Lager auch der Disziplinierung und der geistigen Vorbereitung der Krieger auf die Raubzüge. Viele technische Erfindungen (Schiffskiel, Ortsbestimmung anhand von Sonne und Sternen, Wasseruhr, Nutzung der Meereströmungen usw.) erleichterten es den Normannen, überraschend zuzuschlagen. Die flachen, aber hochseetauglichen Boote konnten vom Meer aus sehr weit in die meisten europäischen Flüsse vordringen.

Erst 891 gelang es, in der Nähe von Löwen an der Dyle ein normannisches Heerlager so zu vernichten, dass die Raubzüge in das Frankenreich aufhörten. Zu Beginn des 10. Jahrhunderts siedelten die westfränkischen Könige Teile der Normannen in der „Normandie“ an und befriedeten sie auf diese Weise.

Leise wird der Befehl von Mann zu Mann weitergegeben: „Ruder einziehen! Rüstung festschnallen!“ Ein steifer Nordwest füllt das Segel und jagt das flache Boot förmlich den Elbstrom aufwärts. Alles liegt jetzt in der Hand des Mannes, der das Schiffsruder bedient. Unverwandt tasten seine Augen die kaum erkennbaren Ufer ab. „Nur nicht auf eine Sandbank geraten!“, murmelt er vor sich hin. „Flussmitte halten und keine Geräusche machen!“ Viel hängt von seiner Steuerkunst ab, denn diesem ersten Schiff folgen weitere, die sich auf ihn verlassen.

Die Nacht ist dunkel, wie es die Normannen heute mögen. Unbeobachtet segeln sie so Stunde um Stunde die Elbe aufwärts. Da streckt Sörens, der adlige Befehlshaber dieser kleinen Flotte, plötzlich seinen Arm backbord aus. Auch der Steuermann hat es gesehen. Das muss die Hammaburg sein. Sörens lässt kein Auge von diesem Schatten am Ufer, war es doch seit Jahren sein Ziel, diese Stadt einmal zu plündern. Wenn dieser Beutezug heute gelingt, wird er sich, so hofft er, würdig in die Ahnenreihe derjenigen Adligen einreihen, die seit Jahrzehnten große und riskante Beutezüge für die Normannen in Westeuropa vollbracht haben.

Schwach zeichnet sich jetzt am Ufer der Turm der Hammaburg gegen den nächtlichen Himmel ab. Nur durch Gebärden verständigen sich die Krieger auf dem Boot. Kurze Zeit später knirschen die Kiele im Kies des Ufers. Danach herrscht wieder Stille. Noch scheint niemand in der Burg etwas bemerkt zu haben. Das Grinsen von Sörens wird breit und breiter. So hat er es sich immer gewünscht, einen Überfall zu beginnen ...

Wie sie es im Winter in ihrem Trainingslager im südschwedischen Trelleborg geübt haben, schwingen sich die 50 Krieger des ersten Bootes fast geräuschlos über die fast zwei Meter hohe Bordwand und waten zum Ufer. In kürzester Zeit sind die Männer aller Schiffe an Land. Erst als sie sich auf die Befestigungszäune zubewegen, gellt das Alarmhorn der Burgbesatzung. Spät, viel zu spät! Denn schon sind die Normannen auf der Holzumzäunung und im Burghof. Das aufgestaute Schlachtgeschrei hunderter von Normannen ist markerschütternd. Die verschlafen heraustorkelnden Verteidiger müssen alles als einen bösen Traum auffassen, allerdings mit tödlichem Ausgang für sie. Wer es von den Burgwachen nicht bis auf den Hof geschafft hat, den trifft das Schwert oder Langmesser der Normannen in den Unterkünften. Gefangene machen die Normannen nie.

Während die ersten Eroberer noch töten, suchen andere schon nach Wertvollem. Ihr Anführer Sörens scheint dafür einen besonders geübten Blick zu haben. Er zeigt meist nur auf die Kostbarkeiten. Seine Leibgarde greift dann zu. Der besonders geräumige Platz des Anführers im Boot füllt sich rasch. Dolche, Schwerter, goldene Spangen, silberne Krüge liegen dicht bei dicht. Aber auch seine Krieger raffen und morden, wenn es nötig ist, im Wechsel.

Als die Normannen sicher sind, dass in der Burg alle Bewacher tot und keine Schätze mehr vorhanden sind, zünden sie alles an, was brennen kann. Die lohende Flamme lässt über Stunden selbst die dicksten Balken und Bohlen der Festung zu Asche werden. Hell erleuchtet dieses Feuer den Nachthimmel.

Der Lärm hat längst die Bewohner des nahe gelegenen Wik, der kleinen Kaufmannstadt im Schutz der Hammaburg, aus dem Schlaf gerissen. Als der Feuerschein der brennenden Burg zu sehen ist, sind die meisten von ihnen schon auf der Flucht. Nur ein Angstschrei gellt durch die Gassen: „Die Normannen kommen!“ Es gilt, das nackte Leben zu retten. Zum Mitnehmen von Habseligkeiten bleibt keine Zeit. Häufig haben die Hammaburger von den Überfällen der Normannen gehört. Jetzt sind sie dran!

In größter Furcht rennen die Menschen aus ihrer kleinen Stadt heraus. Der Palisadenzaun ist jetzt mehr Hindernis als Schutz.

„Nur schnell fort von hier! Lauft weg, so weit ihr könnt!“ Mehr können selbst die erfahrensten Männer der Stadt nicht raten oder tun.

„Haltet die Kinder still, damit die Mordbrenner nicht euren Fluchtweg finden!“ Das aber ist leichter gesagt als getan. Welches Kind ruft nicht, wenn es die Mutter in der Dunkelheit verloren hat?

„Verteilt euch in kleine Gruppen, damit die Normannen nicht alle auf einmal finden, wenn sie uns verfolgen!“ Auch dieser gute Rat ist bei der Finsternis schwer zu befolgen.

„Nur nicht dahin laufen, wo das Feuer lodert!“ Aber einige Menschen verlieren trotzdem die Orientierung und laufen direkt den Normannen in die Arme. Sie und die Einwohner, die die Stadt nicht schnell genug verlassen haben, erfahren das gleiche Schicksal: Sie werden ohne näheres Hinsehen sofort getötet. Auch bei Kindern machen die Normannen keine Ausnahme.

Kaum graut der Morgen, da durchsuchen die Normannen schon die Häuser der Stadt. Wer sich jetzt noch in seinem Haus versteckt gehalten hat, ist verloren.

Auch vor dem Kloster und der Bischofskirche machen die Krieger nicht Halt. Im Gegenteil. Herr Sörens, der adlige Anführer, hat sich diese Gebäude selbst zum Plündern ausbedungen. Es ist sein gutes normannisches Recht, als Adliger und Anführer das zu fordern. Sicherheitshalber nimmt er wieder einige seiner treuesten Krieger mit.

Das vorgestreckte Kreuz hilft dem Abt wenig, es wird ihm hohnlachend entrissen. Anschließend zwingt Sörens den Abt, ihn zu den Vorräten und Habseligkeiten des Klosters zu führen. Als er schließlich die Truhe mit dem Klosterschatz öffnen muss, stößt ihm Sörens das Schwert in den Rücken. Tödlich getroffen, stürzt der Abt nieder. Mit dem noch blutigen Schwert zeigt Sörens nur auf die Truhe, und seine Krieger wissen, was zu tun ist. Wenig später steht die blutverschmierte Kiste am Platz des Anführers auf den Planken im Boot. Einer der vier Krieger, die die Truhe aufs Boot getragen haben, richtet sich stöhnend auf: „Das war die schwerste Kiste, die ich je für ihn geschleppt habe!“ Sörens treuester Diener, der an Bord die Schätze seines Herren zu bewachen hat, fährt ihn an: „Stöhne nicht, im Dienst muss man alles ertragen können!“ Ohne Widerrede schwingen sich die vier Krieger wieder von Bord, um ihrem Herren beim Plündern weiter zu Diensten zu sein.

Knut streift durch die Gassen der Stadt. „Komm, bleib an meiner Seite!“, ruft er seinem Sohn Sven zu. „Du musst erst noch lernen herauszufinden, wo diese Stadtleute ihre Wertsachen zu verstecken pflegen.“ Und Vater Knut findet in der Tat noch Kostbares in den Häusern, die schon von anderen Kriegern durchsucht worden sind.

„Lade dir nicht Kram auf, suche lieber nach dem Schmuck, den die Leute sicher zurückgelassen haben. – Sieh her, hier im Dachgebälk steckte diese silberne Gewandspange. Ist sie nicht herrlich als Geschenk für deine Mutter?“

Als der Junge danach greifen will, wehrt der Vater ab: „Lerne selbst etwas zu finden, wenn du ein richtiger Normanne werden willst! Und nun heraus aus diesem Haus!“

Überrascht fragt der Junge: „Aber warum denn, vielleicht finden wir noch mehr hier?“

Im Herauslaufen belehrt ihn der Vater: „Selten haben die Kaufleute ihren Schmuck an mehreren Stellen versteckt. Falls ein Brand ausbricht, möchten sie alles an einem Ort griffbereit haben. Dieser Hausbesitzer scheint auch nicht sehr reich zu sein." Verschmitzt fügt er hinzu: „Und außerdem wird es in diesem Haus bald zu heiß für uns!"

Als sie auf die Gasse gelangen, sehen sie schon Flammen aus dem Nachbarhaus schlagen. „Sieh doch, mein Sohn, unsere Krieger sorgen jetzt nur dafür, dass alles, was nicht in unsere Hände fällt, auch von niemand anderem fortgeschleppt werden kann!"

Der Sohn lernt schnell und ist in weiteren Häusern sogar besser als sein Vater. „Verstecke auffinden, das ist eine aufregende Sache!", gesteht er japsend. „Wenn nur die Eile nicht wäre. Was sind das hier übrigens für geschnitzte Holztafeln? Sind sie wertvoll? Soll ich sie mitnehmen?"

„Lass den Kram bloß liegen. Die Kaufleute sollen darauf wohl mit Zeichen eingetragen haben, was sie kaufen oder verkaufen und wie viel sie verdienen. Normannen brauchen das nicht. Wir schreiben nichts auf ..."

„ ...und deshalb muss ich auch nicht lesen können!", triumphiert der Sohn. „Ich verstehe schon, das Wichtigste im Leben sind für uns Normannen gute Waffen, schnelle Boote und eine gute Nase für die Verstecke!"

Lachend folgt ihm der Vater zur nächsten Haustür.

Gegen Abend steht die gesamte Stadt in Flammen. Die hölzernen Häuser und Strohdächer geben dem Feuer gute Nahrung. Und mit ihnen verbrennen die Aufzeichnungen der Kaufleute und die getöteten Bewohner.

Die Geflohenen sehen aus der Ferne die Feuerlohe ihrer Stadt. Sie können dankbar sein, wenn ihre Familien mit dem Leben davongekommen sind. In Erdkuhlen, Hecken und Strauchwerk halten sie sich ängstlich versteckt. Denn sie wissen nicht, ob die Normannen sie noch aufstöbern werden. Aber weiter trugen sie ihre Füße einfach nicht.

Zwar haben die geflohenen Bewohner Boten ausgeschickt, die die umliegenden Burgen und Siedlungen benachrichtigen sollen. Doch die werden höchstens für sich selbst sorgen. Hilfe gegen die Normannen können die einstigen Bewohner von Hammaburg nicht erwarten. Niemand würde es wagen, diesen Kampf aufzunehmen.

Die Normannen verfolgen die Geflohenen diesmal nicht. Sie haben mit anderen Dingen alle Hände voll zu tun: Bis zum Abend sind die geraubten Schätze an Bord der jeweiligen Schiffe gebracht worden. Die einzelnen Schiffsführer lassen kontrollieren, was jeder Krieger an Bord bringt. Was zu schwer oder zu wertlos ist, lassen sie gleich in die Elbe fallen. Manche fluchen zwar deshalb, aber alle wissen, dass ein noch so gutes Boot nicht überladen werden darf. Schließlich sind die einzelnen Planken nur etwa daumendick und wegen des Wellengangs beweglich angebracht. Jeder Krieger muss das Raubgut in seiner Seemannskiste unter sich verstauen, denn Decks gibt es nicht.

Die Ladebeschränkung gilt natürlich nicht für den adligen Anführer Sörens. Er hat nicht nur die Truhe aus dem Kloster aufs Schiff tragen lassen. Weitere Kisten sind hinzugekommen. Aber niemand scheint neidisch zu sein, schließlich ist er ihr

Herr und Anführer. Er hat den Raubzug vorbereitet und festgelegt. Die harten Monate des Übens im Winterlager unter seinem Befehl sind vergessen. Außerdem wären ihre Seemannskisten, auf denen sie jetzt sitzen, nicht gefüllt, wenn es diesen Anführer nicht gegeben hätte.

Der Schein der niederbrennenden Stadt Hammaburg erleichtert es den Normannen, ihre Boote auf das Auslaufen vorzubereiten. Die nächste Flut soll sie wieder ins offene Meer führen. Nur einzelnen Kriegern wurde noch befohlen, die Brände in der Stadt kräftig zu schüren und auf eventuell angreifende Truppen zu achten. Wie immer, ist diese Sorge des Befehlshabers aber unnötig.

Gegen Mitternacht gleiten die flachen Boote der Normannen in die Mitte des Stroms.

Wieder steuert das Schiff des Anführers als erstes dem Meer entgegen. Es ist nicht das neueste, aber das größte Boot dieser Normannenflotte. In Linie folgen ihm die anderen Schiffe. Die Stimmung der Krieger ist gut. Einige haben offenbar vor dem Brand noch Keller mit Bier ausfindig gemacht. Prahlereien mit ihren Raubtaten machen die Runde. Trotzdem tauchen die Ruder im gleichen Takt ins Wasser.

Obwohl ihnen der Norwestwind entgegenweht, haben alle Boote ihr Segel gesetzt. Schließlich weiß man als Normanne, geschickt gegen den Wind zu kreuzen.

Alles auf diesem Raubzug ist wieder einmal, wie seit Jahren und Jahrzehnten, für die Normannen gut gegangen. Sie erreichen die offene See und ziehen die Ruder ein. Der Wind treibt sie zurück in ihre nordische Heimat.

Auch Sörens denkt schon an die Freude und Dankbarkeit, die seine Geschenke bei seiner Familie auslösen werden. Er sitzt auf der großen Truhe aus dem Kloster. Um sich herum die anderen Kisten mit Schätzen. Jetzt will auch er sich etwas Schlaf gönnen. „Niemand“, so denkt er zufrieden im Einschlafen, „kann mir mehr meine Beute entreißen!“

Knarrend bewegen sich die Planken. Mehr als sonst? Oder ist es nur die Dünung des Meeres? Ein kurzer Ruck, ein lautes Krachen: Der schlafende Sörens bricht mitsamt seiner Klostertruhe durch den Boden und verschwindet im Wasser.

Der Steuermann hat es zuerst gesehen. Geistesgegenwärtig befiehlt er: „Stopft das Loch mit dem großen Rinderfell und den Reserveplanken!“ Sein Ruf zu den nachfolgenden Booten: „Mann über Bord! Haltet Ausschau nach Sörens!“ ist umsonst. Niemand hat ihn hören können. Zu weit sind die anderen Schiffe entfernt. Der Steuermann ist sich jetzt schon sicher, dass Nacht und Meer den Herrn Sörens nicht mehr hergeben werden. Außerdem hat er sich jetzt um das Boot und die Mannschaft zu kümmern, für die er ja verantwortlich ist.

Die friedliche Stimmung an Bord ist wie weggeblasen. Alle wissen als erfahrene Seeleute, dass das Schiff wegen dieses Lecks nicht untergehen wird. Dennoch ist Vorsicht geboten. Das Loch in den Planken muss möglichst sicher abgedichtet werden. Anschließend heißt es für Stunden, immer wieder Wasser aus dem Boot zu schöpfen. Wohl dem Krieger, der seine geraubten Kostbarkeiten jetzt wassergeschützt in seiner Seemanskiste weiß.

Als der Schreck überwunden ist, flüstert Knut leise seinem Sohn zu: „Ich hätte gar zu gerne gewusst, was in der Kiste des Sörens denn so schwer war, dass es die Planken brechen ließ!“

Ebenso leise antwortet der Sohn: „Und schade ist es trotzdem darum!“

Knut schmunzelt, er weiß, dass sein Sohn als harter Normanne damit nicht den Anführer meint.

Der Hof ist nicht mehr zu halten!

Der Schritt vom freien Bauern zum Hörigen im 9. Jahrhundert

Ein lange währender Prozess wird in der Episode auf einen Ausschnitt weniger Jahre verkürzt. Im Mittelpunkt steht ein Bauer mit seiner Familie, der sich dieser Entscheidung stellen muss. Unbeachtet in der Episode bleibt die Tatsache, dass der König trotz des Heerbanns eigentlich „seine" waffenfähigen Bauern erhalten und schützen will. Kriege und Fehden zwingen ihn aber, diese Grundlagen seines Königsheeres langfristig zu vernichten. Dass dieser Prozess mit dem Erstarken der adligen Grundherren einhergeht, bleibt außerhalb dieser Erzählung. Die zeitweilige wirtschaftliche Gleichstellung von freien und hörigen Bauern wird nur als Hoffnung angedeutet. Die Episode will den Vorgang auch nicht als unwiderruflichen Absturz in die „Unfreiheit" darstellen.

„Wenn die Frühlingssonne so den Acker wärmt, dann möchte ich gern wieder zum Pflug greifen und den Duft der frischen Erde riechen!" Versonnen gleitet der Blick des Reiters über das Land.

„Du würdest sicher nicht weit kommen mit deinem stocksteifen Bein!", beendet kurz und bündig sein Begleiter diesen Ausflug in das Land der Wünsche.

Der aber ist nicht beleidigt und entgegnet nur knurrend: „Denkst du, dass dir mit deinem verwundeten Arm die Ochsen besser gehorchen würden als mir? – Wir sind nun einmal zwei verwundete Krieger, weder tauglich für den Krieg noch für den Bauernstand."

Der Begleiter lenkt ein: „Also lass uns zufrieden sein mit dem Los, das wir zu tragen haben. Und Bote für den Heerbann zu sein, ist immer noch besser, als tot auf dem Schlachtfeld zu liegen." Unwillkürlich gibt er seinem Pferd die Sporen.

„So warte doch!", ruft ihm sein Kamerad nach: „Dem König und unserem Heer kannst du auch dienen, wenn du nicht so hetzt. Schließlich freuen sich nicht alle über dein Erscheinen!"

Die letzten Worte gehen schon im Galopp der Pferde unter.

In der Ferne taucht ein kleines Dorf auf.

„Mag es sich noch so ducken, wir finden jedes Dorf!" Mit dem gesunden Arm weist der erste Reiter auf die grauen Strohdächer.

Wenig später sprengen die beiden Boten absichtlich forsch in das Dorf hinein und zügeln ihre Pferde erst auf dem Anger. Vom hohen Ross herunter rufen sie nach dem Dorfschulzen. Ihre Rüstung und ihre Waffen glänzen in der Sonne, der Wimpel an der Lanze weist sie als Beauftragte des Königs aus. Die beiden Reiter genießen es, wie sich die Dorfbevölkerung aufgeregt und eilig vor ihnen versammelt. Vor allem die Jungen des Dorfes lassen kein Auge von ihnen und ihrer Ausrüstung. Alle Dorfbewohner halten aber einen gebührenden Abstand zu den Reitern. Damit bezeugen sie ihren Respekt gegenüber den Boten des Königs.

So schnell es geht, erscheint der Schulze vor den beiden Reitern. Tief ist seine Verbeugung.

Der ältere der beiden Gesandten beginnt mit barscher Stimme: „Im Namen des Königs: Gruß und Frieden! Wir sind beauftragt, euch die Aufforderung zum Heerbann zu überbringen!"

Das leise Murren der Männer und Frauen des Dorfes überhören die Boten geflissentlich. Um lauten Protesten zuvorzukommen, macht sich der Schulze deshalb umgehend zum Wortführer: „Auch euch entbietet unser Dorf Gruß und Frieden! Wie ihr bemerkt, sind wir überrascht, erneut zum Heerbann herangezogen zu werden. Erst im vorigen Jahr ..."

„Spart euch eure Worte!" Der älteste Bote unterbricht den Schulzen. „Es ist der Befehl des Königs, dass die Kriegsfähigen aus eurem Dorf erneut aufzubieten sind, um mit dem König in den Kampf zu ziehen. Es sollte diesen Kriegern eine Ehre sein, für König und Reich zu kämpfen." Als der Bote den Trotz in den Augen der Dorfbewohner sieht, fährt er ermahnend fort: „Und eine Ehre für euer Dorf ist es auch! Ihr stellt also wiederum vier kräftige Krieger mit Ausrüstung, Waffen und Verpflegung für drei Monate. Sammelpunkt ist wie immer die Pfalz zu Ingelheim, vier Wochen nach dem Osterfest."

Der Bote hat seinen Befehl übermittelt. Er weiß, auch aus den Erfahrungen mit den anderen Dörfern, dass seine Botschaft zumeist böses Blut macht. Fast Jahr für Jahr sind die freien Bauern verpflichtet, als Krieger des Königs in den Kampf zu ziehen. Die Bauern, die zu Hause bleiben, müssen für die Ausrüstung mit aufkommen und sich um die Familien der Krieger sorgen.

Aber beide Boten wollen und dürfen es sich nicht anmerken lassen, dass es ihnen selber schwer fällt, diesen Befehl zu verkünden. Erst später, im Haus des Schulzen, versuchen sie für ihren Auftrag Verständnis zu finden. Die beiden Reiter haben dafür gute Gründe: Erstens haben sie wirklich Mitleid mit dem Dorf und seinem Schulzen, denn sie kennen wie kaum ein anderer die mehr und mehr verfallenden Dörfer und Bauernwirtschaften in der Umgebung. Zweitens hoffen sie durch ihr Mitgefühl auf eine gute Bewirtung und ein angenehmes Nachtlager. Vielleicht gibt es am nächsten Tag noch eine reichliche Reiseverpflegung? Schließlich kann man allein von der Ehre, Botschafter des Königs zu sein, nicht leben.

Dem Schulzen ist ebenfalls bewusst, dass die Boten nur ihrem Befehl folgen. Mit ihnen beispielsweise über die Anzahl der Krieger zu verhandeln, führt zu nichts. Zur Bewirtung der Boten ist er ohnehin verpflichtet. Vielleicht aber kann er erreichen, dass die Reiter irgendwann einmal sein Dorf nicht „finden"? Jedoch wirklich glaubt er nicht daran. Seine Erfahrung sagt ihm, dass der Kanzler des Königs und die Grafen sehr genau über die Dörfer des Reiches Bescheid wissen!

Die beiden Boten reiten am nächsten Tag weiter. Zurück lassen sie die Ungewissheit im Dorf, wer von den freien, waffenfähigen Bauern diesmal zum Kriegsdienst muss.

Schon am nächsten Abend beraten die Bauern. Vernünftigerweise haben fast alle ihre Ehefrauen mitgebracht. In diesem Dorf ist das seit jeher so Brauch.

Der Schulze beginnt die Zusammenkunft: „Ihr alle habt gehört, dass das Dorf auch in diesem Jahr wieder vier Krieger zu stellen hat. Es sollte selbstverständlich sein, dass es nicht die gleichen Bauern trifft, die schon im letzten Jahr Kriegsdienst geleistet haben ..."

„Das ist auch unmöglich, denn mein Mann ist aus dem Feldzug nicht zurückgekommen!", schluchzt laut eine der Bauersfrauen. Sie weint nicht nur um ihren Mann, sondern auch um die Wirtschaft, die sie seitdem mit den viel zu kleinen Kindern mehr schlecht als recht zu halten versucht.

„Wir haben dir doch aber geholfen, wo wir konnten", will sie der Schulze beruhigen. Aber alle wissen, dass ein Mann in einer Bauernwirtschaft nicht so leicht zu ersetzen ist. Das Mitleid ist groß mit der Witwe. Viele der Bauersfrauen haben aber auch Angst, dass es ihnen nach dem nächsten Feldzug des Königs genauso ergehen könnte wie dieser Witwe jetzt. Wenn der Befehl zum Heerbann fast Jahr für Jahr kommt, dann reicht die Anzahl der waffentragenden, unverheirateten Burschen im Dorf nicht dafür aus. Seit Jahren sind deshalb auch Familienväter in den Kampf gezogen. Das Dorf muss diesmal ebenso entscheiden. Die Dorfgemeinde ist deshalb besonders aufgeregt. Einer fasst Mut und spricht aus, was die anderen denken: „Schon wieder zwei Familienväter unter den Kriegern? Kann man nicht die jüngeren Burschen, die im nächsten Jahr waffenfähig werden ..."

„Betrug hat keinen Zweck!", warnt sofort der Schulze die Anwesenden. „Am Sammelpunkt und dann auf dem Maifeld werden Männer und Waffen der einzelnen Dörfer genau geprüft. Wer oder was untauglich für den Kampf ist, muss ausgetauscht werden, und wir zahlen obendrein eine saftige Strafe!"

Schließlich einigt man sich auf die vier Männer, die zu stellen sind. Für Waffen und Pferde muss diesmal, wie schon in den letzten Jahren, das gesamte Dorf aufkommen. Denn die zum Krieg bestimmten Bauern können aus eigenen Mitteln die Ausrüstung nicht aufbringen.

„So geht es schon mit Schulden in den Kampf für den König. Ob dieser Krieg Beute bringt, ist ungewiss, und wenn, dann sicher wenig für unsere Krieger." So jammern viele im Dorf beim Nachhausegehen. Unausgesprochen bleibt bei allen der Gedanke, dass der Mann vielleicht überhaupt nicht oder schwer verwundet aus dem Kampf heimkehren könnte. Dieses Schicksal will man nicht berufen – also schweigt man und hofft auf den Beistand von oben, von sehr weit oben.

„Nicht jeder Krieger hat etwas Glück und wird zum Boten des Königs berufen, wenn er weder Krieg führen noch Boden beackern kann", denkt einer der vier zum Feldzug bestimmten Bauern.

Jahre vergehen. Fast in jedem Frühjahr wiederholt sich die Forderung des Heerbanns. Im letzten Herbst ist der Bauer Botho verwundet zurückgekehrt. Eine Lanze hat ihn am Oberschenkel getroffen. Monate dauerte es, bis er wieder genesen war. Jetzt kann er schon wieder aufstehen. Aber er humpelt und wird es zeit seines Lebens tun. Während seiner Krankheit haben die Nachbarn geholfen. Jetzt im Frühjahr aber hat jeder mit seiner eigenen Wirtschaft mehr als genug zu tun.

„So kann ich den Hof nicht weiterführen! Ich muss mit dem Schulzen reden!“ Auch seine Frau sieht das so.

Schon am nächsten Tag spricht er mit dem Dorfschulzen.

„Du hast doch noch zwei Jungen, die in wenigen Jahren ebenfalls Waffen tragen dürfen und freie Bauern sein werden!“, versucht ihm der Schulze Mut zu machen. „Bis dahin kannst du doch versuchen, den Hof zu erhalten.“

„Das ist es ja gerade, was mich beunruhigt, Schulze!“ Botho rückt näher an den Schulzen heran. „Du weißt doch selbst, wie viele Bauern und Bauernsöhne in den letzten Jahren als Krieger im Felde geblieben sind. Und jedes Jahr fordert der Heerbann neue Reiter und neue Opfer auch aus unserem Dorf.“

Der Schulze nickt bestätigend: „Leider hast du Recht. Was hat der Bauer von seinem Recht, Waffen tragen zu dürfen, wenn er tot oder verwundet ist und seine Wirtschaft verkommt.“

„Also würdest du mir nicht abraten, wenn ich meine Bauernfreiheit aufgebe?“ Zögernd stellt Botho die Frage.

„Ich kann dir keinen besseren Rat geben, leider. Außerdem befürchte ich, dass du nicht der Einzige bleiben wirst, der diesen Weg beschreiten muss!“ Hilflos hebt der Schulze die Arme.

Botho hat sich entschlossen. Dennoch fällt ihm der Weg zum adligen Grundherren sehr schwer. Fast zwei Stunden brauchen er und sein altes Pferd, um am Hof des Adligen Eberhold anzukommen. Geduldig wartet er dort, bis er vorgelassen wird.

„Du willst dich also unter meinen Schutz stellen?“, fragt Eberhold. Botho kann nur nicken, seine Kehle ist wie zugeschnürt.

„Das ist vernünftig, denn mit der Waffe scheinst du mir als freier Bauer nicht mehr sehr gut umgehen zu können. Kommen wir also zur Sache ...“ Schon ruft der Adlige nach dem Priester, der für gewöhnlich seinen Schreibkram zu besorgen hat.

Der Adlige Eberhold und sein Priester haben offenbar im Abfassen solcher Urkunden Übung. Alles geht sehr schnell, kaum dass Botho folgen kann. Schon liest der Priester noch einmal vor: „ ...übergebe ich hiermit meinen Grund und Boden meinem neuen Grundherrn. Pünktlich werde ich die Abgaben an ihn zahlen und die gehörigen Dienste für ihn leisten. Dafür übernimmt der Grundherr die Last des Heerbanns, zu dem ich als freier Bauer dem König gegenüber verpflichtet bin. Ich und meine Söhne sind fortan vom Kriegsdienst befreit. Wir wissen und befolgen, dass wir künftig nicht mehr berechtigt sind, Waffen zu tragen.“

„Und hier“, der Priester zeigt auf eine Stelle am unteren Ende des Pergaments, „musst du unterzeichnen. Drei Kreuze genügen!“

Botho weiß nicht, ob er auf dem Rückweg weinen oder sich freuen soll. Sein Bein schmerzt und der Kopf kann keinen klaren Gedanken fassen. Erst als er die Dächer des Dorfes sieht, fühlt er wieder Geborgenheit und Ruhe.

Kurz vor dem Dorf spielen seine beiden Jungen zusammen mit anderen Kindern „Boten des Königs“, die freie Bauern zum Heerbann aufbieten. Sogar Lanze und Wimpel des Königs, nachgemacht so gut es geht, fehlen nicht im Spiel. Als die Jungen ihren Vater sehen, springen sie ihm neugierig entgegen. Mit ihren Holzschwertern und klobigen Schilden geleiten sie ihn zum Hof. Unter Schmerzen steigt er vom Pferd. Dennoch begrüßt Botho seine Familie sehr herzlich. Seine Stimme ist nicht ganz so fest wie früher, als er sie alle anspricht: „Es ist entschieden: Wir sind dem Grundherrn hörig, aber frei vom Waffendienst für den König!"

Der Bäuerin treten Tränen in die Augen, sie weiß, wie schwer ihrem Mann diese Entscheidung gefallen ist. Ihren beiden Jungen aber ruft sie dennoch halb lachend, halb weinend zu: „Spielt nur mit euren Waffen, zum echten Kampf werdet ihr keine mehr führen dürfen. Dafür aber bleibt ihr vielleicht gesund und am Leben!"

Und schon stürmen die Jungen wieder zum Spiel mit den andern Kindern vors Hoftor: „Wer ist jetzt der Bote des Königs?"

Ein Vogelfänger als König?

Der Sachsenherzog Heinrich wird 919 König

Sagenumwoben ist die Erhebung des sächsischen Herzogs Heinrich zum König im Jahre 919. Nicht aber die Äußerlichkeiten dieser Situation waren bemerkenswert, vielmehr ging es um persönliche Entscheidungen von historischer Tragweite.

Der Einsicht und dem Geschick der Franken Konrad und Eberhard war es zu verdanken, dass ein regierungsfähiger König an die Spitze der deutschen Stämme kam. Wie nicht anders zu erwarten, blieben weitere Kämpfe um die Königskrone nicht aus, insbesondere zwischen den Stämmen, aber auch innerhalb der jeweiligen Herzogsfamilien. Praktisch erst mit der alles in den Schatten stellenden Gefahr der Ungarneinfälle Mitte des 10. Jahrhunderts konnte der Nachfolger Heinrichs, Otto I., die Stammesherzöge für längere Zeit einigen. Die kluge Entscheidung von 919 war also nur der Anfang einer zeitweiligen Festigung der Königsmacht in Deutschland.

1. **Die weise Entscheidung König Konrads I. auf seinem Totenbett**
2. **Der sich daraus ergebende Streit Eberhards mit dem eigenen fränkischen Adel**
3. **Die Boten überbringen das Angebot dem Sachsenherzog Heinrich**
4. **Das Maifeld von Fritzlar: Heinrich wird König**

Das Feuer flackert zwar im Kamin, es kann aber den Raum weder erhellen noch erwärmen. Federbetten liegen genügend in der Schlafkoje. Doch der Mann darin scheint zu frieren. Bleich ruht der Kopf Konrads auf dem Kissen. Sein Blick geht geradewegs zur Decke. Vielleicht lässt er auch nur Bilder aus seinem Leben an sich vorbeiziehen.

Es war keine glückliche oder erfüllte Regierungszeit für ihn, König Konrad I., gewesen! Das muss er jetzt erkennen, da es für ihn wohl zu Ende geht. Seine Verwundung schmerzt! Mit den Augen winkt er die Nonne heran, die ihm einen wärmenden Tee einflößt. Die Kräuter aus dem Klostergarten sollen dem Kranken helfen.

Leise, aber deutlich fragt er: „Ist mein Bruder eingetroffen?“

„Ja“, antwortet freundlich die Pflegerin. „Er wartet bereits darauf, empfangen zu werden.“

Der König lehnt sich wieder zurück, gibt jedoch keine Befehle. Die Augen sind geschlossen, aber er schläft nicht. Lauscht er auf den Dezembersturm, der draußen tobt und auch durch die klappernden Luken in den Raum streicht?

Unerwartet kraftvoll ist plötzlich seine Stimme zu hören: „Mein Bruder soll zu mir kommen!“

Fast erschrocken eilt die Nonne zur Tür und meldet es der Wache. Nur kurze Zeit später tritt Eberhard, der Bruder des Herzogs, in den Raum. Der Zugwind lässt die Flammen im Kamin und an den Kienfackeln flackern. Einen Augenblick muss Eberhard erst verweilen, ehe er sich zurechtfindet. Dann tritt er, so leise es geht, an die Bettstatt seines Bruders. Freundlich ist der Gruß von beiden Seiten.

Eberhard zieht sich einen Stuhl heran und setzt sich so, dass er seinem Bruder in die Augen blicken kann. Er erkennt, dass der Tod für seinen Bruder nahe ist. Aber klar und bestimmt ist dessen Stimme, als er mit seinem Bruder über die Zukunft des Königtums spricht.

„Du erinnerst dich," beginnt der König, „dass wir stets Seite an Seite gekämpft haben. So haben wir auch keine Geheimnisse voreinander." Eberhard nickt nur stumm. Er merkt, dass der Bruder ihm Wichtiges zu sagen hat. Darum will er ihn nicht unterbrechen.

„Die Fehden der Herzöge, Grafen und Adligen haben das Reich zerstört. Jeder hat versucht, sich auf Kosten des anderen zu bereichern, Land und Leute dem Nachbarn abzujagen. Selbst vor dem Besitz der Kirche haben manche nicht Halt gemacht." Der König hält inne. Nicht die Schwäche ist daran schuld. Aber es regt ihn auf, über Dinge zu reden, die er in seiner Regierungszeit nicht verhindern konnte.

Eberhard versucht, ihn zu beruhigen: „Du hast getan, was du konntest ..."

Der König aber fällt ihm hart ins Wort: „Aber es reichte nicht! Das habe ich mit aller Deutlichkeit erst jetzt in den letzten Wochen erkannt! Den Feind von außen habe ich ebenfalls nicht abwehren können. Verrat geht um: Arnulf, der Herzog von Bayern, flüchtet vor mir sogar zu den Ungarn, unserem ärgsten Feind."

Unwillkürlich fasst sich Konrad an die schmerzende Wunde, die er bei dem Versuch erhalten hat, den unbotmäßigen Bayern wieder unter die Königsmacht zu zwingen. Das ist jetzt Monate her, aber die Verletzung scheint nicht zu heilen.

Die Brüder wissen, dass die meisten freien Bauern in die Abhängigkeit der Grafen und Adligen geraten sind, als Krieger also für den König ausfallen. Wie soll der König aber anders als mit einer starken Armee den Feinden innerhalb und außerhalb der Grenzen entgegentreten?

Erregt spricht Konrad weiter: „Seit Jahr und Tag vererben die Grafen ihre Ämter an ihre Söhne, ohne dass sie mich, den König, darum fragen! Schon lange gibt es keine Königsboten mehr, die nach dem Rechten in den Grafschaften sehen. Alles hört nur noch auf die Befehle der Herzöge!" Die Faust des Königs krampft sich zusammen. So, als würde er seine Gegner doch noch zu fassen kriegen. Aber er weiß, es ist zu spät.

„Höre, mein Bruder, was ich dir jetzt sage, denn viel Zeit bleibt mir nicht mehr!" Der König richtet sich höher auf und blickt unverwandt sein Gegenüber an.

„Ich habe keine Nachkommen, also würdest du nach meinem Tod Herzogtitel und Königswürde übernehmen. Du bist klug genug, um zu wissen, dass du dann wohl nicht viel mehr als ich ausrichten könntest. Nur ein starker König kann das Reich wieder festigen. Einer, der vor allem eine Kriegsmacht hinter sich weiß."

„... und dessen Adlige nicht ständig gegen ihren Herzog mit Gewalt oder List vorgehen", ergänzt Eberhard.

Der König nickt: „Ich sehe, du hast mich verstanden. Deshalb bitte ich dich, verzichte auf die Nachfolge und sorge dafür, dass ein Mann die Königswürde übernimmt, der die Kraft und den Einfluss hat, alles in unserem Land zu wenden!"

Der Händedruck zwischen den beiden Brüdern ist ein Versprechen. Beide wissen, wem diese schwere Aufgabe zuzumuten ist. Es ist vielleicht die größte Tat ihres Lebens, diese Entscheidung zu fällen. Mehr als ein Schlachtensieg wiegt dieses Eingeständnis des Scheiterns der eigenen Politik, aber auch der Verzicht des Bruders auf eine Nachfolge in der Königswürde.

Noch in der folgenden Nacht stirbt der König und fränkische Herzog Konrad I. Es ist der 23. Dezember 918.

Längst ist König Konrad in Fulda beigesetzt, aber er ruht nicht in Frieden: Unter den nächsten Verwandten des Königs ist Streit entbrannt. Nicht alle wollen, wie sein Bruder Eberhard, auf eine fränkische Königsnachfolge verzichten.

„Die Königswürde werden wir Franken niemals an die Sachsen abgeben!" Vetter Geronhart ist aufgesprungen. „Die Krone an jenen Sachsenherzog Heinrich geben, gegen den wir noch vor nicht langer Zeit mit dem Schwert gekämpft haben?"

Sehr viele im Raum sind seiner Meinung. Fast verächtlich schaut Geronhart auf Eberhard, den Bruder des verstorbenen Königs. Eberhard hat wirklich einen schweren Stand, den letzten Willen Konrads zu verteidigen.

Doch auch Eberhard steht nicht allein. Burghart unterstützt ihn und versucht, vernünftige Überlegungen vorzutragen: „Hier geht es doch nicht um die Eitelkeiten eines Herzogs oder seiner Familie! Die Ehre der Franken wird doch nicht verletzt! Ein König aus dem Land der Franken aber wäre den Angriffen und Anfeindungen der übrigen Herzogtümer, wie die Vergangenheit gezeigt hat, einfach nicht gewachsen. Jeder fränkische König hätte ein viel zu kleines Heer. Noch dazu verfügt er über keine bedeutenden Einnahmen. Außerdem ist der Adel in Franken, wie sich ja auch hier zeigt, heillos zerstritten."

„Und von gegenseitigem Misstrauen zerfressen", ergänzt Eberhard und blickt in die Runde. Nur wenige schauen ihm ehrlich in die Augen.

Burghart versucht weiter, die Gründe zu erklären, die König Konrad für seinen Entschluss gehabt haben muss: „Wie sollen wir uns unter diesen Voraussetzungen gegen die Ungarn oder Slawen wehren? Ein König muss her, der alle Herzogtümer einen kann, um diesen Gefahren zu begegnen!"

Monate vergehen, ehe alle Adligen Frankens halbwegs einverstanden sind, den letzten Willen ihres verstorbenen Königs zu erfüllen ...

Seit Tagen reitet Eberhard mit kleinem Gefolge nach Norden in das Land der Sachsen. Sie wollen sich mit Heinrich, dem Herzog der Sachsen, treffen. Erstes zartes Grün färbt Sträucher und Bäume. Doch die Reiter haben kein Auge dafür.

Eberhard wollte es keinem Boten überlassen, die wichtige Bitte seines verstorbenen Bruders dem Sachsenherzog zu überbringen.

Natürlich weiß Herzog Heinrich längst Bescheid, worum es geht. So kommt die fränkische Gefolgschaft für ihn auch nicht überraschend. Dennoch liegt eine gewisse Spannung in der Luft ...

Wer etwas auf sich hält, fängt in jener Zeit mit Leimruten und Netzen die zierlichen Sänger, um sich dann für kurz oder lang an ihrem Gezwitscher im Käfig zu erfreuen. Auch Heinrich bemüht sich, bei dieser Beschäftigung Entspannung zu finden. Geduld und Ruhe sind Voraussetzungen für dieses Freizeitvergnügen des Herzogs.

Aber heute wird er unterbrochen. Die Diener versuchen, ihm die Ankunft einer fränkischen Gesandtschaft möglichst vorsichtig zu übermitteln. Wider Erwarten aber ist Heinrich nicht ungehalten. Im Gegenteil, er empfängt seine Gäste sogar umgehend und sehr zuvorkommend.

Es bedarf keiner Überredungen und keiner Bitten: Herzog Heinrich ist sofort bereit, die Königswürde zu übernehmen. Denn er weiß um die Probleme der benachbarten Franken und hatte genügend Zeit, sich auf die Entscheidung vorzubereiten. Ohne zu zögern antwortet er deshalb den Franken: „Ich entspreche dem Wunsch König Konrads, bestehe aber darauf, dass ich nicht durch seinen Willen allein, sondern durch die Versammlung aller Krieger zum König ausgerufen werde.“

Wenige Wochen später treffen sich bei Fritzlar an der Eder die Herzöge und Krieger der Stämme zum jährlichen Treffen, dem so genannten Maifeld. Munter wehen die verschiedenen Wimpel der Herzöge, Grafen und anderen Adligen. Um sie scharen sich die Krieger in voller Rüstung. Gilt es doch, wie so oft in den vergangenen Jahren, Heerschau zu halten, um Krieger und Bewaffnung zu prüfen. Doch in diesem Mai des Jahres 919 gilt es auch, einen neuen König und Oberbefehlshaber auszurufen.

Bisher sind nur die Truppen der Franken und Sachsen in Fritzlar eingetroffen. Gut bewaffnet und diszipliniert erscheinen die sächsischen Krieger, meist freie Bauern, weniger zahlreich und geordnet die der Franken. Die Krieger Herzog Heinrichs berichten stolz von ihren Erfolgen gegen die Slawen. Der Bericht der Frankenkrieger fällt etwas kleinlauter aus.

Das Warten zieht sich in die Länge. Da endlich kommt wenigstens ein Bote angesprengt: „Der Herzog von Schwaben und seine Krieger kommen nicht zum Maifeld!“

Gemurre macht sich breit. Eberhard und Heinrich sehen sich betroffen an: „Der Schwabenherzog will offensichtlich nicht, dass die Königskrone dem sächsischen Herzog übergeben wird! Will er sie vielleicht für sich selbst?“ Wenig später müssen sie die gleiche Feststellung auch für den Herzog von Bayern treffen. Soll eine weise Entscheidung des verstorbenen Königs durch den Streit der Herzöge zunichte werden?

Der nächste Morgen entscheidet diese Frage: Geordnet und in Waffen stehen dicht bei dicht die Krieger Sachsens und Frankens auf dem Maifeld.

Eberhard ergreift das Wort: „Wollt ihr Krieger, dass Heinrich, Herzog von Sachsen, die Nachfolge meines Bruders Konrad antritt und unser aller König wird?“

Waffengeklirr antwortet ihm, ungewöhnlich laut und lang anhaltend. Dann treten ausgewählte Krieger beider Stämme auf Heinrich zu und heben ihn auf dem Schild des Königs empor, um ihn allen auf dem Maifeld zu zeigen. Unter dem Jubel der Männer setzen sie den neuen König erst wieder nach geraumer Zeit zu Boden. Nun tritt der Erzbischof von Mainz an ihn heran und will ihn nach der Tradition der Kirche krönen und salben. Freundlich aber entschieden weist Heinrich den Erzbischof zurück und ruft über das ganze Maifeld: „Es genügt mir, dass ich vor meinen Vorfahren König genannt werde!“ Zunächst stutzen alle, dann aber ist der Jubel für sein Verhalten riesengroß. Alle begreifen, dass Heinrich sich vor allem von seinen Kriegern als König hat ausrufen lassen wollen. Entsprechend stolz sind die Männer aus Sachsen und Franken. Gemeinsam haben sie „ihren König“ auf den Schild gehoben. Ihm werden sie folgen, weil er sich zu ihnen bekannt hat.

Episoden aus der Geschichte des hohen Mittelalters

Mit dem Mut der Verzweiflung

Der Gang Heinrichs IV. nach Canossa im Jahre 1077

Lang anbahnende geschichtliche Prozesse spitzten sich in diesem „Bußgang" zu. Vielleicht lag es auch an den beiden Hauptbeteiligten, dass sich der schwelende Konflikt zwischen Königtum und Kirche gerade in dieser Situation entlud. Wie sich später herausstellte, war der Gang nach Canossa auch nur eine Etappe in dem weiteren Streit. Die vorliegende Episode unterstreicht die persönliche Rolle, die Heinrich IV. und Gregor VII. in diesem historischen Konflikt spielten.

1. **Der König wird vom Bann der Kirche getroffen**
2. **Der Alpenübergang des kleinen königlichen Gefolges**
3. **Die Bußgänge des Königs vor dem Papst in Canossa und die Lösung des Kirchenbannes**

Stille liegt über der Stadt Speyer. Eine fast erdrückende Ruhe auch in den Gemächern des Königs. Selbst die Familie und die engsten Vertrauten Heinrichs IV. wagen kaum ein lautes Wort zu wechseln.

„Sitzt der König immer noch in seinem Zimmer über den Briefen?", fragt Guntram. Er und Berthold gehören zu den treuesten Beratern des Königs.

„Wieder und wieder liest der König den Brief des Papstes, so als würde er dieses Schreiben nicht für möglich halten", flüstert Berthold, der vor wenigen Augenblicken vorsichtig in den Raum des Königs hineingeschaut hat.

„Dabei kennt doch jeder von uns die anmaßende Formulierung dieses Briefes: Ich untersage dem König Heinrich, der sich mit unerhörtem Hochmut gegen die Kirche erhoben hat, die Herrschaft über das ganze Reich der Deutschen und über Italien, und löse alle Christen vom Band des Eides, den sie ihm geschworen haben. Ich verbiete, dass ihm irgendjemand wie seinem König dient. Und weil er sich weigert, wie ein Christ zu gehorchen, belege ich ihn mit dem Kirchenbann."

„Und dabei hast du sogar noch einige ehrverletzende Sätze des langen Papstbriefes verschwiegen“, empört sich Guntram. „Seitdem der Inhalt dieses Briefes von den Kanzeln kundgetan wurde, geraten alle Christen, sogar die Anhänger des Königs, ins Grübeln und wissen nicht, was sie tun sollen.“

„Du hörst es ja, niemand darf dem König weiterhin dienen. Alle Kirchenglocken verstummen dort, wo der König sich aufhält. Selbst hier in Speyer, einer Stadt, die dem König sonst stets wohlgesonnen war“, brummt Berthold wütend.

„Verständlich, dass die Leute unruhig werden. Solange der König jetzt in ihren Mauern weilt, gibt es keine Beerdigungen, keine Kindstaufen und keine Hochzeiten. Es ist für die Menschen, als wolle Gott sie alle strafen. Das Leben geht doch weiter ...“

„Aber nicht ohne den gewohnten Segen der Kirche“, fällt ihm Berthold ins Wort. „Lange kann das selbst der gutwilligste Christ nicht ertragen.“

Wieder herrscht nervöse Ruhe im Raum. Nach einer längeren Pause bricht Guntram das Schweigen der beiden: „Und dabei hat der König doch nur seine althergebrachten Rechte gegen den plötzlichen Anspruch des Papstes verteidigt. Denn auch der König ist von Gott eingesetzt und zum Herrscher bestimmt worden.“

„Erinnere den König daran, wenn du ihm die neu eingetroffenen Botschaften überbringst. Du kannst diese unangenehmen Nachrichten ja nicht länger vor ihm verbergen.“ Dabei zeigt Berthold fast angewidert auf die Briefe, die vor den beiden Beratern auf dem Tisch liegen.

„Lass uns die Aufkündigungen der Königstreue durch die Herzöge von Bayern, Schwaben und Kärnten wenigstens gemeinsam übergeben!“, bittet Guntram seinen Freund.

Beiden ist nicht wohl, ihrem Herrn auch diese Treuebrüche kundzutun, nachdem schon vor Tagen fränkische Ritter und einige Städte vom König abgefallen sind.

Die Stille der königlichen Gemächer wird auch bald darauf von einem Aufschrei des Zorns durchbrochen. Die beiden Berater ducken sich unwillkürlich. Nur sehr selten haben sie Heinrich IV. jemals so wütend gesehen. Vielleicht aber war dieser Aufschrei des Königs auch ein gutes Zeichen. Heinrich IV. scheint bereit zu sein, sich tatkräftig zu wehren. Das untätige Grübeln des Herrschers hat offensichtlich ein Ende ...

So sitzen der König und seine Berater in den nächsten Stunden mit hochroten Köpfen beieinander. Schon bald hat sich Heinrich IV. entschieden: „Nur der Papst kann diesen Bann der Kirche von mir lösen. Ich muss vor ihn treten und nach altem Kirchenbrauch darum bitten! Er wird den Bann dann lösen müssen!“

Boten und Bedienstete des Königs erhalten umgehend zahlreiche Befehle und Botschaften. Die Königin, verantwortlich für die engste Dienerschaft, lässt packen ...

Nur eine kleine Schar verlässt am nächsten Morgen die Stadt Speyer, deren Bürger diese eilige Abreise mit unterschiedlichen Gefühlen zur Kenntnis nehmen. Man will dem König ja helfen, aber der Kirche muss man ebenfalls gehorchen!

Zum Gefolge des Königs gehören neben der Königin Bertha von Turin und ihrem zweijährigen Sohn Konrad auch die beiden Berater Guntram und Berthold. Zunächst geht es direkt in Richtung Italien. Trotz der kurzen Wintertage kommt der Tross gut voran.

Die vorausgesandten Boten kommen regelmäßig nach wenigen Tagen zurück und berichten. Nicht alle Nachrichten sind günstig für die kleine Reisegruppe. Zahlreiche Burgen und Städte verweigern die Übernachtung des durchreisenden Königs in ihren Mauern. Manchmal müssen die Kundschafter auch vor Gruppen von Kriegern warnen, die dem König und seinem Gefolge den Weg verlegen.

„Herr, ich bringe keine gute Nachricht!“ Noch außer Atem vom schnellen Ritt beugt einer der Boten das Knie vor dem König: „Die Herzöge Rudolf von Schwaben, Berthold von Kärnten und Welf von Bayern haben alle direkten Alpenpässe nach Italien gesperrt!“

„Diese Schufte! Sie wollen mit allen Mitteln verhindern, dass der König den Bann lösen lassen kann!“ Berthold ist außer sich vor Wut. Der König selbst lässt sich jedoch nicht von Mutlosigkeit packen.

„Welcher Weg bleibt uns nach Italien?“, fragt Heinrich IV. nach ruhiger Überlegung den noch immer atemlosen Kundschafter.

„Es bleibt eigentlich nur der weite Weg über Burgund und dann über den Pass von Mont Cenis in den Westalpen ...“

„Das ist doch ein großer Umweg und ein sehr schwieriger Pass“, fällt ihm Guntram ins Wort. „Wie sollen wir das bei dem jetzt einsetzenden Winter schaffen? Außerdem läuft uns die Zeit davon!“

Schwer fällt dem König die Entscheidung. Er denkt dabei auch an Frau und Kind. Dann befiehlt er: „Wir müssen es wagen, sonst ist alles verloren!“ In den nächsten Tagen reitet die Schar des königlichen Gefolges in Richtung Burgund.

Es ist Januar 1077, und ein bitterkalter Winter hat eingesetzt. Der Pass Mont Cenis ist wirklich zu dieser Jahreszeit einer der gefährlichsten Überwege über die Alpen. Die Feinde des Königs haben nie und nimmer damit gerechnet, dass er diesen Weg wagen würde, nachdem sie ihm die günstigeren Alpenpässe mit genügend Rittern versperrt haben.

Die kleine Schar bringt sich tatsächlich in Lebensgefahr. Bergan geht es noch erträglich, aber der Abstieg vom Pass bringt sie in Todesangst. Keiner kann das verhehlen, selbst die tapfersten Ritter im Gefolge sorgen sich um Leib und Leben. Die Königin steht Qualen um die Gesundheit des Kindes aus. Ein Zweijähriger in dieser Eishölle! Manchmal kriechen sie alle nur noch auf Händen und Füßen. Gegenseitig stützen sie sich und helfen so einander über die vereisten Felsen. Ihre dicken Mäntel werden oft unfreiwillig zu Rutschen über die abschüssigen Gletscherflächen. Ein Rinderfell muss in dieser Not als Schlitten für Mutter und Kind dienen. Wenn nur nicht dieser eisige Wind die Kraft erschöpfen würde!

Wie durch ein Wunder kommt keiner des kleinen Gefolges ernsthaft zu Schaden. Die Erschöpften erreichen die milderen Täler in Italien. Hinter ihnen liegt die weiße Kette der Alpen. Neue Pferde werden beschafft. Hier kümmert sich niemand um den Bann des Papstes gegen den König. Vom Streit zwischen Papst und König ist nur wenig in diese Täler gedrungen. „Gold gegen Pferde und Quartier“ - so einfach ist hier die Welt.

Schneller als die königlichen Reisenden durcheilt die Kunde von ihrem Alpenübergang die oberitalienische Tiefebene. Und jeder, der diese Nachricht vernimmt, schmückt sie etwas aus. Schließlich heißt es überall: „Heinrich IV. ist mit Heeresmacht über die Alpen gekommen, um den Papst zu zwingen, ihn vom Bann zu befreien! Notfalls lässt er dazu auch einen neuen Papst einsetzen!“

Natürlich erfährt auch Papst Gregor VII. diese Meldung. Er ist bestürzt. Gerade befindet er sich auf dem Wege nach Norden, um rechtzeitig im Frühjahr auf dem Fürstentag in Augsburg anwesend zu sein. Dort soll mit seiner Hilfe ein neuer, „gehorsamerer“ König bestimmt werden.

Da er in Sorge um sein Leben ist, entscheidet der Papst, zunächst im Schutz der Felsenburg Canossa zu bleiben, die er ursprünglich nur als Zwischenstation auf seiner Reise benutzen wollte. Auf dieser Burg nordöstlich der Apenninen können der Papst und sein großes Gefolge sich zunächst sicher fühlen und den vermeintlichen Angriff des königlichen Heeres abwarten.

Am 25. Januar 1077 erreicht Heinrich IV. die Umgebung von Canossa. Boten haben ihm berichtet, wo der Papst zu finden ist. Ist das kleine Gefolge, das die Späher von der Burg aus sehen, nur eine Kriegslist? Wo sind die übrigen Krieger der königlichen Armee, von der die Leute landauf und landab sprechen?

Während noch die Burgwachen von Canossa in großer Eile die Verteidigung vorbereiten, erscheint der König mit nur zwei Getreuen vor dem Tor. Er ist nicht nur unbewaffnet, sondern trägt auch keinen Ritterpanzer. Im dunklen Büßergewand aus grobem Stoff, umgürtet mit einem einfachen Strick, steht er barfuß vor der Torwache und bittet eingelassen zu werden. Nach einiger Zeit knarrt die kleine Pforte neben dem großen Tor und Heinrich tritt ein. Seinen beiden Begleitern wird der Eintritt verwehrt.

So steht er mutterseelenallein in dem Vorhof der Burg. Aber niemand heißt ihn willkommen, niemand geleitet ihn weiter. Die Wachen schieben sich scheu zur Seite. So steht der König im ersten Vorhof der Burg und wartet.

Vorsichtig werden einige Luken in den hohen Mauern der Burg geöffnet. Papst Gregor hat einige seiner Begleiter gebeten, den wartenden König genau zu beobachten. Wenig später erkundigen sie sich, aus weiter und sicherer Entfernung, nach seinem Begehr.

Unmittelbar danach melden sie alles dem Papst. Gregor bleibt voller Misstrauen: „Glaubt ihr, dass er allein hierher gekommen ist? Das alles sieht mir sehr nach einer Falle für mich aus!“

Allmählich wird deutlich, dass Heinrich wirklich nur als einfacher christlicher Büßer im ersten Burghof steht und um Lösung des Banns bittet. Die ursprüngliche Furcht des Papstes verwandelt sich nun in Zorn: „Nie werde ich den Ungehorsamen dort unten von diesem Bann lösen! Gerade jetzt nicht, wo meine Rechnung doch noch aufgehen wird!“

Einige Berater des Papstes sind regelrecht erschrocken über diesen Zornesausbruch. So haben sie den Heiligen Vater schon lange nicht mehr erlebt.

Unterdessen steht Heinrich über Stunden barfuß in der Kälte des Januartages im Vorhof der Burg. Ohne etwas erreicht zu haben, muss er sich schließlich gegen Abend von den Wachen durch die Torpforte nach draußen begleiten lassen.

Der Papst geht auf keinen der fragenden Blicke seiner Berater ein. „Die Angelegenheit ist für mich erledigt! Sobald die Möglichkeit besteht, werden wir nach Augsburg zum Fürstentag weiterreiten!" Der Abend verläuft in Gegenwart des Papstes einsilbig wie selten auf der Burg.

Es tritt ein, was einige Berater des Papstes befürchtet haben: Das Schauspiel des Vortages wiederholt sich! Wieder steht Heinrich im Büßergewand stundenlang in der Kälte des Burgvorhofes. Erneut wird ihm vom Papst kein Einlass geschweige denn eine Aussprache gewährt.

Als am Abend des dritten Tages die Wachen Heinrich wiederum ohne Ergebnis aus der kleinen Pforte in die Dunkelheit hinauslassen, wird es in den Räumen des Papstes lauter. Die Hartnäckigkeit des Büßers hat das Gefolge des Papstes betroffen gemacht. Die kirchlichen Vorschriften für einen Bußgang sind erfüllt worden – darüber sind sich nahezu alle Berater des Papstes einig.

Vorsichtig nimmt einer aus der Runde das Wort: „Wer so ausdauernd um die Lösung des Banns bittet, der muss wieder in die Gemeinschaft der Christen aufgenommen werden. So schreibt es unser Kirchengesetz vor ..."

„Aber jeder von uns weiß, dass Heinrich damit nicht sein Seelenheil erringen will, sondern nur die Würde seines Königtums retten möchte. In letzter Stunde versucht er zu verhindern, dass die Fürsten in Augsburg einen neuen König bestimmen." Zorn bebt in der Stimme des Papstes. Und jeder im Raum weiß, dass er nicht Unrecht hat. Aber die Regeln der Kirche sind dagegen.

Noch lange streitet die Gesprächsrunde. Schließlich steht fest, dass der Papst am nächsten Tag den Büßer Heinrich empfangen muss. Wenn er denn an diesem vierten Tag kommen sollte ... Insgeheim hofft der Papst wohl immer noch auf eine für ihn angenehme Wendung.

Man schreibt den 28. Januar 1077.

Mit Tagesanbruch steht der König wieder im Vorhof der Burg Canossa. Offensichtlich kennt auch Heinrich IV. sehr genau die Regeln der Kirche, die selbst ein Papst nicht ungestraft verletzen darf.

Kurz darauf verneigt er sich vor dem Papst und bittet um Lösung des Banns. Mit verschlossener Miene spricht der Papst die Worte, die den Bann lösen. Allerdings stellt er dafür die Bedingung, dass sich der König einer gerichtlichen Untersuchung stellt. Sie soll darüber entscheiden, ob er sein Königreich behalten darf. Außerdem müsse der König einige dem Papst unliebsame Berater entlassen. Wenig später beteuern sich die beiden Widersacher, dass viele der gegenseitigen Anschuldigungen sicher auf Missverständnisse zurückzuführen sind, die durch falsche Berater entstanden sind.

Den späteren Weg aus dem Burgtor kennt Heinrich leider nur zu gut. Erst jetzt fühlt er sich wieder frei. Kräftig atmet er durch, ehe er in seine Herberge kommt, um mit seinem Gefolge zu sprechen. Noch in der Nacht wird für die Heimreise gepackt. Ein König mit kleinem Gefolge kehrt wieder zurück.

Die Kirchenglocken werden wieder überall läuten, wo er erscheint.

Beharrlichkeit und Wagemut

Von den Rodungen in Thüringen im 11. Jahrhundert

Im Unterschied zu vielen anderen Darstellungen über die Rodungstätigkeit vom 10. bis zum 12. Jahrhundert in Mitteleuropa hat diese Episode einen historisch belegten Kern: Die Erschließung seines Lehens durch Ludwig den Bärtigen in Thüringen um 1034. Selbst die starken Niederschläge dieser Jahrzehnte sind verbürgt. Da sich die Siedlungs- und Rodungstätigkeit vielfältig und lang andauernd vollzog, ist ein einheitliches Muster dafür nicht anzunehmen oder hier darstellbar.

1. Ludwig der Bärtige tritt sein Lehen an
2. Der Lehnsherr lässt Rodungsbauern anwerben
3. Unter großen Mühen entsteht ein neues Dorf

„Und nun ziehet hin in Frieden und kommt recht bald wieder. Ihr wisst, ich brauche euren Rat!“ Freundlich, aber bestimmt, verabschiedet Bardo, der Erzbischof von Mainz, seinen neuen Vasallen. Auf Anraten des Kaisers hatte er Ludwig den Bärtigen vor Jahren als Berater zu sich genommen. Niemals hat der Erzbischof diesen Schritt bereut! Ludwig galt nicht nur als verlässlich und treu, er unterbreitete auch viele gute Vorschläge, die für das Erzbistum vorteilhaft waren.

Erzbischof Bardo fiel es deshalb nicht schwer, seinen Ratgeber nun mit einem gehörig großen Lehen auszustatten. Außerdem hatte auch der Kaiser einiges an Land dazugegeben.

Leider aber befand sich dieses Lehen nicht in der Nähe von Mainz. Die einzelnen Teile des Lehens lagen in Thüringen. Sie bestanden aus nicht zusammenhängenden Waldgebieten und Ödländereien. Vielleicht hätte man niemand anderem als dem tatkräftigen Ludwig dieses große, aber zerstückelte Lehen übergeben können.

„Habt Dank für alles!“ Aufrichtig sind die Worte Ludwigs an seinen Erzbischof. „Ich werde mich bemühen, euch bald wieder mit Rat und Tat zur Seite zu stehen!“

„Das würde mich freuen! Regelt aber zunächst euren neuen Besitz. Für diese Zeit sei euch Urlaub gewährt.“ Nochmals segnet der Erzbischof seinen besten Beamten.

Ludwig ist ein Mann der Tat. Deshalb befindet er sich schon in der Frühe des nächsten Tages auf dem Weg nach Thüringen. Ein Freund sowie zwölf seiner Krieger begleiten ihn. Alle sind von ihm selbst ausgewählt worden, verlässliche und kräftige Burschen.

„Die Karte hast du wohl verwahrt bei dir?“, vergewissert sich Ludwig bei seinem Freund, der neben ihm reitet.

„Wie könnte ich das vergessen!“, protestiert der lachend. „Eine so wilde Gegend, ohne Weg und Steg, und dann ohne Wegbeschreibung?“

„Du hast Recht, da wären wir bald verloren. Genauso wie ohne die Urkunden des Erzbischofs und des Kaisers, die unser Lehen bestätigen", antwortet Ludwig.

Noch reiten beide an der Spitze ihres Gefolges auf einem breiten Pfad, den seit Jahrhunderten Salzhändler und Boten nutzten. Tags darauf verlassen sie diese „Salzstraße". Nun müssen sie sich durch dichte Wälder schlagen. Immer abwechselnd bahnen zwei Krieger an der Spitze des Zuges den Weg. Wenn nur der Regen einmal aufhören würde! Nasse Äste peitschen, wenn sie nicht aufpassen, ihre Gesichter.

„Zurück!", rufen die Voranreitenden. „Durch diese Senke im Wald kommen wir nicht hindurch. Es scheint ein großes Moorgebiet zu sein. Wir sollten es umgehen!"

„Wenn ich mich recht erinnere, ist davon in der Wegbeschreibung nichts erwähnt", schimpft der Freund Ludwigs.

„Und keine Menschenseele weit und breit, die man befragen kann", murmelt Ludwig.

Trotz einiger Umwege erreichen Ludwig und sein Gefolge nach drei Tagen das Gebiet in den Wäldern Thüringens, in dem die einzelnen, verstreuten Teile des Lehens liegen sollen.

„Gegend und Karte stimmen überein! Lasst uns das Lehen in Besitz nehmen!" Mit Schwung steigt Ludwig vom Pferd - und versinkt fast im Morast.

Aber seinen Reitern geht es nicht viel anders. Nur einer nutzt einen umgestürzten Baumstamm als Abstiegshilfe. Er lacht über die anderen, die ihre Stiefel mühsam aus dem durchweichten Boden ziehen. Aber nicht lange - denn der glitschige Baumstamm war kein guter Platz für ihn! Als er dann rücklings im Morast liegt, lachen nur noch die anderen.

„Die Begrüßung am Reiseziel hast du dir sicher anders vorgestellt?", foppt Ludwig seinen völlig beschmutzten Reiter. Lachend fügt er noch hinzu: „Das war nur der Anfang! Für die nächsten Wochen kannst du jeden festen Boden unter deinen Füßen vergessen!"

Nur gut, dass Ludwig sich und seine Männer richtig ausrüsten ließ. Die Reisekleidung wird gegen derbe Fellkleidung und entsprechendes Schuhwerk gewechselt. Grob ist auch die Arbeit, die allen, auch Ludwig, bevorsteht.

Als Erstes schaffen sie sich einen geräumigen Lagerplatz. Hütten aus Baumstämmen und mit Reisigdächern entstehen. Die Stelle dafür ist von einem der Krieger sorgfältig ausgewählt worden. Er hat schon häufig für Neusiedler einen Platz in der Wildnis ausgesucht: Frisches Wasser braucht man, aber auch eine Senke muss man vermeiden. Zur Verteidigung ist stets ein Hügel besser. Ludwig und seine Krieger haben einen Blick für die Anlage ihrer kleinen Befestigung, die später Schauenberg heißen wird.

Nur gut, dass der Wald Nahrung und Futter bietet, wenn es auch etwas mühsam ist, alles Nötige heranzuschaffen.

Mit kleiner Begleitung ist Ludwig mehrere Tage unterwegs, um die benachbarten Adligen aufzusuchen. Er zeigt ihnen die Besitzurkunden für sein Lehen und stellt sich als neuer Herr dieser Gebiete vor. Für zwei von ihnen kommt er gerade recht:

Gegen einige Goldstücke verkaufen sie ihm Ödland und Wald. Diese Flächen liegen zwischen einzelnen Stücken seines Lehens. Nun ist Ludwigs Gebiet weniger zerstückelt, und die Adligen sind etwas reicher.

„Nein, damit können wir leider nicht dienen!", traurig klingt die Anwort eines dieser Adligen auf Ludwigs Frage, ob er auch Bauernfamilien abgeben könnte, die sein Lehen besiedeln.

„Daran mangelt es hier!", erklärt er weiter. „Land wird erst ertragreich, wenn es von Bauern besiedelt wird, die dann an uns Grundherren Abgaben leisten!"

Das weiß Ludwig nur zu gut aus seinen Amts-Erfahrungen beim Erzbischof. Und der Adlige hier in Thüringen scheint die Wahrheit zu sprechen, denn nur zu gern hätte er noch mehr gegen Gold eingetauscht. Aber er hat selbst nicht genug Bauern!

Kaum dass die Krieger die kleinen Hütten errichtet haben, teilt Ludwig seine Truppe auf. Wenige bleiben, mit den anderen reitet er wieder zurück – Richtung Mainz.

Aber nicht alle Abreisenden erreichen die trockenen Behausungen in Mainz. Noch unterwegs teilt Ludwig jeweils Trupps von zwei Reitern ein, die sich nacheinander in Richtung Rheinmündung verabschieden.

„Wir haben doch selbst kaum satt zu essen, bei uns könnt ihr nicht unterkommen, nicht einmal für eine Nacht!" Der Bauer will die Hoftür nicht weiter öffnen.

„Aber Vater, weise doch die beiden Reiter nicht ab. Für eine kleine Abendmahlzeit und ein Nachtlager wird es noch reichen!" Seiner Tochter Froa kann der Vater nichts abschlagen. Außerdem sieht er, dass die Reiter wirklich müde sind.

Und so teilt die große Bauernfamilie doch noch ihr kärgliches Abendessen. Danach spendiert der Bauer sogar einen Krug seines selbst gebrauten Bieres.

„Vielleicht können wir auch euch einmal helfen", beginnt einer der Reiter zu erzählen. Alle, vor allem die Kinder, lassen die Fremden nicht aus den Augen, als sie um den Tisch herum sitzen. Aus Höflichkeit hat bisher niemand die Reiter nach ihrem Woher und Wohin befragt. Aber neugierig ist man doch, was diese Fremden hier in dem großen Mündungsgebiet des Rheins wollen. Böses führen sie offenbar nicht im Schilde.

„Ja", beginnt der Reiter nochmals, „wir kommen im Auftrag unseres Herren, Ludwig des Bärtigen. Er ist Berater des Erzbischofs von Mainz und seit kurzem Besitzer eines Lehens in Thüringen. Leider fehlt es ihm an Leuten, die auf seinem Besitz eigene Bauernhöfe bewirtschaften könnten."

Den Bauern und seine Frau bewegt diese Nachricht wenig. Sie wissen nur, dass dieses Land Thüringen weit weg liegen muss. Aber Froa, die sich vorhin um die Reiter sorgte, horcht auf. Sie und ihre acht Geschwister werden eines Tages nicht auf dem Hof ihrer Eltern bleiben können. Nur der älteste Bruder hat noch die Möglichkeit, die Wirtschaft zu erben. In der ganzen Gegend sind Äcker und Wiesen in den letzten Jahrzehnten immer nur noch an den ältesten Sohn vererbt worden. Eine Teilung der Flächen, so wie es früher üblich war, gab es nicht mehr. Zu klein wären die Wirtschaften geworden. Sie hätten keine Familie mehr ernähren können. Drei Brüder von Froa arbeiten schon jetzt als Knechte auf weit entfernten, fremden Höfen oder als Schiffsknechte auf dem Rhein. Deshalb fasst sie sich ein Herz und fragt die Fremden:

„Kann man bei euch auch Siedler werden, wenn man selbst hier keinen Bauernhof besitzt?“ Froa denkt an ihren Verlobten, der ebenfalls nicht die Wirtschaft seines Vaters erben wird. Solange er kein sicheres Auskommen hat, ist auch an Heirat und Familie nicht zu denken. Wäre deshalb das Siedeln im Rodungsgebiet nicht etwas für sie zwei?

„Aber sicher!“, bestätigt einer der Werber. „Nur tatkräftig sollten die neuen Siedler sein. Sie brauchen in den ersten sieben Jahren keine Abgaben an den Grundherren zu zahlen. Ihr eigenes Gehöft können sie sich aufbauen. Holz dürfen sie sich dazu kostenlos im Wald schlagen. Sogar etwas Vieh wird ihnen der Grundherr geben.“ Der Reiter ahnt, dass Froa sicher aus gutem Grund fragt. Hat er hier vielleicht schon einen Bewerber gefunden?

Froa lässt sich jedoch nicht so leicht fangen: „Und wo liegt die Schwierigkeit? Der Grundherr wird doch nicht umsonst so viele Hilfen für die Siedler versprechen?“

„Ach, sagte ich das noch nicht?“ Der Werber gibt sich überrascht. „Die Flächen für euer Gehöft und die Felder müssen erst von euch gerodet werden ...“

„Also ist alles dort noch Wildnis?“, empört sich Froa.

„Na ja“, zögert einer der Reiter mit der Antwort und denkt unwillkürlich an die feuchte Ankunft, die er selbst dort in Thüringen erlebt hat, „etwas Mühe wird es kosten! Aber die gefällten Stämme geben doch gleichzeitig ein vorzügliches Bauholz ab. Und die gesamte Wirtschaft, die ihr aufbaut, gehört eines Tages euch und euren Kindern!“

Das überzeugt schließlich auch die vorsichtige und kluge Froa.

Drei Karren mit den dazugehörigen jungen Familien verlassen im nächsten Frühjahr allein dieses Dorf. Viel ist es nicht, was die Eltern Froa und ihrem Mann zum Neuanfang mitgeben können.

Müde, aber neugierig erreichen die jungen Siedler nach und nach die Lehensgebiete Ludwigs in Thüringen. In dieser Siedlung finden sich insgesamt zehn Familien ein. Alle stammen aus der Gegend des Niederrheins. Das erleichtert den Anfang etwas.

Jede Familie erhält ihren eigenen Anteil zugemessen. Vorläufig ist aber nur dichter Wald auszumachen. Nach dem Plan des Grundherrn soll jede Bauernfamilie auf eigenem Land ihr Gehöft errichten. Dennoch stehen alle Häuser später in Rufnähe und bilden zusammen ein Dorf. Der Anger wird zum Mittelpunkt der Siedlung. Bei der Ankunft der ersten Siedler ist das aber nur eine kleine Lichtung in einem riesigen Wald!

Froa gehört zu jenen, die vom ersten Tag an dafür sorgen, dass die Neusiedler zusammenhalten. Die ersten Monate, vor allem aber der darauf folgende Winter, werden schwer, sehr schwer. Laubhütten schützen nur dürftig vor Regen und Kälte.

Eine Gruppe der Männer schlägt Bäume, deren Holz zum Bauen verwendet werden soll. Ein erfahrener Blick ist dafür schon nötig. Noch schwerer wird es dann, die gefällten Stämme zum Siedlungsplatz zu bringen.

Eine zweite Gruppe versucht, die Stubben zu roden. Sehr mühsam ist es, die Erde um die Baumstümpfe weit und tief abzugraben. Nicht immer gelingt es, trotz aller Kraftanstrengung, die Stubben herauszuheben. Manchmal müssen die Siedler aufgeben und den Stubben für Jahre und Jahrzehnte stecken lassen.

Eine dritte Gruppe der Siedler, zu der meist die Frauen und Kinder gehören, hat die Aufgabe, Astwerk und Gestrüpp zu sammeln und zu verbrennen. Vorher muss daraus noch möglichst viel Brennholz für die Herdfeuer gewonnen werden. Auch Holzstangen für die Flechtzäune gegen die Tiere des Waldes sind nötig. Der große Rest geht in rauchenden Flammen auf. Die Asche muss umgehend mit Erde abgedeckt werden, sonst weht der Wind die fruchtbare Holzasche in alle Himmelsrichtungen. Nach getaner Arbeit hilft manchmal nur noch das Wälzen im flach angestauten, kalten Bach, um den Ruß und den Staub vom Körper zu entfernen.

Ludwig der Bärtige lässt die Bauern seines Lehens nicht im Stich. Er schickt Boten, die ihm berichten sollen, wie die Neusiedler mit der Rodung vorankommen. Froa ist es auch, die dann mutig die versprochene Hilfe anmahnt: „Hattet ihr uns nicht auch Vieh und etwas Saatgut, besonders Hafer, für den Anfang versprochen? – Ach, kann nicht jemand gefunden werden, der uns beim Bau einer Mühle hilft? Hier am Bach unterhalb des Dorfes?“

„Wenn diese Siedlung Friedrichroda nicht die Froa hätte, wäre manches noch nicht so vorangekommen!“ Die Boten sind schon längst auf dem Rückweg nach Mainz, als sie der Frau dieses Lob spenden.

„Du hast sicher Recht, denn in Reinhardsbrunn und Finsterbergen geht es nicht so schnell voran.“

„Ludwig wird zufrieden sein mit dem, was wir ihm berichten können. Auch wenn er noch einige Goldstücke wird springen lassen müssen, um Vieh und Saatgetreide zu liefern und einen Fachmann für die Mühle zu schicken.“

„Er wird es trotzdem tun. Denn sonst geben die Siedler auf. Und welchen Wert hat dann das schöne neue Lehen für Ludwig, wenn er keine Bauern hat, die es bearbeiten ...“

„... und ihm in wenigen Jahren Abgaben zahlen werden.“

„Mehr als er jetzt ausgibt – ganz bestimmt!“

„... dem sind seine Sünden vergeben!"

Aufruf und Beginn des ersten Kreuzzuges 1095/96

Im Mittelpunkt der Episode stehen die vielfältigen Gründe für die Kreuzzugsbewegung in Mitteleuropa. Aus der ursprünglichen Absicht des Papstes, Ritter zur Befreiung des Heiligen Grabes zu entsenden, wurde eine unkontrollierbare Massenbewegung, der sich innerhalb weniger Monate rund 120 000 Menschen der verschiedensten Stände anschlossen. Bevölkerungszunahme, Fehden, ausgelaugte Ackerböden, Naturkatastrophen und sich daraus ergebende Missernten bereiteten den Boden für diesen ersten Kreuzzug.

1. **Zwei Ritter folgen der Einladung des Papstes nach Clermont**
2. **Der Aufruf des Papstes zum Kreuzzug**
3. **Vorbereitungen der künftigen Kreuzfahrer**
4. **Auf dem Wege nach „Jerusalem" sammeln sich viele Stände**
5. **Plünderung der Stadt Mainz und ihres Judenviertels durch die Kreuzfahrer**

„Wollen der Graf eine angefrorene Mohrrübe, frisch vom Acker?" Mit gespielter Höflichkeit bietet Robert seinem Freund Gilbert die nur halbwegs abgewischte Feldfrucht an.

„Lass deinen Spott! Was nützt mir der Grafentitel meines Vaters, wenn ich jetzt wie ein Bettler leben muss."

„Wie ein armer Mann siehst du aber in deiner Kleidung und auf stolzem Ross gerade nicht aus!", entgegnet Robert.

„Aber sonst ist der Unterschied nicht sehr groß!" Gilbert ist hungrig und verdrossen. „Du hättest die Möhre wenigstens besser säubern können!"

„Dein Ritterstolz wird dich noch verhungern lassen! Such dir selbst eine Rübe! Diese Möhre hier bleibt meine!" Hemmungslos beißt er hinein – der Hunger treibt es ein.

„Wenn das dein Vater wüsste, dass du dir deine Möhren selbst stehlen musst!"

„Immer noch besser, als zu verhungern! Die Zeit, da Knappen für unser leibliches Wohl zu sorgen hatten, ist längst vorbei ..." Robert stößt einen sehnsüchtigen Seufzer aus. „Hoffentlich finden wir bald einen reichen Fürsten oder Herzog, der unserer Dienste bedarf!"

„Wenn er sieht, wie abgemagert du und dein Pferd sind, wird er es sich überlegen, dich kämpfen zu lassen. Da findet er sicher bessere Krieger!"

„Es muss ja nicht gleich ein großer Krieg sein, so wie früher gegen die Ungarn oder Normannen! Ein paar Überfälle auf Bauerndörfer genügen uns ja auch schon." Robert hebt schwärmerisch die Nase, so, als ob er den Bratenduft der abgeschlachteten Schweine schon riecht.

„Da pass aber gut auf, dass du nicht die falschen Dörfer überfällst! Manche Grafen sind verdammt schnell zur Stelle, wenn es um ihre Bauern geht. Du weißt doch ..."

„Erinnere mich nicht daran!", brummt Robert. Beide Reiter geben jetzt ihren Pferden die Sporen, denn auch damals hat ihnen nur ein gestreckter Galopp das Leben gerettet. Vielleicht waren es auch die quiekenden Schweine, die sie rasch vom Sattel gleiten ließen, um den Verfolgern zu entkommen.

„Das da muss Clermont sein!" Robert ist noch etwas außer Atem nach dem scharfen Ritt.

„Gottlob, es ist geschafft! Hoffentlich hält der Papst für uns eine Herberge bereit", japst Gilbert.

„Freu dich nicht zu früh! Schließlich bist du nicht der einzige Ritter des Landes, den der Papst zum Abschluss der Kirchenberatung hierher gebeten hat", unkt Robert und weist auf die Menschenmenge vor dem Stadttor.

„Aber das sind doch nicht alles Ritter!", empört sich Gilbert. „Ich sehe meist nur einfache Leute, fast alle zu Fuß."

„Das kann dir doch nur recht sein", meint Robert. „Je weniger Ritter hier sind, desto mehr Platz in den Herbergen für die Adligen!"

Die Unterkunft für die Ritter bietet tatsächlich viel Raum. Selbst für eine gute Verpflegung hatte der Papst sorgen lassen. Das knisternde Kaminfeuer lässt den Novemberwind vergessen. Langsam trocknet die Kleidung.

Viele der jungen Ritter im Raum kennen sich von Turnieren. Nicht alle sind sich untereinander Freund. Manchen Streit, den ihre Väter oder Großväter begonnen haben, fechten die jungen Männer oft noch jetzt mit der Waffe aus. Jahrzehntelange Fehden sind die Folge. So manche Burg ist deshalb in der letzten Zeit von Rittern belagert worden. Viel leichter ist es jedoch für die adligen Haudegen, die Dörfer der gegnerischen Ritterfamilien zu plündern.

Als Gäste des Papstes wagen es die jungen Ritter aber nicht, den Streit zwischen ihren Adelsfamilien hier fortzusetzen. Allerdings kann man sich mit Worten hervortun. Und davon machen die jungen Herren vor dem Kaminfeuer reichlich Gebrauch.

Ein Pater betritt den Raum und findet sofort Gehör: „Im Auftrag des Papstes teile ich euch mit: Übermorgen endet die Kirchenversammlung. Dann will der Papst für euch predigen und eine Bitte an euch richten!" Mehr möchte er jetzt noch nicht sagen. Geheimnisvoll lächelnd verlässt er den Raum. Etwas verdutzt schauen sich die jungen Männer an.

„Meinetwegen kann die Versammlung der Kirchenfürsten ruhig noch etwas länger dauern!" murmelt Robert. „Mir ist die Gastfreundschaft des Papstes lieber als seine Predigt!"

„Aber gespannt bin ich doch, warum er uns Ritter hier versammelt hat!", entgegnet ihm Gilbert.

Zwei Tage später. Alles drängt in die große Kirche von Clermont. Aber sie kann nicht alle fassen. Also entschließt sich der Papst, seine Predigt unter freiem Himmel zu halten. Nur gut, dass sich das Novemberwetter noch freundlich zeigt. Auf der

Wiese vor dem Nordtor der Stadt hat sich eine große Menschenmenge versammelt. Unter ihnen auch die jungen Ritter, verschwindend wenige.

Gilbert und Robert haben Mühe, sich so weit vorzudrängen, dass sie den Papst verstehen können. Seine Greisenstimme ist hell und scharf: „... als Sendbote des göttlichen Willens stehe ich hier ... Die Heiden haben das Heilige Land erobert ... bekämpfen die Christen. Deren Ritter schmachten in den Kerkern der Heiden ... Kirchen sind zu Ställen oder, was noch viel schlimmer ist, zu Moscheen gemacht worden!"

Immer wieder wird der Papst in seiner Schilderung von Schreien des Entsetzens unterbrochen. Empörung und Wut machen sich unter den Zuhörern breit. Manchmal muss der Papst die Hand heben, um weiterreden zu können: „Ihr sollt die Herolde Christi sein!" Seine Augen suchen in der Menge besonders die Männer mit den Ritterrüstungen. „Vernichtet das Natterngezücht der Heiden, die das Heilige Grab Christi in ihre Gewalt gebracht haben. Denkt aber daran, dass dort niemand bestehen kann, der nicht mit Waffen umzugehen versteht! Auf die siegreichen Ritter wartet im Heiligen Land großer Besitz. Milch und Honig werden dort fließen!"

Robert und Gilbert sind ganz gebannt. Wie gern würden sie die Heiden dort im fernen Land verjagen oder töten. Der gleichen Meinung scheinen auch die Mönche neben ihnen zu sein. Immer öfter und lauter rufen sie während der Predigt: „Gott will es!"

Robert schaut seinen Freund an: „Wenn es sogar Papst und Mönche sagen, dass Gott es will? Sollte man nicht auch ..."

„Sei still", unterbricht ihn Gilbert. „Der Papst predigt weiter!"

„Und so verspreche ich allen, die diesen Kampf gegen die Heiden aufnehmen, dass sie von allen Sünden befreit werden. Das gewähre ich als Papst. Wer im Kampf um die heilige Stadt Jerusalem im Kampf gegen die Heiden fällt, kommt direkt in den Himmel!"

Nun ist der Papst nicht mehr zu hören. Die Menschen rufen und schreien. Vorn, sichtbar für alle, fällt der Bischof von Pay neben dem Papst auf die Knie und bittet ihn um die Erlaubnis, am Kreuzzug teilnehmen zu dürfen. Da ist da kein Halten mehr. Plötzlich sind schmale Stoffbahnen zur Stelle. Wer sie ergattern kann, heftet sie sich in Kreuzform auf seine Kleidung. Sie werden zum Zeichen für diejenigen, die bereit sind, nach Jerusalem zu ziehen und dort das Grab Christi zu befreien.

„Robert! Der Papst meint auch dich und mich! Lass uns zu den Ersten gehören, die die Heiden töten! Gott und der Papst wollen es!"

Robert nickt nur: „Ja, das werden wir tun!" Nach einer längeren Pause des Überlegens rät er jedoch seinem Freund: „Lass uns erst noch unseren Familien und unserem Lehnsherren, dem Fürsten, Bescheid geben! Der Marsch nach Jerusalem kann ohnehin erst im Frühjahr beginnen."

„Hast du nicht Bedenken, dass du wegen deiner Überfälle auf die Dörfer der anderen Adligen in unserer Heimat aufgegriffen und vor Gericht gebracht wirst?", fragt Gilbert besorgt.

„Aber keine Spur! Du hast doch gehört: Wer am Kreuzzug teilnimmt, dem sind seine Sünden erlassen! Hier, mit diesem Stoffkreuz verhinderst du jede alte Anklage!“ Übermütig wirft Robert seinem Freund zwei kleine Stoffbahnen zu. „Hefte sie dir an. Du wirst sehen, dass sie Wunder bewirken werden!“

Gilbert ist noch etwas ungläubig, aber er gehorcht seinem gewitzten Freund. Eilig hat es Robert dennoch nicht mit der Abreise. Auf die Frage seines Freundes antwortet Robert nur lächelnd: „Genießen wir noch ein wenig die Gastfreundschaft des Papstes hier in Clermont. Wir werden schon nicht zu spät kommen!“

Als sich nach Tagen die Herberge leert, reisen auch Gilbert und Robert ab. Ross und Reiter haben sich gut erholt. Mit ihren Kreuzeszeichen auf der Rüstung erreichen sie unbehelligt die Burgen ihrer Familien. Adlige und Bauern, die sie vor Wochen ausgeraubt haben, holen sie nicht vom Pferd. Im Gegenteil: Ehrfurchtsvoll neigen sie ihre Häupter vor den künftigen Kreuzzüglern. Fast wie Heilige oder Auserwählte fühlen sich die beiden jungen Ritter.

Vielleicht hat Robert mit Absicht die Heimreise hinausgezögert. Jedenfalls sind die Wanderprediger mit ihrer Nachricht schneller als die beiden jungen Ritter. Überall im Lande haben die Kuttenträger schon den Aufruf des Papstes verbreitet. Manches wurde von ihnen auch hinzugefügt. Einige ihrer Ergänzungen stammen auch aus dem Mund des Fürsten, an dessen Tafel sie bewirtet wurden. Und die Fürsten sind sehr für den Kreuzzug! Schafft er ihnen doch in diesen Zeiten ohne große Kriege zahlreiche landlose und ewig untereinander streitende Ritter vom Halse!

Überschwänglich begrüßt der Fürst seine beiden jungen Ritter. Er lobt ihren christlichen Entschluss, das Grab Christi zu befreien. Jeder darf sich sogar ein zweites Pferd aus dem Stall des Fürsten nehmen.

Insgeheim aber ist der Fürst froh, diese Raufbolde für lange Zeit nicht mehr um sich zu haben. „Die Fehden und Streitigkeiten zwischen den Adligen müssen aufhören!“, brummt er in seinen Bart. Er weiß, dass er nicht genug Land besitzt, um die vielen jungen Ritter als Vasallen an sich zu binden. „Sollen sie doch im Heiligen Land kämpfen und sich dort Boden erobern ...“

Auch die Familien der beiden Ritter freuen sich über den Entschluss ihrer Jungen. Denn die Wanderprediger haben ihnen erzählt, dass alle Verwandten der Ritter, die sich zum Kreuzzug aufmachen, künftig steuerfrei sind und von keinem Gericht verurteilt werden können. Kein Wunder, dass die Familien ihre „Helden“ gebührend feiern. Allerdings müssen sie den Winter über auch dafür sorgen, dass beide Ritter ihren Entschluss nicht rückgängig machen!

Das Frühjahr 1096 sieht Robert und Gilbert nach Osten aufbrechen. An guten Wünschen beim Abschied wird nicht gespart.

„Dürfen wir mit euch nach Palästina ziehen?“ Eine Gruppe bewaffneter Bauern spricht unterwegs die beiden Reiter an.

„Wenn ihr mit unseren Pferden mithaltet, so seid willkommen.“ Robert ist nicht gerade begeistert, vor einer solchen Rotte von Fußkriegern einherzureiten. Aber Rittern sind sie bisher nicht begegnet. Dafür jedoch Hunderten, wie diesen da.

Da er nun einmal einer der Anführer dieser Gruppe geworden ist, gibt sich Robert leutselig: „Ihr wollt also die Heiden in Palästina schlagen?“

„Oh gewiss! Es bleibt uns ohnehin nichts anderes übrig, als unsere Gegend zu verlassen!“

„Dann habt ihr also etwas ausgefressen und das Gericht wartet auf euch?“ Unwillkürlich denkt Robert an seine eigenen Schandtaten.

„Nein, nein“, wehrt der Bauernsohn erschrocken ab. „Die letzte Ernte war sehr schlecht. Überall herrscht Hunger ...“

„Davon mussten wir uns leider selbst überzeugen!“ Grimmig bestätigen das Gilbert und Robert. Sie denken dabei an ihre vielen erfolglosen Überfälle im letzten Jahr. Leise raunt Robert seinem Freund zu: „Und wir dachten immer, dass die Bauern nur alles gut vor uns versteckt hätten!“

Der Bauernsohn redet indes unbeirrt weiter: „Uns fehlt Acker und Weideland. Die Böden geben von Jahr zu Jahr weniger her, sie sind ausgelaugt. Eine Missernte folgt der anderen. Mal Regen, mal Dürre. Und den kläglichen Rest nehmen uns ...“ Rechtzeitig beißt er sich auf die Zunge, man kann ja nie wissen, ob nicht gerade diese Ritter ...

„Einen Gruß Gottes auf den Weg!“ Ein Wanderprediger sorgt für kurzen Aufenthalt. Auch er will sich der Truppe anschließen.

„Wenn ihr nach Palästina wollt, so seid willkommen!“ Robert und Gilbert zwinkern sich zu. Es kann nie schaden, einen solchen Beistand zu haben. Gilbert erkennt allerdings schon nach kurzer Zeit, dass dieser Kuttenmann besser reden als laufen kann. Wenn sie noch vor dem Abend eine Möglichkeit zum Übernachten finden wollen, so muss der Priester mithalten. Also bietet er ihm wohl oder übel sein Packpferd zum Reiten an.

Der Wanderprediger wird auf dem Rücken des Pferdes noch gesprächiger als zu Fuß: „Mein Vater war auch Adliger!“ Aus den Augenwinkeln beobachtet er, ob er bei den beiden Rittern damit Eindruck macht. Aber die beiden blicken nur etwas mitleidig zurück. Adlige gibt es viele, denken sie.

Der adlige Wanderprediger lässt sich jedoch nicht beirren: „Als Zweitgeborener konnte ich nicht die Grafenwürde erben. Es blieb nur der Weg als Priester.“

„Das ist doch auch keine schlechte Sache“, bemerkt Robert spitz. „Einmal in der Woche predigen und die übrige Zeit von den Abgaben der Bauern leben.“

„Da denkt ihr völlig falsch!“ empört sich der Prediger. „Eine Stelle als Priester oder Abt konnte ich nicht erringen. Zu viele andere Fürstensöhne waren dafür vor mir dran. Ein armer Grafensohn hatte da keine Aussicht auf eine gute Stelle. Keine Gemeinde, kein Kloster war frei für mich. Also schlage ich mich seitdem als Wanderprediger durch die Lande.“

„Na nun habt ihr ja mit diesem Kreuzzug eine richtige Aufgabe gefunden!“ Robert bricht das Gesprächsthema unvermittelt ab und reitet voraus. Nach einer Wegbiegung tauchen in der Ferne die Türme einer größeren Stadt auf.

„Dort, seht nur! Jerusalem! Wir haben es erreicht, das Heilige Grab!“ Schon sinken viele der Bauernkrieger auf die Knie und recken die Hände gen Himmel.

„Ihr täuscht euch leider!“, belehrt sie der Wanderprediger. „Das muss Mainz sein, eine der großen Städte am Rhein!“

Nur widerwillig lassen sich einige Bauern überzeugen. Mühsam stehen sie wieder auf und warten auf eine weitere Erklärung des Gottesmannes. „Aber die Richtung ins Heilige Land stimmt schon!“ Mit diesen Worten will er ihnen wieder etwas Mut machen. Über die wahre Entfernung bis nach Jerusalem hat er ja selbst nur sehr unklare Vorstellungen ...

Wie ein Magnet scheint die Stadt die vielen kleinen und größeren Scharen anzulocken, die auf ihrem Weg nach Palästina hier Rast machen wollen. Es ist Ende Mai, und die Herbergen, Scheunen und Ställe außerhalb der Stadt sind längst überfüllt. Hungernd und frierend lagern viele der Kreuzfahrer schon seit Tagen vor den Toren der Stadt Mainz.

Graf Emicho erreicht mit einer ansehnlichen Schar von Kriegern ebenfalls diese Stadt. Er ist nicht gewillt, vor den Toren zu lagern. Er begehrt Einlass, sehr energisch offenbar. Denn tatsächlich öffnet sich das Stadttor. Für ihn allein? Für seine Krieger? Für alle? Egal, für die Kreuzzügler vor der Stadt ist das ein Zeichen: „Seht nur, die Tore öffnen sich von selbst für uns alle! Gott hat sie aufgetan!“ Tausende strömen in die Stadt.

Staunend und neidisch drängen die Armen durch die Gassen. Graf Emicho hat einige der Wanderprediger bei der Hand: „Gott hat uns die Tore nicht umsonst geöffnet! Er will, dass wir die Feinde unseres Herren nicht erst in Jerusalem töten! Das Blut der Heiden und Juden soll den Tod Christi am Kreuz rächen! Ihr Geld und Gold soll uns den Weg zum Heiligen Land ebnen!“

Binnen weniger Stunden sind die verzückten Kreuzzügler außer Rand und Band. Sogar der Bischof, in ruhigen Zeiten Beschützer der Juden in Mainz, verlässt eilends die Stadt. Er kann dem Gemetzel nicht Einhalt gebieten.

„Hier hinein! Das Haus sieht aus, als ob ein reicher Jude darin wohnt!“ Robert schiebt sich und seine Schar in den engen, finsteren Hausflur. Aber die Bewohner versuchen, sich zu wehren. Dolche, Schwerter und Holzkeulen verrichten nebeneinander ihr Werk.

Gilbert sinkt zu Boden: „Robert, Robert! Ich sehe das Licht des Himmels! Ich bin erlöst!“

Robert kniet kurz darauf neben ihm: „Unsinn! Du bist nur niedergeschlagen worden!“ Aber Gilbert hört nichts mehr, er ist tot. Ohne Gnade nimmt Robert Rache an denen, die vermutlich Gilbert in Notwehr erschlagen haben. Kein Bewohner des Hauses bleibt am Leben, selbst die kleinsten Kinder nicht. Auch einer der Bauernkrieger hockt sterbend in einer Ecke des Hauses und röchelt: „... es ist nur sonderbar, dass die Heiden, die wir hier in Jerusalem töten, so gut unsere Sprache beherrschen!“

Zurück bleibt ein durchwühltes Haus. Niemand weiß, ob es wirklich einem Juden gehörte. Denn die Toten sind stumm.

Robert ist froh, dass ihm jetzt die beiden Pferde von Gilbert als Packpferde zur Verfügung stehen.

Woher der Wind weht

Gründung und Aufstieg Lübecks im 12. und 13. Jahrhundert

Die Episode verfolgt das Schicksal in den ersten fünfzig Jahren der Stadtgründung. Zunächst schien Lübeck nur ein Spielball zwischen den Mächtigen der Zeit zu sein. Die wachsende wirtschaftliche Kraft verlieh ihm dann aber zunehmend ein Eigengewicht, das auch von den Herrschern jener Zeit immer stärker berücksichtigt werden musste.

In diesen ersten Jahrzehnten waren jedoch die Ratsherren auf Gedeih und Verderb gezwungen, sich den jeweils mächtigsten Gebietern unterzuordnen. Dieser scheinbare Verrat der Ratsherren erwies sich auf lange Sicht als eine wichtige Voraussetzung zum Erhalt der Stadt.

„Wohin nun mit den Waren auf unseren Wagen?" Bestürzt sieht sich der Kaufmann aus Münster um. Aber auch der Händler aus Celle ist ratlos. Beide gehören einem gemeinsamen Kaufmannszug an. Seit Jahren haben sie mehrmals im Jahr Waren in den kleinen slawischen Hafen Lübeck, der früher Ljubeke hieß, gebracht.

„Ich habe ja nichts gegen die Unterwerfung der Slawen durch den Grafen von Holstein. Aber muss er deshalb gleich unseren Handel lahm legen? Wir brauchten doch diesen kleinen Hafen, egal, ob er im Besitz der Slawen oder Holsteiner ist."

Der Händler ist wütend. „Nicht ein Haus ist übrig geblieben und kein Segel zu sehen! Also weiter nach Holstein hinauf! Dort müssen sich doch noch Ostseehäfen finden"

Die Kaufleute aus Westfalen aber wollen nicht ewig auf einen Hafen in der Bucht von Lübeck verzichten. Auch der Herzog von Holstein vermisst die Einnahmen aus der Hafenstadt. So schickt er Ritter seines Hofes nach Westfalen. Hier sollen sie in seinem Auftrag Siedler werben, die die Hafenstadt Lübeck wieder aufbauen und bewohnen.

Zwei dieser ausgesandten Werber sind die Ritter Arne von Wendsheim und Knut von Godeland. Sie reden auch mit einer Gruppe junger Kaufmannssöhne aus Lüneburg. Mit ihrem Werbeangebot stoßen sie aber zunächst auf taube Ohren. Arne von Wendsheim versucht es wie mit Engelszungen: „Die Slawen sind wirklich und endgültig in dieser Küstengegend unterworfen. Es besteht keine Sorge, dass weitere Kriege die neu zu gründende Stadt behindern!"

Skeptisch hören die jungen Männer zu. Dann entgegnen sie den Werbern: „Wir kennen den alten Hafen von Ljubeke oder Lübeck! Dass er im Krieg gegen die Slawen zerstört wurde, bedauern wir sehr. Er fehlt uns. Aber dieses kleine Nest mit dem winzigen Hafenbecken war doch immer schon viel zu klein ..."

„Deshalb wird Lübeck auch nicht an der gleichen Stelle neu gegründet!" Ritter Arne ereifert sich. „Wichtig ist vor allem, dass das Stadtrecht für Lübeck erhalten bleibt!"

Knut von Godeland ergänzt: „Die Stadt und ihr Hafen werden völlig neu gebaut, genauer gesagt, neben der alten Ruine der Slawenburg Buckow. Direkt an dem Zusammenfluss von Trave und Wakenitz. Von dort können die Seeschiffe über die Bucht leicht das offene Meer erreichen. Ein geschützter Hafen..“

Die jungen Kaufleute horchen auf und fallen dem Werber neugierig ins Wort: „Das neue Lübeck soll an der Trave und an der Wakenitz liegen? Das würde uns entgegenkommen. Wir wären nicht nur auf die schwerfälligen Wagen angewiesen.“

„Na ja,“ schränkt Knut von Godeland ein. „Die beiden Flüsse sind kaum für größere Kähne geeignet. Vielleicht später einmal ...“

Jetzt ereifern sich die Kaufleute: „Wer wie wir jahrelang mit den Planwagen über schlechte Landstraßen ziehen muss, der ist dankbar für jede kleine Wasserstraße, auf der die Waren transportiert werden können.“

Die jungen Kaufleute erfragen nun mehr und mehr Einzelheiten von den Werbern: „Wie steht es mit Bauland in der neuen Stadt Lübeck? Wie mit den Kosten dafür? Wer schützt die Siedlung vor Überfällen?“

Die Lüneburger Kaufmannssöhne sind mit den Antworten der Werber zufrieden. So versuchen sie, mit Unterstützung ihrer Familien, sich als Neusiedler in Lübeck niederzulassen. Die Ritter werben mit ähnlichem Erfolg auch Handwerker für die neue Stadt an.

Einen der Ritter, die als Werber ausgeschickt wurden, ernennt der Herzog von Holstein zum Schultheiß und Richter der Stadt. Unter seiner Leitung stecken die ersten Siedler zwei Straßen ab, die sich in der Mitte der künftigen Stadt kreuzen. Dort soll der Marktplatz geschaffen werden. Jeder Siedler erhält in der Stadt gegen angemessene Bezahlung eine Baufläche.

Wasser von Flüssen und Seen umringt die neue Stadt und bietet Schutz. Verstärkt wird er durch Erdwälle und Zäune aus Holzpfosten. Eine rege Bautätigkeit setzt ein. Vor allem aber zimmern und graben die neuen Bewohner am Hafen. Es spricht sich schnell in den Häfen der Ostsee herum, dass in Lübeck wieder eine Möglichkeit entsteht, Waren zum Weitertransport zu verladen.

Ganz traut der Graf von Holstein seinem neu ernannten Schultheiß wohl doch nicht. Jedenfalls lässt er die alte Burgruine der Slawen nahe der Stadt ausbauen. Eine große Anzahl bewaffneter Knechte wird künftig Burg und Stadt bewachen.

Aber die Lübecker können sich über ihren Herzog nicht beklagen. Er schickt sogar nochmals Ritter aus, um besondere Handwerker aus dem Friesland anzuwerben: In Lübeck sollen nach seinem Willen auch Schiffe gebaut werden! Diese Koggen sind zum Transport von Waren besonders geeignet: dickbauchig und mit hochgezogenem Bug und Heck. In ihnen lässt sich die Ladung von fast einhundert Kaufmannswagen verstauen.

„Hört, Bürger von Lübeck, hört! Der Schultheiß lässt vermelden, dass mit dem heutigen Tage die Stadt nicht mehr dem Herzog von Holstein, sondern dem Herzog Heinrich dem Löwen untersteht!“

„Das soll uns doch wohl nicht stören“, meint Dellmann zu seinem Kaufmannskollegen, als sie sich am Abend treffen.

„Im Gegenteil!“ Warnicke ist sogar darüber erfreut. „Wir können sogar stolz sein, dass sich die hohen Herren um uns reißen!“

„Solange sie uns dabei nicht zerreißen!“ Trauser, der Dritte in der Runde, ist als vorsichtiger Kaufmann bekannt. „Ich möchte nicht wissen, was der Löwe für uns hat bezahlen müssen!“

„Vielleicht weniger, als du denkst! Du weißt doch, der Stärkere bestimmt den Preis! Das ist doch bei uns Kaufleuten nicht anders.“ Dellmann sieht die Welt gerne als großen Kaufladen an. „Der Holsteiner wurde doch von Heinrich so unter Druck gesetzt, dass er Lübeck hergeben musste!“

„Trotzdem wird sich der Löwe davon etwas versprechen. An den künftigen Zöllen und Abgaben werden wir es schon merken“, unkt Trauser.

„Wenn uns Herzog Heinrich besser schützen kann als der Holsteiner, dann soll es mir darauf nicht ankommen. Wer mehr verdient, kann auch mehr abgeben!“ Warnicke ist sich dessen sicher, dass Lübeck bei dem Handel der Herzöge nur gewinnen kann. „Herzog Heinrich der Löwe ist einflussreich und stark. Er wird uns, da bin ich sicher, neue Märkte im Norden Deutschlands verschaffen!“

Warnicke sollte Recht behalten. Die Slawen an der Ostseeküste unterwerfen sich vollständig der Macht Heinrichs des Löwen. Ihre Fürsten werden sogar seine Vasallen. Der Herzog ist obendrein klug genug, Lübeck nicht über Gebühr zum Füllen seiner Staatskasse zu nutzen. Im Gegenteil: Heinrich schenkt den Lübeckern noch Ländereien im Umfeld der Stadt. Den Schiffen der Dänen, Norweger, Schweden und anderer Länder gewährt er freien Zugang zum Lübecker Hafen. Sie können ungehindert ihre Waren in der Stadt feilbieten oder an Händler aus anderen Städten weiterverkaufen. Jeden Montag und Freitag ist Markt in Lübeck. Was in manchen deutschen Städten zweimal im Jahr oder im Monat stattfindet, das darf in Lübeck jede Woche erfolgen!

Jahre vergehen. Heinrich schützt nicht nur eigene und fremde Kaufleute in Lübeck und auf der Fahrt dorthin. Er erlaubt auch den Bürgern, sich zur Verwaltung der Stadt einen eigenen Rat zu wählen. In ihm sitzen jetzt auch viele der ersten Siedler als Ratsherren. Mit ihrem Geld und dem starken Schwert des Herzogs lassen sich viele Schwierigkeiten im Handel überwinden. Trotz der Zuwendungen für die Stadt bringt Lübeck dem Herzog Heinrich zunehmend mehr Geld in die Kasse. Immer höher wird für den Löwen die Summe der Zölle und Gerichtsgebühren, die in Lübeck eingenommen werden. Der wachsende Umfang des Handels macht es möglich! Schließlich ist Lübeck zu dieser Zeit einer der größten Umschlagplätze für Waren in Europa!

Mehr als zwanzig Jahre ist Heinrich nun schon Herr über Lübeck. Nicht alles gelingt ihm so erfolgreich: Den Kaiser Friedrich Barbarossa hat er sich zum Feind gemacht. Ein Reichsheer unter der Führung des Kaisers verfolgt ihn. Es kommt auch vor die Tore Lübecks. Die Ratsherren sind in Sorge. Ihr Herzog ist fern und kann ihnen nicht helfen.

„Wir könnten monatelang einer Belagerung widerstehen! Vielleicht kommt uns Herzog Heinrich in dieser Zeit zu Hilfe?" Ratsherr Dellmann ist sich seiner Sache nicht ganz sicher.

„Es wäre nicht das erste Mal, dass sich das kaiserliche Reichsheer eine blutige Nase beim Kampf gegen den Löwen holt!", erklärt Warnicke. „Wir wollen auch nicht vergessen, dass wir unter unserem Herzog bisher immer gut gefahren sind."

Aber Trauser, inzwischen Bürgermeister der Stadt, wiegt bedenklich den Kopf. Schließlich entscheidet er: „Lübeck muss erhalten bleiben! Wir dürfen unseren Handelsplatz nicht gefährden! Deshalb werden wir dem stärkeren Gebieter folgen. Unsere Stadt und unser Seehandel vertragen keinen Gegenwind!"

Alle Ratsherren schließen sich dieser Meinung an. Und so reiten die Ratsboten unter Führung des Ratsherrn Dellmann hinüber zum kaiserlichen Heer, das vor den Toren lagert. Dellmann übergibt dem Kaiser selbst mit einer sehr tiefen Verbeugung die Schlüssel der Stadt. Der Kaiser bedankt sich auf seine Art: keine Plünderung, keine Brandschatzung für Lübeck. Auch der Kaiser scheint zu wissen, was er an Lübeck hat.

Knapp zehn Jahre später: Erneut sorgenvolle Gesichter im Stadtrat zu Lübeck. Diesmal steht Herzog Heinrich der Löwe vor den Toren. Er ist vorzeitig aus der Verbannung zurückgekehrt, in die ihn der Kaiser und die deutschen Herzöge geschickt haben. Heinrich der Löwe und seine Krieger gehen entschlossen vor, um alte Gebiete wieder zu beherrschen. Dabei hinterlässt der Herzog zerstörte Städte und Dörfer. Wird jetzt das verräterische Lübeck Opfer seiner Wut?

„Viel Zeit bleibt uns nicht, meine Herren!", spricht der greise Warnicke. „Der Wind hat sich gewendet! Versuchen wir zu retten, was für Stadt und Handel gut ist! Öffnet die Tore!"

Heinrich der Löwe besetzt „seine" Stadt. Zu einem Strafgericht an den Bürgern kommt es nicht. Vielleicht braucht er sie noch als Verbündete gegen den Kaiser? Handel und Stadt überleben auch diesmal.

Kaiser und Heinrich sterben bald darauf. In Lübeck aber geht der Aufschwung jetzt erst richtig los. Über Jahrhunderte bleibt der Stadt der Wind im Rücken!

Wenn zwei sich streiten ...

Freundschaft und Streit zwischen Friedrich I. Barbarossa und Heinrich dem Löwen in der 2. Hälfte des 12. Jahrhunderts

Zahllos sind die Legenden, die sich um Freundschaft und Feindschaft zwischen diesen beiden Vettern ranken. Jede einzelne wäre eine Erzählung wert. Die nachfolgende Episode dagegen versucht darzustellen, wie über einen längeren Zeitraum aus Verbundenheit Hass wird. Die unterschiedlichen Machtinteressen der beiden Herrscher prallen erst nach vielen Jahren aufeinander. Nutznießer sind die zahlreichen Fürsten, die diesen Streit auf den Fürstentagen zu nutzen wissen.

Im Einzelnen beleuchtet die Episode folgende Etappen:

1. **Bei der Kaiserkrönung in Rom steht 1153 Heinrich der Löwe seinem Vetter treu zur Seite**
2. **Die unterschiedlichen Wege der beiden Vettern bei der Herrschaftsausübung im Norden und Süden des Reiches**
3. **Die schützende Hand des Kaisers über Heinrich dem Löwen, der sich dennoch zunehmend Feinde unter den Fürsten schafft**
4. **Der endgültige Bruch zwischen beiden Herrschern und die Rache der Fürsten im Jahre 1181**

Heute in aller Frühe ist er vom Papst in der Peterskirche in Rom zum Kaiser gekrönt worden. Jetzt am Abend sitzt er, Kaiser Friedrich I., seinem Vetter, Heinrich dem Löwen, gegenüber. Es ist stickig im Zelt. Mit in dieser Runde sind die engsten Begleiter der beiden Herren. Einige von ihnen scheinen leicht verwundet zu sein.

„Das war knapp!“, bemerkt der Kaiser. Seinem stets freundlichen Gesicht sind die Anstrengungen des Tages nicht anzumerken. „Den Tag meiner Kaiserkrönung hätte ich mir auch angenehmer und weniger blutig vorgestellt. Ich bedaure sehr, dass es auch unter unseren Rittern Tote und Verwundete gegeben hat. Selbst unter den Fürsten des Reiches sind, wie ich sehe, einige verletzt.“

Der Kanzler, Erzbischof von Köln und enger Vertrauter des Kaisers, darf sich erlauben, die Rede seines Herrn zu unterbrechen: „Wir alle haben nur versucht, eure Krönung durch den Papst sicherzustellen. Es war euer Recht und eure Pflicht, euch hier in Rom vom Papst zum Kaiser krönen zu lassen, so wie es die deutschen Könige in der Vergangenheit getan haben.“

Beifälliges Gemurmel erfüllt das Zelt. Erneut wendet sich der Kaiser an die Anwesenden: „Dennoch ist diese Krönung nicht wie die meiner Vorgänger verlaufen. Der Streit zwischen den römischen Bürgern und dem Papst ist wohl doch stärker, als wir angenommen haben. Kein Wunder, dass die Römer sehr dagegen waren, dass der Papst eine Kaiserkrönung gegen ihren Willen vornimmt. Unsere Waffen aber konnten glücklicherweise der Krönung den nötigen Schutz geben. Mein Dank gilt deshalb euch Getreuen und euren Gefolgsleuten. Ihr alle habt mir geholfen, meiner Pflicht nachzukommen und die Kaiserwürde zu erwerben." Mit einer Handbewegung gebietet er weiter Aufmerksamkeit: „Unter den Heldentaten, die ihr vollbracht habt, möchte ich besonders die meines Vetters Heinrich hervorheben. So wie Ihr mit Euren Rittern gegen die römischen Krieger auf der Tiberbrücke gekämpft und gesiegt habt, das verdient schon unser aller Anerkennung!"

Selbst der Kanzler, sonst sehr zurückhaltend mit seinem Lob, ergänzt den Kaiser: „Heinrich hat mit seinem Gefolge die Kämpfe wirklich entschieden!" Der Kanzler wendet sich jetzt direkt an den Herzog: „Geschickt habt Ihr den Römern den Rückweg abgeschnitten und keinen hindurchkommen lassen. Ein Löwe kann nicht besser kämpfen!" Diese Worte Rainald von Dassels finden laute Zustimmung: „Das wäre ein passender Name für euch: Heinrich der Löwe!"

„Na, nicht übertreiben!", lässt sich schließlich Heinrich vernehmen. „Die meisten Römer sind, einmal in die Enge getrieben, doch von selbst in den reißenden Tiber gesprungen. Dass ihre Rüstungen sie dann unrettbar ertrinken ließen, ist nicht mein Verdienst!"

Lachend wehrt der Kaiser ab: „Ob eigenhändig erschlagen oder im Fluss ertrunken - die Wirkung ist für uns die gleiche: Der Papst und wir haben den Tag der Krönung lebend überstanden." Der Kaiser lehnt sich zurück und breitet seine Arme aus: „Ihr alle habt euch damit das kaiserliche Wohlwollen verdient! Und ihr, mein Vetter Heinrich der Löwe, in besonderem Maße!"

Als zu später Stunde der Kaiser seine Gäste verabschiedet, umarmt er seinen Vetter. Der Kaiser kennt die Sorgen des Herzogs von Sachsen: „Ich werde dir bei deinem Streit um Bayern helfen, so gut ich das jetzt als Kaiser kann. Du hast ein Anrecht auch auf dieses Herzogtum, und ich werde mich dafür bei den übrigen Fürsten und Herzögen des Reiches verwenden!" Mit einem stummen, aber kräftigen Händedruck dankt der Herzog dem Kaiser. Sogar ein leichtes Lächeln ist auf seinem Gesicht zu erkennen. Jeder weiß, dass Heinrich keine großen Worte macht. Dass der Herzog aber lächelt, das erstaunt sogar den Kaiser. Freundlich entlässt er seinen Vetter an diesem Abend in Rom: „Wie gut, dass sich Freunde aufeinander verlassen können!"

Jahre vergehen. Immer seltener werden die gemeinsamen Kriegszüge der beiden ungleichen Vettern. Der etwa sieben Jahre jüngere Heinrich verfolgt ohne Rücksicht seine Ziele. Manche seiner Widersacher bezeichnen ihn, den Sachsenherzog, als überheblich und gewissenlos, andere nennen ihn nur den „Stolzen". Jedenfalls ist er inzwischen mit des Kaisers Hilfe auch Herzog von Bayern, also einer der mächtigsten Fürsten im Reich. Das sehen viele Herzöge und Fürsten nicht gern. Wenn ein Gebiet zu verteilen ist, erscheint meist Heinrich als Erster an Ort und Stelle. Seine Heeresmacht ist stark und versteht für ihn zu kämpfen. Nur ausnahmsweise kauft er einem anderen Adligen etwas ab, wie beispielsweise Lübeck, das er 1160 von Adolf von Schaumburg erwirbt.

Zur gleichen Zeit beginnt der „Löwe", wie er immer öfter nur genannt wird, einen „Wendenkreuzzug". Gemeinsam mit Waldemar von Dänemark erobert er das Land der Obodriten. Burgen sichern seine Macht. Schwerin wird einer dieser Stützpunkte im Kampf gegen die „Heiden". Waldemar erobert mit seinen Truppen Rügen und zerstört sehr gründlich Swantewit, das Heiligtum der Slawen bei Arkona. Währenddessen zwingt Heinrich der Löwe die slawischen Pommernherzöge unter seine Lehnshoheit.

Auch sein Vetter Kaiser Friedrich I. ist nicht untätig, um seine Macht zu stärken: „Das Geld für mich und mein Heer liegt auf den Straßen der Städte!" In der Tat hat sich gewaltiger Reichtum besonders in den Städten von Flandern und in Oberitalien angesammelt. Sehr zum Missvergnügen des Kaisers eigneten sich die Städte südlich der Alpen immer mehr Rechte an, die früher nur dem deutschen König zustanden. Es fügt sich gut, dass Kaiser Friedrich 1156 durch die Heirat der dreizehnjährigen Prinzessin von Burgund auch die wichtigsten Alpenpässe in seine Hand bekam.

„Wenn die Katze nicht im Hause ist, dann tanzen die Mäuse auf dem Tisch!", dachte sich Friedrich und ließ nun für viele Jahre die oberitalienischen Städte nicht mehr aus den Augen. Er setzte kaiserliche Beamte ein, die die Stadtverwaltungen kontrollierten. Ihre Hauptaufgabe war es, die seit eh und je dem König zustehenden Steuern einzutreiben. Eine schwierige Aufgabe! Denn nach und nach hatten die Städte einzelne Rechte auf Abgaben oder Steuern dem König heimlich entzogen und sich selbst angeeignet. Diesen Nutzen wollen sie nun natürlich nicht mehr preisgeben! Deshalb stößt Kaiser Friedrich mit seinen Steuerbeamten auf den heftigsten Widerstand der reichen Bürger. Wortführer der oberitalienischen Städte ist Mailand.

Der Kaiser versucht eine einfache Lösung: Für die ihm allmählich und heimlich entzogenen Steuern sollen die Städte eine einmalige Nachzahlung von 100 000 Pfund Silber leisten. Das erscheint den Bürgern aber zu viel, obwohl sie anerkennen, dass sie Unrecht getan haben.

Als sich die Städte trotz aller Drohungen weigern, diese Summe zu zahlen, will Kaiser Friedrich ein Beispiel setzen: Seine Krieger zerstören 1160 die reiche oberitalienische Stadt Crema bis auf die Grundmauern! Aber die Wirkung bleibt gering. Die Städte verweigern weiterhin dem Kaiser wichtige Steuern. Zwei Jahre später ereilt auch das viel größere Mailand das gleiche Schicksal wie Crema. Die Bevölkerung Mailands wird auf vier umliegende Dörfer verteilt. Die Stelle, an der sich einst Mauern und Häuser von Mailand erhoben, darf auf Befehl des Kaisers nicht wieder bebaut werden. Viele Städte lenken jetzt ein.

Immer wieder berät sich der Kaiser mit seinem Kanzler, dem Erzbischof von Köln, Rainald von Dassel: „Solange ich mich mit meinem Heer hier in Italien aufhalte, leisten die Städte die mir zustehenden Abgaben und Steuern." Offenbar versucht er Rainald von Dassel zu überzeugen, sehr lange in Italien zu bleiben.

Doch Rainald von Dassel hat Bedenken: „Derweil könnte euch die Kontrolle im Reich nördlich der Alpen entgleiten ..."

„Keine Sorge!“, widerspricht der Kaiser. „Die zahlreichen neuen Reichsburgen sorgen mit ihren Rittern und Beamten schon dafür, dass die Fürsten, Grafen und anderen Adligen wissen, wer ihr Lehnsherr ist und bleibt! Auch aus unseren Städten fließen, wie ihr sicher besser wisst, die Einnahmen an unsere kaiserliche Kasse.“

„Täuscht euch nicht!“ Der Kanzler teilt diese Ansicht des Kaisers nicht: „Auch dort ist eure Anwesenheit notwendig, um die Treue zu Kaiser und Reich stets zu bestärken. Seht nur, welchen Einfluss Herzog Heinrich in diesen Gebieten gewinnt. Er nutzt immer mehr Städte, um sich Geld zu beschaffen. Denkt nur an seine Einnahmen aus dem reichen Lübeck. Außerdem stärken seine Eroberungen im Osten seinen Einfluss und seine Macht. Streitigkeiten zwischen den Adligen schlichtet er auf seine Weise: Er nimmt das Land oder die Stadt, um die gestritten wird, einfach in seinen Besitz. Da wird, obwohl es das Gesetz vorschreibt, kein Gericht angerufen! Die Klagen der Adligen gegen den Herzog nehmen deshalb deutlich zu.“

Der Kaiser ist schweigsam geworden und hört weiter zu. Mit dem gebotenen Respekt fährt deshalb der Kanzler fort: „Bisher habt ihr aber stets alle Anschuldigungen, die gegen Heinrich den Löwen vorgebracht wurden, abgewiesen oder in seinem Sinne beendet.“ Bevor er weiterredet, beobachtet er den Kaiser genau. Es kann durchaus sein, dass dieser wütend wird und jede weitere Bemerkung grob verbietet. Mutig fährt der Kanzler fort: „Mit eurer Unterstützung konnte Heinrich seine beiden Herzogtümer Sachsen und Bayern wie ein Königreich ausbauen und festigen ...“

Jetzt schwillt dem Kaiser doch die Zornesader: „Verurteilt Heinrich nicht wegen seiner festen Herrscherhand! Und vergesst nicht: Er ist schließlich mein Vetter! Außerdem kann ich froh sein, dass er Ordnung im Land nördlich der Alpen hält, damit ich mich hier um die italienischen Gebiete kümmern kann. Auch die Sorgen um den rechtmäßigen Papst reißen nicht ab. Da bin ich froh, dass Heinrich mir den Rücken freihält.“

Rainald von Dassel zieht den Kopf ein. Wenn er auf Heinrich den Löwen zu sprechen kommt, ist des Kaisers Vertrauen zu seinem Vetter anscheinend ungebrochen. Aber die Anzahl der Betrogenen, Unterlegenen, Neider und Feinde, die Herzog Heinrich gegen sich aufgebracht hat, wächst von Jahr zu Jahr.

Im Norden des Reiches freut sich unterdessen Heinrich der Löwe über seine Erfolge: Das sind vor allem die Eroberungen über die Slawen, die wachsenden Steuern und Abgaben der Städte und seine immer größer werdende Gefolgschaft. In Italien dagegen ist der Kaiser sogar wieder einmal auf der Flucht vor den Kriegern aus Rom und anderen Städten. Eine Seuche rafft außerdem tausende seiner Ritterschaft dahin. Auch sein treuester Berater, Rainald von Dassel, stirbt am Malariafieber. Der Kaiser rettet sich und den Rest seiner Ritterschaft über die Alpen nach Norden. Gerade rechtzeitig für Heinrich! Sächsische Adlige haben einen Aufstand gegen ihren Herzog versucht. Der Kaiser hält diesen Adligen eine Strafpredigt, die sie ihr Leben lang nicht vergessen werden. Friedrich droht und straft. Der Frieden im Herzogtum seines Vetters ist gerettet! Müsste nicht Heinrich seinem Kaiser jetzt besonders dankbar sein?

Kurze Zeit darauf macht Italien wieder einmal die Anwesenheit des Kaisers notwendig. Und mit Worten allein ist nichts auszurichten, auch wenn sie aus dem Munde des Kaisers kommen. Des Kaisers Heer aber ist zu schwach. Er braucht dringend Verstärkung. So wendet er sich an seinen Vasallen, den Herzog Heinrich, mit der Bitte, ihm, wie es seine Pflicht ist, Ritter zu schicken. Aber Heinrich lehnt ab! Er benötige, so verkündet er dem Kaiser, seine Ritter selbst im Kampf gegen die Slawen.

Die Berater des Kaisers sind fassungslos. Hier verletzt ein Vasall gröblichst seine Pflichten gegenüber dem Lehnsherrn.

Die Fürsten, die sowohl Kaiser wie Heinrich den Löwen fürchten, wittern Morgenluft. Hier tut sich eine Kluft zwischen den beiden auf, die vielleicht zum eigenen Vorteil genutzt werden kann? Diese Unzufriedenen drängen auf die Einberufung eines Fürstentags, auf dem endlich gegen den „Löwen" Gericht gehalten werden soll.

„Bin ich noch Vasall des Kaisers?" Heinrich fragt sich selbst, denn Beratern misstraut er. „Oder bin ich von Gott auserwählter Herzog von Bayern und Sachsen? Habe ich nicht erfolgreich Gebiete und Städte erobert und unter meine Herrschaft genommen? Warum soll ich nicht dem Kaiser, der sich nur noch mit seinen Steuern und Päpsten in Italien beschäftigt, die Heerfolge verweigern dürfen? Das Reich braucht eine starke Hand hier nördlich der Alpen. Und die könnte ich ihm geben!"

So missachtet er die Einladung zum Fürstentag, der über ihn Gericht halten will. Nicht nur die Streitigkeiten der Adligen mit dem „Löwen" stehen als Klage an, selbst der Kaiser muss jetzt seinen Vetter öffentlich beschuldigen, ihm die Treue und Gefolgschaft gebrochen zu haben. Immer wieder hatte Kaiser Friedrich gehofft, allen Streit friedlich beilegen zu können, wie es eigentlich seinem Charakter entspricht. Aber die Vergehen des „Löwen" waren immer schwerwiegender geworden. Auch gegen ihn, den Kaiser. Wo waren die Tage von Rom geblieben, als Heinrich im Kampf seinem Vetter die Kaiserkrönung sicherte?

Heinrich fühlt sich trotz aller Anklagen gegen ihn sehr sicher. Mit Heeresmacht fällt er sogar noch über einige Adlige her, die ihn beim Fürstengericht angeklagt haben. Selbst das Reichsheer des Kaisers kann Heinrich den Löwen nicht besiegen. Der „Löwe" ist nicht zu schlagen. Der Kaiser muss widerwillig und wütend auch noch einen zweiten und einen dritten Fürstentag einberufen. Aber Heinrich erscheint einfach nicht.

Der Kaiser bietet mithilfe seiner Vasallen ein noch größeres Heer auf. Diese Demütigungen seiner kaiserliche Würde kann er nicht länger hinnehmen. Die Fürsten beginnen schon über ihn, den Kaiser, zu lächeln. Vor allem aber wollen die Adligen und Fürsten endlich Rache an dem „Löwen" nehmen. Burg um Burg Heinrichs wird erobert, Stadt um Stadt unterwirft sich oder wird zerstört.

1181 Erfurt: Wiederum sind sie alle versammelt, die Herrscher des Reiches und ihre Vasallen: Kaiser Friedrich I., die Herzöge, Fürsten, Erzbischöfe, Bischöfe und Grafen. Unruhig sitzen sie auf ihren nach Rang abgestuften Sesseln oder Stühlen. Trotz der Anwesenheit des Kaisers verstummt das Murmeln im Saal der Burg nicht. Alle reden davon, ob er diesmal kommt. Und gemeint ist Herzog Heinrich der Löwe. Er ist bereits vor Jahren der „Reichsacht" verfallen, ebenso der nicht lösbaren

„Oberacht". Ihm sind längst, zumindest auf dem Pergament, seine Herzogtümer aberkannt worden. Der Kaiser und Vetter hat ihm längst die schützende Hand entzogen. Mehr noch, der Kaiser grollt diesem früher treuesten Verwandten.

Heimlich reiben sich die Fürsten die Hände, die aus der Zwietracht zwischen Kaiser und dem „Löwen" Vorteile ziehen wollen: Verliert der Herzog seine Länder und reichen Steuerquellen, dann bekommt sie ein anderer, nicht aber der Kaiser. Dafür werden sie, die Fürsten, schon sorgen. Nicht umsonst haben sie auf den Fürstentagen das Sagen ...

„Heinrich, genannt der Löwe, ist soeben eingetroffen!" Einer der Türwächter ruft es laut in den Saal. Schlagartig verstummen die Gespräche. Alle Blicke richten sich auf die große Tür, durch die Heinrich kommen muss. Einige ängstliche Fürsten vergewissern sich, dass sie einige ihrer besten Ritter in ihrer Nähe haben. Aber ihre Sorge ist unnötig!

Herein tritt ein alter, grauer Mann, ohne Wehr und Waffen. Allein geht er gebeugt die Reihe der Fürsten entlang auf den Kaiser zu. Demütig kniet er vor dem Thron nieder und hält seinen Kopf gesenkt. Kein Wort fällt. Endlich gebietet ihm eine Geste des Kaisers, sich zu erheben und auf einem gesonderten Stuhl Platz zu nehmen.

Von dem Erscheinen des „Löwen" vor dem Fürstentag ist offenbar auch der Kanzler überrascht. In aller Eile sortiert er die Pergamente, die die alten Beschuldigungen der Fürsten und des Kaisers gegen Heinrich enthalten. Dann verliest er die wichtigsten Anklagen. Anschließend macht er eine Pause, in der seine Blicke zum Kaiser und zu den anklagenden Fürsten hinübergleiten. Dort findet er die Bestätigung, im Verlesen der Pergamente fortzufahren: Jetzt hören alle, auch Heinrich, das Urteil des Fürstengerichts, das bereits vor Jahr und Tag ausgesprochen worden ist: Heinrich verliert ohne Gnade seine Herzogtümer Sachsen und Bayern. Pommern und Mecklenburg unterstehen künftig als Lehen nicht mehr ihm, sondern dem Reich. Zusätzlich muss Heinrich Deutschland für drei Jahre verlassen. Nur seine Stammlande Braunschweig und Lüneburg darf der ehemalige Herzog für seine Familie behalten.

Hoch zufrieden verlassen vor allem drei Fürsten das Gericht: Der Erzbischof von Köln erhält als Herzog den westfälischen Teil Sachsens, das restliche Sachsen bekommt Bernhard von Anhalt und Otto von Wittelsbach kann sich künftig Herzog von Bayern nennen.

Der Kaiser ist sicher, mit diesem Urteil allen seinen Widersachern gezeigt zu haben, dass es gefährlich ist, sich gegen Kaiser und Reich aufzulehnen.

Doch die Fürsten geben nicht auf, sich auf Kosten des Kaisers zu bereichern: Bereits fünf Jahre später muss Friedrich eine erneute Fürstenverschwörung in Deutschland mit Waffengewalt unterdrücken.

Der schöne Schein

Burgen, Ritter und Knappen um 1200

Die Wirklichkeit des Ritterlebens im Mittelalter war oft wenig romantisch. Soziale Unterschiede innerhalb des Standes verschärften die Probleme. Zu der Zeit, in der diese Episode angesiedelt ist, stellen die Ritter noch einen geachteten Teil der Gesellschaft dar. Erste Anzeichen der Erstarrung und des Verfalls sind aber nicht zu übersehen.

Die Episode erzählt vom kurzen Leben zweier Ritter:

1. **Ausbildung der Knappen durch einen Zuchtmeister auf einer fremden Burg**
2. **Pflichten der Knappen bei einem Ritter. Erhebung in den Ritterstand**
3. **Turnier auf einer Burg: Wettstreit in ritterlichen Künsten mit nicht immer ehrenhaftem Verhalten**

Die Dachschindeln rappeln. Staub und kleine Späne fallen herab. Wie üblich zieht sich Heinrich die Schlafdecke übers Gesicht, um Ruhe zu haben. Ob der Wind oder die Tauben die Schindeln knacken ließen, bleibt ihm egal. Er versucht so rasch wie möglich, wieder in seinen schönen Traum einzutauchen: Mit seinen Geschwistern über die Wiese unter den blühenden Obstbäumen im Burggarten entlangzulaufen ...

„Nun werde endlich wach! Der Herr Zuchtmeister hat schon gerufen!" Heftig zieht ihn Martin an den Füßen. Erschrocken richtet sich Heinrich von seinem Strohlager auf. Und schon ist es wieder passiert: Sein Kopf donnert gegen den Dachsparren über seinem Lager! Meistens hat er in den letzten Wochen morgens beim Aufstehen daran gedacht, dass es hier eng in der Bodenkammer ist. Heinrich ärgert sich über sich selbst. Der Fluch kommt ungewollt sofort, die Beule am Kopf erst später. Außerdem lacht Eino von Lichtenau, der neben ihm sein Lager hat, schadenfroh. Er scheint gar nicht aufhören zu können.

Noch etwas benommen klettert Heinrich den anderen Jungen hinterher. Steil ist die Stiege. „Hoffentlich hat der Zuchtmeister mein Fluchen nicht gehört!", murmelt er vor sich hin, als seine Hände im halbdunklen Stiegenhaus Halt suchen.

„Nicht drängeln!", mahnt da schon die tiefe Stimme des Wernher von Hohenberg, ihres Zuchtmeisters, unten auf dem Hof.

„Herr Wernher! Herr Wernher!" Die Stimme von Eino ist nicht zu überhören. Noch immer muss er sich ausschütten vor Lachen: „Der Heinrich hat eben furchtbar geflucht! Ist das nicht für einen künftigen Ritter verboten?"

Der Zuchtmeister sieht genau den schuldbewusst gesenkten Kopf von Heinrich. Aber seine Worte richten sich tadelnd an Eino: „Vor allem aber weidet sich ein Ritter nicht am Unglück anderer!"

Eino fühlt sich zu Unrecht gestraft und murmelt leise vor sich hin: „Dieser Heinrich bekommt immer Recht! Irgendwann werde ich es ihm schon heimzahlen!“

Knapp ist der Platz für die sechs Jungen um den Waschtrog herum. Ein Burgknecht öffnet den Stöpsel am großen Vorratsfass, jetzt fließt das Wasser in die Wasserrinne über dem Waschtrog. Das kalte Wasser zwingt zur Eile. Rasch sind Gesicht und Oberkörper abgespült. Mit den nassen Fingern werden mehr oder weniger gründlich die Zähne blank gerieben. Schon greifen die ersten Jungen nach den Strohwischen, um sich trocken zu reiben. Der Zuchtmeister gibt dem Burgknecht einen Wink, den Wasserbehälter wieder zu verschließen. „Wasser ist mit das Kostbarste, was eine Burg besitzt! Haltet euch reinlich, aber vergeudet auch kein Waschwasser!“ Wernher wäre nicht Zuchtmeister, wenn er nicht bei jeder Gelegenheit seinen Zöglingen wichtige Erfahrungen mit auf den Weg geben würde. Obwohl es einigen schwer fällt, versuchen die Jungen alles zu behalten und zu erlernen, was für einen künftigen Ritter wichtig ist. Dafür haben ihre Eltern sie ja zur Ausbildung hier auf diese Burg gegeben.

„Strähnt eure Haare! Und du, Eino von Lichtenau, fettest deine abstehenden Locken! Knappen und Ritter tragen ihre Haare nicht wie einen Strauchbesen!“ Der Zuchtmeister verweist stumm auf den Schmalztopf neben dem Waschtrog. Kichernd verfolgen die Jungen, wie sich Eino um seine widerspenstigen Haare müht. Ein scharfer Blick des Zuchtmeisters lässt das leise Lachen sofort verstummen. Eino ist wütend, aber er lässt sich kaum etwas anmerken.

Eine Kontrolle der Fingernägel schließt sich an. Endlich ist der Zuchtmeister mit seinen Zöglingen zufrieden.

Obwohl die Jungen Hunger haben, gehen sie gemessenen Schrittes in den Speiseraum der Burg, denn alle wissen, der Zuchtmeister beobachtet sie genau.

Nach dem Frühstück wird heute Bogenschießen geübt. Das geht einigen besser von der Hand als das gesittete Essen an der Frühstückstafel. Es dauert eben mehrere Jahre, bis die Jungen die „Sieben Künste eines Ritters“ erlernt haben.

Eino von Lichtenau tut sich besonders beim Schwertkampf, Reiten und Jagen hervor. „Bloß gut, dass die Schwerter aus Holz sind, Eino! Sonst würdest du noch deine Kameraden verletzen!“ Der Zuchtmeister muss ihn deshalb oft zurechtweisen. „Versuche lieber deine Angst vor dem Wasser zu überwinden! Noch immer bist du der Einzige, der das Schwimmen nicht beherrscht!“ Eino bekommt einen roten Kopf. Aber Widerworte gegen seinen Zuchtmeister sind nicht günstig. Deshalb knurrt er bloß leise vor sich hin: „Mein Vater kann auch nicht schwimmen und ist dennoch ein berühmter und reicher Ritter. Schachspiel und Dichten hält er auch für Zeitverschwendung. Warum soll ich das alles erlernen?“

Der Zuchtmeister hat es trotzdem gehört und redet ihm ins Gewissen: „Ob dein Vater ein großer Ritter ist, zählt hier nicht. Bei mir sollst du alle Künste eines Ritters erlernen – das ist übrigens auch der Wunsch deines Vaters! Zähme deinen Trotz und überwinde jede Überheblichkeit!“ Eino senkt seinen Blick, ob er künftig alles beherzigen will, verrät er nicht.

Jahre vergehen, aus den Jungen sind Knappen geworden. Sie haben vieles gelernt, was ein künftiger Ritter beherrschen muss. Nach und nach verlässt einer nach dem anderen die Burg und die Obhut des Wernher von Hohenberg. Die Knappen brennen darauf, einem Ritter zu dienen, mit ihm Kämpfe auszufechten, um irgendwann selbst Ritter zu werden. Besonders Eino von Lichtenau will möglichst rasch den Bevormundungen des Zuchtmeisters entfliehen.

Keiner der jungen Knappen geht sofort auf die väterliche Burg. Es ist ehrenvoll, zunächst in fremden Diensten gestanden zu haben.

Eino ist mit seinem Schicksal zufrieden. Sein neuer Herr hat viele Feinde. So reiht sich Fehde an Fehde. Eino kann sich sehr oft im Kampf messen und vor allem seinen Ritter dabei unterstützen. Er bedauert es sehr, dass er noch keine Ritterrüstung besitzt, die ihn fast unverwundbar machen würde. Dafür aber ist er beispielsweise schneller als sein Herr beim Reiten. Mehr als einmal hat er ihm schon während des Kampfes wieder aufs Pferd helfen müssen! Als dieser wieder einmal vom Gegner vom Pferd gestoßen wurde, hat er seinen Herrn, der benommen am Boden lag, mit wuchtigen Lanzenschlägen verteidigt.

In Anerkennung seiner Dienste wird Eino von Lichtenau bald darauf von seinem Herren in den Ritterstand erhoben. Im Palas der Burg versammeln sich Adlige und Geistliche, die der Burgherr geladen hat. Auf einem geschmückten Podest nehmen er und seine Gemahlin Platz. Im Halbkreis davor stehen auf der einen Seite die Ritter und Knappen des Burgherrn versammelt, auf der anderen die Geistlichen, unter ihnen sogar ein Bischof und mehrere Äbte. Der Burgherr erhebt sich und tritt vor. In die Stille des Saales hinein spricht er: „So bitten wir dich, allmächtiger Gott, segne das Schwert, das wir unserem verlässlichen Knappen Eino von Lichtenau heute übergeben wollen."

Wie es Sitte ist, spricht nun Eino, vor seinem Herrn kniend, den Schwur: „Stets will ich meinem Herrn die Treue halten. Ich werde ferner die Kirche beschützen und für alle Schwachen und Waisen eintreten. Allen Frauen und Alten gegenüber werde ich stets ehrfürchtig und anständig sein."

Daraufhin hebt der Herr das Schwert und berührt mit sanftem Schlag die Schultern des knienden Knappen: „Merkt es Euch, Ritter Eino von Lichtenau, dieses sei der letzte Schlag mit einer Waffe, den Ihr hinnehmt. – Verhaltet Euch in Zukunft so, dass keiner eine Waffe gegen Euch erheben muss. Wenn es aber einer dennoch wagt, Euch ohne Grund anzurühren, so wehrt Euch mit diesem gesegneten Schwert!" Danach übergibt er dem jungen Ritter das Schwert in beide Hände.

In freundlichem Ton fährt er fort: „Ritter Eino, umgürtet Euch mit diesem Schwert. Als Geschenk von mir werden Euch ferner ein edles Pferd sowie Rüstung und weitere Waffen übergeben."

Tief verneigt sich der junge Ritter Eino vor seinem Herrn. Als er sich erhebt, erschallen die vielfältigen Glückwünsche im Saal. Das anschließende Gelage dauert bis in die Nacht.

Heinrich von Urbach ist nach seiner Ausbildung bei seinem Zuchtmeister in den Dienst eines reichen und einflussreichen Ritters getreten. Dessen Burg ist geräumig und wird oft und gern von Rittern besucht. Manche von ihnen tragen als Dank für die Bewirtung dem Burgherrn und seiner Gemahlin selbst verfasste Gedichte und Gesänge vor.

Heinrich versucht dann möglichst dabei zu sein. Wie gebannt lauscht er den Versen und Liedern der fremden Ritter. So manches Mal erzählen sie auch nur Geschichten oder berichten von den Begebenheiten auf anderen Burgen oder aus früheren Zeiten. Wer nicht direkt dem Vortrag dieser Sänger lauschen darf, hört in den nächsten Tagen von den Geschichten, wie sie diejenigen erzählen, die dabei gewesen sind. Und Heinrich beherrscht diese Fähigkeit des Nacherzählens ganz besonders. Wenn er nacherzählt, was der fahrende Sänger einst im Palas berichtet hat, dann lauschen ihm viele der Burgbesatzung. Manchmal lassen sich an dunklen Winterabenden sogar der Burgherr und seine Gemahlin die alten Geschichten nochmals von Heinrich erzählen.

Am liebsten wäre Heinrich jedoch selbst so ein reisender Ritter, der durch seine Gedichte Anerkennung auf den Burgen des Landes findet. Stattdessen muss er viele Jahre seinen Herrn auf dessen Feldzügen als Knappe begleiten. Manchmal ruft der Kaiser Jahr für Jahr viele seiner Grafen, Fürsten und Ritter samt deren Gefolge zum Kriegsdienst. Dabei muss sich Heinrich auch im harten Kampf bewähren. Seine Treue und sein Mut werden eines Tages belohnt: Heinrich von Urbach wird von seinem Herren zum Ritter geschlagen.

Eigentlich hat es die Kirche verboten! Aber als einflussreicher Fürst oder Graf hat man auch seinen Stolz und weiß, was man den anderen Adligen schuldig ist!

Ludwig der Kämpfer ist da keine Ausnahme. Für das Frühjahr lädt er zu einem ritterlichen Wettstreit auf seine Burg ein. Boten machen die Einladung auf möglichst vielen Burgen bekannt.

Die Sonne wärmt wieder die Felder. Die Herrn geben vielen ihrer Ritter Urlaub für das bevorstehende Turnier. Sollen sich doch die jungen Ritter in Wettkämpfen messen, solange keine Kriegszüge oder Fehden drohen! Vielleicht kann der eine oder andere sogar einen Preis gewinnen. Eine bessere Rüstung oder ein stärkeres Pferd sind den jungen Rittern stets willkommen! Und die Burgherren denken da mit Freude an ihre eigene Zeit als Knappen und Jungritter zurück!

Immer mehr Ritter versammeln sich in den Zelten rings um die Burg Ludwigs des Kämpfers. Abends sitzen sie in dem Palas der kleinen Burg. Knechte und Mägde haben alle Hände voll zu tun, um Speisen und Getränke aufzutischen. Viele von ihnen haben ein ganzes Jahr als Söhne und Töchter der umliegenden Bauern geschuftet, damit alles für diesen Tag zu Verfügung steht. Jetzt wird es in wenigen Tagen aufgezehrt sein.

Sogar einer der Burgknechte murrt: „Diesmal werden es wohl die Bauern der Umgebung nicht schaffen, die Vorräte der Burg wieder aufzufüllen. Da werden sicher einige Überfälle auf die Ländereien anderer Herrn mithelfen müssen!“

„Sei bloß still! Du hast doch sowieso dein Leben lang nichts anderes getan, als fremde Dörfer zu überfallen und auszurauben“, versucht ihn ein Gefährte zu beruhigen.

„Bloß reich bin ich davon nicht geworden!“, erwidert verärgert der Burgknecht.

„Was dem Herrn von Vorteil ist, dass ist kein Nachteil für das Gefolge! Dieses Turnier bringt unserem Herrn viel Ehre und sicher auch Gewinn!“ Beide Knechte stürzen sich wieder in ihre Arbeit.

Laut geht es im Palas zu. Mäßigkeit und sittsames Verhalten als ritterliche Tugenden scheinen zurzeit nicht gefragt zu sein.

„Der Wein ist nicht der allerbeste ...“, bemerkt einer der Ritter zu seinem Trinknachbarn. „ ... dafür aber reichlich vorhanden!“, entgegnet der gut gelaunt. Ruhiger wird es erst, als der Burgherr und Ausrichter dieses Turniers den Palas betritt. Ludwig der Kämpfer und seine Gemahlin nehmen auf erhöhten Lehnstühlen Platz. Der Burgherr bittet nun einige der angereisten Ritter, wie es am Vorabend solcher Turniere üblich ist, Kostproben ihrer Dichtkunst vorzutragen.

Nur mit Mühe können sich einige Zuhörer zur Ruhe zwingen. Einerseits missfallen ihnen die Verse, andererseits löst ihnen der Wein die Zunge. Nur die Anwesenheit des Burgherrn und seiner Gemahlin bremst die Störenfriede.

Auch Heinrich von Urbach trägt eigene Verse vor. Die Herrin lächelt ihm sogar wohlwollend zu.

„Die Stimme kenne ich doch!“ schallt es von der Tür her. Soeben betritt Eino von Lichtenau den Palas. „Das ist doch der Knappe, mit dem ich beim Zuchtmeister Werner von Hohenberg war! Willst du dich hier durch deinen dummen Gesang beliebt machen? Ein Ritter muss kämpfen - nicht singen! Hörst du?“

Auf ein Zeichen des Burgherrn bringen ihn einige Burgknechte wieder vor die Tür. Heinrich bittet darum, ebenfalls den Saal verlassen zu dürfen. Vielleicht kann er Eino beruhigen. Es ist ihm peinlich, dass er mit einem solchen Knappen gemeinsam das Ritterhandwerk erlernt hat. Doch Heinrich kann draußen im Burghof den angetrunkenen Eino nicht besänftigen. Eino schreit sogleich Heinrich an: „Was suchst du, Sohn eines armen Vaters, hier auf diesem Ritterturnier?“

„Auf keinen Fall Streit!“ fällt ihm Heinrich ins Wort. „Wir haben uns jahrelang nicht gesehen, geschweige denn gestritten. Hier aber beleidigst du ohne Grund den Burgherrn und mich!“

„Ohne Grund? Schon immer suchte ich nach dir, dem Knappen aus der Kindheit! Aber in Kriegen und Fehden habe ich dich nie getroffen!“ Absichtlich beleidigend fährt er fort: „Na ja, wer nur Verse schmiedet, den konnte ich auch nicht auf dem Feld der Kampfesehre finden!“

„Zähme deine Zunge!“ Heinrich ist jetzt echt böse. „Ich bin Ritter, wie du, und habe für meinen Herrn gekämpft, wie es eines Ritters Pflicht ist.“

Aber Eino gibt nicht auf zu sticheln: „Es soll ja solche und solche Ritter geben!“

„Du sagst es." Heinrich ist um Fassung bemüht: „Offensichtlich gibt es auch Ritter, die ihre Zucht und Ehre manchmal vergessen!"

„Das solltest du nicht zu mir sagen!" Nur die schwankenden Beine können Eino zurückhalten, Heinrich anzugreifen: „Warte nur, das werde ich dir heimzahlen!"

Mit gebührender Zurückhaltung versuchen mehrere Burgknechte, Eino in seine Kammer zu führen. Das fällt ihnen nicht leicht, denn immer wieder will Eino zurück auf den Burghof und den Streit fortsetzen.

Heinrich schüttelt sich. Er will diesen unangenehmen Auftritt vergessen. In den Palas aber wagt er sich auch nicht zurück. Das Benehmen seines ehemaligen Mitknappen ist ihm vor dem Burgherrn und dessen Gemahlin sehr peinlich. Unruhig verbringt er die nächste Nacht.

Knechte und Knappen sind schon früh auf den Beinen. Denn vieles ist noch auf dem Turnierplatz vor der Burg zu richten. Der Burgherr und sein Vogt sind mittendrin. Aufgeräumt ruft Ludwig der Kämpfer den Burgknechten zu: „Je bunter und zahlreicher die Fahnen und Wimpel, desto bedeutender das Turnier!" Und seine Männer sparen nicht mit Stoff. Schließlich wollen alle, dass es ein großer Wettstreit wird, an den sich später die Ritter auf vielen Burgen des Landes erinnern sollen.

„Nichts gegen die Verse und die Geschichten der Herren Ritter im Palas", bemerkt der Burgherr ironisch zu seinem Vogt, „aber entschieden wird der Kampfgeist eines tapferen Ritters hier unten auf dem Turnierplatz!"

Der Waffenmeister der Burg besucht jedes einzelne Lager der Herrn Grafen, Markgrafen und Fürsten. Keine Waffe, die im Turnier eingesetzt wird, soll eine scharfe Spitze haben!

Ludwig der Kämpfer drängt: „Lasst uns beginnen!" Seine Gemahlin und er nehmen zusammen mit den edlen Herrn auf der frisch zusammengezimmerten Holztribüne Platz. Je nach Rang und Bedeutung sind die Sitze mehr oder weniger prachtvoll ausgestattet. Einige Adlige müssen sich sogar mit Stehplätzen begnügen. Huldvoll gibt die Gemahlin mit einem Tuch das Startzeichen für den Schaukampf.

Die beiden ersten Ritter setzen sich in Trab und reiten innerhalb ihrer Turnierbahn aufeinander zu. Der Mittelbalken trennt die beiden wie eine Leitplanke. Es scheint die Aufregung zu sein, denn keiner vermag den anderen Reiter mit der Lanze vom Pferd zu stoßen. Nicht einmal berührt haben sie sich gegenseitig. Das ist peinlich. Schallendes Hohngelächter kommt vor allem von den Zuschauern an der Turnierbahn. Das Burggesinde, aber auch zahlreiche Bauern der Umgebung wollen sich dieses Spektakel nicht entgehen lassen. Und es scheint lustig loszugehen! Die Herrn beider Ritter lassen ihre Reiter nochmals gegeneinander antreten. Diese Aufforderung an ihre Ritter erfolgt nicht eben mit sittsamen, höfischen Worten. Auf der Tribüne wird verstohlen gelächelt. Mit einer Handbewegung gebietet der Burgherr Ruhe.

Erneut lässt das Spitzentuch die beiden Ritter gegeneinander lostraben. Kurz danach kracht eine der Lanzen auf den Schild des Turniergegners. Der Stoß ist so gewaltig, dass die Lanze bricht. Der Schild mit dem schönen Wappen wird arg beschädigt, kann aber Schlimmeres verhindern. Doch der Ritter dahinter verliert trotzdem das Gleichgewicht und stürzt wenige Meter weiter in den tiefen Sand der Bahn. Anerkennende Rufe von den Zuschauern und Lobpreisungen von der Tribüne sind der Lohn für den Sieger. Vier Knappen tragen den gestürzten und noch halb benommenen Ritter davon. In seinem Lager helfen sie ihm wieder auf die Beine. Er ist froh, anschließend aus der schweren eisernen Rüstung herauszukommen. Vielleicht aber verliert er sie an den Turniersieger? Der Burgherr wird es am Ende des Turniers entscheiden. Im Augenblick ärgert ihn nur die Schmach der Niederlage hier vor den zahlreichen Rittern.

Inzwischen geht das Turnier weiter. Weitere Ritter sinken in den Sand oder geben sich geschlagen. Gewinnen oder Verlieren, beides muss ritterlich gekonnt sein! Eigentlich sollte der Verlierer keinen Groll gegen den Überlegenen hegen. Tatsächlich hadern die meisten auch nur mit ihrem eigenen Missgeschick und brennen darauf, es beim nächsten Mal besser zu machen.

Auf der Bahn sind jetzt im Anreiten Eino von Lichtenberg und Heinrich von Urbach. War es Zufall, dass gerade diese beiden aufeinander treffen? Hat der Burgherr dieses Treffen geplant?

Ein furchtbarer Schrei übertönt alle anderen Geräusche. Einos Lanze hat den Schild von Heinrich durchbohrt. Heinrich stürzt vom Pferd, wird mitgeschleift, bleibt dann reglos liegen. Blut quillt aus seiner Wunde. Die Helfer können nur noch den Tod feststellen.

Eino reitet zum Ende der Bahn. Erst hier wendet er leicht sein Pferd und beobachtet, ob Heinrich am Boden liegt. Doch er lenkt sein Pferd nicht zurück. Im Gegenteil. Mit sichtbarer Eile reitet er sofort in sein Lager. Seine Gesichtszüge bleiben hinter dem Visier für alle Zuschauer verborgen.

Ludwig der Kämpfer hat alles genau von seinem Tribünenplatz aus beobachtet. Er kennt sich aus bei Turnieren und Rittern. Irgendetwas hat ihn misstrauisch gemacht. Sofort schickt er einige Ritter seines Gefolges und den Waffenmeister ins Lager, in dem Eino verschwunden ist. Einen solchen Verdacht, wie ihn der Burgherr hat, lässt er nicht durch Knechte untersuchen!

Der tote Heinrich von Urbach wird vom Platz getragen. Viele Ritter eilen zu ihm, selbst die Gemahlin des Burgherrn. Alle stehen erschüttert um den Toten herum. Das Turnier wird abgebrochen. Die geistlichen Herrn verlassen in großer Hast die Tribüne. Ein solcher Todesfall kann eventuell untersucht werden, und dann käme vielleicht heraus, dass sie als Geistliche, trotz des kirchlichen Verbots von Turnieren, daran teilgenommen haben.

Eino ist empört: „Das ist eine ungeheuerliche Anschuldigung!“ Er zeigt seine Lanze vor. Aber der Waffenmeister des Burgherrn lässt sich nicht so leicht täuschen: „Das ist die Waffe nicht, mit der Ihr im Turnier geritten seid! Die verwendete Waffe hält dort Euer Knappe!“ Jetzt hilft kein Leugnen. Selbst das frische Blut des Toten ist noch an der Lanze erkennbar. Zornig nimmt sie der Waffenmeister in die Hand: „Euer Leugnen ist höchst unehrenhaft. Aber das hier ist gegen jede Ritterehre bei Turnieren!“ Er weist mit ausgestreckter Hand auf die scharfe Spitze der Lanze. „Das ist verboten! Und Ihr habt es gewusst!“ Eino versucht noch einmal, seinen Kopf aus der Schlinge zu ziehen: „Einer meiner Knappen muss mir eine falsche Lanze in die Hand gegeben haben ..." Entsetzen zeichnet sich auf den Gesichtern der Knappen ab. Der Waffenmeister beendet scharf diese erste Untersuchung: „Ich werde Ludwig den Kämpfer, den Ausrichter dieses Turniers, davon in Kenntnis setzen, was ich gesehen und gehört habe. Er wird ein Turniergericht einberufen und die Angelegenheit untersuchen. Bis dahin haltet Euch zu unserer Verfügung. Darauf Euer Ritterwort!"

Schon am nächsten Morgen wird Gericht gehalten. Aber einen Angeklagten gibt es nicht. Eino von Lichtenau hat sein Ritterwort gebrochen und ist in der Nacht davongeritten. Begleitet nur von einem einzigen Knappen. Ein Kreuzzug führt beide unerkannt in die Ferne.

Monate später erreicht der Knappe wieder die Heimat. Sein Bericht ist kurz und ohne Mitleid: „Eino von Lichtenau ist auf dem Kreuzzug in einem Fluss ertrunken. Er konnte doch nicht schwimmen!"

„Nur Geld wird euren Tod verhindern!"

Vom Raubritterunwesen im 13. Jahrhundert

Aus der Vielzahl der Untaten wurde in der Erzählung eine mögliche Variante gewählt. Sie versucht den Zusammenhalt der Stadtgemeinden deutlich zu machen. Gleichzeitig betont die Episode den moralischen und wirtschaftlichen Verfall der Rittertums sowie die zunehmende Rolle des Geldes in den Konflikten jener Zeit.

1. Der Überfall auf die heimkehrenden Fernhändler
2. Gemeinsam widersetzt sich der Rat den Lösegeldforderungen
3. Der Stadthauptmann – hier ein Ritter im Dienste der Stadt
4. Gemeinsam bereiten mehrere Städte den Angriff auf die Raubritter vor
5. Das Räubernest wird ausgehoben

„Es ist schön, wieder durch die heimatlichen Wälder zu kommen!", schwärmt Gernot, der Sohn des Kaufmanns. Im Auftrag seines Vaters hat er die Verantwortung für Fracht und Fahrt nach Venedig und zurück. Er ist froh, die vier Wagen mit der kostbaren Ladung wieder kurz vor seinem Ziel zu wissen. Sein Vater wird mit ihm zufrieden sein.

Halko, sein Freund und Begleiter, freut sich auch über das Ende der langen Reise. „Endlich werde ich morgen zu Hause wieder in meinem Bett schlafen können! Was werde ich froh sein, für einige Zeit diesen Sattel nicht benutzen zu müssen."

„Und ich dachte, nur mir geht es so!" Gernot schaut belustigt seinen Begleiter an. „Noch eine Nacht unter freiem Himmel, dann sehen wir die Türme unserer Heimatstadt!"

„Lasst uns vorausreiten und einen guten Rastplatz für alle erkunden!" Gernot wendet sich an die Waffenknechte und die Fuhrleute und teilt ihnen ihre Absicht mit. Dann geben die beiden Freunde ihren Pferden die Sporen.

„Bis zu der Stelle bei den drei Tannen werden es die Wagen sicher noch vor Einbruch der Dunkelheit schaffen!" Halko macht den Vorschlag.

Wenig später sind die beiden Männer auf dem vorgesehenen Rastplatz eingetroffen. „Ja, hier werden wir über Nacht bleiben! Sieh nur, sogar die Stellen der alten Lagerfeuer sind noch erkennbar!"

Halko nörgelt zum Spaß: „Leider liegt aber kein Feuerholz bereit!"

„Kleinigkeit in diese Umgebung!" Gernot ist froh, aus dem Sattel steigen zu können. Einige Arme voller Holzäste sind bald gesammelt. Das dicke, weiche Waldgras verleitet anschließend beide zu einer kleinen Verschnaufpause.

„Wo bleiben denn unsere Wagen?", fragt Halko. „So schnell sind wir doch nicht geritten?"

Beide werden unruhig: „Komm, lass uns nachsehen, ob etwas geschehen ist! Ein Radbruch vielleicht?“ – „Das würde uns sicher um unseren vorbereiteten Rastplatz bringen!“ Im Galopp reiten sie zurück zur Fuhrkolonne.

„Da stehen ja unsere Wagen!“, ruft Gernot.

„Das waren einmal eure Wagen!“ ruft eine laute und grobe Stimme neben ihnen. „Wir haben nur noch auf euch gewartet!“ Das höhnische Lachen gehört einem Mann in Ritterrüstung. Seine Befehle klingen scharf: „Lasst die Toten und Verwundeten liegen! Jeweils ein Bewaffneter mit auf den Kutschbock! Die anderen sichern die Wagen! Um diese beiden hier kümmert euch besonders. Entwaffnet sie und bringt sie auf die Burg! Aber lebendig!“

Die folgende Nacht kommen weder Gernot noch Halko aus dem Sattel. Die groben Fesseln schneiden in die Handgelenke. Aber sie müssen mit ihrem Schicksal sogar noch zufrieden sein. „Gebt Ruhe! Sonst lauft ihr die ganze Strecke zu Fuß!“, drohen ihnen die Knechte des Ritters. Und die scheinen keinen Spaß zu verstehen.

Trotz der Dunkelheit wird gefahren. Die Knechte des Ritters müssen wohl Weg und Steg genau kennen. Nur mit dem Dolch weist der Knappe auf dem ersten Wagen dem Kutscher den Weg. Alle Räuber sind äußerst schweigsam.

Irgendwann muss die Morgendämmerung doch kommen! Wie aus dem Nichts steht plötzlich wieder der große Kerl in seiner Ritterrüstung vor der Wagenkolonne. Seine Stimme durchdringt die Stille: „Schmeißt die Kutscher vom Bock und jagt sie in den Wald! Die Wagen werden ab jetzt von uns gefahren! Verbindet den beiden Kaufleuten die Augen! Kontrolliert ihre Fesseln!“

Stunden später werden Gernot und Halko von den Pferden gezerrt. Die Augenbinden und Handfesseln werden ihnen erst abgenommen, als sie sich in einem festen Verließ befinden. Von der Tür her dröhnt die Stimme des Ritters: „Betet, dass eure Familie oder Stadt für eure Freilassung gut zahlt! Denn nur Geld, viel Geld wird euren Tod verhindern!“ Unter Hohngelächter kracht die Tür zu. Dann hören die beiden Gefangenen nur noch, wie der Riegel vorgelegt wird.

Spärliches Licht fällt aus einem kleinen Spalt in den Kerker. Strohschütten, offensichtlich schon vielfach benutzt, finden sich auf dem Steinboden.

Irgendwer findet am Tage danach hinter der Stadtmauer einen Pfeil mit einer Lösegeldforderung. Sofort wird die Nachricht zum Bürgermeister gebracht. Kurze Zeit später kommen eilig die Ratsherren ins Rathaus. Gernots Vater ist einer der Ersten: „Mein Sohn sollte dieser Tage aus Venedig zurück sein. Sagt, was ist geschehen?“

„Soeben ist eine Nachricht eingetroffen, die in der Tat Euren Sohn und Euren Gehilfen Halko betrifft. Bitte geduldet Euch, bis der Stadthauptmann und die anderen Ratsherren hier sind!“ Der Bürgermeister drängt kurz darauf alle in die Ratsstube.

„Ritter Witzthum hat uns eine Nachricht zukommen lassen, eine Lösegeldforderung für Gernot und Halko!“ Der Bürgermeister hält das Papier hoch: „Der kleine Zettel am Pfeil enthält nur wenige Worte. Vieles müssen wir uns selbst zusammenreimen. Deutlich ist nur die hohe Geldsumme und die Drohung mit dem Tod für beide, wenn keine Auslösung erfolgt." Die Ratsherrn wollen wissen, wann und wo die Geldübergabe erfolgen soll. Der Bürgermeister liest vom Zettel: „Der Austausch erfolgt in einer meiner Burgen, etwa in drei Monaten. Eure Söhnchen sollen erst einmal unsere Gastfreundschaft genießen! Genauen Ort und Zeitpunkt überbringt euch ein weiterer Pfeil! Besorgt inzwischen das Geld!" Die Ratsherren sind empört: „Mit der langen Haft will er nur das Lösegeld in die Höhe treiben!"

„So hat er es in anderen Städten auch schon versucht - und geschafft. Nun sind also Bürger unserer Stadt die Opfer!" Der Stadthauptmann weiß von Beispielen aus der Umgebung. Etwas unwirsch unterbricht ihn der Bürgermeister. Sein Blick richtet sich fragend auf den vor allem betroffenen Kaufmann und Ratsherrn: „Wie steht ihr zu der Forderung des Ritters Witzthum?"

Der Vater springt erregt auf: „Keine Frage, ich werde alles tun, um meinen Sohn freizukaufen. Und den Halko natürlich auch! Aber es fällt mir schwer, so viel Bargeld sofort aufzutreiben. Mein Kapital steckt, wie ihr wisst, meist in den Waren." Sorgenvoll und zugleich fragend blickt er in die Runde. Die Ratsherren nicken jedoch zustimmend. Der Bürgermeister antwortet für alle: „Euer Sohn ist auch ein Bürger dieser Stadt. Selbstverständlich stehen wir euch bei! Auch bei der Bereitstellung des Lösegeldes. Der Stadtkämmerer und der Stadthauptmann werden alles schnellstens regeln!"

Wie ein Lauffeuer hat sich die Forderung des Witzthum in der kleinen Stadt verbreitet. Empörung und Wut machen sich breit: „Diesen Raubrittern müsste man ein für allemal das Handwerk legen!" - „Eigentlich dürften sie keinen Pfennig erhalten!" - „Die Stadtwache sollte den Ritter auf seiner Burg ausräuchern!" - „Aber erst müssen wir die beiden jungen Männer befreit haben!"

Gegen Abend meldet eine der Torwachen, dass die vier Kutscher des Kaufmannszuges eingetroffen sind. „Schneller ging es ohne Pferde wirklich nicht", rechtfertigen sich die Männer vor den Ratsherrn. Viel schlimmer ist, dass sie kaum einen brauchbaren Hinweis darauf geben können, wo der Ritter diesmal sein Versteck hat. Der Stadthauptmann lässt sich dennoch genau den nächtlichen Fahrweg beschreiben. Dann hellt sich seine Mine auf: „Warte nur Witzthum, jetzt kriegen wir dich!"

Bevor der Stadthauptmann von den Ratsherrn dieser Stadt auf diesen Posten berufen wurde, war er selbst Ritter. Als Zweitgeborener allerdings ohne Aussicht auf Burg und Grafenamt seines Vaters. Aber er kennt nahezu alle Adligen und Ritter der Umgebung. Viele von denen haben ihn belächelt und sogar verspottet, weil er in den Dienst von Bürgern getreten ist. Aber der adlige Stadthauptmann hat seinen Schritt nie bereut. Hier kann er seine Ehre behalten und trotzdem mit seinen ritterlichen Kenntnissen Menschen helfen. Jetzt ist er entschlossen, nicht erst auf weitere Nachrichten des Witzthum zu warten: „Sollen die beiden Geiseln drei Monate lang im Kerker des Ritters um ihr Leben bangen?" Ausführlich berät er sich mit dem Bürgermeister. Dann steht sein Plan fest.

In den Morgenstunden reiten der Stadthauptmann und ein Trupp seiner Stadtknechte aus dem Tor. Der Spürsinn und seine Ortskenntnis haben den Hauptmann nicht getrogen: Witzthum hat sich in einer kleinen, aber schwer zugänglichen Burg verschanzt. Sie liegt auf einer Insel, umgeben von Gräben, Mooren und Teichen. Eine Zugbrücke sperrt den Zugang zum Tor.

„Groß kann die Gefolgschaft des Ritters nicht sein", schlussfolgert der Stadthauptmann, als er die Bauwerke der Burg mustert. Dennoch ist Vorsicht geboten. Laut schallen die Stimmen über den trennenden Wassergraben. Der kleine Trupp der Stadt fordert die Herausgabe der zwei Gefangenen und verspricht dafür das Lösegeld.

Witzthum ist überrascht: „Ihr kommt zu früh! Noch hatte ich euch nicht hergebeten!" Doch dann kommt ihm eine Idee. Er sieht die kleine Truppe der Stadtknechte mit dem vielen Geld ...

„Geduldet euch, eure beiden Kaufleute kommen gleich!" Witzthum versteht sein Handwerk. Zwei seiner Kumpane stülpen sich dunkle Kutten über, lassen sich zum Schein binden und stolpern vor einem Trupp Krieger über die heruntergelassene Zugbrücke. Aber auch der Stadthauptmann kennt alle Tricks. Aufmerksam beobachtet er die ankommende Gruppe. Wenige Schritte trennen die beiden bewaffneten Trupps. Da ziehen die Knappen des Ritters blank. Auch die beiden Kuttenmänner werfen ihre Verkleidung ab. Im gleichen Augenblick versuchen sie, den Stadtknechten die Kiste mit dem Geld zu entreißen. Aber die sind darauf vorbereitet! Nicht nur der Geldkasten wird verteidigt! Den Knappen des Ritter bleibt nichts anderes übrig, als sich zurückzuziehen. Lauter als das Klirren der Waffen ist nur das Fluchen des Ritters von Witzthum, der alles vom Burgtor aus verfolgt hat.

Erbost ist auch der Stadthauptmann: „So sieht also Eure Ritterehre aus! Nicht einmal Lösegeld kann man Euch anvertrauen!"

Witzthum antwortet, aus sicherer Entfernung: „Ihr Bürger und Kaufleute habt doch genug Geld! Ich erhöhe nur die Lösegeldsumme für eure beiden Söhnchen! Bis dahin sind sie bei mir sicher aufgehoben!"

„Um das Leben unserer Bürger willen – wir werden wieder kommen!"

Späher der Stadt lassen die Burg in den nächsten Tagen nicht aus den Augen.

Die Bürger der Stadt sind außer sich, als sie hören, wie Witzthum die Lösegeldüberbringer übertölpeln wollte. „Er denkt wohl, dass er uns immer weiter erpressen kann!", erbost sich der Bürgermeister. „Aber er soll den Bogen nicht überspannen!"

Ratsboten jagen in die umliegenden Städte und bitten um bewaffneten Beistand: „Schickt uns Kriegsknechte! Es gilt, einem Raubritter das Handwerk zu legen!" Und die benachbarten Städte schicken jeden verfügbaren bewaffneten Mann!

Ununterbrochen schlagen seit Tagen im Stadtwald Tagelöhner lange Stangen. Klobige Leitern entstehen. Auch Reisigbündel werden geschnürt und auf Karren geladen.

Der Stadthauptmann übernimmt wiederum das Kommando. Diesmal führt er keine Geldkiste mit sich, dafür aber eine große Anzahl von bewaffneten Reitern. Sie umstellen die Wasserburg des Ritters. „Keiner hat bisher die Burg verlassen", berichten die Späher.

Dem Witzthum ist der Aufmarsch nicht entgangen. „Habt ihr es so eilig, eure Söhnchen wieder bei euch zu haben? Ein wenig werdet ihr euch noch gedulden müssen", höhnt der Ritter.

Der Stadthauptmann antwortet ihm gelassen: „Mir soll es recht sein!" Er teilt ohne Eile seine Knechte für die Wachen ein und erklärt ihnen leise: „Witzthum soll den Eindruck gewinnen, dass wir uns auf eine lange Belagerung seiner Burg einrichten!" Mit dem größten Teil der Stadtknechte zieht er sich aus der Sichtweite der Burg zurück.

Es wird langsam dunkel. Die sumpfigen Wege verschlucken die Geräusche, die die Wagen verursachen. Friedlich lodern die kleinen Wachfeuer rings um die Burg. Die Burgbesatzung beobachtet gelangweilt die Stadtknechte um die Feuer herum. Alles bleibt ruhig. Auch Witzthum gönnt sich etwas Schlaf. Die nächsten Wochen werden aufreibend genug werden!

So tief und breit ist keiner der Gräben um die Burg herum, als dass er nicht von langen Stangen und dicken Reisigbündeln überbrückt werden könnte. Von mehreren Seiten gleichzeitig dringen die Stadtknechte zur Burgmauer vor. Bröcklig und rissig ist das alte Bauwerk. Zum Emporklettern gut geeignet. Auch Leitern helfen weiter. Zu spät bemerkt die Burgbesatzung den Angriff. Der Stadthauptmann ist einer der Ersten im Burghof. Keinen Augenblick zu spät! Vor der Tür zum Kerker prallt er fast mit Witzthum, der nur mit einem Dolch bewaffnet ist, zusammen. Das wird ihm zum Verhängnis. Das Schwert des Stadthauptmanns ist lang und wird treffsicher geführt: „Du tötest keine Bürger mehr, du ehrloser Schuft!"

Nach dem Tod des Ritters bricht die Gegenwehr seiner Kumpane zusammen.

Mit dem anbrechenden Tag sind die Stadtknechte schon auf dem Heimweg. Mitten unter ihnen reiten auch Gernot und Halko. Gefangene sind nicht zu entdecken. Wohl aber die vier Wagen des Kaufmanns mit der fast vollständigen Fracht aus Venedig.

Überall in den Gassen winken die Bürger erleichtert den Heimkehrenden zu. Der Vater schließt seinen Sohn und den Gehilfen in die Arme. In der Freude und Erleichterung öffnet der Kaufmann auch seinen Geldkasten. Und er lässt sich wirklich nicht lumpen! Geld klimpert so in den Taschen der abziehenden Krieger aus den umliegenden Städten. Eine große Summe geht auch an den Kämmerer für die Unkosten der eigenen Stadt.

Leise wendet sich Halko an Gernot: „Wenn Ritter Witzthum auch manches nicht richtig einschätzen konnte, in einem hatte er Recht behalten: Nur Geld konnte unseren Tod verhindern!"

Ein Leben nach den Regeln der Zunft

Vom Handwerk in deutschen Städten des Mittelalters

Die folgende Episode konnte nur einige Seiten des Zunftwesens erfassen. Sie soll jedoch verdeutlichen, wie die Handwerkszunft jener Zeit auch auf das persönliche Leben eines Menschen einwirkte.

1. **Lehrbeginn in einer Schuhmacherzunft**
2. **Wanderschaft und ihre Vorschriften**
3. **Übernahme einer Schuhmacherwerkstatt**
4. **Kontrolle der einzelnen Meister durch die Zunft**

„Na, dann lasst den Buben eintreten!“ Der Obermeister der Zunft will nicht viel Zeit verlieren. Keiner der anwesenden Meister ist dagegen, dass der Schuhmacher Weimann wieder einen neuen Lehrbuben einstellen will. Auch die Zunftregeln verbieten das nicht.

Fast alle kennen den kleinen Kerl, der sich jetzt verlegen durch die Tür schiebt. Sein Name ist Jonas. Der Vater ist seit vielen Jahren Ratsdiener, die Mutter Hausfrau. Beide sind rechtschaffene Bürger dieser Stadt. Etwas linkisch fällt der Gruß des Jungen aus. Aber die aufmunternden Worte des Obermeisters helfen ihm, seinen Namen und die seiner Eltern klar und deutlich zu nennen. Es gefällt den Meistern, dass der Junge freundlich ihre Blicke erwidert. „Ein Duckmäuser ist er offenbar nicht!“, flüstert einer der Meister. „Aber auch nicht frech oder aufsässig!“, erwidert ein anderer ebenso leise. Aber nicht leise genug. Der Obermeister blickt tadelnd zu ihnen hinüber: „Ich bitte euch, verehrte Meister, gebt dem neuen Lehrbuben kein schlechtes Beispiel für das Verhalten in der Zunftstube!“ Dann wendet er sich feierlich dem künftigen Lehrjungen zu: „Wenn du das ehrbare Handwerk eines Schuhmachers erlernen willst und dem Meister Weimann treu und redlich drei Jahre dienen willst, so antworte mit einem deutlichen Ja!“ Etwas kratzig ist der Hals des Jungen doch geworden, als er seine Antwort gibt.

Der Obermeister wendet sich an den Lehrmeister: „Wegen des Lehrgeldes ist alles mit den Eltern abgesprochen?“ Dieser nickt nur und reicht dem Obermeister einen kleinen Beutel voller Münzen herüber: „Das ist das Geld der Eltern für die Zunftkasse!“ Unbesehen schiebt es der Obermeister dem Kassenwart der Zunft zu: „Zählt es nach und legt es anschließend in die Kasse. Gebt dazu den Vermerk, dass es heute für die Aufnahme des Jonas als Lehrjunge von seinen Eltern an die Zunft der Schuhmacher gezahlt worden ist.“ Eine Handbewegung entlässt den neuen Lehrjungen aus der Runde der Meister.

Auf den fragenden Blick seines Vater kann Jonas zu Hause nur stumm nicken. Die Eltern sind froh, dass der Junge eine Lehrstelle gefunden hat. „Wenn du dich gut machst, dann ist deine Zukunft etwas sicherer, als es meine als Ratsdiener ist!“, ermahnt ihn der Vater. Erst jetzt vermag Jonas ausführlich von seiner Vorstellung in der Zunftstube zu berichten.

„Lehrjahre sind keine Herrenjahre!", pflegt Meister Weimann oft zu sagen. Besonders wenn er seinen Missmut an den Lehrjungen austoben will. Dann passt ihm einfach alles nicht! Die beiden Lehrjungen ziehen in solche Momenten möglichst stumm die Köpfe ein. Widerworte oder Rechtfertigungen würden den Meister nur noch mehr aufbringen. Allerdings bringt er den Jungen alles bei, was ein Schuhmacher wissen muss. Was den Fleiß angeht, so ist der Meister ebenfalls Vorbild. Manchmal stöhnen sogar die Gesellen, dass der Meister so ausdauernd ist. Denn keiner kann das Werkzeug beiseite legen, wenn der Meister noch arbeitet. Sobald der Tag anbricht, beginnen die Hämmer zu tackern. Manchmal müssen die Gesellen schon unruhig mit den Füßen schurren, bis der Meister merkt, dass es 9 Uhr und Zeit für die einstündige Frühstückspause ist. Während die Gesellen meist nach dem Essen ihre Arme verschränken und vor sich hin dösen, müssen die beiden Lehrbuben der Meisterin zur Hand gehen. Jonas, als der Jüngere der beiden, ist sogar froh, wenn er mit der jungen Frau auf den Markt zum Einkauf muss. Das Schleppen der Einkaufskörbe ist nicht gerade eine Erholung, aber er empfindet es als eine willkommene Abwechslung. Manchmal kann er auch seinem Vater zuwinken, wenn der gerade auf dem Markt zu tun hat. Jedenfalls hat die Meisterin nie bemerkt, dass Jonas wegen der schweren Körbe murrt, wenn sie längere Zeit beim Einkauf stehen bleibt. Sobald er dann am Vormittag wieder auf seinem Schemel hockt, schaut er ganz unschuldig, falls der Meister ihm einen strafenden Blick herüberschickt. In der Arbeit ist Jonas flink und gelehrig. Er wartet nicht erst auf Hinweise, seine Augen schauen sehr genau auf die Hände des Meisters und der Gesellen. Seine schnelle Auffassungsgabe gefällt allen, nur nicht dem zweiten Lehrjungen, der schon ein Jahr länger in der Werkstatt lernt. Vom Meister bekommt er oft Schelte, manchmal auch eine Ohrfeige mit dem Hinweis: „Das kann Jonas jetzt schon besser als du nach über einem Jahr!" Der Lehrling nimmt das allerdings gelassen hin und brummt nur: „Ob schnell oder langsam, Geselle und Meister werde ich sicher. Und dann übernehme ich die Schuhmacherwerkstatt meines Vaters!"

So sicher ist die Zukunft von Jonas nicht, er muss sich kräftig ins Zeug legen. Er will auch die Eltern nicht enttäuschen, denn sie zahlen für seine Lehrstelle jährlich viel Geld. Und drei Jahre können eine lange Zeit sein!

Irgendwann muss Jonas das Leder für sein Gesellenstück kaufen. Wie glücklich ist er, dass ihm seine Mutter das Geld dafür aus ihrer Wirtschaftskasse geben kann. Aber da bleiben noch die Kosten für die Gesellenfeier! Ganz so prächtig wie im vorigen Jahr, als der ältere Lehrjunge seine Gesellenprüfung feierte, wird sie sicher nicht ausfallen. Schließlich ist sein Vater nur Ratsdiener und nicht Schuhmachermeister! Dafür wird aber sein Gesellenstück sehr gelobt. Selbst die angesehensten Meister der Zunft haben nichts auszusetzen. Der Obermeister beglückwünscht Meister Weimann: „Da habt ihr uns einen guten Gesellen ausgebildet! Die Zunft wird euch das nicht vergessen!"

Längst schleppt ein anderer Lehrbub die Einkaufskörbe der jungen Frau Meisterin mehr oder minder störrisch über den Markt. Das Frühjahr ist herangekommen und Jonas bittet, wie es Brauch ist, seinen Meister um Urlaub für die Wanderschaft. Ungern entlässt er ihn. Fast stehen dem alten Mann die Tränen in den Augen, als er sagt: „So einen Sohn hätte ich mir immer gewünscht. Du wärst auch der rechte Nachfolger für meine Werkstatt. Leider trennen sich jetzt unsere Wege ..."

Doch der junge Geselle Jonas ist glücklich. Zum ersten Mal seit Jahren sitzt er nicht Tage hintereinander 14 Stunden auf seinem Schemel in der düsteren Werkstatt. Er genießt Wolken und Sonne, selbst der Regen wäre ihm willkommen. Nur seine Füße sind diese Freiheiten nicht gewöhnt! Oder sind es nur die neuen Schuhe, die er sich selbst für die Reise verpasst hat?

Nach fast zwei Wochen erreicht er eine größere Stadt. Argwöhnisch fragt ihn die Torwache nach dem Woher und Wohin. Dann lacht der Wächter und weist auf einen jungen Mann, der am Stadttor auf einem Stein hockt und seine Schuhe anzieht: „Zwei Schuhmacher-Gesellen auf einmal durchs Tor? Und beide barfuß! Möge die Stadt vor solchen Schumachern bewahrt bleiben!"

Den Spott müssen die beiden Gesellen wohl oder übel über sich ergehen lassen. Beide stecken bald darauf wieder in ihren Stiefeln. Noch immer lachend weist ihnen die Torwache den Weg zur Herberge der Schuhmacher. Bedächtig gehen die beiden Gesellen durch die Gassen. Gegenseitig müssen sie sich eingestehen, dass der gemessene Schritt seine Ursache in den drückenden Schuhen hat. „Unseren Stiefeln hat bisher wohl der Morast dieser Gassen gefehlt!" Der zweite Geselle, Lukas mit Namen, scheint ein „lustiges Haus" zu sein. Ganz gegen die Kleiderordnung der Zunft steckt an seinem Hut eine große bunte Feder. Das hätte sich Jonas nicht getraut.

Bescheiden betreten dann beide die Zunftherberge: „Gott zum Gruß! Zwei wandernde Gesellen bitten um Rat und Unterkunft!"

Aufmerksam mustert der Herbergsvater die beiden Ankömmlinge.

„Seid gegrüßt! Mit Unterkunft kann ich euch dienen, ob aber zwei Gesellenstellen frei sind, das müssen wir sehen!" Der Herbergsvater weist auf eine Tafel an der Wand. Mit Kreide sind dort die offenen Stellen notiert. „Hier ist nur eine Gesellenstelle bei Meister Tobern ausgeschrieben, wie ihr seht! Aber vielleicht versucht ihr es dennoch beide? Aber macht euch keine zu großen Hoffnungen, der Obermeister ist sehr streng. Er duldet keine zusätzlichen Meister, Gesellen oder Lehrlinge in der Zunft."

In der Herberge schütteln sich die beiden Gesellen den Staub aus den Kleidern und waschen sich ihre Gesichter. Wenig später stehen sie vor Meister Tobern. „Ja, wie gesagt, zwei Gesellen kann und darf ich nicht beschäftigen. Dennoch werde ich heute noch mit dem Obermeister reden, ob euch zu helfen ist. Ich schicke euch morgen in aller Frühe Bescheid!"

Traurig zuckeln beide in die Herberge zurück, nicht ohne sich vorher die Stadt anzusehen. Jonas ist begeistert: „Es wäre zu schön, wenn man in dieser Stadt arbeiten könnte ..." Lukas unterbricht ihn: „Hast du auch die große, helle Werkstatt gesehen?"

Beide hoffen, dass ihre Wünsche in Erfüllung gehen. Trotz der Müdigkeit schlafen sie in der nächsten Nacht unruhig. Früh schon sind sie auf den Beinen, um ja nicht die entscheidende Nachricht vom Meister Tobern zu verpassen.

Eine Begründung gibt es nicht. Lag es an der Feder am Hut oder am Auftreten? Jonas wird als Geselle beschäftigt, Lukas muss die Stadt wieder verlassen. „Dann werde ich eben mein Glück in der nächsten Stadt versuchen“, meint Lukas enttäuscht. Mit einem Scherz verabschiedet er sich: „Wenn sich nur bald meine Schuhe an mich gewöhnen würden!“ Jonas kann seinen Mitbewerber nicht einmal, wie es unter Zunftgesellen Brauch ist, vor das Tor geleiten, denn sein Meister wartet schon.

Auch hier in der neuen Werkstatt nehmen Gesellen und Lehrlinge bei Tagesanbruch ihre Schemel ein. Da die Werkstatt viele reiche Kaufleute und Herren vom Rat als Kunden hat, ist der Meister selbst viel zum „Anmessen“ unterwegs. Die Schlafkammer teilt Jonas mit drei Gesellen, einige arbeiten schon Jahrzehnte beim Meister.

Nur gut, dass es viele Feiertage gibt, an denen alle den Rücken wieder gerade richten können. Und getanzt wird, solange die Pfeiffer es ermöglichen. Jonas bedauert nur, dass er nicht mehr Lehrjunge ist, sonst könnte er der Meisterin und ihrer Tochter beim Einkaufen helfen. Aber das geht ihm offenbar nicht alleine so. An einem der nächsten Wirtshausabende greift sich ein älterer Geselle den Jonas: „Lass deine Augen woanders wandern! Auf des Meisters Töchterlein habe ich ältere Rechte! Komme mir dabei nicht ins Gehege!“ Die Drohung ist ernst. Jonas versucht, sich daran zu halten. Aber vielleicht ist es auch die Tochter, die zu Jonas besonders freundlich sein will. Bei einem der üblichen Gesellenabende im Wirtshaus jedenfalls zieht der ältere Geselle den Jonas plötzlich über den Tisch. Der Streit zwischen ihnen wird handgreiflich. Die übrigen Gesellen gehen sofort dazwischen und verhindern eine größere Prügelei. Aber das Unheil nimmt seinen Lauf. Der Obermeister befiehlt beide Gesellen vor die Versammlung der Zunftmeister und spricht eine Verwarnung aus. Besonders die Geldstrafe schmerzt Jonas sehr, zumal er sich in der ganzen Angelegenheit unschuldig fühlt. So ist er nach Jahr und Tag wieder auf der Wanderschaft. Aber seine Erfahrungen wandern mit.

Nach Jahren kehrt Jonas in seine Heimatstadt zurück. In die Freude mischt sich auch Trauer: Sein alter Meister Weimann ist vor kurzem gestorben. Seine junge Frau muss jetzt mit allem allein zurechtkommen. Die Zunft erlaubt der Witwe zwar, die Schuhmacherei ein Jahr lang fortzuführen. Außerdem erhält sie in dieser Zeit Gelder aus der Zunftkasse als Ausgleich. Allerdings muss sich die Frau des verstorbenen Meisters Weimann in dieser Zeit nach einem neuen Meister für ihre Werkstatt umsehen. Denn ohne Meister darf keine Werkstatt auf Dauer arbeiten.

Nicht ganz zufällig entscheidet sie sich für Jonas. Und daran ist sicher nicht nur der Umstand schuld, dass Jonas als Lehrling ein geduldiger Korbträger auf dem Markt war. Auch die Zunft begrüßt die sich anbahnende Verbindung. Jonas kann seine Meisterprüfung vorbereiten und - mit Unterstützung - bezahlen. Nach dem Ende des Tauerjahres findet eine doppelte Feier statt: Hochzeit und Meisterprüfung.

Die Zunftmeister haben nicht umsonst gehofft, eine ausgiebige Feier erleben zu können!

Jahre danach: Jonas ist inzwischen von der Zunft zum Schaumeister bestellt worden. Zusammen mit den anderen Meistern trifft er sich wie üblich mehrmals im Monat zur „Morgensprache“. Heute geht es zunächst um den Einkauf von Leder. Die Zunft hat für alle Meister eingekauft. Das wird billiger und sichert, dass sich nicht einer der Meister einen Vorteil beim Rohstoff verschafft. Rasch ist der Weiterverkauf an die einzelnen Werkstätten geregelt. Nun muss noch der Dienst an der Stadtmauer neu eingeteilt werden. Die Zunft ist dort für einen bestimmten Abschnitt zuständig. Bei Alarm bewachen und verteidigen sie diese Mauerteile.

Schließlich hat der Schaumeister Jonas das Wort: „Im Auftrag der Zunft habe ich in den letzten Wochen die Werkstätten besucht und nach dem Rechten gesehen. Es gab keine Verstöße beim Lagern des Leders, bei den Werkzeugen und der Menge der Schuhe, die jede Werkstatt herstellen darf.“ Schon lehnen sich die Meister beruhigt zurück und erwarten das Ende der Morgensprache. „Aber“, fährt Schaumeister Jonas mit erhobener Stimme fort, „einige Schuhe entsprachen nicht den Vorschriften unserer Zunft!“ Erstauntes Raunen geht durch den Raum. Der Obermeister ruft gereizt: „Das ist ein schlimmer Vorwurf! Bitte erläutert das genauer!“ Und Jonas berichtet: „In der Werkstatt des Meisters Fellbach fand ich Schnallen-Schuhe, im Leder gut verarbeitet und ohne Tadel. Jedoch waren die Schnallen aus gehärtetem Silber gefertigt.“ Einige der Meister springen auf: „Das ist nicht erlaubt!“ – „Die Schuhmacher unserer Stadt dürfen kein Silber verarbeiten!“ Der Obermeister beruhigt die Runde durch eine energische Handbewegung: „Meister Fellbach, nehmt dazu Stellung!“ Zerknirscht erhebt sich der Beschuldigte: „Ich bedaure diesen schlimmen Verstoß gegen die Zunftordnung. Aber der Kunde, einer der Ratsherren, hat mich ausdrücklich beauftragt, für ihn Schuhe mit silbernen Schnallen herzustellen. Ich dachte, wenn ein Ratsherr ...“ Der Obermeister ist ungehalten: „Und wenn er der Bürgermeister wäre: Unserer Zunft ist dieses Metall an Schuhen untersagt. Das ändert auch der Wunsch eines Ratsherren nicht! Habt Ihr, Meister Fellbach, ihn denn nicht auf die Zunftvorschriften hingewiesen?“ Bedrückt schüttelt Meister Fellbach den Kopf.

„Schaumeister Jonas, was ist mit den Schuhen geschehen?“ Jonas ist es nicht angenehm, alles zu berichten: „Meister Fellbach und ich haben gemeinsam die Schuhe vernichtet, genauer gesagt, verbrannt!“

Der Obermeister ist beruhigt: „Ihr habt richtig gehandelt. Die Zunft lobt euch als Schaumeister für eure Umsicht. Meister Fellbach muss den Schaden allein ersetzen, da er schwer gegen die Zunftregeln verstoßen hat. Außerdem zahlt er als Strafe zwanzig gute Groschen in die Zunftkasse. – Und nun erst, meine Herren, ist die Morgensprache beendet!“

Die verheerende Wirkung eines Katapults

Die Pest gelangt nach Europa 1347

Nach Jahrhunderten, die nahezu seuchenfrei verlaufen waren, traf diese hoch ansteckende Krankheit die Menschen in Mittel- und Westeuropa völlig unvorbereitet. Da die Voraussetzungen für eine rasche Ausbreitung einer solchen Epidemie jedoch vorhanden waren, insbesondere durch die starke Zunahme der Bevölkerung in den Städten, genügte eine zufällige Infektionsquelle für die rasante Ausbreitung des „schwarzen Todes".

„Hast du nicht auch den Eindruck, dass die Angriffe in den letzten Tagen immer seltener geworden sind?" Enrico lässt sich zu einer kleinen Verschnaufpause neben Mario nieder. Die beiden Seeleute packen sonst ungern mit an, wenn es um das Verstauen der Ladung geht. Aber seit langem sind die meisten Hafenarbeiter auf den Mauern, um die Stadt zu verteidigen. Die Seeleute müssen sich selbst um das Beladen kümmern.

„Stimmt!", bestätigt Mario. „Es ist recht ruhig geworden. Vielleicht sind den Tataren die Steine für ihre Katapulte ausgegangen".

„Na, dann werden sie, wie so oft in den letzten Wochen, wieder brennende Strohbündel in die Stadt schleudern. Die Tataren sind eben zähe Belagerer." Enrico scheint sich auszukennen.

Mario sieht skeptisch zu ihm herüber: „Woher willst du das wissen? Wir haben doch mit diesen Reitervölkern glücklicherweise nichts zu tun. Nur Gegner auf Schiffen können uns gefährlich werden. Und diese Tataren haben keine Planken, sondern nur kleine Pferdchen unter sich."

„Auf denen sie aber wie die Teufel reiten können, sagt man", lenkt Enrico vorsichtig ein, um nicht wieder als Besserwisser zu erscheinen.

„An den Mauern von Kaffa aber reiten sie sich seit Monaten die Schädel ein. Weder Krieger noch ihre Pferde sind bisher, wie du siehst, in die Stadt eingedrungen." Entspannt lehnt sich Mario zurück. „Und dabei wird es auch bleiben. Dieser italienische Handelsstützpunkt wird gut bewacht und durch die Mauern geschützt."

„Man merkt es", mault leise Enrico. „Wir müssen jetzt im Hafen mehr als früher selbst zupacken."

„Trotzdem entscheidet der Hafen über Leben und Tod der Stadt! Mit seiner Hilfe versorgen hier die Schiffe aus aller Herren Länder die belagerte Stadt mit allem Notwendigen. Kaffa wird durch die Tataren nie ausgehungert werden können." Enrico rafft sich auf und packt den nächsten Ballen, um ihn aufs Schiff zu tragen.

„Wenn nicht mehr Ladung für unser Schiff zu verstauen ist, dann müssen wir doch noch Steine laden." Ärgerlich besieht sich Enrico die kleine Frachtmenge im Schiff: „Da lohnt sich ja die weite Fahrt vom Schwarzen Meer bis nach Genua nicht.

Irgendwie ist die lange Belagerung dieser Krimstadt durch die Tataren doch sehr ungünstig für uns See- und Handelsleute."

„Vergiss aber nicht, wir kommen ja bald wieder hierher zurück. Dann bringen wir sicher Lebensmittel und Waffen für die belagerte Stadt", ermuntert ihn Mario.

„Hast Recht, Mario, in drei Tagen stechen wir wieder in See. Wenn uns dann die frische Brise um die Nase weht, denken wir nicht mehr an diese Belagerung hier."

„Hat eigentlich unser Schiffsherr schon neue Ruderknechte angeheuert? Uns fehlten doch einige auf der Herfahrt."

„Er wollte sich darum kümmern. Du weißt, er kauft sie immer erst in letzter Stunde ein. Sie kosten ihn dann weniger Verpflegung."

„Hoffentlich nimmt er nicht so halb verhungerte Männer an Bord, sonst dauert die Reise nach Italien eine Ewigkeit", nörgelt Mario.

Wenig später bummeln die beiden Seeleute mit anderen Männern ihrer Mannschaft durch Kaffa. Für die verbleibenden drei Tage wollen sie den festen Boden unter ihren Füßen genießen. Wenn er jetzt unter ihnen schwankt, dann wissen sie, dass zuviel Wein durch ihre Kehlen geflossen ist. Die Seeleute sind gut gelaunt und lassen sich durch nichts aus der Ruhe bringen. Auch nicht durch die manchmal schreiend durch die Stadt rennenden Krieger. Irgendwo steht wohl wieder ein Haus in Flammen, in Brand geschossen von einem Brandbündel der Tataren.

„Keine Bange", beruhigen sich die Seeleute. „Bis hier in die Mitte der Stadt und bis zum Hafen schaffen es die Katapulte der Tataren denn doch nicht."

„Vielleicht ist es auch damit bald vorbei!" Einer der Stadtkrieger will mit seinen Neuigkeiten vor den Seeleuten prahlen. Aber er zögert.

„Gebt dem wackeren Krieger einen Krug Wein, damit sich seine Zunge lockert", ruft Enrico lachend dem Wirt zu.

Der Krieger hatte offenbar nur auf dieses Angebot gewartet. Jetzt kann er loslegen: „Die Scharen der Tataren vor den Stadtmauern werden von Tag zu Tag weniger. Eine Krankheit muss sie befallen haben. Jedenfalls haben sie schon viele Gräber ausgehoben. Auch konnten wir sehen, dass sie sich offenbar vorbereiten, die Belagerung aufzugeben. Bis auf eine einzige Wurfschleuder haben sie alle anderen Belagerungswaffen aus unserer Sichtweite herausgebracht."

„Na, dann werden wir ja, wenn wir in ein paar Wochen wieder hier in euren Hafen einlaufen, eine freie Handelsstadt erleben?", freuen sich die Seeleute.

„Und endlich wieder volle Warenlager vorfinden, damit unsere Schiffe nicht halb leer nach Italien fahren müssen", ergänzt Mario. „Darauf lasst uns trinken!"

Der Stadtkrieger stellt jedoch seinen leeren Krug noch einmal zögernd auf den Tisch: „Aber etwas Merkwürdiges habe ich euch noch nicht erzählt ..." Mario hat verstanden und winkt dem Wirt. So fährt der durstige Kriegsmann fort: „In den letzten Tagen haben diese Tataren nicht nur Steine und Pechbrände in die Stadt katapultiert ..."

Er genießt es, wie die Augen der neugierigen Seeleute an seinen Lippen hängen: „Sie haben manchmal auch ihre Toten auf die Wurfschleuder gelegt und sie damit über die Mauern in unsere Stadt geworfen. Wir wissen nicht, was sie damit bezwecken. Denn Schaden können diese toten Körper in der Stadt kaum anrichten ..."

„Vielleicht sind die Tataren zu schlapp oder nur zu faul, weitere Gräber auszuheben", ulken die Matrosen.

„Na, diesen Brüdern ist viel List zuzutrauen, glaubt es mir. Wir haben während der Belagerung schon viel davon erlebt." Nachdenklich ist die Stimme des Kriegers geworden. „Auf alle Fälle haben wir die armen Kerle oder das, was von ihnen noch übrig war, in den Straßen aufgesammelt und beerdigt. Keine angenehme Arbeit für uns! Das könnt ihr mir glauben!" Auch der Wein scheint die Erinnerung daran nicht herunterspülen zu können: „Und wie die aussahen! Schwarze Beulen am Körper ..."

„Hör schon auf!" Die Seeleute wollen nichts mehr davon hören. Der Krieger scheint jetzt für den spendierten Wein ein wenig zu übertreiben.

Drei Tage später läuft das Schiff, wie geplant, aus dem Hafen von Kaffa aus. Fünf neue Ruderknechte sind an Bord. Der Schiffsherr hat also gut für eine zügige Fahrt vorgesorgt. Auch Mario und Enrico sind zufrieden, als sie die belagerte Stadt auf der Krim am Horizont verschwinden sehen. Endlich wieder die frische Luft des Schwarzen Meeres!

Ohne Schwierigkeiten erreichen sie das Mittelmeer. Schließlich kennt man sich hier aus. Viele Male haben die meisten von ihnen schon diese Reise von Italien nach Kaffa und zurück gemacht.

Die See ist ruhig. Der Schiffsherr sitzt in seiner Kajüte über den Geschäftsbüchern. Es ist nicht zu früh, sich über Gewinn und Verlust dieser Fahrt klar zu werden. Leider waren nicht sehr viele Waren in Kaffa gelagert gewesen. Die Belagerung durch die Tataren hat die Handelswege blockiert. Die Zwischenhändler mussten Kaffa meiden und andere Wege nach Italien suchen. Sehr zum Ärger der Seeleute. Um das Schiff seetüchtig zu halten, mussten tatsächlich wertlose Steine geladen werden. Dennoch, die Gewürze und Seidenstoffe, die sorgfältig verpackt im Laderaum liegen, werden einen guten Gewinn bringen. Der Schiffsherr beschließt, an die Mannschaft ein Extrafass Wein verteilen zu lassen.

Zu seinem größten Erstaunen ist die Begeisterung seiner Mannschaft darüber aber mäßig. Viele Seelaute bleiben lieber auf ihrer Decke liegen. Man sieht ihnen das Fieber an, das sie quält.

Sollte es am Essen liegen? Aber das ist wie immer gewesen. Auch der Wein, den die meisten Seeleute in den letzten Tagen in Kaffa getrunken haben, kann nicht die Ursache sein. Erstens vertragen sie davon eine gehörige Menge und zweitens sind auch die Ruderknechte, die bestimmt keinen Wein getrunken haben, jetzt krank. Nur gut, dass eine mäßige Brise das Schiff in Fahrt hält. Auf die Ruderer wäre jetzt kein Verlass mehr.

Das Weinfass wird weniger angerührt als das Wasserfass. Durst quält die Männer. Sie bringen kaum noch einen Bissen herunter. Die ersten Ruderer sind schon an Entkräftung zusammengebrochen. Auch im Bauch des Schiffsherrn beginnt es zu rumoren.

„Schau doch! Der sieht fast so aus, wie der Krieger in Kaffa die Toten beschrieben hat, die die Tataren über die Mauern geschleudert haben!“ Erschrocken zeigt Enrico auf die schwarzen Beulen an dem fast nackten Körper des Ruderknechtes. Mario geht näher heran und schreit dann auf: „Der Mann ist schon tot! Sofort herunter mit ihm vom Schiff!“

Allmählich ahnen alle, dass sie neben Seide und Gewürz noch eine andere Ladung an Bord genommen haben. Die Angst lähmt die Besatzung. Die Kranken stöhnen und schreien vor Schmerzen. Immer mehr sterben. Auch der Schiffsführer. Alle Toten werden sofort über Bord geworfen. Dabei bemüht man sich, den Leichnam auf keinen Fall zu berühren, vor allem nicht die aufbrechenden Eiterbeulen seines Körpers.

Alles ist umsonst. Keiner an Bord bleibt von der offensichtlich sehr ansteckenden Krankheit verschont. Nur noch wenige Matrosen können das Schiff endlich in den Hafen von Messina steuern. Bis zum Heimathafen Genua reicht die Kraft nicht mehr. Mehr tot als lebendig machen Mario und Enrico das Schiff fest.

„Ich glaube“, wendet sich Mario mit letzter Kraft an Enrico, „die Katapulte vor Kaffa haben uns doch noch erreicht!“

Drei Überlebende werden von den Hafenarbeitern eilig auf Strohschütten gelegt. Aber es ist zu spät. So als ob sie nur die Ankunft im rettenden Hafen noch abwarten wollten, sterben sie unmittelbar darauf. Auch ihre Körper sind mit schwarzen Beulen bedeckt ...

Als die Hafenaufseher sich nach dem unerwarteten Schiff und seiner Ladung erkundigen, entdecken sie die Sterbenden. Wenige Augenblicke später wird ein Arzt gerufen. Kaum hat er die Kranken gesehen, weicht er entsetzt zurück. Hastig werden Anweisungen gegeben.

Mitsamt der Strohunterlage werfen Hafenarbeiter die drei kranken Seeleute zu den restlichen Leichen auf das Schiff. An einem sehr, sehr langen Tau ziehen Ruderknechte in einem Boot das Schiff aus dem Hafen. Bald erfasst die Strömung in der Meerenge das Totenschiff. Jetzt wird das Seil gekappt. Die Männer im Boot rudern zum Hafen zurück, als wäre der Teufel hinter ihnen her.

Aber der „Teufel“ ist schneller! Schon seit Stunden lauert er im Hafen von Messina: Die Pest beginnt sich auszubreiten. Die tödliche Beulenpest erreicht ganz Mittel- und Westeuropa. Etwa 25 Millionen Menschen werden in den nächsten zwei Jahren am „schwarzen Tod“ sterben.

987654321